APRIMORAMENTO GENÉTICO EM EMBRIÕES HUMANOS

LIMITES ÉTICO-JURÍDICOS AO PLANEJAMENTO FAMILIAR NA TUTELA DA DEFICIÊNCIA COMO DIVERSIDADE BIOLÓGICA HUMANA

COLEÇÃO FÓRUM
DIREITO CIVIL
E SEUS DESAFIOS CONTEMPORÂNEOS

CARLOS HENRIQUE FÉLIX DANTAS

Prefácio
Fabíola Albuquerque Lobo

Apresentação
Heloisa Helena Barboza

Posfácio
Maria Rita de Holanda

APRIMORAMENTO GENÉTICO EM EMBRIÕES HUMANOS

LIMITES ÉTICO-JURÍDICOS AO PLANEJAMENTO FAMILIAR NA TUTELA DA DEFICIÊNCIA COMO DIVERSIDADE BIOLÓGICA HUMANA

8

Belo Horizonte
FÓRUM
CONHECIMENTO JURÍDICO
2022

Coordenação
Marcos Ehrhardt Júnior

Conselho Editorial

Ana Carolina Brochado Teixeira
Anderson Schreiber
Eroulths Cortiano Junior
Fabíola Albuquerque Lobo
Flávio Tartuce
Gustavo Tepedino
Nelson Rosenvald
Paulo Lôbo
Rodrigo da Cunha Pereira

© 2022 Editora Fórum Ltda.

É proibida a reprodução total ou parcial desta obra, por qualquer meio eletrônico, inclusive por processos xerográficos, sem autorização expressa do Editor.

Conselho Editorial

Adilson Abreu Dallari	Floriano de Azevedo Marques Neto
Alécia Paolucci Nogueira Bicalho	Gustavo Justino de Oliveira
Alexandre Coutinho Pagliarini	Inês Virgínia Prado Soares
André Ramos Tavares	Jorge Ulisses Jacoby Fernandes
Carlos Ayres Britto	Juarez Freitas
Carlos Mário da Silva Velloso	Luciano Ferraz
Cármen Lúcia Antunes Rocha	Lúcio Delfino
Cesar Augusto Guimarães Pereira	Marcia Carla Pereira Ribeiro
Clovis Beznos	Márcio Cammarosano
Cristiana Fortini	Marcos Ehrhardt Jr.
Dinorá Adelaide Musetti Grotti	Maria Sylvia Zanella Di Pietro
Diogo de Figueiredo Moreira Neto (*in memoriam*)	Ney José de Freitas
Egon Bockmann Moreira	Oswaldo Othon de Pontes Saraiva Filho
Emerson Gabardo	Paulo Modesto
Fabrício Motta	Romeu Felipe Bacellar Filho
Fernando Rossi	Sérgio Guerra
Flávio Henrique Unes Pereira	Walber de Moura Agra

FÓRUM
CONHECIMENTO JURÍDICO

Luís Cláudio Rodrigues Ferreira
Presidente e Editor

Coordenação editorial: Leonardo Eustáquio Siqueira Araújo
Aline Sobreira de Oliveira

Rua Paulo Ribeiro Bastos, 211 – Jardim Atlântico – CEP 31710-430
Belo Horizonte – Minas Gerais – Tel.: (31) 2121.4900
www.editoraforum.com.br – editoraforum@editoraforum.com.br

Técnica. Empenho. Zelo. Esses foram alguns dos cuidados aplicados na edição desta obra. No entanto, podem ocorrer erros de impressão, digitação ou mesmo restar alguma dúvida conceitual. Caso se constate algo assim, solicitamos a gentileza de nos comunicar através do e-mail editorial@editoraforum.com.br para que possamos esclarecer, no que couber. A sua contribuição é muito importante para mantermos a excelência editorial. A Editora Fórum agradece a sua contribuição.

Dados Internacionais de Catalogação na Publicação (CIP) de acordo com ISBD

D192a	Dantas, Carlos Henrique Félix
	Aprimoramento genético em embriões humanos: limites ético-jurídicos ao planejamento familiar na tutela da deficiência como diversidade biológica humana / Carlos Henrique Félix Dantas. - Belo Horizonte : Fórum, 2022.
	289 p. ; 14,5cm x 21,5cm. –
	Coleção Fórum Direito Civil e seus desafios contemporâneos ; v.8
	ISBN: 978-65-5518-417-4
	ISBN da coleção: 978-85-450-0675-6
	1. Direito. 2. Direito Civil-Constitucional. 3. Direito das Famílias. 4. Bioética e Biodireito. 5. Direito da saúde. I. Título. II. Série.
	CDD 342.16
2022-1688	CDU 347.61

Elaborado por Vagner Rodolfo da Silva - CRB-8/9410

Informação bibliográfica deste livro, conforme a NBR 6023:2018 da Associação Brasileira de Normas Técnicas (ABNT):

DANTAS, Carlos Henrique Félix. *Aprimoramento genético em embriões humanos*: limites ético-jurídicos ao planejamento familiar na tutela da deficiência como diversidade biológica humana. Belo Horizonte: Fórum, 2022. (Coleção Fórum Direito Civil e Seus Desafios Contemporâneos, v. 8). 289 p. ISBN 978-65-5518-417-4.

À minha tia Bezinha, que não sobreviveu para ver um mundo em que suas garantias jurídicas existenciais fossem respeitadas. Em função disso, dedico este trabalho a você. Pois, independentemente de suas autolimitações e subjetividades, pude aprender que o amor transcende o paralelo entre a hipocrisia do que deve ou não ser considerado como normalidade.

Ao Manuel também dedico esta obra, uma vez que a nossa união me fortalece para que eu continue acreditando em um mundo que acolha, incondicionalmente, o respeito à diversidade – em todas as suas esferas – na sociedade.

À população de pessoas com diversidade funcional, na expectativa de que este trabalho possa contribuir para a tutela jurídica de seus direitos no que diz respeito aos avanços da biotecnologia.

AGRADECIMENTOS

Agradecer é uma das formas de retornar para o mundo um pouco do carinho e do cuidado que algumas pessoas tiveram comigo, ao contribuir para meu crescimento profissional, aprendizagem e amadurecimento intelectual. Além disso, é uma das maneiras de contar um pouco da história por detrás da construção deste trabalho. Por esse motivo, não há como deixar de nomear alguns desses contribuidores.

Primeiramente, agradeço aos meus pais, sobretudo à minha mãe, que sempre colocou a minha educação como prioridade, independentemente de questões financeiras e de tempo para educar eu e o meu irmão.

À minha orientadora, Fabíola Albuquerque Lôbo, o estímulo, a atenção, a generosidade e a disponibilidade. Mantive, graças à senhora, a oportunidade de seguir em frente com o meu tema, além de causar em mim a admiração necessária para continuar tendo a certeza sobre querer seguir a carreira do magistério superior. É graças aos nossos professores que mantemos a vontade de continuar estudando. Reforço que entre as principais lições aprendidas estiveram a inteligência emocional, a humildade e a empatia ao aluno, na condução das relações humanas e acadêmicas.

À professora Maria Rita de Holanda, minha coorientadora, que, na verdade, exerce essa função desde a minha graduação, pois, pelos seus ensinamentos, quando fui aluno e monitor, mantive a paixão pelo Direito das Famílias. Sua visão crítica contribuiu para fomentar inquietações, dúvidas e interesse pela Ciência Jurídica, fazendo eu me tornar um profissional mais atento às demandas sociais, focadas na tutela da pessoa humana em concreto, em seu aspecto material. No entanto, as lições que me foram dadas transcendem a própria ciência do Direito e adentram, também, nas relações humanas de ética e respeito pelo outro, independentemente de quem quer que seja, para estar sempre aberto ao diálogo.

Ao professor Stefano Toscano, um dos meus orientadores, que contribuíram para a minha formação, durante a graduação, motivando para além das lentes positivistas, o olhar atento para a realidade social, sob a perspectiva da filosofia e sociologia do Direito, fundamental para que eu permanecesse pensando criticamente.

Ao Manuel Camelo, meu companheiro, pelo carinho e pela atenção depositados em mim, ao longo desses anos, para que eu mantivesse viva a minha paixão pela carreira acadêmica e pela pesquisa científica. Você também me inspira a querer continuar estudando e a estar conectado com a tutela da Diversidade Humana. Penso que sem você esse percurso seria mais difícil.

Tenho que lembrar ainda o Grupo de Pesquisa Constitucionalização das Relações Privadas (CONREP/CNPq/UFPE), liderado pelo professor Paulo Lôbo e pela minha orientadora. Isso porque, durante a pandemia, os encontros me mantiveram conectado, interessado e feliz com a carreira que escolhi para a minha vida, mantendo a minha admiração também por todos os seus integrantes, inclusive, alguns contribuíram para a minha formação desde a graduação. Nomeio alguns, enquanto forma de demonstração de carinho, como os professores Ana Carla Berenguer, Catarina Oliveira, Carla Moutinho, Cora Costa, Dimitre Soares, Everilda Brandão, Gustavo Andrade, Karla Delgado, Karina Franco, Luciana Brasileiro, Luiz Claudio Freire, Marcos Ehrhardt Jr., Maria Cristina, Patrícia Rocha, Paula Falcão e Rodrigo Toscano.

Agradeço também ao Grupo de Pesquisa em Direito, Bioética e Medicina (JusBioMed/CNPq/UNEB), liderado pela professora Ana Thereza Meirelles, por me fazer estar mais próximo de temas relacionados à interseção entre a Bioética e o Direito, fomentando a minha paixão pelo Biodireito. Ressalto os amigos Rafael Verdival e Caio Lage com carinho, ainda que tenhamos nos conhecido somente de maneira virtual, por encontros pelas plataformas digitais.

Aos professores e funcionários do Programa de Pós-Graduação em Direito da Universidade Federal de Pernambuco (PPGD/UFPE). E, em especial, aos docentes que me ensinaram, Alexandre da Maia, Eugenia Barza, Jayme Benvenuto, Mariana Fischer e Venceslau Tavares, guardo muita admiração e carinho pelos ensinamentos.

Agradeço, ainda, aos professores que compuseram a minha banca de defesa, Humberto Carneiro, Roberto Paulino e Vitor Almeida, pela dedicação e pela atenção ao trabalho.

À Universidade Católica de Pernambuco (UNICAP), instituição na qual me graduei, possibilitando a mim conhecer enquanto pesquisador, professor e advogado, fomentando a inquietude por meio de seus programas de monitoria e iniciação científica dos quais tive o privilégio de fazer parte. A universidade faz parte de quem eu sou.

Aos queridos amigos que fiz durante a pós-graduação, Leila Vale e Leonardo Cocentino, além da minha amiga de longa data, Maria Helena, por permanecermos todos conectados e contribuindo criticamente com o progresso científico uns dos outros. A nossa lição conjunta foi o incentivo e o cuidado. Com vocês, além do carinho, guardo também a admiração pelo compromisso. Faço menção também à Karen Lima que esteve presente, durante esse período, na condição de amiga e crítica a este estudo, nossas conversas foram especiais. Aos amigos, também de caminhada no Programa, Ana Beliza Vasconcelos, Isabela Costa, Mário Godoy, Talitha Dias e Vitor Fraga, por estarem comigo.

Agradeço aos amigos que se mantiveram ao meu lado, me incentivando, de modo a não me permitir deixar de sonhar, Alanna Aléssia, Andreza Barbosa, Andreza Santos, Alynne Lima, Camilla Montanha, Dani Lopes, Thalyne Queiroz, Raissa Lustosa, Carol Leitão, Eduarda Cunha, Laryssa Meyrelles, Júlia Sousa, Jamilly Nazário, Mirela Guimarães, Natália Álvares, Karina Vasconcelos, Marina Pedroso, Luiza Vasconcelos, Luiza Graciano, Lígia Moraes, Tânia Ferreira, Raysa Bascopé, Thaís Paiva, Vinicius Castello, Juliana Aguiar, Mateus Cavendish, Juliana Falcão, Rafaela Cavalcanti, Rafaela Lago, Pablo Medeiros, Marina Lisboa, Felipe de Brito, Diego Jady e Pedro Bione.

Por fim, agradeço a todos aqueles que contribuíram, direta ou indiretamente, para a realização desta pesquisa!

Nas fantasias subconscientes que fazem a concepção parecer tão sedutora, muitas vezes gostaríamos de nos ver, a nós mesmos, vivendo para sempre, e não alguém com uma personalidade própria. Tendo previsto a marcha para a frente de nossos genes egoístas, muitos de nós não estamos preparados para filhos que apresentam necessidades desconhecidas.

(SOLOMON, Andrew. *Longe da árvore*: pais, filhos e a busca da identidade, 2012).

LISTA DE FIGURAS E QUADROS

Figura 1 – Número de embriões congelados por ano a partir das técnicas de reprodução humana assistida...............................178

Figura 2 – Desenho esquemático sobre a aplicação do sistema CRISPR-Cas9 como ferramenta de design genético...............192

Figura 3 – Produção de células germinativas e embriões humanos utilizados em técnicas de RHA..205

Quadro 1 – Apresentação descritiva das principais técnicas de RHA disponíveis...137

Quadro 2 – Apresentação descritiva das principais técnicas auxiliares da RHA disponíveis...140

Quadro 3 – Concessão de informações pelas CRHA para a elaboração dos relatórios *SisEmbrio* 169

Quadro 4 – Preferência na importação de material genético humano no ano de 2017 209

LISTA DE ABREVIATURAS E SIGLAS

ADI   Ação Direta de Inconstitucionalidade

ADPF   Arguição de Descumprimento de Preceito Fundamental

Art.   Artigo

BCTG   Bancos de Células e Tecidos Germinativos

BIRC   *Best Interest of the Resulting Child* ou, em tradução livre, Melhor Interesse da Criança Resultante (MICR)

CCB/02   Código Civil Brasileiro de 2002

CCB/16   Código Civil Brasileiro de 1916

CDB   Convenção sobre Diversidade Biológica

CDPD   Convenção sobre os Direitos das Pessoas com Deficiência

CRFB/88   Constituição da República Federativa do Brasil de 1988

CRHA   Clínica de Reprodução Humana Assistida

CRISPR   *Clustered Regularly Interspaced Short Palindromic Repeats* ou, em tradução livre, Curtas Repetições Palindrômicas Agrupadas Regularmente e Interespaçadas

CFM   Conselho Federal de Medicina

CID-11   Classificação Internacional de Doenças revisão de nº 11

CIF   Classificação Internacional de Funcionalidade

CJF   Conselho da Justiça Federal

CNJ   Conselho Nacional de Justiça

DCO   Doação Compartilhada de Oócitos

DF   Distrito Federal

DGPI   Diagnóstico Genético Pré-implantacional

DNA   *Deoxyribonucleic Acid* ou, em tradução livre, Ácido Desoxirribonucleico

DUBDH   Declaração Universal sobre Bioética e Direitos Humanos

DUGHDH   Declaração Universal do Genoma Humano e dos Direitos Humanos

EC   Emenda Constitucional

ECA   Estatuto da Criança e do Adolescente

EPD   Estatuto da Pessoa com Deficiência ou Lei Brasileira de Inclusão (LBI)

FIV   Fertilização *in vitro*

GIFT	*Gamete IntraFallopean Transfer* ou, em tradução livre, Transferência Intratubária de Gametas
GS	Gestação Subrogada ou Gestação por Substituição
IA	Inseminação Artificial
ICSI	*Intracytoplasmic Sperm Injection* ou, em tradução livre, Injeção Introcitoplasmática de Espermatozoides
LGBT+	Lésbicas, Gays, Bissexuais, Transexuais, Travestis e Transgêneros e outros
Min.	Ministro(a)
n.	número
OMS	Organização Mundial de Saúde
ONU	Organização das Nações Unidas
PB	*Procreative Beneficence* ou, em tradução livre, Beneficência Procriativa (BP)
PGR	Procuradoria Geral da República
REsp	Recurso Especial
RHA	Reprodução Humana Assistida
RNA	*Ribonucleic Acid* ou, em tradução livre, Ácido Ribonucleico
SisEmbrio	Sistema Nacional de Produção de Embriões
SUS	Sistema Único de Saúde
STF	Supremo Tribunal Federal
STJ	Superior Tribunal de Justiça
SUStech	*Southern University of Science and Technology* ou, em tradução livre, Universidade de Ciência e Tecnologia do Sul da China
TALENs	*Transcription Activator-Like Effector Nucleases* ou, em tradução livre, Nucleases com Efetores do Tipo Ativador Transcricional
TCI	Termo de Consentimento Informado
TDA	Tomada de Decisão Apoiada
TJMG	Tribunal de Justiça de Minas Gerais
TRHA	Técnica de Reprodução Humana Assistida
UIC	*University of Illinois Chicago* ou, em tradução livre, Universidade de Illinois em Chicago
ZFN	*Zinc-Finger Nucleases* ou, em tradução livre, Nuclease de Dedo de Zinco
ZIFT	*Zygote IntraFallopean Transfer* ou, em tradução livre, Transferência Intratubária de Zigotos

SUMÁRIO

APRESENTAÇÃO
COLEÇÃO FÓRUM DIREITO CIVIL E SEUS DESAFIOS
CONTEMPORÂNEOS
Marcos Ehrhardt Jr. 21

PREFÁCIO
Fabíola Albuquerque Lobo 23

APRESENTAÇÃO
Heloisa Helena Barboza 27

INTRODUÇÃO 31

PARTE I
O MOVIMENTO INTERNACIONAL DAS PESSOAS COM DEFICIÊNCIA A PARTIR DA INFLUÊNCIA DA BIOÉTICA E DO BIODIREITO

CAPÍTULO 1
A CIÊNCIA A FAVOR DA VIDA HUMANA: A CONSOLIDAÇÃO
ACADÊMICA DA BIOÉTICA E DO BIODIREITO NA PROMOÇÃO
DO RESPEITO À DIVERSIDADE 43

1.1 O nascimento da Bioética e do Biodireito: passos necessários
para o rompimento do paternalismo médico 44

1.1.1 Escorço histórico do surgimento da Bioética e do Biodireito 46

1.2 Autonomia epistemológica: princípios da Bioética e do Biodireito ...58

1.3 Abordagem latino-americana na construção do conhecimento:
crítica à Teoria Principialista 65

1.4 A função da Bioética e do Biodireito na proteção dos grupos
estigmatizados: a problemática das vulnerabilidades da pessoa
humana como aporte teórico...68

1.5   A Bioética e o Biodireito como ferramentas para a proteção das pessoas discriminadas em razão da deficiência.....................................74

CAPÍTULO 2
O ARGUMENTO SOBRE "A VIDA QUE NÃO VALE A PENA SER VIVIDA": O MOVIMENTO DESPATOLOGIZADOR DA DEFICIÊNCIA NO DIREITO 79

2.1   A genética é destino? O embate promovido pela mudança conceitual de deficiência no ocidente..81

2.1.1   O que é deficiência? Os modelos conceituais e a percepção de estigma...84

2.1.2   A internacionalização dos direitos: a Convenção sobre os Direitos das Pessoas com Deficiência 93

2.2   Reflexos na codificação civil brasileira: em que fase nós estamos? ...99

2.2.1   O novo conceito de deficiência 100

2.2.2   Impactos na interpretação do sistema de capacidades jurídicas 101

2.2.3   Direito Protetivo: curatela e tomada de decisão apoiada...................106

2.3   A diferença entre enfermidade e deficiência 113

PARTE II
A NECESSIDADE DE DEFESA JURÍDICA DO PATRIMÔNIO GENÉTICO HUMANO E OS AVANÇOS DAS TECNOLOGIAS REPRODUTIVAS NA CONSTRUÇÃO DA FAMÍLIA: O FILHO PROJETADO

CAPÍTULO 3
ADMIRÁVEL MUNDO NOVO DA GENÉTICA: TECNOLOGIAS DE AUXÍLIO À REPRODUÇÃO E *DESIGN* GENÉTICO NA QUARTA ERA DOS DIREITOS 125

3.1   O Século da Biotecnologia: a revolução da biotecnociência no processo reprodutivo humano e a emergência dialógica dos direitos de quarta geração 126

3.2   Alternativas à infertilidade e à esterilidade humana a partir da procriação medicamente assistida 133

3.3   Um debate antigo, mas necessário: a tutela jurídica civil conferida ao embrião fertilizado em laboratório e a decorrente natureza jurídica dos excedentários 145

3.4 A atribuição de presunção jurídica de parentalidade decorrente da reprodução humana assistida homóloga e heteróloga 155

3.5 O tratamento conferido à reprodução humana assistida no Brasil: a regulamentação por norma ético-disciplinar....................................166

3.6 O diagnóstico genético pré-implantacional e a discriminação pela deficiência 183

3.7 Terapia Gênica em material genético humano: a descoberta do CRISPR-Cas9..191

3.7.1 Aplicação da Edição Genética em seres humanos a partir do sistema imune bacteriano 197

3.7.1.1 As gêmeas chinesas Lulu e Nana: design genético em embriões humanos e a busca da cura para o HIV..197

3.7.1.2 A busca pela perfeição: o desenvolvimento de estudo para a eliminação da surdez em embriões humanos 200

3.7.1.3 Terapia em pacientes nascidos para curar câncer agressivo nos pulmões..200

3.7.1.4 A descoberta da cura para a anemia falciforme e a talassemia beta em pessoas humanas nascidas...201

CAPÍTULO 4

O DIREITO DE FILIAÇÃO E O MERCADO DE BENS REPRODUTIVOS: ENTRE O DESEJO E OS LIMITES DA AUTONOMIA PROCRIATIVA NA PROTEÇÃO DA DIVERSIDADE NO PATRIMÔNIO GENÉTICO HUMANO.............203

4.1 O futuro da família genética (ou sobre como pode existir uma tendência para se afastar o critério biológico originário em razão da ordem mercadológica?) 205

4.2 A crítica habermasiana frente aos avanços da biotecnologia reprodutiva: autonomia privada, eugenia e a (im)possibilidade de instrumentalização da espécie humana 211

4.3 Instrumentos jurídicos favoráveis à proteção da diversidade no patrimônio genético humano 216

4.4 Autonomia procriativa e os limites na construção dos projetos parentais assistidos: a liberdade no planejamento familiar na disposição dos direitos reprodutivos 221

4.4.1 Liberdade, famílias e planejamento parental no Estado de Direito brasileiro: a autonomia na constituição das famílias ectogenéticas 222

4.4.2 Os limites da autonomia na construção dos projetos parentais assistidos a partir dos testes pré-implantatórios e do design genético humano na exclusão da diversidade genética 232

4.4.2.1 Dignidade da vida humana 233

4.4.2.2 Parentalidade responsável 237

4.4.2.3 Melhor interesse da criança resultante 239

4.4.2.4 Beneficência procriativa 242

4.4.2.5 Proteção da diversidade no patrimônio genético humano 246

CONSIDERAÇÕES FINAIS...249

POSFÁCIO
AUTONOMIA PRIVADA E O VALOR DA DIVERSIDADE GENÉTICA COMO GARANTIA PARA UMA ORDEM JURÍDICA DEMOCRÁTICA
Maria Rita de Holanda 261

REFERÊNCIAS...265

APÊNDICE
QUADRO COMPARATIVO DAS RESOLUÇÕES DO CONSELHO FEDERAL DE MEDICINA QUE VERSAM SOBRE O USO DAS TÉCNICAS MEDICAMENTE ASSISTIDAS 285

APRESENTAÇÃO

COLEÇÃO FÓRUM DIREITO CIVIL E SEUS DESAFIOS CONTEMPORÂNEOS

A vida em sociedade é uma constante mutação nos modos e na intensidade de relações interpessoais cada vez mais fluidas e complexas. Diversidade e pluralidade se tornam um desafio para operadores do direito comprometidos com as diretrizes axiológicas do texto constitucional, num cenário de pouca tolerância e respeito a pontos de vista e escolhas comportamentais e negociais diferentes da maioria.

O direito civil exprime o cotidiano do sujeito comum, do indivíduo que assume funções em seu ambiente familiar, negocial e tem que equilibrar as necessidades de interação e contato social com o respeito a seus valores e visão de mundo, que determinam seu projeto de vida e decisões eminentemente existenciais. A velocidade das mudanças no mundo contemporâneo tem produzido um evidente impacto nos institutos tradicionais da disciplina, que carecem de ressistematização e uma funcionalização atenta aos legítimos interesses das pessoas envolvidas.

O melhor caminho para refletir sobre os desafios de aplicar um conhecimento que era abordado de modo estático numa realidade analógica, a um cenário dinâmico de elevada interação digital, é ter acesso a um acervo de qualidade técnica, elaborado mediante uma pesquisa de fontes exemplar, comprometido com a análise crítica do contexto fático atual e com uma metodologia que privilegia a pessoa e suas necessidades existenciais em detrimento de aspectos puramente patrimoniais.

Com esses objetivos apresenta-se a *Coleção Fórum de Direito Civil e seus Desafios Contemporâneos*, criada com a finalidade de servir como um espaço privilegiado para discussão de um direito civil adequado às demandas do tempo presente. Os livros que forem editados com este selo têm por objetivo abordar temas que necessitam de maior atenção e debate de operadores jurídicos, quer seja por sua inovação, necessidade de revisão de entendimentos clássicos, quer seja pela nova abordagem que sugerem para enfrentamento de questões controversas relevantes para a melhoria da prestação jurisdicional em nosso país. Busca-se reunir uma doutrina útil para novas pesquisas e para servir de fonte preferencial para decisões judiciais, servindo de fundamento para a atuação de advogados, promotores, defensores e magistrados.

Com a criação desta Coleção, a Editora Fórum mais uma vez reafirma seu compromisso com a consolidação e a divulgação de doutrina jurídica de qualidade a seus leitores, garantindo um espaço de excelência para o trabalho de todos aqueles que acreditam na pesquisa jurídica como um dos caminhos para a construção de uma sociedade mais justa e solidária.

Maceió/AL, 21 de abril de 2019.

Marcos Ehrhardt Jr.
Coordenador.

PREFÁCIO

Principio a apresentação da obra, referenciando a Declaração Universal sobre o Genoma Humano e os Direitos Humanos,[1] cujo marco é a compreensão do genoma enquanto base da unidade fundamental de todos os membros da família humana, assim como do reconhecimento de sua inerente dignidade e diversidade.

Nesse sentido, o imperativo categórico é que toda pessoa tem o direito de respeito à sua dignidade e a seus direitos, independentemente de suas características genéticas. Portanto, a singularidade e a diversidade das pessoas devem ser respeitadas, com a proibição de toda e qualquer forma de discriminação baseada em características genéticas.

Essa pauta protetiva do genoma e o reconhecimento da sua diversidade, prevista naquela Declaração, inspiraram diretamente a concepção e estruturação da Declaração Internacional sobre os Dados Genéticos Humanos.[2] Segundo a qual, por dados genéticos, entende-se as informações relativas às características hereditárias dos indivíduos.

A evolução das pesquisas científicas, por meio da análise de ácidos nucleicos ou outras análises científicas, permite a manipulação de dados genéticos humanos, bem como pode indicar predisposições genéticas dos indivíduos. Esses dados têm um impacto significativo sobre a família, incluindo a descendência, ao longo de várias gerações.

Fazendo uma leitura conjunta das Declarações, encontramos na primeira o reconhecimento da imprescindível tutela do genoma, enquanto legado da humanidade, ao mesmo tempo que proclama a sua diversidade. Enquanto a segunda fixa critérios éticos e a necessária conformidade aos princípios de igualdade, justiça, solidariedade e responsabilidade, de respeito da igualdade humana, liberdade de pensamento e de expressão, incluindo a liberdade de investigação, assim como a proteção da vida privada e da segurança da pessoa, em que

---

[1] Aprovada pela Assembleia-Geral das Nações Unidas, em 9 de dezembro de 1998. Disponível em: https://unesdoc.unesco.org/ark:/48223/pf0000122990_por.

[2] Aprovada na 32ª sessão da Conferência Geral da UNESCO, no dia 16 de outubro de 2003. Disponível em: https://bvsms.saude.gov.br/bvs/publicacoes/declaracao_inter_dados_genericos.pdf.

devem se basear a recolha, o tratamento, a utilização e a conservação dos dados genéticos humanos. Ademais, enquanto limite, determina que deverão ser envidados todos os esforços para que nenhuma disposição possa ser invocada de alguma forma por um Estado, agrupamento ou indivíduo para se dedicar a uma atividade ou praticar um ato, bem como permitir que as informações sejam utilizadas de um modo discriminatório ou tenha por finalidade ou por efeito infringir os direitos humanos, as liberdades fundamentais ou a dignidade humana, ou para fins que conduzam à estigmatização ou mesmo à reverberação cultural em um indivíduo, nas famílias, em determinado grupo ou de comunidades.

Como se percebe, entre elas há uma base e confluência de propósitos comuns, mas que não se esgotam em si mesmas, pelo contrário, seus influxos reverberam em outras searas, a exemplo da Convenção Internacional sobre os Direitos das Pessoas com Deficiência e seu Protocolo Facultativo,[3] a qual elege como um dos princípios o respeito pela diferença e pela aceitação das pessoas com deficiência como parte da diversidade humana e da humanidade.

Embasada nesta tríade protetiva, a presente obra se descortina para investigar como a tutela da diversidade no patrimônio genético humano, ao considerar o gene da deficiência como parte da herança genética da humanidade, pode funcionar como um limitador da autonomia no planejamento familiar em projetos parentais assistidos.

O autor parte do pressuposto de que o avanço da biotecnociência radica na observância rígida de critérios éticos e jurídicos, no que diz respeito à manipulação de dados genéticos, ante o risco iminente de uma nova eugenia ou uma neoeugenia, principalmente por ocasião do exercício do planejamento familiar.

Por outras palavras, o autor se propõe a estabelecer limites e investigar quais são as ferramentas que o Estado de Direito brasileiro oferece para se tutelar a diversidade no patrimônio genético, tomando como base a assertiva de considerar a deficiência como parte da herança genética da humanidade, o alcance e a extensão da autonomia do planejamento familiar e, sobretudo, quais mecanismos postos existem para regulamentar a reprodução humana assistida na sociedade, diante

---

[3] Ratificados pelo Congresso Nacional e promulgados pelo Decreto nº 6.949, de 25 de agosto de 2009, o qual serviu de base para a Lei Brasileira de Inclusão da Pessoa com Deficiência (Lei nº 13.146/2015). Disponível em: http://www.planalto.gov.br/ccivil_03/_ato2007-2010/2009/decreto/d6949.htm .

da concreta possibilidade de aprimoramento de embriões humanos pelo uso da manipulação genética.

Indiscutivelmente, é uma obra com abordagem complexa, pois o autor optou por dialogar com temas correlatos ao núcleo temático,o que demonstra e ratifica o cariz de pesquisador do autor.

O comprometimento e a seriedade na escrita tornam a obra referencial, para todos aqueles interessados em estudar com profundidade o tema.

Boa leitura.
Recife, maio/2022.

Fabíola Albuquerque Lobo

Professora Titular de Direito Civil da Faculdade de Direito do Recife da Universidade Federal de Pernambuco (FDR/ UFPE). Doutora e Mestra em Direito pela Universidade Federal de Pernambuco (UFPE). Professora de Direito Civil no curso de graduação do Departamento de Direito Privado do Centro de Ciência Jurídicas da Universidade Federal de Pernambuco (CCJ/UFPE). Professora do Programa de Pós-Graduação em Direito da Universidade Federal de Pernambuco (PPGD/CCJ/UFPE). Coordenadora dos Cursos de Especialização em Direito Civil e Empresarial (UFPE). Vice-líder do Grupo de Pesquisa Constitucionalização das Relações Privadas (CONREP/UFPE).

APRESENTAÇÃO

Existem alguns temas jurídicos que apenas a partir de meados do século XX, ou em certos casos do início do século XXI, entraram na pauta de debates, não obstante fossem tão antigos quanto a humanidade. A "invisibilidade" de tais matérias se deve, em parte significativa, a preconceitos sociais, que levam à rejeição e à discriminação de grupos de pessoas, dos quais é bom exemplo a população LGBTQIA+. Nessa linha se encontram também as pessoas com deficiência, que somente em 2015 obtiveram a aprovação da Lei Brasileira de Inclusão (LBI), que constitui o Estatuto da Pessoa com Deficiência (EPD) destinado a efetivar os direitos que são constitucionalmente assegurados a essas pessoas. Observe-se que os direitos das pessoas com deficiência foram reconhecidos e assegurados internacionalmente pela denominada Convenção de Nova York, ratificada pelo Brasil em 2008, e que a vigência da LBI se iniciou em janeiro de 2016.

O demorado tempo decorrido entre o reconhecimento dos direitos das pessoas com deficiência, nos termos da Convenção, e a vigência da LBI, que viabiliza a efetivação desses direitos, bem demonstra as dificuldades encontradas, e que ainda perduram, para que a inclusão se torne realidade. O que se constata é que foi rompida, por força da LBI, a imemorial invisibilidade da questão, mas o processo de assimilação pela sociedade e pelo próprio mundo jurídico da nova situação sociojurídica, assegurada às pessoas com deficiência, está sendo lento e certamente será longo. A substituição do modelo médico da deficiência pelo modelo social causa, sem dúvida, impacto e questionamentos. Não será fácil, em curto prazo, a aceitação das pessoas com deficiência, inclusive mental ou intelectual, como pessoas a quem se assegura o exercício pleno e equitativo de todos os direitos humanos e as liberdades fundamentais.

Destaque-se que não mais se trata de uma igualdade formal, nominal, mas sim substancial, real, visto que é assegurada expressamente às pessoas com deficiência a plena capacidade jurídica para prática de atos patrimoniais e negociais, e também existenciais, a saber: casar-se e constituir união estável; exercer direitos sexuais e reprodutivos; decidir sobre o número de filhos e de ter acesso a informações adequadas sobre reprodução e planejamento familiar; conservar sua fertilidade, sendo vedada a esterilização compulsória; exercer o direito à família e à convivência familiar e comunitária; e exercer o direito à guarda, à tutela, à curatela e à adoção, como adotante ou adotando, em igualdade de oportunidades com as demais pessoas.

A despeito da complexidade e das dificuldades encontradas para a inclusão das pessoas com deficiência, inegáveis foram as conquistas, especialmente no campo legislativo, fato que confere efetivo amparo e, por conseguinte, maior estabilidade a todas as situações jurídicas por elas vivenciadas.

Contudo, no que respeita à utilização das técnicas de reprodução assistida, matéria de profundo interesse da sociedade, e que se verifica há mais de três décadas no Brasil, nenhum avanço se verificou quanto à sua regulamentação por lei, de há muito necessária. Não bastasse a multiplicidade de questões que as referidas técnicas instauram no campo jurídico, as quais mal são atendidas pela normativa existente, situações inéditas, na verdade inimagináveis até fins da década de 1970, surgem e se desenvolvem, gerando crescente complexidade e dificuldade para o Direito e para a Ética. A possibilidade de criação de embriões humanos em laboratório, sem contato sexual entre o homem e a mulher que fornecem os gametas para tanto, tornou-se uma técnica de reprodução assistida comum. Conhecida popularmente como "bebê de proveta", essa técnica não cogitada pelo legislador brasileiro, que considerava a procriação um ato natural, fisiológico, acaba por ensejar outros procedimentos inovadores, como a manipulação de embriões humanos, para fins de diagnóstico de alterações genéticas causadoras de doenças. Com base no diagnóstico genético pré-implantacional, isto é, antes de o embrião ser transferido para o útero da mulher que levará a cabo a gravidez, é feita a seleção de embriões, que tem feição terapêutica.

A evolução tecnocientífica foi além e desenvolveu a edição do genoma humano, tendo se destacado a técnica CRISPR-cas9, considerada revolucionária, por tornar possível se "reescrever o código genético humano", não só para fins terapêuticos, mas também para a programação de filhos, atingindo toda a linhagem deles descendentes. Não há exagero, portanto, em se fazer referência à alteração do patrimônio genético.

Evidenciam-se as profundas indagações e inquietações éticojurídicas que a biotecnociência trouxe para toda a sociedade, que se encontra entre o "entusiasmo científico e as inquietações éticas", como bem definiu o bioeticista Leo Pessini.

As breves considerações acima feitas permitem que se vislumbre o complexo campo de estudo do presente trabalho, que explora um dos mais sensíveis aspectos dos efeitos decorrentes das citadas técnicas, as quais demandam urgente estabelecimento de princípios e critérios norteadores, para respeito e preservação dos valores constitucionais. Sem dúvida, quando a sombra de uma "nova eugenia" paira sobre o patrimônio genético, passível de manipulação como indicado, urge que se aprofundem os debates em busca de diretrizes que possam tutelar os altos interesses envolvidos. A doutrina deve se antecipar e indicar os caminhos a serem trilhados, uma vez que matéria de tamanha gravidade não pode ficar à mercê da letargia legislativa, que há décadas não se manifesta sobre as técnicas de reprodução assistida e seus desdobramentos como ressaltado.

O jovem autor da presente obra não apenas apresenta importantes contribuições para encaminhamento das soluções que se buscam, como vai além, ao destacar a deficiência como parte da herança genética da humanidade e provocar a reflexão sobre os limites que devem ser postos ao planejamento familiar, quando se consideram as técnicas de edição genética, em particular CRISPR-cas9. Trata-se, sem dúvida, de leitura recomendada para todos os que se preocupam com a proteção do patrimônio genético humano, no momento em que a eugenia se torna uma possibilidade científica.

Rio de Janeiro, maio de 2022.

Heloisa Helena Barboza

Doutora em Direito pela Universidade do Estado do Rio de Janeiro (UERJ). Doutora em Ciências pela Escola Nacional de Saúde Pública Sergio Arouca (ENSP/FIOCRUZ). Livre Docente em Direito Civil pela UERJ. Professora Titular de Direito Civil da Faculdade de Direito da UERJ. Diretora da Faculdade de Direito da UERJ. Procuradora de Justiça do Estado do Rio de Janeiro (aposentada). Advogada.

INTRODUÇÃO

A proteção do patrimônio genético humano se torna, cada vez mais, o centro do debate das discussões morais, filosóficas e até mesmo religiosas na atualidade. Nesse sentido, argumenta-se que não deve haver um distanciamento da esfera jurídica nessa discussão, tendo em vista, principalmente, o *boom* que a engenharia genética representa na transformação dos valores tradicionais da reprodução na sociedade. Dessa maneira, o crescimento no uso das tecnologias reprodutivas simboliza, paulatinamente, as escolhas de desenvolvimento do vínculo parental das famílias contemporâneas, originando-se, assim, as chamadas famílias ectogenéticas[1] e estas abrem margem para a discussão dos novos direitos que surgem a partir dos progressos na área da Genética e da Medicina, entendidos aqui como os direitos de quarta geração.

Ainda nessa perspectiva, no Brasil, o crescimento do uso das tecnologias reprodutivas representa não somente mais avanços na área da engenharia molecular, mas também a expansão de um mercado de consumo e a produção de embriões que satisfaçam o desejo reprodutivo dos pais projetistas. A partir disso, desenvolve-se na óptica da *Liberdade* do planejamento familiar a possível percepção de que a autonomia existencial, regra de preferência do legislador constitucional, não admite limites nem sequer vedações para o direito à filiação em projetos parentais assistidos. Aliado a essa interpretação, o estado atual da biotecnociência demonstra que o poder da ciência, em controlar a natalidade, faz emergir o que alguns teóricos chamam de nova eugenia

---

[1] Esses modelos familiares seriam advindos de filhos fruto do uso de tecnologias reprodutivas, abrindo-se margem para novas possibilidades de construção do vínculo de parentesco para além da reprodução natural.

ou uma neoeugenia, a qual implica a intervenção precisa na estrutura do genoma humano.

Isso porque, modernamente, diante das constantes inovações tecnológicas em busca de desenvolvimento humano, o progresso da ciência permite não apenas o início de desenvolvimento embrionário extracorpóreo, por meio das conhecidas técnicas de reprodução humana assistida, como também oportuniza selecionar e intervir na corporeidade genética em sua dimensão molecular, atingindo, por exemplo, células somáticas e germinativas. Afinal, a partir do ano de 2012, descobriu-se o potencial disruptivo do sistema imune bacteriano CRISPR que, quando associado à proteína Cas9, possibilita editar o genoma de qualquer ser vivo, seja ele animal ou vegetal, com precisão e pouca onerosidade se comparado com as tecnologias anteriormente disponíveis. Assim, aliado à técnica do diagnóstico genético pré-implantacional, torna-se possível identificar a característica genômica indesejável e, por conseguinte, editar o DNA para inserir ou excluir determinada característica genética.

Em meio a tais avanços e problemas de cunho moral e ético, surge a necessidade de um movimento de respeito às garantias fundamentais, encontrando-se, por óbvio, como limite as normas-princípios em direito admitido, as quais funcionariam como propulsoras de regulamentação das relações entre privados. Admite-se, nesse sentido, a base de metodologia civil-constitucional[2] para que se oportunize tutelar as situações que não foram previstas pelo ordenamento jurídico em sua formulação original, havendo a necessidade de utilização de normas flexíveis e que acompanhem as mudanças sociais, sobretudo na esfera das relações entre privados, eixo discursivo deste trabalho.

Há de se falar, também, que o uso das técnicas reprodutivas é a razão de outras problemáticas sérias, entre as quais aquelas que não se esgotam apenas no campo da ética e da moral. Isso em razão de esbarrarem ainda na falta de normatização específica de lei no Brasil que possa determinar maior balizamento na regulamentação quanto

---

[2] Nas lições de Paulo Lôbo, a metodologia do direito civil-constitucional consiste em método de estudo, pesquisa e aplicação do Direito Civil a partir da interpretação das normas civis à luz da Constituição. Dessa maneira, aplica-se de maneira imediata e direta os princípios e as garantias fundamentais nas relações entre privados. LÔBO, Paulo. Metodologia do direito civil constitucional. *In*: RUZYK, Carlos Eduardo Pianovsky; SOUZA, Eduardo Nunes de; MENEZES, Joyceane Bezerra de; EHRHARDT JÚNIOR, Marcos (Org.). *Direito Civil Constitucional*: a ressignificação dos institutos fundamentais do direito civil contemporâneo e suas consequências. Florianópolis: Conceito Editorial, 2014. p. 20.

ao planejamento familiar, a qual ocasiona insegurança jurídica no direito de acesso, uso e proteção das pessoas humanas que utilizam essas ferramentas reprodutivas. É por essa razão que, atualmente, emana um movimento dos juristas nacionais no desenvolvimento de projetos de leis que possam, suplementarmente, enquanto de maneira imediata, sanar os problemas mais frequentes enfrentados em virtude dessa falta de regramento e fiscalização em parâmetros de eficácia. Por outro lado, o movimento do Congresso Nacional parece estar ainda estanque na aprovação de diretrizes jurídicas que possam regulamentar as tecnologias mencionadas.

A partir disso, para este trabalho, importa refletir que a regulamentação atual do uso das técnicas reprodutivas é disciplinada por resolução do Conselho Federal de Medicina, atualmente, a Resolução nº 2.294/2021. Dessa forma, a eficácia normativa, se comparada ao plano de normas existentes, é quase que de força insuficiente para obrigar uma adequação dos profissionais de saúde, tendo em vista que essas normas possuem efeito deontológico, ou seja, apenas de direcionamento ético para esses profissionais. Além disso, a Agência Nacional de Vigilância Sanitária (ANVISA) passou a elaborar, a partir do ano de 2008, relatórios do Sistema Nacional de Produção de Embriões (*SisEmbrio*) que, entre os seus objetivos, possui o propósito de fiscalizar a atuação das Clínicas de Reprodução Humana no país.

Isso posto, expõe-se que a problemática deste trabalho se concentra no fundamento para a manipulação genética em embriões humanos, geralmente relacionado com a intenção de se evitar na criança que resultará do planejamento familiar alguma doença ou uma doença que seja incompatível com a vida. Especificamente, no Brasil, a abordagem se concentra na análise do que dispõe o princípio geral de número cinco[3] da Resolução nº 2.294/2021 do Conselho Federal de Medicina, presente nas normativas anteriores. Esse, por sua vez, dispõe que é vedada a manipulação genética do embrião gerado a partir do uso das técnicas reprodutivas, no sentido de selecionar o sexo ou qualquer outra característica biológica do futuro filho, salvo para evitar doenças na prole. Consequentemente, a mesma norma, em outro dispositivo, estabelece que as técnicas de reprodução assistida também podem ser aplicadas para seleção de embriões submetidos ao diagnóstico de "alterações

---

[3] Conselho Federal de Medicina (Res. nº 2.294/2021), grifo nosso: "*As técnicas de RA não podem ser aplicadas com a intenção de selecionar o sexo (presença ou ausência de cromossomo Y) ou qualquer outra característica biológica do futuro filho, **exceto para evitar doenças no possível descendente**".

causadoras de doenças". Assim, inclui-se a possibilidade de doação ou descarte de embrião que possua esse gene a partir, sobretudo, da decisão do paciente em conformidade com o consentimento livre e esclarecido.

Desse modo, percebe-se que são permitidos, por meio da resolução deontológica, a sexagem, a seleção de característica biológica ou, ainda, o descarte ou a doação para pesquisa de embrião, desde que em favor de evitar doença no filho que, porventura, venha a nascer. Em uma primeira leitura descompromissada, parece que esse instrumento permite, de fato, um inequívoco benefício: evitar que o nascido tenha doença. No entanto, o que seria doença? E, ainda, a deficiência seria doença? Se sim, para essa última pergunta, seria possível evitar que um filho nasça com deficiência por meio dessas técnicas? É possível, ainda, que ocorra descarte eugênico de embriões com o diagnóstico da deficiência?

Em vista disso, cabe pensar que, recentemente, o Brasil se tornou signatário de um diploma internacional, conhecido como Convenção sobre os Direitos das Pessoas com Deficiência, o qual inaugurou um novo marco de necessárias mudanças tanto para os juristas como para os profissionais de saúde, trazendo a compreensão do modelo *social* de deficiência. Há de se notar, por isso, que esse modelo define a deficiência como um critério relacional, fruto da interação do indivíduo que possua algum tipo de impedimento com as barreiras atinentes ao meio social não adaptado (não se utilizando o termo enfermidade/doença, mas sim impedimento). Além do mais, é ainda possível entender que os impedimentos seriam características biológicas, como ter olhos castanhos ou cabelo loiro. Não se trataria, assim, de se perceber a deficiência segundo conceitos de saúde ou de doença, ao passo que sua origem adviria, sobretudo, de razões eminentemente sociais.

Ademais, cumpre salientar que o referido tratado de direitos humanos, a partir do procedimento adotado pelo §3º do art. 5º da Constituição Federal, teria sido inserido no ordenamento brasileiro com força de Emenda Constitucional, uma vez que teria *status* de norma constitucional. Por conseguinte, compreende-se, assim, que, havendo um choque interpretativo entre o que dispõe a Resolução do Conselho Federal de Medicina, o Catálogo Internacional de Doenças e a Convenção sobre os Direitos das Pessoas com Deficiência, há de prevalecer essa última sobre as demais. Afinal, o tratado propõe a superação do paradigma médico de deficiência, ao estabelecer critérios relacionais (conforme o meio social não adaptado), possuindo a força normativa da Constituição.

Logo, do ponto de vista jurídico, a urgência em torno da discussão da construção de uma ideia de proteção da diversidade no patrimônio genético a partir dos possíveis limites da percepção de liberdade na construção do projeto de parentalidade, ante a crise de valores atuais na sociedade, faz emergir a seguinte problemática: *a tutela genética da deficiência, como traço de expressão da diversidade no patrimônio genético humano, frente ao diagnóstico genético pré-implantacional e ao Crispr-Cas9, pode funcionar como um limitador ao exercício da autonomia no planejamento familiar?*

Diante da problemática suscitada, este trabalho levanta as seguintes hipóteses:

1. A virada copérnica quanto à percepção de deficiência afasta a noção de patologia da diversidade funcional, permitindo discutir, juridicamente, bases para uma proteção de diversidade no patrimônio genético humano; e

2. A proteção da deficiência, na esfera genética, esbarra no abstracionismo teórico do conceito de doença na medicina moderna, ainda que a deficiência para o direito esteja na relação entre o sujeito com limitação e o contexto social, portanto, não na pessoa humana.

Além de que, a delimitação do objeto desta pesquisa concentra-se no nascimento da prole programada e esperada, a partir do desejo dos pais em terem filhos, ante a discussão de utilização de material genético humano em fase pré-implantatória ao considerar, precipuamente, o descarte embrionário em razão da discriminação da deficiência e, também, a porventura possibilidade de edição genética de embriões humanos a fim de remover ou substituir o gene da deficiência, sobre o pressuposto argumentativo de que a diversidade funcional seria uma vida que não vale a pena ser vivida. Além do mais, o recorte discursivo concentra-se na esfera extracorpórea, ou seja, o procedimento ocorre fora do corpo humano por meio das modernas tecnologias de reprodução humana assistida coligadas com a terapia genética, não fazendo parte deste trabalho o debate sobre a fecundação intrauterina por meio do coito sexual e o posterior desenvolvimento intracorpóreo (*in vivo* ou no corpo humano).

A escolha pela delimitação do objeto se processa em razão de serem duas situações diferenciadas a da manipulação do material genético humano em fase pré-implantatória e a do embrião intrauterino pelas vias da reprodução natural. Isso porque a última relação jurídica envolve os interesses de uma pessoa humana nascida a partir da disposição sobre os atos de seu corpo na autonomia sobre gerar ou não gerar uma prole indesejada, fazendo jus reflexivo à discussão sobre o aborto como direito à autonomia individual, embora ele seja criminalizado no Brasil. A primeira situação, por sua vez, envolve pelo menos quatro fenômenos jurídicos em grau de complexidade: a) o controle do patrimônio genético humano conforme parâmetros subjetivos dos autores do projeto parental; b) o conflito de interesses entre a expectativa dos pais projetistas sobre o futuro da criança e o seu melhor interesse a partir do nascimento com vida; c) a confusão teórica-conceitual entre a deficiência como uma doença e sua aproximação de forma generalizada com doenças incompatíveis com a vida; e d) a generalização discursiva sobre a deficiência ser uma vida que não valha a pena ser vivida, sobre o pretexto argumentativo sobre ser uma vida que não terá qualidade de vida.

Ante tal perspectiva, o presente trabalho objetiva investigar como a tutela da diversidade no patrimônio genético humano, ao considerar o gene da deficiência como parte da herança genética da humanidade, pode funcionar como um limitador da autonomia no planejamento familiar em projetos parentais assistidos. Para tanto, buscar-se-á:

a) investigar a consolidação acadêmica da Bioética e do Biodireito e os seus possíveis reflexos para a proteção dos grupos vulnerados, máxime no que diz respeito à tutela da pessoa com deficiência nas relações biomédicas;

b) perceber a evolução conceitual de deficiência na história ocidental da humanidade a partir da teoria dos Direitos Humanos e da Bioética;

c) estudar as mudanças proporcionadas pela Convenção sobre os Direitos das Pessoas com Deficiência e o Estatuto da Pessoa com Deficiência (Lei nº 13.146/2015) no ordenamento pátrio e, em especial, na codificação civil brasileira;

d) compreender a despatologização da deficiência a partir do modelo de percepção *social* e do rompimento com o paternalismo médico, diante, sobretudo, da assimilação da Convenção sobre os Direitos das Pessoas com Deficiência no Brasil;

e) analisar o princípio da *Liberdade*, no planejamento familiar, em busca de entender o seu alcance e as suas limitações a partir da autonomia existencial conferida pelo legislador constitucional;

f) entender em que se baseia o diagnóstico genético pré-implantacional e de que modo tal prática pode contribuir para a exclusão de embriões que possuam o gene da diversidade funcional;

INTRODUÇÃO | 37

g) averiguar como o estado atual da biotecnociência fundamenta a edição genética em células germinativas e somáticas por meio da ferramenta CRISPR-Cas9 em embriões humanos, de modo a favorecer a eugenia liberal na sociedade;

h) analisar a crítica habermasiana sobre a instrumentalização da vida humana a partir das modernas tecnologias reprodutivas, notadamente o diagnóstico genético pré-implantacional aliado à técnica do CRISPR-Cas9, para os signos de autonomia privada, eugenia liberal, eugenia positiva e eugenia negativa;

i) averiguar de que maneira há extensão de proteção jurídica conferida ao embrião *in vitro* (ou extracorpóreo), tendo em vista a expansão das ideias do melhoramento genético; e

j) buscar dados concernentes à tutela do patrimônio genético enquanto expressão de preservação da diversidade na humanidade.

Diante disso, destaca-se que o método de raciocínio adotado neste trabalho é o analítico-dedutivo, haja vista a aplicação da pesquisa documental e do uso de revisão bibliográfica. Além do mais, buscou-se, mediante a coleta de doutrina nacional e internacional, a compreensão em torno da deficiência, bem como a possibilidade de proteção do patrimônio genético mediante o uso das técnicas de reprodução medicamente assistida e de edição genética. A partir disso, o levantamento preocupou-se em incluir, também, legislação nacional e internacional, levando em consideração, sobretudo: a) a Convenção sobre os Direitos das Pessoas com Deficiência; b) a Convenção sobre Diversidade Biológica; c) a Lei Brasileira de Inclusão ou Estatuto da Pessoa com Deficiência (Lei nº 13.146/2015); d) a Constituição Federal de 1988; e) o Código Civil Brasileiro; f) a Lei de Biossegurança; e g) a Lei sobre Patrimônio genético.

Salienta-se, ainda, que o presente trabalho foi divido em duas partes: I) O Movimento Internacional das Pessoas com Deficiência a Partir da Influência da Bioética e do Biodireito; e II) A Necessidade de Defesa Jurídica do Patrimônio Genético Humano e os Avanços das Tecnologias Reprodutivas na Construção da Família: o filho projetado.

Por conseguinte, a *Parte I* busca ofertar ao leitor uma compreensão do movimento internacional das pessoas com deficiência sob a influência da Bioética e do Biodireito, o que ocasionou, por sua vez, na promoção de liberdades e garantias fundamentais nas relações entre privados e para com a coletividade. Além do mais, essa parte é subdividida em dois capítulos, sejam eles: a) A Ciência a Favor da

Vida Humana: a consolidação acadêmica da Bioética e do Biodireito na promoção do respeito à diversidade; e b) O Argumento sobre "A Vida que Não Vale a Pena Ser Vivida": o movimento despatologizador da deficiência no Direito.

Em face do exposto, o *Capítulo 1* se debruça em uma análise exploratória da consolidação acadêmica da Bioética e do Biodireito, enquanto disciplinas elementares para a promoção do declínio da autoridade médica sobre o paciente. Baseado nisso, a quebra do monopólio de poder na hierarquia da *práxis* biomédica passou a dar maior espaço para a emancipação da vontade, em que o paciente passou a ser compreendido como sujeito dotado de autonomia, capaz de se autodeterminar nas relações médicas. Tais esforços, por sua vez, empreenderam socialmente na emergência de garantia da autonomia para grupos vulneráveis, reverberando, por isso, em movimentos sociais, como o das pessoas com diversidade funcional. Dessa forma, em meio ao mesmo marco histórico de nascimento da Bioética, emergiu o modelo *social* de deficiência, que, assim como a Bioética, propugna a quebra das ideias de submissão e tolhimento da autonomia da vontade.

O *Capítulo 2*, por seu turno, percebe a concepção do movimento despatologizador da deficiência a partir da disseminação dos ideais da Bioética e do Biodireito e da evolução histórico-legislativa no Brasil, considerando: a) a promulgação da Convenção sobre os Direitos das Pessoas com Deficiência; e b) a elaboração do Estatuto da Pessoa com Deficiência ou Lei Brasileira de Inclusão. Em momento oportuno, por isso, explora-se a evolução conceitual de deficiência que, eminentemente, ocorre a partir de razões sociais e de ordem política no meio social não adaptado. A seu turno, observam-se, também, os impactos da assimilação desse modelo no ordenamento jurídico pátrio, máxime no que diz respeito ao direito civil no: a) sistema de capacidade jurídica; e b) direito protetivo. E, por fim, tenta-se confrontar os ideais do modelo de percepção *social* para contribuir, criticamente, na distinção com o conceito de enfermidade/doença.

A *Parte II*, de outro lado, tem a pretensão de oferecer ao leitor a percepção da necessidade de defesa do patrimônio genético a partir das modernas tecnologias de auxílio à reprodução humana. Dessa maneira, busca-se explorar o atual quadro problemático da regulamentação dessas tecnologias. Ratifica-se, ainda, que no estado atual, a pesquisa foi subdividida em dois capítulos, intitulados c) Admirável Mundo Novo da Genética: tecnologias de auxílio à reprodução e design genético na quarta era dos direitos; e d) O Direito de Filiação e o Mercado de Bens

Reprodutivos: entre o desejo e os limites da autonomia procriativa na proteção da diversidade no patrimônio genético humano.

Nessa perspectiva, no *Capítulo 3*, é apresentada uma breve análise do estado atual da biotecnociência para fundamentar o que os teóricos chamam de nova eugenia ou neoeugenia. Além de tudo, investiga-se o estado moral do embrião gerado em laboratório e as possíveis repercussões jurídicas advindas da insatisfatória proteção conferida pelo Estado de Direito. Ainda, analisam-se os únicos dispositivos do Código Civil que fazem menção às técnicas de reprodução assistida, de modo a demonstrar que trazem mais dúvidas do que propriamente soluções. Ademais, argumenta-se que a insatisfatória tutela não repousa somente no campo jurídico, mas também na regulamentação das normas ético-disciplinares propostas pelo Conselho Federal de Medicina. Após o arcabouço teórico levantado, comenta-se como a ferramenta do diagnóstico genético pré-implantacional e a técnica do CRISPR-Cas9 subvertem os conceitos tradicionais de reprodução.

No *Capítulo 4*, a pesquisa é pautada na atribuição de uso das tecnologias assistidas, refletindo o direito à filiação a partir dos limites da *Liberdade* no planejamento familiar, considerando-se, assim, a metodologia de interpretação do direito civil constitucional. E, por esse motivo, menciona-se como a cultura liberal das sociedades ocidentais, sob o argumento crítico habermasiano, impacta diretamente o exercício do direito de filiação na chamada prole programada, interferindo, então, na noção de proteção da diversidade no patrimônio genético humano, de modo a ressignificar práticas eugênicas.

Por fim, o trabalho conta com um apêndice, elaborado pelo autor, destinado a entender como se deu a disposição das normas do Conselho Federal de Medicina ao longo dos anos, em análise comparativa, com aspectos restritos correlacionados com o objeto desta pesquisa, intitulado: *"Quadro comparativo das resoluções do Conselho Federal de Medicina que versam sobre o uso das técnicas medicamente assistidas"*.

PARTE I

O MOVIMENTO INTERNACIONAL DAS PESSOAS COM DEFICIÊNCIA A PARTIR DA INFLUÊNCIA DA BIOÉTICA E DO BIODIREITO

Chegou a hora de estabelecer um fórum em que pontos de vista de todos os lados da comunidade acadêmica possam ser ouvidos pelo que valem em situações específicas e na definição de novos problemas.

(POTTER, Van Rensselaer. *Bioética*: ponte para o futuro. Tradução de Diego Zanella, 2016).[4]

---

[4] Publicação original: "*The time has come to provide a forum in which views from all sides of the academic community may be heard for what they are worth specific situations and in defining new problems*" (POTTER, Van Rensselaer. *Bioethics*: bridge to the future. New Jersey: Prentice-Hall, 1971. p. 85).

CAPÍTULO 1

A CIÊNCIA A FAVOR DA VIDA HUMANA: A CONSOLIDAÇÃO ACADÊMICA DA BIOÉTICA E DO BIODIREITO NA PROMOÇÃO DO RESPEITO À DIVERSIDADE

> *A bioética, como a imagino, tentaria gerar sabedoria, o conhecimento de como usar o conhecimento para o bem social a partir de um conhecimento realista da natureza biológica humana e do mundo biológico. [...] seu objetivo é o mesmo: combinar a ciência da biologia com a preservação dos valores humanos e esforçar-se para fazer o futuro do ser humano surgir de um modo que poderia ser aceitável.*
>
> (POTTER, Van Rensselaer. *Bioética*: ponte para o futuro, 1971).[5]

Como uma introdução ao leitor no que tange ao problema de pesquisa do presente trabalho, este capítulo volta-se para a análise do surgimento da Bioética e do Biodireito enquanto disciplinas elementares

---

[5] Publicação original: "*Bioethics, as I envision it, would attempt to generate wisdom, the knowledge of how to use knowledge for social good from a realistic knowledge of man's biological nature and of the biological world. [...] his aim is the same: to combine the science of biology, with a preservation of human values and to strive to make man's future come up to what it could conceivably be.*". POTTER, Van Rensselaer. *Bioethics*: bridge to the future. New Jersey: Prentice-Hall, 1971. p. 26.

para a proteção do sujeito passivo das relações biomédicas e para o rompimento dos ideais de paternalismo médico. Isso já que a Bioética vem se tornando, cada vez mais, difundida nos campos de estudo, enquanto o Biodireito passa a reunir, em sua teorização normativa, novos arranjos principiológicos, doutrinários, jurisprudenciais, legislativos e, por consequência, acaba por ganhar também força de reconhecimento nos Estados de Direito nacionais. Ademais, busca-se abordar também conceitos a respeito dessas duas importantes áreas do saber científico, tal como a compreensão sobre qual seria o objeto de estudo da Bioética e do Biodireito, o significado ético dos princípios da Teoria Principialista, a sua crítica institucionalizada, o referencial da vulnerabilidade, entre outros temas relevantes, como a base principiológica do Biodireito.

É importante tencionar, ainda, que a utilização epistemológica das fontes científicas que inauguraram essa importante área do conhecimento concentra-se em países de origem anglo-saxônica,[6] refletindo, dessa maneira, a realidade social dessas nações. Por essa razão, insurgem críticas relativas à produção desse conhecimento no sul global, no campo da Bioética, na medida em que a realidade econômica e política, na qual foram desenvolvidas essas nações, não possibilita uma fiel aplicação da Teoria Principialista. Sobretudo em vista de a vulnerabilidade se tornar mais acentuada nesses países em função da desigualdade como fator político-social.

1.1 O nascimento da Bioética e do Biodireito: passos necessários para o rompimento do paternalismo médico

A consolidação da medicina moderna nem sempre foi acompanhada de limites bem-definidos no manejo dos ensaios clínicos, no desenvolvimento das novas biotecnologias ou até mesmo nas diretrizes éticas e jurídicas que devem guiar as relações biomédicas. Isso porque o imperativo que norteava as relações de poder entre o médico (sujeito ativo) e o paciente (sujeito passivo) era o chamado paternalismo médico, no qual havia, nas lições de Heloisa Helena Barboza,[7] a negação da

---

[6] Países de cultura anglo-saxônica referem-se àqueles desenvolvidos a partir da colonização inglesa.

[7] BARBOZA, Heloisa Helena. A autonomia da vontade e a relação médico-paciente no Brasil. Lex. Medicinae – *Revista Portuguesa de Direito da Saúde*, Coimbra, v. 1, n. 2, p. 5-14, 2004.

capacidade decisória do sujeito como pessoa adulta, de forma similar à relação entre pais e filhos (conduta paternalista), almejando sempre o bem do paciente a partir do ponto de vista da medicina. Aliado a essa visão hipocrática, o consequente progresso científico propiciado com os experimentos em seres humanos, a partir da segunda metade do século XX, desnudou a vulnerabilidade que havia na proteção da pessoa humana como fundamento final da produção do conhecimento gerado com base nos insuficientes parâmetros existentes para o consentimento.

Nesse sentido, a quebra da lógica da hierarquia médica sobre o paciente, para que, emergencialmente, houvesse o resgate do domínio sobre o próprio corpo dos ditos grupos vulneráveis, tornou-se fundamento de destaque na consolidação acadêmica da Bioética. Afinal, diversos foram os acontecimentos, nesse período, que deram margem para que houvesse a consolidação da Bioética enquanto disciplina acadêmica no currículo das mais diversas instituições de ensino, como será demonstrado. Assim, comenta-se que as décadas de 1960 e 1970 foram marcos importantes não apenas para esse ramo interdisciplinar, como também para o revigoramento dos movimentos de emancipação dos direitos civis, por meio de grupos socialmente organizados, como o movimento feminista, *hippie*, negro, da pessoa com deficiência, da diversidade sexual e de gênero, entre outros grupos sociais, que promoveram o fortalecimento da ética normativa e aplicada.[8] Diante disso, esse movimento relativo à quebra do paternalismo médico, consoante a não sujeição moral da pessoa submetida a uma relação médico-paciente, consiste na atenção dos elementos basilares de estruturação do respeito à *Dignidade*, como a *Justiça Social* e a *Igualdade Material*.[9]

---

[8] DINIZ, Debora; GUILHEM, Dirce. *O que é bioética*. São Paulo: Brasiliense, 2005.

[9] A igualdade material não se confunde com a igualdade meramente formal, compreendida pura e simplesmente como a aplicação de medidas iguais para indivíduos com necessidade diferentes – medida ineficaz para a tutela jurídica de grupos vulneráveis, no nosso sentir. A igualdade material, por outro lado, preocupa-se em atender, a partir da óptica da diferença e da hipervulnerabilização, à redistribuição dos recursos sociais, em prol de romper as diferenças e as desigualdades. Busca-se garantir, em meios eficazes, as necessidades diferenciadas dos grupos vulnerabilizados a partir de suas especificidades; afinal, garantir a mesma tutela para indivíduos que possuem necessidades diferentes não proporcionaria a garantia plena e efetiva de inserção desses no *lócus* de proteção social que cabe ao Estado, à comunidade e à família enquanto garantidores. Cf. PIOVESAN, Flávia. *Direitos Humanos e o Direito Constitucional Internacional*. 14. ed. ver. e atual. São Paulo: Saraiva, 2013. p. 94.

Por esse motivo, entende-se que há uma íntima relação entre o marco histórico do nascimento da Bioética e do movimento despatologizador da deficiência em busca de garantias fundamentais, tendo em vista que, além de terem emergido em momento histórico análogo, também objetivam o fortalecimento da emancipação da capacidade de autodeterminação da pessoa humana nos modernos Estados de Direito.[10] Além disso, o embate promovido pela Bioética e também pelo Biodireito repousa na função de proteção da pessoa humana diante dos avanços das modernas tecnologias que objetivam maior qualidade de vida e desenvolvimento humano a qualquer custo.

Em vista disso, a valorização do sujeito em concreto é, na atualidade, o cerne do debate nas pesquisas das ciências da natureza e da vida, nas ciências jurídicas, entre outras áreas afins, que promovem o progresso científico e normativo associado aos valores humanos na construção do conhecimento,[11] de modo a consolidar os valores humanos na proteção da vida. Sendo assim, faz-se necessário traçar breves relatos a respeito da consolidação da Bioética e, por conseguinte, trazer à baila os fundamentos que culminaram na fundamentação teórica interpretativa do Biodireito como disciplina autônoma.

1.1.1 Escorço histórico do surgimento da Bioética e do Biodireito

Diversos acontecimentos, em meados do século XX, abriram espaço para que houvesse o nascimento da Bioética enquanto novo campo das ciências do conhecimento e nova disciplina acadêmica no currículo das mais diversas instituições de ensino. Logo, é necessário

---

[10] A Bioética foi consolidada enquanto seara do conhecimento a partir das décadas de 1960 e 1970, em que houve, a título exemplificativo, a instituição do neologismo "*bioethics*" e a elaboração da Teoria Principialista, a qual institui princípios norteadores. Em marco histórico análogo, foi a partir da década de 1970, encabeçado por Paul Hunt, um dos percussores do Modelo Social de Deficiência, que houve as primeiras proposições críticas ao Modelo Médico de Deficiência. Dessa maneira, há de se perceber uma necessária correlação entre os ideais da Bioética e do Modelo Social de Deficiência em prol do declínio da hierarquia da *práxis* médica na relação com o paciente. Nesse mesmo contexto, outros grupos socialmente organizados, como o da comunidade LGBT+ (lésbicas, gays, bissexuais, transgêneros, entre outros), objetivaram promover o debate crítico social sobre a despatologização de suas identidades, diante do contexto heterocispatriarcal.

[11] Sobre o tema, conferir TEPEDINO, Gustavo. O papel atual da doutrina do direito civil entre o sujeito e a pessoa. *In*: TEPEDINO, Gustavo; TEIXEIRA, Ana Carolina Brochado; ALMEIDA, Vitor (Coord.). *O direito civil entre o sujeito e a pessoa*: estudos em homenagem ao professor Stefano Rodotà. Belo Horizonte: Fórum, 2016.

CAPÍTULO 1
A CIÊNCIA A FAVOR DA VIDA HUMANA... | 47

analisar, em síntese apertada, apontamentos sobre a história desse ramo interdisciplinar do conhecimento e das humanidades. Diante disso, existe um consenso entre os estudiosos da Bioética de que esse novo ramo surgiu como uma resposta aos experimentos realizados em seres humanos nesse período, sobretudo, os ocorridos na Segunda Guerra Mundial (1939-1945), considerando que havia um incentivo por parte das instituições públicas e privadas e uma inconsistência político-normativa nos âmbitos médico e jurídico de alguns países.[12] Desse modo, havia a hegemonia do chamado paternalismo médico, compreendido como a intervenção profissional do agente ativo da pesquisa biomédica por seus próprios critérios, ainda que sem a anuência do paciente ou contra a sua vontade, em desrespeito à capacidade de autodeterminação da pessoa humana frente a questões relativas à sua saúde.[13]

Nessa perspectiva, tal óptica paternalista baseava-se, sobretudo, na ética hipocrática, cuja referência remonta ao Juramento de Hipócrates, que, por sua vez, corresponde a uma declaração solene feita pelos formados em medicina, na qual se comprometem a usá-la para o bem do doente e nunca para causar o mal.[14] Essa lógica é fundada na percepção de que o médico assume a postura de "protetor do paciente", a fim de justificar qualquer medida destinada a restaurar a saúde ou prolongar a vida de modo independente da própria vontade do sujeito

---

[12] Tal inconsistência normativa, atualmente, ainda existe se relacionada à regulação de algumas novas tecnologias, como a reprodução humana assistida no Brasil.

[13] BARROSO, Luís Roberto. Legitimidade da Recusa de Transfusão de Sangue por Testemunhas de Jeová. Dignidade Humana, Liberdade Religiosa e Escolhas Existenciais. *Parecer jurídico*. Rio de Janeiro, 5 de abril de 2010. p. 4-5. Disponível em: https://www.conjur.com.br/dl/testemunhas-jeova-sangue.pdf. Acesso em: 24 abr. 2021.

[14] BARROSO, Luís Roberto. Legitimidade da Recusa de Transfusão de Sangue por Testemunhas de Jeová. Dignidade Humana, Liberdade Religiosa e Escolhas Existenciais. *Parecer jurídico*. Rio de Janeiro, 5 de abril de 2010. p. 4-5. Disponível em: https://www.conjur.com.br/dl/testemunhas-jeova-sangue.pdf. Acesso em: 24 abr. 2021. *"Até meados do século XX, as relações entre médicos e pacientes seguiam o que se convencionou chamar de ética hipocrática. Fundada no princípio da beneficência, ela determinava ao médico que assumisse a postura de 'protetor do paciente', justificando-se qualquer medida destinada a restaurar sua saúde ou prolongar sua vida. Esse paradigma, conhecido como paternalismo médico, legitimava a intervenção do profissional por seus próprios critérios, ainda que sem a anuência do paciente ou contra sua vontade expressa. O fim da Segunda Guerra Mundial assinala o começo da superação do paradigma do paternalismo. O marco desse movimento foi o Código de Nuremberg, de 1947, destinado a regular as pesquisas com seres humanos. Fundado no princípio da autodeterminação da pessoa, o Código estabeleceu o consentimento informado como requisito para a validade ética das experiências médicas. Essas diretrizes foram posteriormente incorporadas pela Declaração de Helsinki, editada pela Associação Médica Mundial (AMM) em 19649. O modelo estendeu-se, igualmente, às relações médico-paciente."*

passivo das relações biomédicas. Em razão disso, busca-se o bem do enfermo sem que esse em nada intervenha na decisão, na medida em que se atribui ao médico o poder de escolha sobre o que é melhor para o paciente, de forma a negá-lo a sua capacidade de decisão como pessoa adulta, sendo esta considerada a relação ética ideal.[15]

Todavia, com o fim da Segunda Guerra Mundial (1939-1945), houve o começo da superação do paradigma de paternalismo médico, tendo como marco principal de desenvolvimento o Código de Nuremberg (1947), que se incumbiu de julgar, por meio do Tribunal de Nuremberg (Alemanha), os experimentos criminosos realizados em seres humanos no Período Entreguerras. A sentença proferida que originou o Código estabeleceu recomendações internacionais sobre os aspectos éticos que devem guiar as pesquisas que envolvam pessoas humanas.[16] Por conseguinte, essas noções foram ainda incorporadas pela Declaração de Helsinki, editada pela Associação Médica Mundial (1964), na qual seus principais fundamentos concentram-se no estabelecimento de princípios éticos que devem fornecer orientações aos médicos e aos participantes em pesquisas clínicas que envolvam seres humanos.[17]

À vista disso, ensina Luiz Roberto Barroso[18] que o paternalismo médico deu lugar à autonomia do paciente como fundamento para a Bioética, pois o paciente deixa de ser um objeto da prática médica e passa a ser sujeito de Direitos Fundamentais fundado no princípio da *Dignidade da Pessoa Humana*, o qual deve assegurar para todas as pessoas o direito de realizar autonomamente suas escolhas existenciais.

---

[15] BARBOZA, Heloisa Helena. A autonomia da vontade e a relação médico-paciente no Brasil. Lex. Medicinae – *Revista Portuguesa de Direito da Saúde*, Coimbra, v. 1, n. 2, p. 5-14, 2005. *"Desde os tempos de Hipócrates até os nossos dias, busca-se o bem do paciente, ou seja, aquilo que, do ponto de vista da medicina, se considera benéfico para o paciente, sem que esse em nada intervenha na decisão. Esse tipo de relação, apropriadamente denominada paternalista, atribui ao médico o poder de decisão sobre o que é melhor para o paciente. Similar à relação dos pais para com os filhos, foi durante longo tempo considerada a relação ética ideal, a despeito de negar ao enfermo sua capacidade de decisão como pessoa adulta."*

[16] TRIBUNAL INTERNACIONAL DE NUREMBERG. *Código de Nuremberg*, Alemanha, 1947. Disponível em: https://bvsms.saude.gov.br/bvs/publicacoes/codigo_nuremberg. pdf. Acesso em: 24 abr. 2021.

[17] ASSOCIAÇÃO MÉDICA MUNDIAL. *Declaração de Helsinki*, Finlândia, junho de 1964. Disponível em: https://www.fcm.unicamp.br/fcm/sites/default/files/declaracao_de_ helsinque.pdf. Acesso em: 24 abr. 2021.

[18] BARROSO, Luís Roberto. Legitimidade da Recusa de Transfusão de Sangue por Testemunhas de Jeová. Dignidade Humana, Liberdade Religiosa e Escolhas Existenciais. *Parecer jurídico*. Rio de Janeiro, 5 abr. 2010. p. 6.

Posto isso, Henry Beecher,[19] ao refletir sobre esse período, entende que a experimentação humana desenfreada, muito provavelmente, não teria ocorrido se os pacientes tivessem tido conhecimento do uso que esses procedimentos teriam sobre os seus corpos; assim, muitos desses sujeitos passivos não obtiveram esclarecimentos satisfatórios acerca das possíveis consequências diretas para os resultados dos experimentos científicos realizados em prol do desenvolvimento humano.

Em consideração a isso, há de se falar que as décadas de 1960 e 1970 foram marcadas por um vertiginoso desenvolvimento tecnológico em virtude dos dilemas morais de experimentos realizados em seres humanos. Inclusive, esse marco também foi caracterizado por conquistas de vários direitos civis (por meio do movimento feminista, negro, das pessoas com deficiência, entre outros). Esses movimentos proporcionaram denúncias cada vez mais constantes relacionadas às pesquisas científicas em pessoas humanas.[20] Esses dilemas, por sua vez, empreenderam num esforço dos estudiosos do período em buscar respaldos morais, deontológicos, éticos e jurídicos para os problemas advindos desses avanços técnico-científicos despreocupados com o bem-estar do sujeito passivo da pesquisa biomédica. Afinal, o paciente comum, de modo consciente, não arriscaria a sua vida por causa dos avanços em prol da "ciência", assim como presume Henry Beecher[21] ao ponderar que a maioria dos estudos publicados envolvendo seres humanos, nesse período, deu-se pela não obtenção do consentimento informado.

---

[19] BEECHER, Henry. Ethics and clinical research. *The new England Journal of Medicine.* v. 274, n. 24, jun. 16, 1966, p. 367. Disponível em: https://www.dartmouth.edu/cphs/docs/beecher-article.pdf%20. Acesso em: 26 abr. 2021. *"Human experimentation since World War II has created some difficult problems with the increasing employment of patients as experimental subjects when it must be apparent that they would not have been available if they had been truly aware of the uses that would be made of them. Evidence is at hand that many of the patients in the examples to follow never had the risk satisfactorily explained to them, and it seems obvious that further hundreds have not known that they were the subjects of an experiment although grave consequences have been suffered as a direct result of experiments described here. There is a belief prevalent in some sophisticated circles that attention to these matters would 'block progress'."*

[20] DINIZ, Debora; GUILHEM, Dirce. *O que é bioética.* São Paulo: Brasiliense, 2005. p. 15-16.

[21] BEECHER, Henry. Ethics and clinical research. *The new England Journal of Medicine,* v. 274, n. 24, jun. 16, 1966, p. 368. *"Ordinary patients will not knowingly risk their health or their life for the sake of ''science.'' Every experienced clinician investigator knows this. When such risks are taken and a considerable number of patients are involved, it may be assumed that informed consent has not been obtained in all cases."*

A partir da influência desse cenário, Albert Josen[22] compreende que houve três acontecimentos relevantes que impulsionaram o debate sobre o estabelecimento de diretrizes ético-jurídicas para fomentar a consolidação da Bioética, os quais merecem ser mencionados:

a) a divulgação do artigo da jornalista Shana Alexander, em 1962, intitulado *They Decide Who Lives, Who Dies*, ou em tradução livre *"Eles decidem quem vive, quem morre"*, o qual narrou os desdobramentos de um comitê de ética hospitalar em Washington, nos Estados Unidos, que estabelecia prioridades para a alocação de recursos em saúde sob a óptica utilitarista. Isso porque, na época, havia dúvidas sobre qual método deveria ser utilizado para selecionar os participantes de um programa de hemodiálise, visto que havia mais pacientes do que se poderia comportar na utilização da tecnologia. A equipe, por isso, foi forçada a adotar critérios;

b) a publicação do artigo *Ethics and Clinical Research*, ou em tradução livre *Ética e Pesquisa Clínica*, no ano de 1966, de Henry Beecher, em que o autor selecionou 22 relatos de pesquisas realizadas com recursos provenientes de instituições, cujas experimentações provocaram, na comunidade científica mundial, enorme assombro desde os anúncios das atrocidades cometidas pelos médicos no nazismo. Nesse sentido, entre os casos com falha no procedimento ético adotado, menciona-se, a título meramente ilustrativo, dois casos para o presente trabalho. O primeiro refere-se a um estudo realizado com crianças com deficiência intelectual, em que houve indução artificial de hepatite leve. Conforme Beecher, os pais deram consentimento para que houvesse a injeção intramuscular ou administração oral do vírus, mas não houve quaisquer esclarecimentos sobre os possíveis riscos envolvidos na saúde das crianças. O segundo caso diz respeito à injeção de células vivas de câncer em 22 sujeitos humanos como parte de um estudo para identificar a imunidade ao câncer. Entre os dados encontrados por Beecher sobre essa pesquisa, os pacientes hospitalizados foram informados apenas que receberiam algumas células, havendo omissão total da palavra câncer.[23]

Entre as contribuições de Beecher, aponta Debora Diniz[24] que "uma das conclusões teóricas que mais impressionam pelo vanguardismo

---

[22] JOSEN, Albert. The birth of bioethics. *Hastings Center Reports*, v. 23, n. 6, p. 1-4, nov./dec. 1993. Disponível em: https://www.jstor.org/stable/3562928?origin=crossref. Acesso em: 28 abr. 2021.

[23] BEECHER, Henry. Ethics and clinical research. *The new England Journal of Medicine*, v. 274, n. 24, june 16, 1966. p. 369.

[24] DINIZ, Debora. Henry Beecher e a gênese da Bioética. *O Mundo da Saúde*, São Paulo, v. 23, n. 5, p. 332-335, set./out. 1999. p. 332. Disponível em: https://www.repositorio.unb.br/bitstream/10482/16177/1/ARTIGO_HenryBeecherGeneseBioetica.pdf. Acesso em: 29 abr. 2021.

foi sua crítica ao uso do termo consentimento informado como mera prescrição de rotina científica". Assim, entende-se que para esse período o termo "consentimento informado" não seguia um rigor absoluto na proteção do paciente, haja vista que havia uma despreocupação do agente ativo da pesquisa biomédica em esclarecer minuciosamente as possíveis consequências ou resultados de determinada *práxis* médica. Dessa forma, é interessante analisar o pensamento do próprio autor sobre o recolhimento do termo de consentimento.

> A abordagem ética da experimentação no homem tem vários fatores; dois são mais importantes que os outros, sendo o primeiro o consentimento informado. A dificuldade de obter isso é discutida em detalhes. Mas é absolutamente essencial esforçar-se por razões morais, sociológicas e legais. A declaração de que o consentimento foi obtido tem pouco significado, a menos que o sujeito ou seu tutor seja capaz de entender o que deve ser realizado e a menos que todos os perigos sejam esclarecidos. Se esses não são conhecidos, isso também deve ser indicado. Em tal situação, o sujeito deve ao menos saber que ele é um participante em um experimento (*tradução nossa*).[25]

Nesses termos, na concepção de Beecher, não bastava o mero recolhimento do termo de consentimento como medida de proteção, sendo preciso também uma compreensão livre quanto ao experimento[26] por parte dos participantes no ensaio clínico. Essa compreensão, a seu turno, ainda hoje, é difundida e compreendida pelos profissionais especializados como medida efetiva necessária para todos os procedimentos que envolvam uma relação médico-paciente, tendo em vista que é imperioso resguardar o respeito à *Autonomia* e à *Dignidade*. Por outro lado, restou-se compreendido pela análise de Beecher, na interpretação de Diniz, que "os alvos de pesquisa eram os tradicionalmente tidos como subumanos: internos em hospitais de caridade, adultos com deficiências mentais, idosos, [...] enfim, pessoas incapazes de assumir uma postura

---

[25] BEECHER, Henry. Ethics and clinical research. *The new England Journal of Medicine*, v. 274, n. 24, june 16, 1966. p. 369. *"The ethical approach to experimentation in man has several components; two are more important than the others, the first being informed consent. The difficulty of obtaining this is discussed in detail. But it is absolutely essential to strive for it for moral, sociologic and legal reasons. The statement that consent has been obtained has little meaning unless the subject or his guardian is capable of understanding what is to be undertaken and unless all hazards are made clear. If these are not known, this too, should be stated. In such a situation the subject at least knows that he is to be a participant in an experimente."*

[26] DINIZ, Debora. Henry Beecher e a gênese da Bioética. *O Mundo da Saúde*, São Paulo, v. 23, n. 5, p. 332-335, set./out. 1999. p. 334.

moralmente ativa diante do pesquisador e do experimento".[27] Diante desse quadro, percebe-se que, majoritariamente, o alvo das pesquisas científicas realizadas eram os considerados grupos vulneráveis ou socialmente estigmatizados, em função da ineficiente proteção de sua capacidade de autodeterminação diante de uma relação biomédica.

c) o terceiro evento, segundo Jonsen, ocorreu em 1967, em que Christian Barnard, um cirurgião cardíaco da África do Sul, transplantou o coração de uma pessoa quase morta em um paciente com doença cardíaca terminal; assim, houve questionamentos diante da responsabilidade pública, como de que modo Barnard poderia garantir que o doador estaria, realmente, morto no momento do transplante ou, ainda, se o coração transplantado levou em consideração os desejos da pessoa enquanto vivia. A esse respeito, formou-se no ano seguinte um comitê em Havard Medical School, liderado por Henry Beecher, para propor uma definição de "morte cerebral".[28]

Em face de tais adversidades, foi necessário que a comunidade científica buscasse viabilizar o respeito à dignidade moral do paciente e a promoção do respeito à capacidade de autodeterminação da pessoa humana nas diversas esferas das relações da saúde. O desenvolvimento humano não pode ser alcançado sem que se possa vislumbrar limitações ao seu progresso pelo simples fato de se buscarem novas tecnologias que podem garantir melhor qualidade de vida para toda a população. Isso pois trata-se de fundamentar o avanço da ciência a partir do respeito à pessoa humana como centro das relações de saúde e áreas afins.

Diante desse contexto, cumpre mencionar que a discussão doutrinária sobre a paternidade do termo "Bioética", durante muito tempo, permaneceu incontestável como de origem estadunidense, coligada à doutrina de Van Rensselaer Potter. No entanto, segundo Leo Pessini,[29] descobriram-se evidências, divulgadas no Congresso Internacional de Bioética Clínica, no ano de 2012, em São Paulo, que apontam que o teólogo Fritz Jahr, em 1927, utilizou a palavra Bioética (*bio + ethik*) pela primeira vez, em artigo intitulado *Bio-ethics: a review of the ethical*

---

[27] DINIZ, Debora. Henry Beecher e a gênese da Bioética. *O Mundo da Saúde*, São Paulo, v. 23, n. 5, p. 332-335, set./out. 1999. p. 332.

[28] JOSEN, Albert. The birth of bioethics. *Hastings Center Reports*, v. 23, n. 6, nov./dec. 1993. p. 2.

[29] PESSINI, Leo. As origens da bioética: do credo bioético de Potter ao imperativo bioético de Fritz Jahr. *Revista Bioética*, v. 21, p. 9-19, abr. 2013, p. 13. Disponível em: https://www. scielo.br/j/bioet/a/xNYLfqG6fTfhcgMTq3Q4WQd/abstract/?lang=pt. Acesso em: 30 abr. 2021.

relationships of humans to animals and plants, na revista *Kosmos.* Assim, Jahr propôs um conceito amplo, em que sugeriu um imperativo bioético, no qual abrangia todas as formas de vida.

Não obstante, o termo popularizou-se na comunidade científica em 1971, quando Van Rensselaer Potter publicou a obra *Bioethics: bridge to the future,* a qual acabou funcionando de forma a institucionalizar o neologismo "Bioética" como ciência a favor da proteção da vida. Assim, na visão de Potter, o termo "bios" representaria o conhecimento biológico e cultural, enquanto que "ética" estaria para representar o conhecimento dos sistemas de valores humanos,[30] contemplando, por isso, os ideais de valorização da ética humanizada e aplicada aos costumes biomédicos e sociais.

Ainda sobre a sua obra, o autor compreende que, ao mesmo tempo que jamais se imaginou prever as possíveis consequências a partir dos novos conhecimentos, pode-se esperar uma necessidade de aumento do planejamento multidisciplinar dos planos existentes baseados na experiência real.[31] Assim, as descobertas deverão sempre prezar pela sabedoria necessária para lidar com as novas tecnologias, afinal, deve-se concluir que não é do *conhecimento perigoso* que se deve ter medo, mas sim da ignorância perigosa.[32] Nesse sentido, explica o autor que o conhecimento não é, frequentemente, reconhecido como perigoso no momento de sua descoberta, além de que a informação não pode ser considerada inerentemente boa ou ruim, mas sim o uso conferido a ela que se torna perigoso ou útil.[33] A partir disso, confere-se

---

[30] SOARES, André Marcelo M.; PIÑEIRO, Walter Estes. *Bioética e Biodireito*: uma introdução. 2. ed. São Paulo: Edições Loyola, 2006.

[31] POTTER, Van Rensselaer. *Bioética*: ponte para o futuro. Tradução de Diego Carlos Zanella. São Paulo: Edições Loyola, 2016. p. 89. *"Ao mesmo tempo em que será enfatizado que ninguém jamais possuiu a onisciência para prever todas as implicações do novo conhecimento, o melhor que podemos esperar é aumentar o planejamento multidisciplinar com uma revisão dos planos existentes baseada na experiência real, isto é, em retrospectiva."*

[32] POTTER, Van Rensselaer. *Bioética*: ponte para o futuro. Tradução de Diego Carlos Zanella. São Paulo: Edições Loyola, 2016. p. 90-91. *"Em outras palavras, uma vez que escolhemos abrir a caixa do conhecimento de Pandora, nunca poderemos colocá-los de volta e a humanidade deverá continuar a procurar sempre pela sabedoria que é necessária para lidar com a avalanche de novos conhecimentos que está sobre nós. [...] O conhecimento perigoso não é frequentemente reconhecido como tal no momento de sua descoberta. Um produto químico pode ser concebido em uma tentativa de curar o câncer, em seguida verifica-se que ele é eficaz como um herbicida e, finalmente, é usado como um herbicida para destruir o fornecimento de alimentos de uma nação inteira. [...]. Em todos os casos citados, deve-se concluir que não é do conhecimento perigoso que temos de ter medo, mas da ignorância perigosa."*

[33] POTTER, Van Rensselaer. *Bioética*: ponte para o futuro. Tradução de Diego Carlos Zanella. São Paulo: Edições Loyola, 2016. p. 90. *"Quando falamos de conhecimento perigoso, temos de admitir de uma vez que o conhecimento em si não pode ser inerentemente bom ou ruim. O que*

ao conhecimento o atributo relativo quanto à possibilidade de ser perigoso, tendo em vista que o poder de uso que o tornará perigoso – por isso, fala-se também do termo *ignorância perigosa*. Para além da perspectiva interdisciplinar que deve existir ao se pensar na Bioética, é imperioso haver uma confluência dos conhecimentos biológicos com os valores humanos, como também ressalta Potter ao idealizá-la.

> A bioética, como a imagino, tentaria gerar sabedoria, o conhecimento de como usar o conhecimento para o bem social a partir de um conhecimento realista da natureza biológica humana e do mundo biológico. Para mim, um conhecimento realista do ser humano é um conhecimento que inclui seu papel como um sistema de controle adaptativo com tendência de erro incorporadas. Essa visão mecanicista, que combina elementos reducionistas e holistas, seria totalmente incapaz de gerar sabedoria, a menos que fosse complementada tanto com a perspectiva humanista quanto a perspectiva ecológica. [...] Embora ele difira na abordagem, seu objetivo é o mesmo: combinar a ciência da biologia com a preservação dos valores humanos e esforçar-se para fazer o futuro do ser humano surgir de um modo que poderia ser aceitável.[34]

Diante desses aspectos, compreende-se que a Bioética propugna que os ideais humanistas sejam percebidos como valores emergenciais fundamentais para conduzir a experimentação das novas tecnologias. Logo, carece-se dizer que a óptica interdisciplinar trazida por Potter, de modo pertinente, dar-se nessa esfera das humanidades e dos outros campos dos saberes. Devido a isso, não se deve conferir apenas ônus ao biólogo, enquanto os filósofos, juristas, engenheiros genéticos, cientistas, artesãos e outros possuem também um papel ativo em manter o sistema ecológico e social equilibrados. Encerradas essas explanações, embora Van Rensselaer Potter tenha sido responsável pela difusão do termo "Bioética", durante muito tempo sendo conhecido como o criador de tal neologismo por parcela da comunidade cientí-fica, não deve ser ele considerado também o responsável por estruturar e organizar esse campo interdisciplinar tal qual é conhecido hoje.

---

deu credibilidade à concepção de conhecimento perigoso é que conhecimento é poder e, uma vez disponível, ele será usado pelo poder sempre que possível. O conhecimento conquistado nunca pode ser deixado para recolher poeira em uma biblioteca ou bloqueado com sucesso em um cofre. Ninguém se preocupa com o conhecimento que não é usado. São os usos conferidos a ele que o tornam perigoso ou útil."

[34] POTTER, Van Rensselaer. *Bioética*: ponte para o futuro. Tradução de Diego Carlos Zanella. São Paulo: Edições Loyola, 2016. p. 51-52.

No entanto, importa reconhecer, simbolicamente, a sua obra como um marco histórico para a concepção da disciplina, haja vista que alguns acontecimentos posteriores também contribuíram de maneira basilar para a sua consolidação.

Nessa toada, talvez um dos principais acontecimentos que possibilitaram a consolidação acadêmica da Bioética no cenário global tenha sido a formação da *Comissão Nacional para a Proteção de Sujeitos Humanos na Pesquisa Biomédica e Comportamental*, em 1974, que, após quatro anos de estudos, resultou no *Relatório Belmont*. Isso porque o documento elencou três princípios éticos em face dos relatos da história ocidental da medicina, os quais devem ser interpretados e aplicados de maneira correlacionada, a saber: a) respeito pelas pessoas; b) beneficência; e c) justiça.[35] Ainda sob essa óptica principiológica, foi apenas a partir da publicação de *Principles of Biomedical Ethics*, de autoria de Tom Beauchamp e James Childress que, em 1979, a bioética consolidou força acadêmica a partir da Teoria Principialista, de matriz anglo-saxônica, a qual ainda hoje é adotada e estudada pelos estudiosos da matéria.[36] Dessa forma, vale-se dizer que, a partir dessa nova sistemática, há a observância dos seguintes princípios: a) autonomia; b) beneficência; c) não maleficência; e d) justiça. Dispõe-se, ainda, que essa estrutura principiológica nos dias atuais não é a única existente, mas é a mais difundida e estudada.

O Biodireito, por outro lado, não consiste na simples instrumentalização da Bioética enquanto maneira de jurisdicionalizar os conflitos morais e deontológicos. Tampouco refere-se a um modelo de disciplina

---

[35] DINIZ, Debora; GUILHEM, Dirce. *O que é bioética*. São Paulo: Brasiliense, 2005. p. 31-34. "*Em 1974, formou-se, então, a 'Comissão Nacional para a Proteção de Sujeitos Humanos na Pesquisa Biomédica e Comportamental', responsável pela ética das pesquisas relacionadas às ciências do comportamento e à biomedicina. Após quatro anos o resultado do trabalho da comissão ficou conhecido como Relatório Belmont, um documento que ainda hoje é um marco histórico e normativo para a bioética. [...] Foram, portanto, os seguintes princípios escolhidos: 1) Respeito pelas pessoas: este princípio carrega consigo pelo menos dois outros pressupostos éticos: os indivíduos devem ser tratados como agentes autônomos e as pessoas com autonomia diminuída (os socialmente vulneráveis) devem ser protegidas de qualquer forma de abuso. [...]; 2) Beneficência: [...]deve ser vista como um compromisso do pesquisador na pesquisa científica para assegurar o bem-estar das pessoas envolvidas direta ou indiretamente com o experimento. [...] Na prática, o princípio propõe uma avaliação sistemática e contínua da relação risco/benefício para as pessoas envolvidas; 3) Justiça: [...] A equidade social, entendida tal como o filósofo John Rawls vinha propondo, isto é, como o princípio do reconhecimento de necessidades diferentes para a defesa de interesses iguais era uma das grandes novidades apresentadas pelos membros da comissão [...].*"

[36] POTTER, Van Rensselaer. *Bioética*: ponte para o futuro. Tradução de Diego Carlos Zanella. São Paulo: Edições Loyola, 2016. p. 39. "*[...] Princípios da Ética Biomédica sugere, então, quatro princípios éticos como base de uma teoria bioética consistente: autonomia (o chamado respeito às pessoas), beneficência, não-maleficência e justiça.*"

pronto e acabado, no qual dispõe de um acervo específico de legislações, princípios e jurisprudência já consolidados. Justifica-se uma vez que este se constitui a partir da projeção de tutela da vida diante da emergência que suscita as novas descobertas tecnológicas, cujo desenvolvimento nem sequer foram passíveis de previsão na regulamentação pelo legislador originariamente, impondo do Direito uma resposta imediata no espaço democrático que é o Estado de Direito.

Na concepção de Maria Helena Diniz, o Direito não pode se afastar dos desafios propostos pela Biomedicina, tendo em vista que possui como objeto principal a proteção à vida.

> Com isso, como o direito não pode furtar-se aos desafios levantados pela biomedicina, surge uma nova disciplina, o *biodireito*, estudo jurídico que, tomando por fontes imediatas a bioética e a biogenética, teria a vida por objeto principal, salientando que a verdade científica não poderá sobrepor-se à ética e ao direito, assim como o progresso científico não poderá acobertar crimes contra a dignidade humana, nem traçar, sem limites jurídicos, os destinos da humanidade. [...] Faz-se necessária uma "biologização" ou "medicalização" da lei, pois não há como desvincular as "ciências da vida" do direito. Assim, a bioética e o biodireito caminham pari passu na difícil tarefa de separar o joio do trigo na colheita de frutos plantados pela engenharia genética, pela embriologia e pela biologia molecular, e de determinar, com prudência objetiva, até onde as "ciências da vida" poderão avançar sem que haja agressão à dignidade da pessoa humana, pois é preciso evitar que o mundo deságue numa crescente e temível "confusão diabólica", em que os problemas da humanidade sejam "solucionados" pelo progresso tecnológico.[37]

A partir disso, esclarece-se que o Direito possui função primordial no disciplinamento das novas tecnologias, pois é fundamental que existam limites quanto ao exercício da *práxis* das relações biomédicas. Finalmente, faz-se necessário o respeito à *Dignidade* e à *Liberdade* (concebida mediante limitações em seu exercício) para assegurar o pleno desenvolvimento de um ecossistema saudável, seja em torno da sustentabilidade do meio ambiente ou do ambiente social, no qual estejam inseridas as pessoas humanas em contato com a natureza. Ainda sobre tais aspectos, Maria Helena Diniz[38] lembra que a Bioética e

---

[37] DINIZ, Maria Helena. *O estado atual do biodireito*. 10. ed. São Paulo: Saraiva, 2017. p. 32-33.

[38] DINIZ, Maria Helena. *O estado atual do biodireito*. 10. ed. São Paulo: Saraiva, 2017. p. 44. *"Os direitos humanos, decorrentes da condição humana e das necessidades fundamentais de toda*

o Biodireito andam, necessariamente, juntos com os Direitos Humanos, não podendo essas áreas do conhecimento se obstarem em preservar a Dignidade Humana, haja vista que há a necessidade, a partir de critérios humanistas, de se preservar o respeito à integridade físico-mental da pessoa humana em prol da sua plena realização pessoal.

Ademais, ensina Heloísa Helena Barboza,[39] que gradativamente o Biodireito consolida-se reunindo doutrina, legislação e jurisprudência próprias, regulando a conduta humana diante dos avanços da biotecnologia e da biomedicina; assim, há grandes dificuldades quanto ao tipo de normas que serão adotadas – sejam elas leis gerais ou grandes princípios –, pois as leis sobre a Bioética devem ser "flexíveis" para atenderem às evoluções futuras da ciência. Ademais, segundo a autora,[40] o Biodireito tem como papel precípuo "buscar soluções jurídicas já exigidas pela sociedade, através de estudos e pesquisas de natureza multi/interdisciplinar, que possibilitam o conhecimento necessário para o encaminhamento de respostas para as questões existentes".

Nesse sentido, ainda existem, na sistemática legislativa, inconsistências normativas que necessitam de atenção a partir dos adventos das novas tecnologias que possam promover o desrespeito ao bem-estar biopsicossocial da pessoa humana. Sobressai-se, por isso, o desenvolvimento, por parte dos juristas, de soluções imediatas e mediatas para solucionarem cada vez mais as problemáticas existentes e futuras, tal qual a que configura este trabalho.

---

pessoa humana, referem-se à preservação da integridade e da dignidade dos seres humanos e à plena realização de sua personalidade. A bioética e o biodireito andam necessariamente juntos com os direitos humanos, não podendo, por isso, obstinar-se em não ver as tentativas da biologia molecular ou da biotecnociência de manterem injustiças contra a pessoa humana sob a máscara modernizante de que buscam o progresso científico em prol da humanidade."

[39] BARBOZA, Heloísa Helena. Princípios do Biodireito. *In*: BARBOZA, Heloísa Helena; MEIRELLES, Jussara Maria Leal de; BARRETTO, Vicente de Paulo (Org.). *Novos temas de Biodireito e Bioética*. Rio de Janeiro: Renovar, 2003. p. 57-60. *"Mesmo diante de uma corrente que lhe nega conhecimento, a imposição dos fatos faz com que o Biodireito, pouco a pouco, se afirme, reunindo doutrina, legislação e a jurisprudência próprias, regulando, enfim, a conduta humana em face dos avanços da biotecnologia e da biomedicina. [...] Outra dificuldade reside no tipo de norma que deve ser adotada: leis gerais, fixando grandes princípios, ou mais casuísticas. De qualquer modo, as leis sobre a bioética deverão ser, na medida do possível, 'flexíveis' para atender às evoluções futuras da ciência."*

[40] BARBOZA, Heloisa Helena. Repercussões jurídicas da biotecnologia no Código Civil: o papel do Biodireito. *In*: BARBOZA, Heloisa Helena; SILVA, Eduardo Freitas Horácio da; ALMEIDA, Vitor (Org.). *Biotecnologia e relações familiares*. Rio de Janeiro: Processo, 2021. p. 40.

1.2 Autonomia epistemológica: princípios da Bioética e do Biodireito

Utilizando como fontes primárias, para a base principiológica da Bioética, o *Relatório Belmont* e a obra *Principles of Biomedical Ethics*, de autoria de Tom Beauchamp e James Childress, quatro são os princípios basilares de compreensão da ética normativa e aplicada dessa seara multidisciplinar, sob a óptica da chamada Teoria Principialista, sejam eles: a) a autonomia; b) a beneficência; c) a não maleficência; e d) a justiça. Tais princípios, ainda hoje, exercem grande influência nas relações biomédicas que envolvam seres humanos, de modo a conduzir a preservação da autodeterminação e o respeito pelos direitos inatos da personalidade jurídica para a promoção da dignidade da pessoa humana.

Dessa forma, o antigo princípio *respeito pelas pessoas* deu lugar ao princípio da *autonomia*. Esse, por sua vez, parte do pressuposto de que o indivíduo seja autônomo conforme dois valores fundados no pensamento liberal: a) a competência; e b) a liberdade individual.[41] De outra forma, como lembra Debora Diniz e Dirce Guilhem, esse princípio carrega também a ideia de que "os indivíduos devem ser tratados como agentes autônomos e as pessoas com autonomia diminuída (os socialmente vulneráveis) devem ser protegidos de qualquer forma de abuso. [...] isso significa que a vontade deve ser um pré-requisito fundamental [...]."[42]

Ainda nessa perspectiva, alguns elementos são essenciais para a compreensão do princípio da *autonomia*, a exemplo de: a) o respeito pela vontade livre de vícios e esclarecida, a partir do consentimento informado; b) a proteção da liberdade existencial na escolha ou recusa do procedimento a ser realizado sob a orientação do agente ativo da pesquisa biomédica; e c) a garantia de não violação ao princípio da dignidade da pessoa humana, em seus desdobramentos de *heteronomia* e *autonomia*.

---

[41] DINIZ, Debora; GUILHEM, Dirce. *O que é bioética*. São Paulo: Brasiliense, 2005. p. 45. *"O primeiro princípio, e o que maior peso assumiu na bioética desde então, o da autonomia, sugere que o pré-requisito para o exercício das moralidades é a existência de uma pessoa autônoma. Apesar de ser um conceito circular, isto é, para o exercício da autonomia, é necessário que o indivíduo seja autônomo, o princípio aponta para dois valores considerados fundamentais no pensamento liberal, especialmente o de inspiração estadunidense: a competência e a liberdade individuais. Seguramente, são valores, assim como o próprio princípio da autonomia, difíceis de ser definidos."*

[42] DINIZ, Debora; GUILHEM, Dirce. *O que é bioética*. São Paulo: Brasiliense, 2005. p. 33.

Dessa maneira, o termo de consentimento informado se desdobra na esfera da anuência e da escolha do paciente, cujo interesse deve ser preservado ainda que haja riscos à sua saúde, isto é, a partir da decisão de tratamento diverso do recomendado pelo agente de saúde. Por outro lado, ainda é possível que o paciente seja coagido, intimidado ou influenciado na escolha do procedimento a ser realizado. Assim, entende-se que é imprescindível o procedimento do consentimento informado para a preservação da liberdade existencial na escolha do tratamento livre de vícios, como comenta a Resolução nº 466/12, II. 2.

II.2 - assentimento livre e esclarecido - anuência do participante da pesquisa, criança, adolescente ou legalmente incapaz, livre de vícios (simulação, fraude ou erro), dependência, subordinação ou intimidação. Tais participantes devem ser esclarecidos sobre a natureza da pesquisa, seus objetivos, métodos, benefícios previstos, potenciais riscos e o incômodo que esta possa lhes acarretar, na medida de sua compreensão e respeitados em suas singularidades.[43]

É necessário fundamentar, ainda, que a escolha e a anuência não se dão apenas do ponto de vista do paciente sobre o médico, podendo-se inverter tais parâmetros ao se imaginar que o médico possa se recusar a realizar tratamento que acredite ser prejudicial à saúde do paciente. Desse modo, existe a figura da *objeção de consciência*, que se traduz na faculdade do médico, mediante seu sentimento próprio, abster-se de realizar conduta que desvie de seu pensamento moral,[44] bem como na recusa de realizar procedimento que ponha em risco a saúde do paciente. Acerca da temática, a Portaria nº 1.820/2009 dispõe que o consentimento poderá ser revogado a qualquer instante, por decisão

---

[43] BRASIL. Conselho Nacional de saúde. *Resolução nº 466, de 12 de dezembro de 2012*. Disponível em: https://conselho.saude.gov.br/resolucoes/2012/Reso466.pdf. Acesso em: 31 jan. 2022.

[44] Sendo assim, é facultada ao médico, por exemplo, a possibilidade de objeção de consciência quanto ao desenvolvimento de técnicas medicamente assistidas para a população LGBT. De igual modo, tal prerrogativa também abarca o uso das respectivas técnicas medicamente assistidas para contemplar a construção do vínculo parental na família monoparental. Essa prerrogativa, por sua vez, ao mesmo tempo que parece um empecilho para a consecução de direitos fundamentais da pessoa humana, também demonstra ser o exercício da autonomia individual do médico. Assim, estar-se-ia diante de um choque de direitos fundamentais: o direito do médico em poder se negar a realizar determinada *práxis* em virtude de seu posicionamente moral *versus* o direito fundamental à construção do projeto parental da população LGBT e a construção do vínculo paterno-materno-filial para se compor a família monoparental. A discussão será brevemente retomada à frente.

livre e esclarecida, sendo imputada a assunção da responsabilidade pela recusa ou pela escolha de determinado tratamento.[45]

Além disso, ainda sobre a garantia da *autonomia*, enquanto princípio para a Bioética, essa perpassa, também, pelo respeito do princípio da dignidade da pessoa humana em seus desdobramentos de *heteronomia* e *autonomia*. Afinal, há limites para o exercício dessa autonomia, ao tomar-se por base a *dignidade da pessoa humana*. Como esclarece Luís Roberto Barroso,[46] a *dignidade como autonomia* se refere à investigação da legitimidade de uma escolha pessoal, uma vez que seus elementos seriam a capacidade de autodeterminação e as condições adequadas para o exercício dessa autodeterminação, pois é necessário evitar que se converta em mero formalismo ou justificativa para a violação de direitos fundamentais. De outro modo, a *dignidade como heteronomia* está vinculada aos valores da comunidade em que os sujeitos subsistam, de modo que as escolhas individuais não prevaleçam sobre os coletivos, pois "na concepção heterônoma, a dignidade não tem na liberdade seu componente central, mas, ao revés, é a dignidade que molda o conteúdo e dá limite à liberdade".[47]

A partir desses critérios, constata-se que o princípio da *Autonomia* preserva as opiniões e escolhas segundo os valores e as crenças pessoais, pois, fundamentalmente, deve-se observar a liberdade do indivíduo em tecer o destino de sua própria vida e de seu corpo – como nos casos em

---

[45] BRASIL. Ministério de Estado da Saúde. *Portaria nº 1.820, de 13 de agosto de 2009*. Dispõe sobre os direitos e deveres dos usuários da saúde. Disponível em: https://bvsms.saude. gov.br/bvs/saudelegis/gm/2009/prt1820_13_08_2009.html. Acesso em: 16 abr. 2021. *"Art. 5º Toda pessoa deve ter seus valores, cultura e direitos respeitados na relação com os serviços de saúde, garantindo-lhe: [...] V - o consentimento livre, voluntário e esclarecido, a quaisquer procedimentos diagnósticos, preventivos ou terapêuticos, salvo nos casos que acarretem risco à saúde pública, considerando que o consentimento anteriormente dado poderá ser revogado a qualquer instante, por decisão livre e esclarecida, sem que sejam imputadas à pessoa sanções morais, financeiras ou legais."*

[46] BARROSO, Luís Roberto. Legitimidade da Recusa de Transfusão de Sangue por Testemunhas de Jeová. Dignidade Humana, Liberdade Religiosa e Escolhas Existenciais. *Parecer jurídico*, Rio de Janeiro, 5 abr. 2010. p. 10-11. *"Dentre os muitos aspectos envolvidos na noção de autonomia, dois deles, mutuamente implicados, apresentam especial interesse na hipótese. O primeiro deles é a capacidade de autodeterminação, que constitui o próprio núcleo da autonomia. O segundo é a exigência de que haja condições adequadas para o exercício da autodeterminação, de modo a evitar que ela se converta em mero formalismo ou em justificativa para a violação de direitos fundamentais do próprio indivíduo. [...] A dignidade como autonomia envolve, em primeiro lugar, a capacidade de autodeterminação, o direito de decidir os rumos da própria vida e de desenvolver livremente a própria personalidade. [...] O segundo aspecto destacado diz respeito às condições para o exercício da autodeterminação. Não basta garantir a possibilidade de escolhas livres, sendo indispensável prover meios adequados para que a liberdade seja real, e não retórica."*

[47] BARROSO, Luís Roberto. Legitimidade da Recusa de Transfusão de Sangue por Testemunhas de Jeová. Dignidade Humana, Liberdade Religiosa e Escolhas Existenciais. *Parecer jurídico*, Rio de Janeiro, 5 abr. 2010. p. 12.

CAPÍTULO 1
A CIÊNCIA A FAVOR DA VIDA HUMANA... | 61

que se decidir pela doação de órgãos ou desmembramento de alguma parte saudável do corpo.[48]

O princípio da *Beneficência*, por sua vez, na visão de Debora Diniz e Dirce Guilhem,[49] deve ser compreendido como um "compromisso do pesquisador na pesquisa científica para assegurar o bem-estar das pessoas envolvidas direta ou indiretamente com o experimento. [...] objetiva, ainda, ideias como não causar qualquer dano ou mesmo maximizar os benefícios previstos". Portanto, corresponde à preservação dos ideais da tradição hipocrática, em que o profissional da saúde só pode usar o tratamento para o bem e nunca para fazer o mal ou praticar injustiças.[50]

O princípio da *Não maleficência*, a seu turno, consiste em um desdobramento do princípio da *beneficência* que apareceu na quarta edição da obra *Principles of Biomedical Ethics*. O seu conteúdo normativo carrega a máxima do *primum non nocere*, de herança da tradição hipocrática, cuja tradução pode significar "em primeiro lugar, não fazer o mal" ou "acima de tudo, não cause danos". Dessa maneira, esclarecem André Soares e Walter Piñeiros[51] que a prática do médico nunca poderá ser realizada de forma que o seu trabalho submeta o paciente a risco, ou, caso subsistam tais riscos, deverá exercer de modo a buscar minimizá-los. Deve-se observar, também, que a aplicação de tal preceito deve ser utilizada de modo correlacionado aos outros princípios supramencionados e nunca isoladamente.

O princípio da *Justiça*, como asseveram Débora Diniz e Dirce Guilhem,[52] fundamenta-se na ideia de equidade social, tal como o

---

[48] Sobre o assunto, ver LARA, Mariana. *O direito à liberdade de uso e (auto)manipulação do corpo*. Belo Horizonte: D'Plácido, 2014.

[49] DINIZ, Debora; GUILHEM, Dirce. *O que é bioética*. São Paulo: Brasiliense, 2005. p. 33.

[50] DINIZ, Maria Helena. *O estado atual do biodireito*. 10. ed. São Paulo: Saraiva, 2017. p. 39. *"O princípio da beneficência requer o atendimento por parte do médico ou do geneticista aos mais importantes interesses das pessoas envolvidas nas práticas biomédicas ou médicas, para atingir seu bem-estar, evitando, na medida do possível, quaisquer danos. Baseia-se na tradição hipocrática de que o profissional da saúde, em particular o médico, só pode usar o tratamento para o bem do enfermo, segundo sua capacidade e juízo, e nunca para fazer o mal ou praticar injustiças."*

[51] SOARES, André Marcelo M.; PIÑEIRO, Walter Esteves. *Bioética e Biodireito*: uma introdução. 2. ed. São Paulo: Edições Loyola, 2006. p. 32. *"O princípio da não maleficência, relacionado ao anterior, aponta para a prática do médico, que jamais deve realizar seu trabalho submetendo seu paciente a risco. Em casos em que o risco não pode ser afastado, o médico deverá, utilizando-se de sua perícia, apontar numa escala qual dos riscos é o menor. Quando não houver diferença quantitativa entre eles, o médico deverá optar pelo que trouxer menos sofrimento ao paciente."*

[52] DINIZ, Debora; GUILHEM, Dirce. *O que é bioética*. São Paulo: Brasiliense, 2005. p. 34. *"[...] esse princípio é o que mais intimamente está relacionado às teorias da filosofia moral em vigor*

filósofo John Rawls havia proposto ao reconhecer as necessidades diferentes para a defesa de interesses iguais. Por outro lado, ensina Maria Helena Diniz[53] que esse princípio requer ainda a "imparcialidade na distribuição dos riscos e benefícios, no que atina à prática médica pelos profissionais da saúde, pois os 'iguais' deverão ser tratados igualmente". Diante disso, a finalidade seria que não haja qualquer tipo de discriminação na distribuição dos recursos médicos ou que seja evitado utilizar ópticas utilitaristas na distribuição dos recursos existentes. Ademais, faz-se necessário associar esse princípio às noções de respeito à justiça distributiva.

> Esse princípio, expressão da justiça distributiva, exige uma relação equânime nos benefícios, riscos e encargos, proporcionados pelos serviços de saúde ao paciente. Mas quem seria igual e quem não seria igual? Quais as justificativas para afastar-se da distribuição igual? Há propostas apresentadas pelo Belmont Report de como os benefícios e riscos devem ser distribuídos, tais como: a cada pessoa uma parte igual, conforme suas necessidades, de acordo com seu esforço individual, com base em sua contribuição à sociedade e de conformidade com seu mérito.[54]

Nesse sentido, percebe-se que a lógica distributiva busca atender às necessidades dos indivíduos conforme suas particularidades. Por isso, garantir tratamento igualitário para pessoas com necessidades diferentes não seria um meio eficaz de se garantir a justiça. É necessário que se analisem, casuisticamente, as necessidades pessoais de cada indivíduo e suas particularidades, a partir de suas diferenças (ou atributos únicos). Por isso, não basta aplicar as noções relativas à igualdade meramente formal no caso fático, mas deve-se garantir a igualdade material (ou substancial) em respeito à diferença, haja vista que o contexto social abarca diferentes tipos de pessoas. Não seria plenamente eficaz garantir para todos os "iguais" o mesmo tipo de tratamento. É preciso, assim, vencer a velha lógica associada à igualdade pela igualdade, de modo a atender àqueles cuja diferença seja fundamento de sua pessoalidade.

---

nos Estados Unidos por ocasião da elaboração do relatório. A equidade social, entendida tal como o Filósofo John Rawls vinha proponto, isto é, como princípio do reconhecimento de necessidades diferentes para defesa de interesses iguais, era uma das grandes novidades apresentadas pelos membros da comissão."

[53] DINIZ, Maria Helena. *O estado atual do biodireito.* 10. ed. São Paulo: Saraiva, 2017. p. 40.

[54] DINIZ, Maria Helena. *O estado atual do biodireito.* 10. ed. São Paulo: Saraiva, 2017. p. 40-41.

Nessa perspectiva, como aclara Debora Diniz,[55] os 20 primeiros anos de exercício da Bioética caracterizaram um momento de verdades transcendentes, pois os princípios éticos repousaram em uma nova forma de crueldade, a de ilusão de tranquilidade ética. Desse modo, as primeiras teorias se referiam a uma estrutura social e moral que não negavam diretamente o real, mas que, em vez de enfrentar a ausência de sentido dos conflitos de moralidade, optaram pelo caminho da sublimação, em compreender a humanidade como abstração.[56]

No tocante ao Biodireito, muitas dúvidas ainda pairam sobre quais seriam os seus princípios. Dessa maneira, de acordo com Heloísa Helena Barboza, embora deva-se considerar que a Ética e o Direito andem *pari passu*, não se pode utilizar essa interpretação, na medida em que existem princípios gerais do direito que normatizam as ciências jurídicas e não devem ser eles descartados. Além disso, leciona a autora que os princípios da Bioética guardam relação com os do Biodireito, sem que isso implique prejuízo na integridade metodológica quanto à sua aplicação, porque há relação entre o Direito e a Ética.[57] Todavia, não

---

[55] DINIZ, Debora. Henry Beecher e a gênese da Bioética. *O Mundo da Saúde*, São Paulo, v. 23, n. 5, p. 332-335, set./out. 1999. p. 335. *"Dessa forma, os primeiros vinte anos de exercício da Bioética caracterizaram-se pelo conforto das verdades transcendentes, os sagrados princípios éticos, que impediam os bioeticistas de experimentar o sabor amargo da crueldade do real e de sua ausência de sentido. Escapamos das pesquisas perversas descritas por Beecher para encontrarmos repouso em outra forma de crueldade: a ilusão da tranquilidade ética."*

[56] DINIZ, Debora. Henry Beecher e a gênese da Bioética. *O Mundo da Saúde*, São Paulo, v. 23, n. 5, p. 332-335, set./out. 1999. p. 334-335. *"Mas o interessante da inspiração teórica desses estudos de ética aplicada, como inicialmente ficou conhecida a Bioética, foi o reforço de filosofia antirrealista, isto é, a referência a autores e estruturas argumentativas que não estavam aptas a lidar com a realidade que havia impulsionado o surgimento da bioética. Essas primeiras teorias bioéticas, em que a inspiração era Kant, Platão, Hipócrates, Aristóteles, quando muito Rawls e Mill, referiam-se a uma estrutura social e moral da humanidade sem contrapartida no mundo real. Para essas teorias, havia um ser humano ideal, inserido em uma estrutura decisória também fantasiosa, em que o sujeito kantiano cumpridor de seus deveres era a referência simbólica preferida. Era um mundo idealizado onde se supunha que as pessoas, diante de decisões importantes, como o momento da morte, por exemplo, mediriam sua competência decisória por meio de princípios éticos considerados como a referência valorativa de bem-viver para a humanidade. Essas teorias, em vez de enfrentar a crueldade da ausência de sentido inerente aos conflitos de moralidades, fossem eles o aborto, a eutanásia ou a venda de órgãos, optaram pelo caminho tranquilizador da sublimação. O interessante é que não se negou diretamente o real, tampouco os conflitos que o acompanhavam, pois, na verdade, falou-se desses conflitos como nunca antes na história da moralidade médica. O que havia era apenas um silêncio em torno da incomensurabilidade dos conflitos, uma vez que a referência era a humanidade como uma abstração. Em consequência, a ilusão de uma solução para os conflitos morais recuperou sua força. Foi assim que, inesperadamente, a disciplina que havia surgido para aproximar o espírito da diversidade moral dos conflitos médicos decretou antecipadamente sua fraqueza em enfrentar a crueldade dos impasses próprios da realidade, dos interesses e desejos humanos."*

[57] BARBOZA, Heloísa Helena. Princípios do Biodireito. *In*: BARBOZA, Heloísa Helena; MEIRELLES, Jussara Maria Leal de; BARRETTO, Vicente de Paulo (Org.). *Novos temas*

se trataria simplesmente de buscar um correspondente jurídico para a Bioética, mas de se estabelecerem normas jurídicas que possam reger os fenômenos resultantes da biotecnologia e da biomedicina, pois não seria razoável resolver conflitos jurídicos somente com fundamento nos princípios da Bioética.[58]

Diante disso, é necessário que haja a observância dos *princípios gerais* admitidos no Direito ou, em outras palavras, a utilização dos *princípios constitucionais* no âmbito das relações de saúde. Afinal, ao se considerar que a maioria dos fatos a serem regulados pelo Biodireito sejam inéditos e não foram cogitados pelo ordenamento em sua formulação original, torna-se necessário observar a sua base principiológica vigente.[59] Por essa razão, existem as normas que possuem um caráter mais geral, compreendidas em Princípios fundamentais (CRFB/88, Título I), como o respeito à dignidade humana (CRFB/1988, art. 1º, III), os Direitos e as Garantias Fundamentais (CRFB/1988, Título II), como o direito à vida, à igualdade e à saúde, e, ainda, normas

---

de Biodireito e Bioética. Rio de Janeiro: Renovar, 2003. p. 77. *"Na verdade, os princípios da Bioética guardam, de modo geral, correspondência com princípios do Biodireito, sem prejuízo para a integridade metodológica quanto a sua aplicação, na medida da relação entre Direito e Ética, como antes assinalado, que revela identidade de valores."*

[58] BARBOZA, Heloísa Helena. Princípios do Biodireito. *In*: BARBOZA, Heloísa Helena; MEIRELLES, Jussara Maria Leal de; BARRETTO, Vicente de Paulo (Org.). *Novos temas de Biodireito e Bioética*. Rio de Janeiro: Renovar, 2003. p. 70-71. *"Não se cuida, simplesmente, de encontrar um 'correspondente' jurídico para a Bioética, mas de estabelecer quais as normas jurídicas que devem reger os fenômenos resultantes da biotecnologia e da biomedicina, também disciplinados pela Bioética. À evidência, não se deve, em momento algum, preterir a Bioética que há muito vem construindo o suporte ético para as novas relações e do qual o direito não pode prescindir. Apenas, insista-se, não se trata de mera transposição de normas bioéticas para o direito; essas podem ser observadas e mesmo orientar a formulação de normas jurídicas, desde que não colidam os princípios do direito. Contudo, não seria razoável resolverem-se conflitos jurídicos exclusivamente com fundamento em princípios da Bioética."*

[59] BARBOZA, Heloísa Helena. Princípios do Biodireito. *In*: BARBOZA, Heloísa Helena; MEIRELLES, Jussara Maria Leal de; BARRETTO, Vicente de Paulo (Org.). *Novos temas de Biodireito e Bioética*. Rio de Janeiro: Renovar, 2003. p. 73. *"Considerando que a maioria dos fatos a serem regulamentados pelo Biodireito é 'inédita', não cogitados pelo ordenamento em sua formulação original, torna-se imperiosa a fiel observância dos princípios vigentes, preservando-se os valores eleitos pela sociedade, que não podem sucumbir à sedução das – muitas vezes – promessas de realização de grandes e antigas aspirações humanas, como a imortalidade. Indispensável que cada um dos avanços científicos seja detida e meticulosamente analisado e refletido, sob pena de danos irreversíveis para a sociedade. [...] A partir de 1988 instaurou-se no Brasil uma nova ordem jurídica que encontra na Constituição da República seus princípios estruturais. Tais princípios constitucionais ou princípios gerais de direito compreendem os valores primordiais de nossa sociedade, traduzindo, em sua maioria, direitos fundamentais do homem. Por sua natureza, conforme antes exposto, os princípios constitucionais vêm constituir os princípios do Biodireito. Não sem razão, já se afirmou que a recepção nos textos constitucionais de uma série de valores fundamentais, como a vida, a dignidade humana, a liberdade e a solidariedade e sua proteção enquanto direitos, tornou-os pedras angulares da bioética moderna."*

mais específicas, encontradas no Título de Ordem Social. Nessa mesma linha, a Lei de Biossegurança, dando consecução à norma constitucional, reconhece para todos o direito ao meio ambiente equilibrado (CRFB/1988, art. 225), atribuindo também ao Poder Público o dever de assegurar algumas medidas, como a preservação da diversidade e da integridade do patrimônio genético, bem como o dever de controlar a produção e o emprego de técnicas que comportem substância de risco para a vida (CRFB/1988, art. 225, §1º, II e V).[60]

1.3 Abordagem latino-americana na construção do conhecimento: crítica à Teoria Principialista

A Bioética de base estadunidense, no contexto atual, existe com o fundamento de construir um conhecimento que possa quebrar a hegemonia de poder entre os corpos submetidos a uma relação médico-paciente. Em um contexto latino-americano de pesquisa, esse debate se torna mais fundamental ainda, uma vez que a consolidação acadêmica do referido ramo ocorreu por meio de países que reforçam um padrão colonial de interpretação do saber científico.

Diante disso, explica Miguel Kottow[61] que não pode haver a incorporação acrítica do discurso da Bioética das nações desenvolvidas em países em que a realidade predominante seja a marginalização pela pobreza, o desamparo social e histórico, os problemas crônicos da escassez de recursos, as distorções sanitárias em razão das disparidades socioeconômicas, entre outros fatores. Em função disso, "propor uma ética de proteção de caráter universal é menosprezar necessidades focalizadas, que clamam por uma preocupação social específica".[62] Nesse sentido, um dos principais aspectos controvertidos na construção da Bioética Latino-Americana seria a assimilação da Teoria Principialista sem, ao menos, levar em conta uma crítica sistematizada no que diz respeito à sua aplicação.

---

[60] BARBOZA, Heloísa Helena. Princípios do Biodireito. *In*: BARBOZA, Heloísa Helena; MEIRELLES, Jussara Maria Leal de; BARRETTO, Vicente de Paulo (Org.). *Novos temas de Biodireito e Bioética*. Rio de Janeiro: Renovar, 2003. p. 74-76.

[61] KOTTOW, Miguel. Bioética de proteção: considerações sobre o contexto latino-americano. *In*: SCHRAMM, Fermin Roland; REGO, Sergio; BRAZ, Marlene; PALÁCIOS, Marisa (Org.). *Bioética, riscos e proteção*. 2. ed. Rio de Janeiro: Editora UFRJ; Editora Fiocruz, 2009. p. 30.

[62] KOTTOW, Miguel. Bioética de proteção: considerações sobre o contexto latino-americano. In: SCHRAMM, Fermin Roland; REGO, Sergio; BRAZ, Marlene; PALÁCIOS, Marisa (Org.). *Bioética, riscos e proteção*. 2. ed. Rio de Janeiro: Editora UFRJ; Editora Fiocruz, 2009. p. 41.

A partir disso, lembra-se que a Teoria Principialista, um dos marcos teóricos mais importantes para o campo da Bioética, foi formulada por pesquisadores e pela comunidade civil organizada de países desenvolvidos, ao tomarem como referência as suas realidades sociais que não compactuam com o mesmo índice de desenvolvimento humano das nações latino-americanas. Além disso, a discussão sobre a abordagem latino-americana não objetiva ignorar os marcadores teóricos derivados das nações desenvolvidas, mas sim interpretar de maneira crítica e sistematizada os referenciais teóricos propostos, de modo que sejam úteis, acessíveis e pragmáticos para as realidades dos países em desenvolvimento, cujo contexto histórico, social e político não admite aplicação equânime para a população na aplicação dos princípios da autonomia, beneficência, não maleficência e justiça. Defende-se, por isso, em uma abordagem interpretativa da proteção da pessoa humana conforme novos marcadores, que não sejam excludentes e promovam melhor a justiça.

À vista disso, Garrafa e Azambuja[63] explicam que a Bioética, de base principialista estadunidense, é insuficiente para enfrentar, adequadamente, os macroproblemas que desafiam as nações mais pobres, como os países latino-americanos e africanos. Isso porque a Bioética de matriz anglo-saxônica possui uma forte conotação individualista, cuja base de sustentação repousa, sobretudo, na autonomia dos sujeitos, por meio da exigência do chamado Termo de Consentimento Informado (TCI). Diante disso, para os autores, a dimensão de autonomia emerge de acordo com uma visão singular dos conflitos, sustentando uma indústria internacional do "consentimento informado". Em função disso, embora a Bioética tenha sido criada com o propósito de defender os indivíduos mais vulneráveis, poucos anos após a criação da Teoria Principialista, as universidades, as indústrias, as corporações profissionais, entre outros, prepararam seus profissionais na construção adequada do TCI, obstaculizando, por isso, o propósito inicial de proteger os mais vulneráveis.[64]

Sobre essa discussão, outros questionamentos podem ser levantados: será que a pessoa humana, em contexto de pobreza e acesso

---

[63] GARRAFA, Volnei; AZAMBUJA, Letícia. Epistemología de la bioética – enfoque latino-americano. *Revista Colombiana de Bioética*, v. 4, n. 1, p. 73-92, 2009. p. 78. Disponível em: https://www.redalyc.org/pdf/1892/189214300004.pdf. Acesso em: 1 maio 2021.

[64] GARRAFA, Volnei; AZAMBUJA, Letícia. Epistemología de la bioética – enfoque latino-americano. *Revista Colombiana de Bioética*, v. 4, n. 1, p. 73-92, 2009. p. 79. Disponível em: https://www.redalyc.org/pdf/1892/189214300004.pdf. Acesso em: 1 maio 2021.

limitado a políticas de saúde, possui a mesma possibilidade de escolha sobre o tratamento adequado no seu quadro clínico de saúde? Esse sujeito estará à frente de uma autonomia genuinamente real ou tão somente diante de critérios que levem em consideração a disponibilidade de recursos existentes na unidade hospitalar, reforçando uma autonomia meramente formal, em desacordo com a possibilidade de escolha sobre outras formas de cuidado? Diante disso, percebe-se que um dos aspectos mais problemáticos seria a construção da ideia de autonomia nos países latino-americanos e africanos. Afinal, sabe-se que as condições que se estabelecem entre o sujeito ativo (médico) e passivo (paciente) na relação biomédica são diferenciadas no contexto de um país colonizador e de um país historicamente colonizado. Uma vez que o exercício da autonomia, na escolha do tratamento médico a ser realizado ou na recusa dele, diante dos recursos disponibilizados torna-se limitado.

Em virtude disso, ressalta Miguel Kottow que "a autonomia pode ser um princípio inviolável no mundo anglo-saxônico, permanecendo postergada na América Latina onde as brechas socioeconômicas impedem que todos possam exercer sua autonomia com igual incondicionalidade".[65] Logo, é perceptível que o panorama de saúde, no contexto de países em desenvolvimento, constrói-se diante de desigualdades que se constituem enquanto traços históricos, políticos e sociais persistentes nessas realidades, os quais impactam, diretamente, na possibilidade de autodeterminação da pessoa humana em uma relação biomédica.

No que concerne aos princípios da *Beneficência* e *Não maleficência*, Garrafa e Azambuja[66] entendem que tiveram mais espaço na construção da teoria, possuindo o princípio da *Justiça* uma relevância quase que secundária. Isso visto que os autores perceberam que grande parte das questões bioéticas foram reduzidas à esfera individual, na medida em que se discute, sobretudo, as contradições da autonomia *versus* autonomia e autonomia *versus* beneficência. Por isso, explicam que "a maximização e sobre-exposição do princípio da autonomia transformou o princípio da justiça num mero colaborador da teoria

---

[65] KOTTOW, Miguel. Bioética de proteção: considerações sobre o contexto latino-americano. In: SCHRAMM, Fermin Roland; REGO, Sergio; BRAZ, Marlene; PALÁCIOS, Marisa (Org.). *Bioética, riscos e proteção*. 2. ed. Rio de Janeiro: Editora UFRJ; Editora Fiocruz, 2009. p. 43.

[66] GARRAFA, Volnei; AZAMBUJA, Letícia. Epistemología de la bioética – enfoque latino-americano. *Revista Colombiana de Bioética*, v. 4, n. 1, p. 73-92, 2009. p. 79.

principialista, uma espécie de apêndice, embora indispensável, de menor importância hierárquica" (tradução nossa).[67] Com base nessa percepção, novas ferramentas interpretativas devem ser aliadas ao debate em países latino-americanos e africanos, como: a) a não universalidade dos princípios; b) o respeito ao pluralismo moral; c) a bioética como ética aplicada; d) a multi-inter-transdiciplinariedade; e) a complexidade; e f) a totalidade concreta. A discussão referente a esses apontamentos não será objeto deste trabalho, mas entende-se como necessária a menção, para reafirmar a importância sobre a construção de uma Bioética de matriz crítica, que leve em consideração a realidade de países em desenvolvimento.[68]

A pluralidade do debate da Bioética exige uma visão crítica reiterada na promoção de proteção da pessoa humana, sobretudo em questões relativas à herança genética e à proteção do atributo de diversidade do genoma na espécie humana. Justifica-se em vista de uma postura ética universal, pautada somente em critérios da Teoria Principialista sem, ao menos, considerar as razões sociais, políticas, históricas e econômicas, nas quais está inserida a população de um determinado país, que dificultam a real possibilidade de se proteger o sujeito em concreto. Deve-se alicerçar ao debate, assim, o objetivo central que originou a consolidação acadêmica da Bioética e do Biodireito: a proteção dos sujeitos vulnerados. Desse modo, dar-se-á continuidade tratando sobre esse tema.

1.4 A função da Bioética e do Biodireito na proteção dos grupos estigmatizados: a problemática das vulnerabilidades da pessoa humana como aporte teórico

A construção teórica interdisciplinar da Bioética tem como um dos seus propósitos a tutela de grupos socialmente vulnerabilizados.

---

[67] GARRAFA, Volnei; AZAMBUJA, Letícia. Epistemología de la bioética – enfoque latino-americano. *Revista Colombiana de Bioética*, v. 4, n. 1, p. 73-92, 2009. p. 80. "*La maximización y sobre-ex-posición del principio de la autonomía tornó al principio de la justicia un mero cooperante de la teoría principialista, una especie de apéndice, si bien indispensable, de menor importancia jerárquica.*"

[68] Para um maior aprofundamento, conferir GARRAFA, Volnei; AZAMBUJA, Letícia. Epistemología de la bioética – enfoque latino-americano. *Revista Colombiana de Bioética*, v. 4, n. 1, p. 73-92, 2009.

Além disso, é interessante lembrar que até meados do século XX foram realizados vários experimentos em seres humanos na ausência do consentimento informado, como fora mencionado. E, por consequência, eram em desrespeito aos atuais princípios da *Autonomia* e da *Dignidade da Pessoa Humana*. Portanto, a história de abusos e maus-tratos à pessoa humana, nesse período, como apontam Morais e Monteiro,[69] demonstrou a necessidade de proteção dos grupos socialmente estigmatizados, pois houve o crescente aumento de ensaios clínicos realizados em pessoas não protegidas ou institucionalizadas. Desse modo, o debate em torno das vulnerabilidades da pessoa humana se tornou atributo de exploração e violação em prol do progresso humano.

Nesse sentido, explica William Saad Hossne[70] que o Código de Nuremberg (1947) – como uma resposta ao julgamento dos médicos nazistas – e o Relatório Belmont (1978) – também como consequência dos experimentos nazistas – nasceram a partir de abusos praticados em pessoas vulneráveis, pois, enquanto o primeiro envolvia os prisioneiros de campos de concentração, o segundo envolvia as crianças em orfanatos (caso Willowbrook), os idosos internados (caso do Hospital de Doenças Crônicas de Nova York), os negros e os pobres (caso Tuskegee).

Outrossim, pode-se exemplificar que as pessoas em posição de vulnerabilidade seriam as não protegidas ou institucionalizadas, como os órfãos, os prisioneiros, os idosos, os grupos étnicos considerados

---

[69] MORAIS, Talita Cavalcante Arruda de; MONTEIRO, Pedro Sadi. Conceitos de vulnerabilidade humana e integridade individual para bioética. *Revista Bioética*. (impr.). Brasília: Conselho Federal de Medicina, v. 25. n. 2, p. 311-319, 2017. p. 312. *"A vulnerabilidade foi introduzida no âmbito da pesquisa com humanos como característica atribuída a certas categorias da população consideradas mais expostas e menos capazes de se defender contra abusos e maus-tratos realizados por outros. A história evidenciou a necessidade dessa proteção, pois o número de ensaios clínicos empreendidos apresentou enorme crescimento na primeira metade do século XX, implicando grupos de pessoas não protegidas ou institucionalizadas. Órfãos, prisioneiros, idosos e, posteriormente, grupos étnicos considerados inferiores, como judeus e chineses, foram comprometidos. As minorias étnicas, os socialmente desfavorecidos e as mulheres foram também conotados como vulneráveis."*

[70] HOSSNE, William Saad. Dos referenciais da Bioética: a vulnerabilidade. *Revista Bioethikos*, São Paulo: Centro Universitário São Camilo, v. 3, p. 41-51, 2009. p. 45. Disponível em: www. saocamilo-sp.br/pdf/bioethikos/68/41a51.pdf. Acesso em: 24 nov. 2021. *"Como já referido, é na área da pesquisa em seres humanos que a vulnerabilidade tem despertado preocupação mais profunda. Em análise crítica, cabe salientar a associação da questão de vulnerabilidade à gênese dos documentos regulatórios e ao próprio estabelecimento dos chamados princípios da Bioética. Assim, o Código de Nuremberg nasceu após os abusos praticados em grupos vulneráveis (prisioneiros de campos de concentração) e o Relatório Belmont surgiu a partir do clamor da Sociedade frente aos abusos praticados também em pessoas vulneráveis (crianças em orfanatos – caso Willowbrook, idosos internados, caso – do Hospital de Doenças Crônicas de Nova York, negros e pobres, caso – Tuskegee) como assinalam Vieira e Hossne."*

inferiores para alguns segmentos da sociedade (como judeus e chineses), as minorias étnicas, os socialmente desfavorecidos e as mulheres, sendo, por isso, considerados como vulneráveis.[71]

A partir disso, não se pode deixar de comentar que se incluem nesses grupos as pessoas com deficiência, pois essas se situam em posição vulnerável na pesquisa biomédica e na relação médico-paciente, especialmente nos casos das deficiências intelectuais no tocante ao exercício da autonomia. Ademais, essa posição de fragilidade poderá, também, ser agravada caso essas pessoas venham a integrar, concomitantemente, outra condição de vulnerabilidade, como ser mulher, LGBT, criança, entre outros, o que gera uma dupla condição de vulnerabilidade.

Ainda nessa perspectiva, torna-se fundamental compreender o conceito de vulnerabilidade em sua acepção histórica, social e jurídica. Segundo Bjarne Melkevik,[72] a vulnerabilidade em sua origem fazia referência aos indivíduos que lutavam contra as feridas ou doenças de ordem física; por conseguinte, também envolveu a ideia de um sentido farmacêutico para designar um remédio para as feridas ou doenças que, contemporaneamente, adquiriu o sentido que se reporta à "vulnerabilidade" do indivíduo. Sobre tais sentidos, é possível inferir que o conceito de vulnerabilidade evoluiu ao longo da história para entender o indivíduo em uma posição de fragilidade. A partir disso, o autor ainda afirma que todos nós, pessoas humanas, somos vulneráveis, possuindo duas formas de vulnerabilidade: uma pessoal e outra racional.[73]

Por outro lado, para além do conceito explorado, que exemplifica que todo e qualquer ser vivo pode ser vulnerável, há a percepção de que alguns indivíduos podem ser mais fragilizados ou desamparados do que outros, sendo considerados vulnerados. Nesse sentido, esclarece Fermin Roland Schramm:

---

[71] MORAIS, Talita Cavalcante Arruda de; MONTEIRO, Pedro Sadi. Conceitos de vulnerabilidade humana e integridade individual para bioética. *Revista Bioética*. (impr.). Brasília: Conselho Federal de Medicina, v. 25. n. 2, p. 311-319, 2017. p. 312.

[72] MELKEVIK, Bjarne. Vulnerabilidade, direito e autonomia. Um ensaio sobre o sujeito de direito. Tradução de Nevita Maria Pessoa de Aquino Franca Luna. *Revista da Faculdade de Direito da Universidade Federal de Minas Gerais*, Belo Horizonte: Nova Fase, n. 71, jul-dez, p. 641-673, 2017. p. 643. Disponível em: https://revista.direito.ufmg.br/index.php/revista/article/view/1877. Acesso em: 24 nov. 2021.

[73] MELKEVIK, Bjarne. *Revista da Faculdade de Direito da Universidade Federal de Minas Gerais*, Belo Horizonte: Nova Fase, n. 71, jul-dez, p. 641-673, 2017. p. 646.

Historicamente, um princípio moral de proteção está implícito nas obrigações do Estado, que deve proteger seus cidadãos contra calamidades, guerras, etc., chamado também de Estado mínimo. Entretanto, poderia muito bem ser chamado de Estado protetor, pois parece intuitivamente compreensível que todos os cidadãos não conseguem se proteger sozinhos contra tudo e todos, podendo tornar-se suscetíveis e até vulnerados em determinadas circunstâncias. Mas, neste caso, **devemos distinguir a mera vulnerabilidade – condição ontológica de qualquer ser vivo e, portanto, característica universal que não pode ser protegida – da suscetibilidade ou vulnerabilidade secundária (por oposição à *vulnerabilidade primária* ou *vulnerabilidade em geral*).** Ademais, os suscetíveis podem tornar-se vulnerados, ou seja, diretamente afetados, estando na condição existencial de não poderem exercer suas potencialidades (*capabilities*) para ter uma vida digna e de qualidade. Portanto, dever-se-ia distinguir graus de proteção de acordo com a condição existencial de vulnerabilidade, suscetibilidade e vulneração, o que pode ser objeto de discussões infindáveis sobre como quantificar e qualificar tais estados existenciais (grifo nosso).[74]

Diante disso, torna-se imperioso distinguir o que seria a mera vulnerabilidade, a qual engloba a todos, e a percepção de vulnerados, haja vista que existem indivíduos que possuem especificidades que implicam tutelas jurídicas diferenciadas para defender seus interesses e a sua dignidade. Assim, reconhece Scharamm que a vulnerabilidade é uma categoria diferenciada que pode ser aplicada a todo ser vivo que pode ser "ferido", mas não necessariamente será, por isso, a mera potencialidade não pode ser confundida com aquilo que é chamado de "vulneração", pois diz respeito à vulnerabilidade consubstanciada. Logo, pois, entende-se a primeira como potencialidade, enquanto a segunda como uma situação de fato.[75]

---

[74] SCHRAMM, Fermin Roland. Bioética da Proteção: ferramenta válida para enfrentar problemas morais na era da globalização. *Revista Bioética*, v. 16, 1, p. 11-23, 2008. p. 20. Disponível em: https://www.ghc.com.br/files/BIOETICA%20DE%20PROTECAO.pdf. Acesso em: 25 nov. 2021.

[75] SCHRAMM, Fermin Roland. A saúde é um direito ou um dever? Autocrítica da saúde pública. *Revista Brasileira de Bioética - RBB*. Brasília: Sociedade Brasileira de Bioética – SBB, v. 2, n. 2, 187-200, 2006. p. 191-192. Disponível em: https://periodicos.unb.br/index.php/rbb/article/view/7969. Acesso em: 25 nov. 2021. *"Como sair deste desconforto conceitual? Nossa proposta consiste em distinguir vulnerabilidade e vulneração, considerando que a vulnerabilidade é uma característica universal de qualquer humano; dos animais (sencientes ou não); e dos sistemas vivos como os ecossistemas e, eventualmente – de acordo com a hipótese Gaia – do 'organismo' representado pelo Planeta Terra". Portanto, utilizar a categoria vulnerabilidade para referir-se a sujeitos e populações que se encontram em situações concretas de 'vulneração' constituiria um erro lógico, cuja consequência pragmática seria a confusão de realidades que não podem ser confundidas, sob pena do desconhecimento da pertinência de determinadas características em*

Por outro lado, como lembra Heloísa Helena Barboza, a vulnerabilidade exige, ainda, análise aprofundada para se proteger da melhor maneira possível todas as pessoas e, necessariamente, as pessoas que têm potencializada a sua vulnerabilidade, ou que já se encontrem vulnerados.[76] Nesse caso, perfaz-se a necessidade de se observar a vulnerabilidade consubstanciada para se poder dar a adequada tutela dos interesses em prol da preservação da dignidade.

Perante o exposto, a *Declaração Universal sobre Bioética e Direitos Humanos (DUBDH)*, em seu artigo 8º, dispõe que, na prática médica e no uso das novas tecnologias, deve ser tomada em consideração a vulnerabilidade humana, pois os indivíduos e os grupos particularmente vulnerados devem ser protegidos, assim como respeitados em sua integridade pessoal com respeito.[77] De toda sorte, os artigos antecedentes, sejam eles o 6º e o 7º,[78] asseveram medidas que se

---

situações concretas. De fato, se todos são potencialmente (ou virtualmente?) vulneráveis enquanto seres vivos, nem todos são vulnerados concretamente devido a contingências como o pertencimento a uma determinada classe social, a uma determinada etnia, a um dos gêneros ou dependendo de suas condições de vida, inclusive seu estado de saúde. Em suma, parece razoável considerar mais correto distinguir a mera vulnerabilidade da efetiva 'vulneração', vendo a primeira como mera potencialidade e a segunda como uma situação de fato, pois isso tem consequências relevantes no momento da tomada de decisão."

[76] BARBOZA, Heloísa Helena. Vulnerabilidade e Cuidado: aspectos jurídicos. *In*: PEREIRA, Tânia da Silva; OLIVEIRA, Guilherme de (Org.). *Cuidado e vulnerabilidade*. São Paulo: Atlas, 2009. p. 109.

[77] Declaração Universal sobre Bioética e Direitos Humanos (2005): *"Artigo 8º. Respeito pela vulnerabilidade humana e integridade pessoal. Na aplicação e no avanço dos conhecimentos científicos, da prática médica e das tecnologias que lhes estão associadas, deve ser tomada em consideração a vulnerabilidade humana. Os indivíduos e grupos particularmente vulneráveis devem ser protegidos, e deve ser respeitada a integridade pessoal dos indivíduos em causa."*

[78] Declaração Universal sobre Bioética e Direitos Humanos (2005): *"Artigo 6º. Consentimento. 1. Qualquer intervenção médica de carácter preventivo, diagnóstico ou terapêutico só deve ser realizada com o consentimento prévio, livre e esclarecido da pessoa em causa, com base em informação adequada. Quando apropriado, o consentimento deve ser expresso e a pessoa em causa pode retirá-lo a qualquer momento e por qualquer razão, sem que daí resulte para ela qualquer desvantagem ou prejuízo. 2. Só devem ser realizadas pesquisas científicas com o consentimento prévio, livre e esclarecido da pessoa em causa. A informação deve ser suficiente, fornecida em moldes compreensíveis e incluir as modalidades de retirada do consentimento. A pessoa em causa pode retirar o seu consentimento a qualquer momento e por qualquer razão, sem que daí resulte para ela qualquer desvantagem ou prejuízo. Excepções a este princípio só devem ser feitas de acordo com as normas éticas e jurídicas adoptadas pelos Estados e devem ser compatíveis com os princípios e disposições enunciados na presente Declaração, nomeadamente no artigo 27o, e com o direito internacional relativo aos direitos humanos. 3. Nos casos relativos a investigações realizadas sobre um grupo de pessoas ou uma comunidade, pode também ser necessário solicitar o acordo dos representantes legais do grupo ou da comunidade em causa. Em nenhum caso deve o acordo colectivo ou o consentimento de um dirigente da comunidade ou de qualquer outra autoridade substituir-se ao consentimento esclarecido do indivíduo"; "Artigo 7º. Pessoas incapazes de exprimirem seu consentimento. Em conformidade com o direito interno, deve ser concedida protecção especial às pessoas que são incapazes de exprimir o seu consentimento: (a) a autorização*

CAPÍTULO 1
A CIÊNCIA A FAVOR DA VIDA HUMANA... | 73

preocupam em preservar a dignidade do sujeito passivo da relação biomédica em sua dimensão da liberdade existencial, ao tutelarem a ideia do consentimento e dos interesses das pessoas incapazes de consentir.

Noutra perspectiva, interessa analisar o pensamento de William Saad Hossne,[79] que é adepto e fundador da "teoria dos referenciais", cujo entendimento, embora reconheça a contribuição da Teoria Principialista (autonomia, beneficência, não maleficência e justiça), não os concebe como princípios fundamentais nem como direitos ou deveres, mas sim como pontos de referência. O autor compreende que ao lado desses referenciais seria possível incluir diversos outros, como a vulnerabilidade, a solidariedade, a prudência, o altruísmo, a alteridade, a responsabilidade, a confidencialidade, a privacidade, a dignidade, a integridade e outros.

Contudo, perfaz-se relevante analisar tão somente a sua percepção quanto ao referencial da vulnerabilidade, tendo em vista o recorte específico desse ponto da pesquisa. Desse modo, o autor[80] pondera que a vulnerabilidade é um referencial indispensável para a Bioética e independe, ainda, da autonomia, da justiça e de outros referenciais, embora seja reconhecida a relação intrínseca entre eles. Nesse sentido, explica Hossne que, embora seja indispensável o termo do consentimento informado, por exemplo, não se resolve a questão dos aspectos éticos suscitados partindo da premissa de que há possibilidade de exploração dos grupos vulnerados. Assim, limitar a vulnerabilidade apenas ao princípio da autonomia ou da justiça, como comumente é realizado, seria insuficiente, devendo-se dar ensejo para que a vulnerabilidade seja compreendida como um referencial próprio.

---

para uma investigação ou uma prática médica deve ser obtida em conformidade com o superior interesse da pessoa em causa e com o direito interno. No entanto, a pessoa em causa deve participar o mais possível no processo de decisão conducente ao consentimento e no conducente à sua retirada; (b) a investigação só deve ser realizada tendo em vista o benefício directo da saúde da pessoa em causa, sob reserva das autorizações e das medidas de protecção prescritas pela lei e se não houver outra opção de investigação de eficácia comparável com participantes capazes de exprimir o seu consentimento. Uma investigação que não permita antever um benefício directo para a saúde só deve ser realizada a título excepcional, com a máxima contenção e com a preocupação de expor a pessoa ao mínimo possível de riscos e incómodos e desde que a referida investigação seja efectuada no interesse da saúde de outras pessoas pertencentes à mesma categoria, e sob reserva de ser feita nas condições previstas pela lei e ser compatível com a protecção dos direitos individuais da pessoa em causa. Deve ser respeitada a recusa destas pessoas em participar na investigação.".

[79] HOSSNE, William Saad. Dos referenciais da Bioética: a vulnerabilidade. *Revista Bioethikos*, São Paulo: Centro Universitário São Camilo, v. 3, p. 41-51, 2009. p. 42.

[80] HOSSNE, William Saad. Dos referenciais da Bioética: a vulnerabilidade. *Revista Bioethikos*, São Paulo: Centro Universitário São Camilo, v. 3, p. 41-51, 2009. p. 45.

Salienta-se, ainda, que o conceito de vulnerabilidade para o autor,[81] abstratamente, seria uma condição, estado ou situação sindrômica. Em outras palavras, metaforicamente, seria uma síndrome, ou seja, um estado caracterizado por um conjunto de sintomas de sinais que podem ser produzidos por diferentes causas. Nessa direção, a síndrome pode atingir não apenas um ponto ou área, mas um sistema a partir de diversas causas. Ressalta, também, que a vulnerabilidade, sob a forma de síndrome e inserindo o ser humano em um sistema (sistema de saúde ou sistema de pesquisa), torna-se evidente que o referencial da vulnerabilidade para a Bioética deve ser analisado e avaliado de modo mais abrangente e de modo mais complexo do que habitualmente é feito.

Ademais, segundo Hossne,[82] a vulnerabilidade se demonstra importante também na área do Biodireito, pois países de maioria europeia, por meio do relatório Biomed II, cuja finalidade foi identificar – à semelhança do Relatório Belmont – princípios éticos para Bioética e Biodireito, concluíram que quatro princípios devem ser considerados em mútua conexão, sejam eles: a) a autonomia; b) a dignidade; c) a integridade; e d) a *vulnerabilidade*. Dessa maneira, em outros países é possível reconhecer a vulnerabilidade enquanto norma-princípio. Ainda sobre tais aspectos, o autor comenta que o relatório também concluiu que esses princípios devem ser mais explícitos nas futuras políticas europeias sobre Bioética e Biodireito, a fim de que se possa proteger a todos os cidadãos confrontados com as tecnologias biomédicas.

1.5 A Bioética e o Biodireito como ferramentas para a proteção das pessoas discriminadas em razão da deficiência

Embora se reconheça o fundamental papel da Bioética e do Biodireito na proteção de grupos vulnerabilizados, Agustina Palacios e Javier Romañach[83] sustentam que há a necessidade da inclusão

---

[81] HOSSNE, William Saad. Dos referenciais da Bioética: a vulnerabilidade. *Revista Bioethikos*, São Paulo: Centro Universitário São Camilo, v. 3, p. 41-51, 2009. p. 48.

[82] HOSSNE, William Saad. Dos referenciais da Bioética: a vulnerabilidade. *Revista Bioethikos*, São Paulo: Centro Universitário São Camilo, v. 3, p. 41-51, 2009. p. 49.

[83] PALACIOS, Agustina; ROMAÑACH, Javier. El modelo de la diversidade: uma nueva visión de la bioética desde la perspectiva de las personas com diversidad funcional (discapacidad). *Intersticios*: Revista Sociológica de Pensamiento Crítico. Madrid:

nos currículos de formação da Bioética, bem como na elaboração de trabalhos científicos, a temática da deficiência, pois esses estudos seguem ausentes, especialmente em países de cultura hispânica.

A partir desses levantamentos, pode-se ponderar que, mesmo na compreensão dos grupos estigmatizados ou vulnerados, a deficiência ainda ocupa o lugar de subalternização e invisibilidade entre os demais, tendo em vista o descarte ou a falta de interesse dos estudiosos na temática que trate da tutela dos interesses das pessoas com deficiência e, por consequência, na inclusão. Nesse contexto, tornam-se necessários levantamentos que levem em consideração o recorte de vulnerabilidade na Bioética que incluam, de modo claro e preciso, a deficiência, seja ela intelectual, física, auditiva, entre outras limitações.

Por outro lado, devido ao alcance que a internacionalização dos direitos das pessoas com deficiência vem alcançando no cenário mundial, em virtude, sobretudo, da elaboração da Convenção sobre os Direitos das Pessoas com Deficiência pela Organização das Nações Unidas (ONU), em Nova Iorque, no ano de 2007, houve uma atenção maior dos estudiosos da Bioética.

Nesse sentido, Agustina Palacios e Javier Romañach[84] lembram que, embora na Europa e no mundo ainda existam vários textos publicados, há um aparecimento muito recente das pessoas com múltiplas habilidades como foco da pauta; por isso, os autores salientam que, em face das novas tecnologias que auxiliam na informação, a maior parte da estrutura organizada e documentada se dá por meio da internet em algumas plataformas.

Ratificam, também, que existem dois trabalhos relevantes que elucidam a postura das pessoas com deficiência em temas bioéticos, sejam eles: a) Las personas con discapacidad hablan de la nueva

---

Universidad Compplutense de Madrid, v. 2, p. 37-47, 2008. p. 43. Disponível em: http://www.intersticios.es/article/view/2712/2122. Acesso em: 4 nov. 2021. *"A día de hoy, la visión de las personas con diversidad funcional sigue estando ausente en los curriculos de formación sobre bioética, especialmente en el mundo de habla hispana. A nivel europeo se están produciendo ligeros avances, sobre todo en Gran Bretaña e Italia. Este punto de vista está ausente en los comités de bioética y en la mayoría de las publicaciones que versan sobre esta temática. Esta ausencia del pensamiento desde la diversidad funcional en la bioética ha sido ya planteado por expertos internacionales como el Profesor de la Universidad de Calgary, Gregor Wolbring, en su artículo 'Disability Rights Approach Toward Bioethics?'."*

[84] PALACIOS, Agustina; ROMAÑACH, Javier. El modelo de la diversidade: uma nueva visión de la bioética desde la perspectiva de las personas com diversidade funcional (discapacidad). *Intersticios*: Revista Sociológica de Pensamiento Crítico, Madrid, Universidad Compplutense de Madrid, v. 2, p. 37-47, 2008. p. 44.

genética; e b) La declaración de Solihull.[85] A partir disso, a construção de trabalhos na seara da Bioética que contemplem, por exemplo, os documentos elencados contribuirá de modo crucial para a construção de um arcabouço teórico que valorize ou ponha em evidência, enquanto questões centrais, a tutela da deficiência como expressão da diversidade humana.

Nessa conjuntura, pode-se realçar que as políticas sociais baseadas em modelos conceituais de deficiência – temática que será abordada em capítulo próprio a que se segue –, continuam sem dar respostas efetivas que possam contribuir para a erradicação definitiva da discriminação desse grupo de pessoas.[86]

Ante o exposto, emana-se a necessidade de interpretação de um novo modelo conceitual, nascendo, por isso, o modelo da diversidade, compreendido sob a perspectiva de duas vertentes: a) conseguir garantir os mesmos direitos para as pessoas com ou sem deficiência a partir da difusão, da implementação e da defesa da Convenção Internacional sobre os Direitos das Pessoas com Deficiência; e b) realizar uma aproximação teórica que permita introduzir no debate da bioética a implementação e a difusão desses direitos do diploma de direitos humanos.[87] Ratifica-se, ainda, que esse modelo conceitual será aprofundado no Capítulo 2.

Nessa direção, o autor que aqui subscreve entende que a Bioética, associada à percepção desse modelo conceitual, precisa resguardar algumas questões sérias olvidadas por muitos estudiosos da contemporaneidade no debate das relações biomédicas, tal como estudos focados:

> a) na nova genética, que por ora dá margem para a possibilidade da concepção de práticas eugênicas ressignificadas a partir da engenharia genética;

---

[85] PALACIOS, Agustina; ROMAÑACH, Javier. El modelo de la diversidad: uma nueva visión de la bioética desde la perspectiva de las personas com diversidad funcional (discapacidad). *Intersticios*: Revista Sociológica de Pensamiento Crítico, Madrid, Universidad Compplutense de Madrid, v. 2, p. 37-47, 2008. p. 44.

[86] PALACIOS, Agustina; ROMAÑACH, Javier. El modelo de la diversidad: uma nueva visión de la bioética desde la perspectiva de las personas com diversidad funcional (discapacidad). *Intersticios*: Revista Sociológica de Pensamiento Crítico, Madrid, Universidad Compplutense de Madrid, v. 2, p. 37-47, 2008. p. 44.

[87] PALACIOS, Agustina; ROMAÑACH, Javier. El modelo de la diversidad: uma nueva visión de la bioética desde la perspectiva de las personas com diversidad funcional (discapacidad). *Intersticios*: Revista Sociológica de Pensamiento Crítico, Madrid, Universidad Compplutense de Madrid, v. 2, p. 37-47, 2008. p. 45.

b) na discussão de morte digna a ser realizada pelas pessoas com diversidade funcional, em fiel respeito à capacidade de autodeterminação – com fulcro no princípio da autonomia;

c) na seleção embrionária realizada pelos agentes de saúde que possam discriminar a futura prole que possua algum tipo de deficiência pela lógica de essas vidas serem ausentes de potencialidades;

d) no aconselhamento genético que, por intermédio do diagnóstico genético pré-implantacional, permite determinar implicações genéticas da futura prole, cujo tema repercute na problemática central deste trabalho;

e) na errônea interpretação de que embriões que possuem o diagnóstico de deficiência possam ser considerados como inviáveis, na medida em que se costuma aproximar a deficiência do conceito de doença e de doenças incompatíveis com a vida, acarretando a destinação do material genético desses embriões para pesquisa ou descarte;

f) no direito ao acesso de uso das técnicas medicamente assistidas como uma forma de viabilizar a construção da família por autores do projeto parental que possuam quaisquer espécies de deficiência, como uma expressão do direito ao planejamento familiar;

g) na possibilidade de dispor de alguma parte saudável do próprio corpo pela pessoa com deficiência, como órgãos para doação, com fulcro na concepção de autonomia da vontade e no direito à automanipulação do próprio corpo;

h) na realização da cirurgia de transgenitalização, isto é, a prática de redesignação genital pela pessoa com deficiência, em fiel consonância com a sua identidade de gênero;

i) no consentimento informado existente, válido e eficaz da pessoa com deficiência intelectual nas relações biomédicas, ao considerar os critérios do discernimento, funcionalidade e dependência a partir da prestação de apoio que possa lhes ser concedido na esfera existencial;

j) entre tantas outras abordagens que possam discriminar diretamente ou indiretamente a dignidade intrínseca não favorável à percepção de inclusão contemporânea da pessoa com deficiência nas relações biomédicas.

É a partir de tais discussões que, segundo Agustina Palacios e Javier Romañach,[88] mulheres e homens com diversidade funcional

---

[88] PALACIOS, Agustina; ROMAÑACH, Javier. *El modelo de la diversidade*: la Bioética y los Derechos Humanos como herramientas para alcanzar la plena dignidade em la diversidade funcional. Madrid: ediciones Diversitas – AIES, 2006. p. 88. *"Las mujeres y hombres con diversidad funcional han tardado mucho tiempo en ser conscientes de la importancia que la bioética tenía en la percepción social sobre sus propias vidas y el posible impacto futuro de*

levaram muito tempo para estarem conscientes da importância que a Bioética teve, e continua tendo, para a percepção social sobre as suas próprias vidas no contexto social e o possível impacto futuro que essas percepções repercutirão nas suas relações com o meio social.

Assim, a partir do despertar dessa consciência, é primordial que as pessoas com diversidade funcional exerçam influência e participação no debate das relações biomédicas, a fim de resguardar a tutela de seus interesses, bem como repercutam de modo a romper o paternalismo tão próprio das relações médicas na perspectiva de autoridade e poder sobre o conhecimento biomédico sobre os seus corpos.

---

las reflexiones éticas alrededor de temas tan importantes como la nueva genética, la eutanasia, la investigación con células madre, etc. Con esta conciencia, se ponen de relieve en esta sección las incoherencias detectadas, dejando para más adelante el estudio de la realidad bioética y la participación en la misma y de las mujeres y hombres com diversidad funcional."

CAPÍTULO 2

O ARGUMENTO SOBRE "A VIDA QUE NÃO VALE A PENA SER VIVIDA": O MOVIMENTO DESPATOLOGIZADOR DA DEFICIÊNCIA NO DIREITO

Ninguém conhece mais sobre a vida da pessoa com Síndrome de Down do que eu. Tudo o que você aprender hoje, por favor, lembre-se: eu sou um homem com Síndrome de Down e a minha vida vale a pena ser vivida. Algumas pessoas dizem que no exame pré-natal pode-se detectar a Síndrome de Down no útero, durante a gravidez, e ela deve ser interrompida. É difícil para mim estar sentado e falar essas palavras. Eu entendo perfeitamente que as pessoas estão pressionando a essa particular 'solução final', sobre pessoas como eu não deveriam existir. [...]. Eu não me sinto bem em ter que justificar minha existência, mas àqueles que questionam o valor de pessoas com Síndrome de Down, eu gostaria de falar de três pontos: 1) Somos um presente da medicina para a sociedade. Somos um mapa para pesquisa médica contra o câncer, o mal de Alzheimer e doenças do sistema imunológico; 2) Normalmente somos uma fonte poderosa de felicidade. Um estudo de Harvard descobriu que pessoas com Síndrome de Down e seus pais e irmãos são mais felizes do que a sociedade em geral. A felicidade tem algum significado?; 3) Nós somos como diamantes nas minas. Nós damos ao mundo a oportunidade para pensar sobre a ética de escolher quais humanos terão direito à vida. [...]. Vamos fazer do nosso objetivo ser livre do mal de Alzheimer e não livre de Síndrome de Down. Obrigado!.

Discurso proferido por *Frank Stephens*, no Congresso dos EUA, em 3 de novembro de 2017.[89]

O que é doença? Por que associar o argumento abstrato da "vida boa e qualidade" pode marginalizar a deficiência? Qual a diferença entre deficiência e doenças incompatíveis com a vida? O que seria saúde? Em que medida o Estado de Direito possui o papel de intervir diante da discriminação da deficiência nas relações de saúde em um contexto social de estigmatização médico? Essas e outras perguntas, secundárias e alicerçadas na pergunta-problema deste trabalho, motivaram a discussão a ser promovida neste capítulo. Dessa forma, busca-se situar o leitor sobre o que seria deficiência nas sociedades ocidentais e como o meio social ainda contribui para práticas eugênicas, de discriminação e marginalização em um cenário ambiental não adaptado. Além disso, busca-se percorrer as mudanças significativas ocorridas no ordenamento jurídico brasileiro para que houvesse a transição na sociedade do pensamento capacitista quanto às potencialidades e às qualidades da pessoa humana com diversidade funcional.

À vista disso, foi possível constatar a autonomia da pessoa com deficiência no tocante aos atos jurídicos de natureza existencial ou

---

[89] Para assistir ao discurso de Frank Stephens, na íntegra, basta apontar a câmera do celular para o QR Code a seguir ou acessar o link https://www.youtube.com/watch?v=vtS91Jd5mac.

CAPÍTULO 2
O ARGUMENTO SOBRE "A VIDA QUE NÃO VALE A PENA SER VIVIDA"...

extrapatrimonial, havendo mecanismos que lhe favorecem o exercício da autonomia no trato dos atos jurídicos patrimoniais, mas não de modo a roubar as suas subjetividades no contexto de autodeterminação humana. Não obstante, percebe-se que, ainda que o legislador constitucional tenha assimilado os preceitos do modelo *social* de deficiência com status de Constituição, a norma máxima no ordenamento jurídico, e reforçado seus preceitos em legislação infraconstitucional, o operador do direito ainda se recusa a aplicar a norma posta, sobre o pretexto de ser uma vida incompatível com potencialidades e autonomia. No âmbito da medicina, viés mais significativo e emblemático para a discussão deste trabalho, há normas e recomendações de cunho ético, para as noções que se aproximam, mas nem sequer adotam plenamente os mandamentos da Convenção de Direitos Humanos da Pessoa com Deficiência, de forma a ainda transitar sua conceituação na abstração entre deficiência e doença. Todavia, reforça-se, no último ponto deste capítulo, a diferença interpretativa que há entre doença, deficiência e doenças incompatíveis com a vida, de forma a auxiliar na contribuição crítica de uma doutrina jurídica no âmbito da Bioética e do Biodireito.

2.1 A genética é destino? O embate promovido pela mudança conceitual de deficiência no ocidente

Nas sociedades ocidentais, a percepção conceitual em torno da deficiência foi marcada por mudanças morais, ideológicas e éticas por meio do que alguns estudiosos identificaram por meio de modelos conceituais de deficiência (*prescindência, médico* ou *reabilitador, social* e da *diversidade*). Nesse sentido, a transformação dos valores, não somente culturais, mas também jurídicos, transmutaram-se em mútuo consenso, tendo em vista que aqueles influenciam esses de modo direto. Por outro lado, há uma afirmativa de que a ideia histórica de estigma, em torno da compreensão do que é deficiência, configura verdadeiro óbice na interpelação dos institutos jurídicos e da maneira com que a sociedade se encarrega de dar a efetiva tutela responsável por contribuir para o desenvolvimento pleno da personalidade da pessoa com diversidade funcional.[90]

---

[90] Compreende-se, neste trabalho, como sinônimos da terminologia "Pessoas com Deficiência" as seguintes: "Pessoa com Diversidade Funcional" e "Pessoa com Múltiplas Habilidades". Cumpre salientar que a primeira expressão indicada aponta para o elemento da diversidade na pessoa humana com deficiência, novidade do modelo da *diversidade*.

É por isso, então, que a promoção da quebra da lógica dos ideais de paternalismo médico configura relevante papel na disseminação das ideias de autonomia para a esfera dos direitos das pessoas com deficiência. Dessa maneira, a narrativa de direitos e garantias inerentes à condição de pessoa humana, do sujeito com diversidade funcional, haja vista a lógica de personalidade e capacidade jurídica inatas, enquanto pessoas naturais, configura potencialidades de exercícios de direitos, assim como de deveres. Portanto, não satisfaz mais a lógica contemporânea imaginar que as potencialidades no exercício desses direitos sejam completamente limitadas, de modo a promover incapacidades no exercício de capacidades específicas,[91] como foi por muito tempo na codificação brasileira.

Compreender, assim, a virada conceitual[92] de deficiência, a partir da promulgação da Convenção sobre os Direitos das Pessoas com Deficiência (CDPD), no ordenamento jurídico pátrio, caracteriza essencial transformação não apenas da concepção de deficiência advindos do gradativo amadurecimento das sociedades, mas também a

---

Entende-se, por sua vez, como terminologias que não devem ser utilizadas: "Portador de Deficiência", "Deficiente", "Mongoloide", "Pessoa com Necessidades Especiais" e outros. Inclui-se, por isso, nas que não devem ser utilizadas, todas as expressões que possam apontar para um modelo assistencialista ou paternalista em virtude de um caráter dependente do indivíduo que possua deficiência. Isso porque romperam-se tais ideias a partir da noção de autonomia interdependente ou modo de vida independente, inaugurados a partir do modelo de percepção *social* – notadamente a partir da Convenção sobre os Direitos das Pessoas com Deficiência e da Lei Brasileira de Inclusão. Nessa mesma perspectiva, Cf: PALACIOS, Agustina; ROMAÑACH, Javier. El modelo de la diversidad: una nueva visión de la bioética desde la perspectiva de las personas con diversidad funcional (discapacidad). *Intersticios*: Revista Sociológica de Pensamiento Crítico. Madrid: Universidad Compplutense de Madrid, v. 2, p. 37-47, 2008. p. 41. Disponível em: http://www.intersticios.es/article/view/2712/2122. Acesso em: 4 nov. 2021.

[91] Enquanto a capacidade jurídica está para a titularidade de direitos e deveres, a capacidade específica se refere ao poder de exercício de alguns desses direitos, tendo em vista que a mera aptidão do direito não significa a possibilidade de exercê-lo. Assim, é necessário que haja outra capacidade que se refira ao seu exercício, chamada de capacidade específica. MELLO, Marcos Bernardes de. Achegas para uma teoria das capacidades em direito. *Revista de Direito Privado*, São Paulo: RT, n. 3, p. 11-12, 2001.

[92] FONSECA, Ricardo Tadeu Marques da. O novo conceito constitucional de pessoa com deficiência: um ato de coragem. *Revista do Tribunal Regional do Trabalho da 2ª Região*, São Paulo, n. 10, p. 45-54, 2012. p. 45-53. Disponível em: https://juslaboris.tst.jus.br/handle/20.500.12178/78834. Acesso em: 4 nov. 2021. "[...] *o cerne da Convenção constitucionalmente abraçada pelo Brasil reside justamente na 'virada' conceitual acerca da pessoa com deficiência. [...] O novo conceito de pessoa com deficiência, constitucionalmente adotado pelo Brasil por força da ratificação da Convenção Internacional da ONU sobre os Direitos das Pessoas com Deficiência, transcende o aspecto meramente clínico e assistencialista que pautava a legislação anterior. Ressalta o fator político para que se reconheça a necessidade de superarem-se as barreiras sociais, políticas, tecnológicas e culturais.*"

determinação de normas-regras e normas-princípios a fim de disciplinar os mais diversos ramos do conhecimento – sejam eles os de ciências da saúde, da sociedade ou tecnologias. Ou seja, há uma imposição normativa em todas as esferas do conhecimento, não se restringindo apenas à esfera jurídica, tendo em vista a ratificação da convenção com força de Emenda Constitucional (EC), proposta pela própria Constituição Federal brasileira em estabelecer o procedimento do art. 5º, 3§.[93]

Desse modo, afirma-se o fundamental papel nessa transformação conceitual e estrutural que é vivenciada hodiernamente, pois não há mais a espera de que a sociedade mude pouco a pouco seu pensamento estigmatizante e incapacitante em torno da pessoa com deficiência. De fato, há uma imposição transformativa pelos Estados nacionais ratificantes da Convenção em promover a tutela dos interesses desses indivíduos com a finalidade de desenvolver a autonomia fora da lógica assistencialista ou clínica. Logo, a pessoa com deficiência não deve ser enxergada a partir do seu diagnóstico como uma limitação, mas sim a partir de suas potencialidades e habilidades. Dessa forma, não se admite que o sujeito com deficiência seja compreendido como um indivíduo que, necessariamente, precisa de um tratamento. A lógica paternalista, em impor o tratamento para além da capacidade de autodeterminação da pessoa humana, foi e está, cronologicamente, sendo rompida desde o surgimento das ideias da Bioética a partir das décadas de 1960 e 1970.

Existe a predeterminação, no imaginário social,[94] de que o diagnóstico da diversidade funcional compreende uma vida fadada à ausência de potencialidades e qualidade, sobretudo baseada na ideia de uma autonomia limítrofe, condicionada à necessária representação por um terceiro quanto aos atos jurídicos. No entanto, em referência ao discurso que epigrafa este capítulo, a deficiência não reflete esses ideais que, de maneira antiquada, concebem uma incapacidade dissociativa de suas potencialidades. Na realidade, a deficiência não é sinônimo de falta de qualidade de vida e autonomia, tendo em vista um parâmetro social do que seria uma vida digna, mas reflete a possibilidade de

---

[93] A EC nº 45/2004 acrescentou o procedimento estabelecido no parágrafo terceiro do artigo quinto da Constituição Federal. Este, por sua vez, esclarece que, se o tratado de Direitos Humanos for aprovado, em cada Casa do Congresso Nacional, em dois turnos, por três quintos dos votos dos respectivos membros, serão equivalentes às emendas constitucionais. A partir disso, os tratados de Direitos Humanos aprovados conforme o procedimento possuem *status* de Constituição ou Emenda Constitucional, tal qual a Convenção da ONU sobre os direitos das pessoas com deficiência desde o ano de 2009.

[94] Essa visão restritiva, do lugar-comum social, encontra-se diretamente confrontada pelo diploma de direitos humanos e pela Lei Brasileira de Inclusão.

existir a partir das autolimitações que em nada prejudicam o potencial de uma vida fidedigna a partir de um meio social que não incapacite e esteja adaptado a promover sua autonomia interdependente. Deve-se, portanto, romper com as noções de que a genética da deficiência, por si só, é uma sentença de falta de qualidade de vida.

Ainda nessa perspectiva, não se deve também perceber a deficiência como um "problema individual", mas sim da coletividade que obrigatoriamente precisa se adaptar para garantir a acessibilidade e a inclusão. Nessa direção, emana-se dos estudiosos da Bioética e do Direito a compreensão conceitual normatizada da deficiência em seus estudos, assim como a influência ativa da própria pessoa com deficiência nesse processo de construção do conhecimento, sob o conhecido lema: "Nada sobre nós, sem nós"![95] Passar-se-á, por isso, a estudar a disruptiva transformação na compreensão do que é deficiência a partir da influência ativa do movimento de sujeitos com múltiplas habilidades na perspectiva ocidental.

2.1.1 O que é deficiência? Os modelos conceituais e a percepção de estigma

É notório que a compreensão em torno do que é deficiência, ainda hoje, seja imbuída de descrédito, levando em consideração, principalmente, o conceito de estigma. Desse modo, Erving Goffman comenta que o estigma seria uma relação especial entre um atributo profundamente depreciativo e um estereótipo, tendo em vista que o descrédito é muito grande (podendo ser considerado como um defeito, uma fraqueza ou uma desvantagem), de modo a constituir uma discrepância entre a identidade social virtual e a identidade social real.[96]

---

[95] Cf. SASSAKI, Romeu Kazumi. Nada sobre nós, sem nós: Da integração à inclusão – Parte 2. *Revista Nacional de Reabilitação*, ano X, n. 58, p. 20-30 set./out. 2007. p. 21. Disponível em: http://www.sinprodf.org.br/wp-content/uploads/2012/01/nada-sobre-nÓs-sem-nÓs2.pdf. Acesso em: 4 nov. 2021. *"O ativista de direitos das pessoas com deficiência, Tom Shakespeare, em sua palestra 'Entendendo a Deficiência', registrou o seguinte posicionamento perante a Conferência Internacional 'Deficiência com Atitude', realizada na University of Western Sydney, Austrália, em fevereiro de 2001: 'Reconhecer a perícia e a autoridade das pessoas com deficiência é muito importante. O movimento das pessoas com deficiência se resume em falar por nós mesmos. Ele trata de como é ser uma pessoa com deficiência. Ele trata de como é ter este ou aquele tipo de deficiência. Ele trata de exigir que sejamos respeitados como os verdadeiros peritos a respeito de deficiências. Ele se resume no lema **Nada Sobre Nós, Sem Nós**"* (grifo nosso).

[96] GOFFMAN, Erving. *Estigma*: notas sobre a manipulação da identidade deteriorada. Tradução de Márcia Bandeira de Mello Leite Nunes. 4. ed. Rio de Janeiro: LTC, 2017. p. 12-13. *"Tal característica é um estigma, especialmente quando o seu efeito de descrédito é muito*

Nesse sentido, ainda segundo o autor, a identidade social virtual refere-se ao que o sujeito deveria ser, enquanto a identidade social real seria a categoria e os atributos que o indivíduo, na verdade, possui.[97] Nesses aspectos, concebe-se o estigma na medida em que a discrepância entre essas identidades resulta em um atributo profundamente depreciativo ou estereotipado.

Diante disso, a marginalização da identidade da pessoa com deficiência reflete características da nossa sociedade construída, sobretudo, a partir de uma percepção utilitarista de descarte e uso dos corpos ou, ainda, sobre um paradigma de "normalidade" e "anormalidade". Com base nesses aspectos, ratifica-se que esses critérios não devem se sobrepor ao reconhecimento da garantia de direitos fundamentais da pessoa humana, como é o caso do direito à autonomia, seja ele o da vontade ou a privada, para a garantia plena da formação da personalidade da pessoa com deficiência e em prol de sua dignidade.

Vale salientar, ainda, que a compreensão de estigma, cuja essência carrega consigo o entendimento de um atributo que produz um amplo descrédito na vida do sujeito, ocasiona, para os estigmatizados, a redução de oportunidades em face da perda da identidade social e deterioração da imagem pessoal.[98] A partir disso, entende-se que a percepção de estigma, em torno da identidade da pessoa com deficiência, possibilita a não equiparação de oportunidades perante os demais sujeitos de direito que não possuam deficiência.

Ante o exposto, nas sociedades ocidentais, a percepção do que é deficiência foi modificada, precisamente, a partir de critérios que podem ser percebidos em quatro modelos conceituais, sejam eles: a) o modelo da *prescindência*; b) o modelo *médico* ou *reabilitador*; c) o modelo *social*; e d) o modelo da *diversidade*. Nesse sentido, a depender do modelo conceitual e do marco histórico, há a possibilidade de haver a

---

grande – algumas vezes ele também é considerado um defeito, uma fraqueza, uma desvantagem – e constitui uma discrepância específica entre a identidade social virtual e a identidade social real. [...] O termo estigma, portanto, será usado em referência a um atributo profundamente depreciativo, mas o que é preciso, na realidade, é uma linguagem de relações e não de atributos. Um atributo que estigmatiza alguém pode confirmar a normalidade de outrem, portanto ele não é, em si mesmo, nem honroso e nem desonroso. [...] Um estigma é, então, na realidade, um tipo especial de relação atributo e estereótipo, embora eu proponha a modificação desse conceito, em parte porque há importantes atributos que em quase toda a nossa sociedade levam ao descrédito."

[97] GOFFMAN, Erving. *Estigma*: notas sobre a manipulação da identidade deteriorada. Tradução de Márcia Bandeira de Mello Leite Nunes. 4. ed. Rio de Janeiro: LTC, 2017. p. 12.

[98] GOFFMAN, Erving. *Estigma*: notas sobre a manipulação da identidade deteriorada. Tradução de Márcia Bandeira de Mello Leite Nunes. 4. ed. Rio de Janeiro: LTC, 2017. p. 13.

sustentação de algum estigma em torno da identidade da pessoa com deficiência ou a quebra desse atributo desacreditador.

Sendo assim, o primeiro modelo conceitual, denominado de *prescindência*, é baseado em justificativa religiosa, por isso, segundo Agustina Palacios,[99] a origem da deficiência estaria atrelada a um castigo dos deuses, em função de um pecado, geralmente cometido pelos pais da criança, ou, ainda, a uma advertência dos deuses acerca de alguma aliança que foi rompida e a aproximação de alguma catástrofe. Logo, segundo a autora, as pessoas com deficiência seriam indivíduos que em nada contribuiriam para a sociedade, sendo consideradas improdutivas ou um fardo para a comunidade e para os pais.

Diante do exposto, pode-se perceber que, por meio desse modelo, o sujeito com deficiência poderia ser tido como descartável, em razão dos reflexos negativos do que poderia significar ter um filho com deficiência, entendido como um pecado ou aviso de uma catástrofe futura. Essa visão, por sua vez, estigmatiza e contribui para as primeiras noções não positivas da construção de uma identidade descreditada, pois a sociedade dispensava (ou prescindia) a existência de pessoas com deficiência na vida coletiva para a produção de bens e valores. Acentuam-se, por isso, as primeiras considerações históricas da deficiência enquanto um estigma, além de haver alusões da incapacidade na contribuição social, em função, principalmente, da existência da deficiência atrelada a uma lógica de "limitação".

Em linhas gerais, ainda conforme a autora, esse modelo pode ser subdividido, de modo didático, em dois submodelos: o *eugênico* e o da *marginalização*. Nesse sentido, o primeiro submodelo, o *eugênico*, ligado à Antiguidade Clássica, significava que a vida das pessoas com deficiência não valeria a pena ser vivida, por causa disso, os filhos e as filhas com deficiência eram submetidos, por exemplo, ao infanticídio. A deficiência, assim, era associada a uma verdadeira condição de desgraça, de tal modo que suas vidas, sob essas condições, não eram concebidas como dignas de serem vividas.[100]

De outro modo, o segundo submodelo, o da *marginalização*, voltado para a Idade Média, tinha como consequência principal a marginalização da pessoa com deficiência, pois a subestimavam ou,

---

[99] PALACIOS, Agustina. *El modelo social de discapacidad*: orígenes, caracterización y plasmación en la Convención Internacionalsobre los Derechos de las Personas con Discapacidad. Madrid: Cermi, 2008. p. 37.

[100] PALACIOS, Agustina. *El modelo social de discapacidad*: orígenes, caracterización y plasmación en la Convención Internacionalsobre los Derechos de las Personas con Discapacidad. Madrid: Cermi, 2008. p. 39.

como consequência do medo, a rejeitavam por considerá-las objetos de feitiços malignos ou aviso de perigo iminente. Dessa maneira, a principal diferença para o submodelo *eugênico* seria que as crianças com deficiência morriam em consequência da omissão – seja por falta de interesse seja por falta de recursos.[101] Ainda nesse sentido, podia-se afirmar que as pessoas com deficiência eram, como consequência da marginalização, incluídas nos grupos dos mendigos e dos pobres.[102]

Não obsta refletir, sobre tais submodelos, que ambos sustentam uma relação de descrédito do sujeito que possui deficiência com o que esse deveria ser no imaginário pessoal e da coletividade e, ainda, com o que na verdade esse indivíduo possui como atributo pessoal. Reflete-se, por isso, que a deficiência, nesses critérios, estaria em uma verdadeira condição de inumanidade, pois, enquanto um modelo propõe a higienização, o outro apresenta a exclusão social como uma alternativa ao que significaria a deficiência para a família e a comunidade. Atribui-se, assim, um verdadeiro descrédito e/ou deterioração da imagem pessoal do sujeito com deficiência.

Em outras palavras, o segundo modelo conceitual, denominado de *médico* ou *reabilitador*, concebe a deficiência não a partir de justificativa religiosa, mas sim científica, pois a compreensão se refere à diversidade funcional enquanto conceitos de saúde ou doença.[103] Ademais, esse modelo também entende que esses indivíduos não seriam mais considerados inúteis, pois poderiam contribuir. Entretanto, deveriam estar submetidos a um processo de normalização, a fim de que consigam produzir bens e valores para a coletividade após terem passado por um processo de institucionalização, reabilitação ou padronização.[104]

Nesse contexto, explica Agustina Palacios[105] que compreender a deficiência como uma enfermidade, fruto de causas naturais ou

---

[101] PALACIOS, Agustina. *El modelo social de discapacidad*: orígenes, caracterización y plasmación en la Convención Internacionalsobre los Derechos de las Personas con Discapacidad. Madrid: Cermi, 2008. p. 54.

[102] PALACIOS, Agustina. *El modelo social de discapacidad*: orígenes, caracterización y plasmación en la Convención Internacionalsobre los Derechos de las Personas con Discapacidad. Madrid: Cermi, 2008. p. 56.

[103] PALACIOS, Agustina. *El modelo social de discapacidad*: orígenes, caracterización y plasmación en la Convención Internacional sobre los Derechos de las Personas con Discapacidad. Madrid: Cermi, 2008. p. 66.

[104] PALACIOS, Agustina. *El modelo social de discapacidad*: orígenes, caracterización y plasmación en la Convención Internacional sobre los Derechos de las Personas con Discapacidad. Madrid: Cermi, 2008. p. 66.

[105] PALACIOS, Agustina. *El modelo social de discapacidad*: orígenes, caracterización y plasmación en la Convención Internacional sobre los Derechos de las Personas con Discapacidad. Madrid: Cermi, 2008. p. 43, 67.

biológicas, traduz a possibilidade de melhorar a qualidade de vida desses indivíduos que são "afetados", como também possibilita a elaboração de prevenções, tratamentos ou até mesmo a reabilitação, como se comenta. Há de se entender, nessa conjuntura, respostas baseadas em atitudes paternalistas, além de ter por finalidade principal a normalização de mulheres e homens que são diferentes, implicando buscar o desaparecimento ou a ocultação do que representaria a diferença na diversidade funcional.[106]

É certo, ainda, que esse modelo se consolidou, principalmente, a partir do século XX, tomando força com o período entreguerras, pois, como consequência dos conflitos bélicos, houve grande número de indivíduos que, de modo adquirido, obtiveram lesões em seus corpos e, também, danos à integridade psíquica-emocional. Ainda sobre esse modelo, Debora Diniz aclara que a deficiência era compreendida como uma consequência natural de uma lesão em um corpo e a pessoa com algum tipo de deficiência deveria ser objeto de cuidados biomédicos. A partir desses critérios, em linhas gerais, o principal objetivo seria "afastar as pessoas com lesões do convívio social ou de normalizá-las para devolvê-las à família e à sociedade".[107]

Diante de tais levantamentos, pode-se compreender que o modelo reabilitador, considerando as condutas de internalização e tolhimento da autonomia da vontade, a partir da relação de autoritarismo e poder sobre os corpos com deficiência, não considerava a possibilidade de o contexto social funcionar como uma ferramenta de opressão às pessoas com deficiência. Afinal, essas eram percebidas como um corpo lesionado e, por isso, necessitariam de cuidados biomédicos para além da sua vontade. Isto é, eram percebidas a partir de seu diagnóstico, e não da sua condição dignificante enquanto pessoas humanas, a qual, em um contexto sem o fomento dos ideais da Bioética em promover a autonomia, contribuía para uma intervenção clínica de assistência e paternalismo. Nesse cenário, a deficiência era percebida como um "problema individual" e precisaria passar por um processo de adequação para com os demais membros da sociedade, pois a relação com os ditos "normais" não implicava uma condição de desigualdade entre esses e os indivíduos com deficiência, tendo em vista que a sua situação natural enquanto lesão demandava essa desigualdade.

---

[106] PALACIOS, Agustina. *El modelo social de discapacidad*: orígenes, caracterización y plasmación en la Convención Internacional sobre los Derechos de las Personas con Discapacidad. Madrid: Cermi, 2008. p. 43.

[107] DINIZ, Debora. *O que é deficiência*. São Paulo: Brasiliense, 2007. p. 15.

A partir desses critérios, ao contrário do modelo da *prescindência*, o modelo *reabilitador* fomenta a ideia de estigma em torno da identidade da pessoa com deficiência ao considerá-la como passível de, compulsoriamente, ser tratada para se aproximar de um ideal do que significaria ser "normal". Afinal, a ideia de "normalidade" já se encontra bastante delineada, ao estabelecer que um corpo pode ser considerado como lesionado e outro não, uma vez que um indivíduo com deficiência deve passar por um processo de institucionalização, ao contrário de um indivíduo que não possua deficiência.

Trata-se, por isso, de sustentar, mais uma vez, uma discrepância entre o que se deveria ser e o que na verdade o sujeito com deficiência é, antecipando-se, assim, marcas, significados e sinais quanto aos papéis que serão exercidos pelas pessoas com diversidade funcional na sociedade. Lembra-se, também, que só a partir desse processo de "adequação" que a pessoa com deficiência passa a ocupar um papel de relevância, pois não será mais considerada como inútil ou descartável, como sempre era percebida por meio do modelo da *prescindência*.

Contrapondo-se aos modelos anteriores, o terceiro modelo conceitual, chamado de modelo *social* de deficiência, pressupõe que as causas para a origem da deficiência não seriam religiosas, tampouco científicas, mas sim concebidas a partir de razões sociais ou, ainda, predominantemente sociais.[108] Desse modo, não se trata de compreender a deficiência como um problema individual, mas sim a partir das limitações que a própria sociedade impõe para prestar os serviços adequados às necessidades das pessoas com deficiência no quadro organizacional da sociedade. Salienta-se que as pessoas com deficiência teriam muito o que contribuir para o meio social, na medida em que as outras pessoas, sem deficiência, também teriam; logo, considera-se toda vida como igualmente digna de ser vivida, uma vez que esse modelo aponta para uma íntima relação com os ideais de inclusão e de aceitação da diferença.[109]

Ademais, é possível utilizar como marco para o nascimento do modelo social de deficiência o final da década dos anos de 1960, principalmente nos Estados Unidos e na Inglaterra.[110] Sob tal perspectiva,

---

[108] PALACIOS, Agustina. *El modelo social de discapacidad*: orígenes, caracterización y plasmación en la Convención Internacional sobre los Derechos de las Personas con Discapacidad. Madrid: Cermi, 2008. p. 103.

[109] PALACIOS, Agustina. *El modelo social de discapacidad*: orígenes, caracterización y plasmación en la Convención Internacional sobre los Derechos de las Personas con Discapacidad. Madrid: Cermi, 2008. p. 104.

[110] Momento histórico análogo ao do surgimento da Bioética.

vale lembrar que esse modelo teve como um dos principais percussores um sociólogo com deficiência física chamado Paul Hunt. Esse estudioso utilizou em seus primeiros escritos uma compreensão do fenômeno sociológico da deficiência a partir do conceito de estigma, proposto por Erving Goffman, cuja compreensão, como foi comentado, percebe os corpos como espaços demarcados por sinais que antecipam os papéis a serem exercidos pelos indivíduos. Sendo assim, era a deficiência um dos atributos que mais fascinavam os teóricos do estigma.[111]

Lembra-se, também, que o modelo *social* aponta para a filosofia da vida independente, a qual, acompanhada dos princípios fundamentais do respectivo modelo, descreve a incapacidade como uma forma específica de opressão social. Diante disso, torna-se imprescindível distinguir deficiência de incapacidade, pois a primeira se refere à limitação total ou parcial de um membro ou órgão do corpo, enquanto que a incapacidade é a desvantagem ou restrição de atividade, causada pela organização social contemporânea que considera de maneira insuficiente as pessoas com deficiência na participação das atividades usuais da sociedade.[112]

Dessa maneira, a acepção de deficiência, antes considerada como uma mente ou um corpo "defeituoso", implicando, necessariamente, uma dependência do indivíduo com a família e os serviços de assistência social, deu lugar a uma compreensão de desmedicalização ou desinstitucionalização, de modo a perceber a deficiência segundo a relação com o meio social, cujo resultado poderá desenrolar em barreiras sociais. Isso em vista de a limitação individual do sujeito "doente" ou "lesionado" ter dado lugar para o fundamento da origem da deficiência

---

[111] DINIZ, Debora. *O que é deficiência*. São Paulo: Brasiliense, 2007. p. 13.

[112] PALACIOS, Agustina. *El modelo social de discapacidad*: orígenes, caracterización y plasmación en la Convención Internacionalsobre los Derechos de las Personas con Discapacidad. Madrid: Cermi, 2008. p. 122-123. *"Como se ha mencionado, el modelo social nació apuntalando la filosofía de vida independiente, pero acompañada de unos Principios Fundamentales que describen la discapacidad como una forma específica de opresión social. Estos principios hacen una distinción entre deficiencia —la condición del cuerpo y de la mente— y discapacidad —las restricciones sociales que se experimentan—. El manifiesto, elaborado por la UPIAS, afirmaba que la sociedad discapacita a las personas con discapacidad. La discapacidad 'es algo que se emplaza sobre las deficiencias, por el modo en que las personas con discapacidad son innecesariamente aisladas y excluidas de una participación plena en sociedad'. [...]Según el citado documento: — Deficiencia es la pérdida o limitación total o parcial de un miembro, órgano o mecanismo del cuerpo. — Discapacidad es la desventaja o restricción de actividad, causada por la organización social contemporánea que no considera, o considera en forma insuficiente, a las personas que tienen diversidades funcionales, y por ello las excluye de la participación en las actividades corrientes de la sociedad. Es decir, la deficiencia —o diversidad funcional— sería esa característica."*

a partir do contexto social como fomentador das desigualdades e da própria origem da deficiência.

Trata-se, em função disso, de uma concepção relacional, haja vista que surge um problema ou um limite não a partir do indivíduo, mas sim a partir da interação deste com o meio ambiente não adequado às suas particularidades. Por isso, há de se perceber a deficiência como um problema não mais individual, mas sim da coletividade que, necessariamente, precisa se readequar para inseri-los na sociedade. Ante o exposto, lembra Debora Diniz que "[...] diferentemente das abordagens biomédicas, deficiência não deveria ser entendida como um problema individual, uma 'tragédia pessoal' [...], mas sim uma questão eminentemente social".[113]

Não obstante, torna-se fundamental lembrar que o modelo *social* de deficiência se consubstancia na crítica radical ao modelo médico, pois promoveu uma guinada em elevar a pessoa com diversidade funcional ao *status* de sujeito de direitos humanos, não os reduzindo, assim, a meros objetos de intervenção clínica, de reabilitação ou de assistencialismo.[114]

Logo, concebe-se que esse modelo conceitual propugna a quebra da compreensão de estigma em torno da identidade da pessoa com deficiência, uma vez que propõe que esse sujeito não deve se readequar para alcançar um padrão de normalidade conforme o que subsiste no imaginário social. Destarte, na verdade, seria a sociedade que produziria, na relação com o indivíduo, um paradigma de imperfeição e improdutividade, pois, em vez de se readequar, mediante critérios de acessibilidade, inclusão e justiça social, essa, por sua vez, reproduz os antigos mecanismos de inacessibilidade e exclusão social, que marginalizam e alimentam a compreensão de estigma e de corpo lesionado.

Nesse contexto, esse modelo busca, também, a quebra do pensamento do conceito da deficiência associado a uma percepção de doença ou enfermidade, pois, se a deficiência existe a partir da relação com o meio ambiente, não seria ela a causa natural de uma lesão em um corpo, mas sim uma condição ou um limite que pode inexistir em

---

[113] DINIZ, Debora. *O que é deficiência*. São Paulo: Brasiliense, 2007. p. 15.

[114] MELLO, Anahi Guedes; NUERNBERG, Adriano Henrique. Gênero e deficiência: interseções e perspectivas. *Revista Estudos Feministas da UFSC*, Florianópolis, v. 20, n. 3, p. 633-655, set./dez. 2012. p. 638. Disponível em: https://periodicos.ufsc.br/index.php/ref/article/view/S0104-026X2012000300003. Acesso em: 4 nov. 2021.

uma sociedade acessível e que, para tanto, não torne um ato desumano ser diferente.

O quarto modelo conceitual, por sua vez, denominado de modelo da *diversidade*, possui alguns elementos do modelo anterior, como a desmedicalização, a desinstitucionalização, a ideia de modo de vida independente, entre outros. Diante disso, a única concepção inovadora que esse modelo levanta, na percepção de Agustina Palacios e Javier Romañach, seria a construção de um valor de diversidade, elencando o conceito da dignidade como um conceito-chave para a plena integração e aceitação social das pessoas com diversidade funcional na sociedade; por outro lado, o uso da Bioética como uma ferramenta para alcançar a plena dignidade intrínseca e extrínseca de homens e mulheres com diversidade funcional torna-se um elemento importantíssimo.[115]

Os autores lembram que, enquanto no modelo *social* os princípios fundamentais eram a capacidade da pessoa com deficiência e a sua possibilidade de contribuição com a sociedade, o modelo da *diversidade* carrega como basilar a dignidade da pessoa humana e o elemento da diversidade. Por conseguinte, o modelo da *diversidade*, que surgiu no final de 2006, na Espanha, busca a plena dignidade da pessoa humana, tanto de modo extrínseco como intrínseco, para todas as pessoas, devendo ser suficiente, para tanto, uma aproximação dos Direitos Humanos e da Bioética. Dessa forma, atenta-se para um despertar de consciência de que a dignidade é necessária para toda a humanidade, principalmente para aceitar plenamente a diversidade inerente à própria existência dos indivíduos que convivem na sociedade.[116] Além disso, o campo da Bioética torna-se uma ferramenta fundamental para alcançar a plena dignidade das pessoas discriminadas pela sua diversidade funcional.[117]

Nesses aspectos, a dignidade possuiria duas vertentes: a) dignidade *intrínseca* – alcançar os mesmos direitos, assim como a defesa, difusão e implantação da Convenção sobre os Direitos das Pessoas com

---

[115] PALACIOS, Agustina; ROMAÑACH, Javier. *El modelo de la diversidade*: la Bioética y los Derechos Humanos como herramientas para alcanzar la plena dignidade em la diversidade funcional. Madrid: Ediciones Diversitas – AIES, 2006. p. 190.

[116] PALACIOS, Agustina; ROMAÑACH, Javier. *El modelo de la diversidade*: la Bioética y los Derechos Humanos como herramientas para alcanzar la plena dignidade em la diversidade funcional. Madrid: Ediciones Diversitas – AIES, 2006. p. 193.

[117] PALACIOS, Agustina; ROMAÑACH, Javier. El modelo de la diversidade: uma nueva visión de la bioética desde la perspectiva de las personas com diversidade funcional (discapacidad). *Intersticios*: Revista Sociológica de Pensamiento Crítico, Madrid, Universidad Compplutense de Madrid, v. 2, p. 37-47, 2008. p. 37.

Deficiência (CDPD); e b) dignidade *extrínseca* – realizar aproximações teóricas que permitam introduzir no debate da Bioética o verdadeiro significado da dignidade intrínseca em desfavor da discriminação sofrida pela pessoa com diversidade funcional no campo da genética.[118]

Levando-se em consideração esses aspectos, por isso, percebe-se que, assim como o modelo anterior, o modelo da *diversidade* busca afastar a percepção de estigma da identidade social da pessoa com deficiência. Ademais, encontra-se como importante para a própria construção da identidade o valor relativo à diversidade na personalidade, uma vez que é condição indispensável para a percepção de humanidade.

2.1.2 A internacionalização dos direitos: a Convenção sobre os Direitos das Pessoas com Deficiência

Conforme lições de Norberto Bobbio, a problemática quanto ao reconhecimento dos direitos do homem segue três fases, sejam elas a conversão em direito positivo, a generalização e, por conseguinte, a internacionalização.[119] Compreendendo de modo análogo essas etapas no processo de emancipação da pessoa com deficiência, no contexto de garantia de direitos fundamentais, é possível afirmar que a primeira fase corresponderia às primeiras demarcações de marcos legais nos sistemas jurídicos quanto aos direitos desses indivíduos.

A exemplo desse marco legal, no Brasil, pode-se pensar que, nas normas infraconstitucionais do início do Brasil República,[120] houve os primeiros moldes de disciplinamento, no tocante à deficiência, por meio do regime das incapacidades e no plano do direito protetivo. Assim, basta lembrar que no Código Civil brasileiro (CCB) de 1916, em seu art. 5º, incisos II e III,[121] eram considerados como absolutamente incapazes os "loucos de todo gênero" e os "surdos-mudos, que não puderem exprimir a sua vontade", estando sujeitos, ainda, à curatela.

---

[118] PALACIOS, Agustina; ROMAÑACH, Javier. El modelo de la diversidad: uma nueva visión de la bioética desde la perspectiva de las personas con diversidade funcional (discapacidad). *Intersticios*: Revista Sociológica de Pensamiento Crítico, Madrid, Universidad Compplutense de Madrid, v. 2, p. 37-47, 2008. p. 45.

[119] BOBBIO, Norberto. *A era dos direitos*. Tradução de Carlos Nelson Coutinho. Rio de Janeiro: Elsevier, 2004. p. 26.

[120] A formação e a consolidação da República Oligárquica brasileira se deram entre os anos de 1889 e 1920.

[121] Código Civil brasileiro (1916): *"Art. 5. São absolutamente incapazes de exercer pessoalmente os atos da vida civil: [...] II. Os loucos de todo o gênero. III. Os surdos-mudos, que não puderem exprimir a sua vontade".*

Especifica-se, também, que os "surdos-mudos" estariam submetidos à curatela desde que não possuíssem educação que os habilitassem a pronunciar precisamente a sua vontade, como faz referência ao art. 446º, inciso II,[122] do respectivo diploma. Sustenta-se, curiosamente, que a intervenção para a interdição na esfera dos interesses desses indivíduos poderia ocorrer, mediante o Ministério Público, quando houvesse "loucura furiosa", como alude o artigo 448, inciso I,[123] do mesmo diploma.

Pode-se afirmar, também, nesse marco histórico, que a curatela funcionava de modo a substituir a vontade do curatelado na administração de seu patrimônio e de sua relação na esfera existencial. Em razão disso, haveria uma verdadeira interferência nos planos da autonomia do indivíduo, seja por meio dos atos existenciais ou dos patrimoniais mediante a representação legal.

Por sua vez, a segunda fase pode ser percebida quando os Estados Nacionais, de modo genérico, propuseram em suas constituições instrumentos protetivos sem levar em consideração, precipuamente, os ideais de igualdade material e de isonomia para efetivar o respeito à dignidade das pessoas com deficiência (em igualdade de condições com os demais membros da sociedade). Sobre tais aspectos, leciona Flávia Piovesan[124] que a concepção formal de igualdade pressupõe a própria igualdade como pressuposto ou ponto de partida, enquanto, por outro lado, a concepção material pressupõe a visibilidade às diferenças.

---

[122] Código Civil brasileiro (1916): "*Art. 446. Estão sujeitos à curatela: I. Os loucos de todo o gênero. II. Os surdos-mudos, sem educação que os habilite a enunciar precisamente a sua vontade*".

[123] Código Civil brasileiro (1916): "*Art. 448. O Ministerio Publico só promoverá a interdicção. I - No caso de loucura furiosa*".

[124] Conforme esclarece Flávia Piovesan, o conceito de *Igualdade* possui três vertentes: a) a *Igualdade Formal*, na qual pressupõe que todos são iguais perante a lei; b) a *Igualdade Material*, significando o ideal de justiça social e distributiva (guiado pela orientação de igualdade baseado pelo critério socioeconômico); e c) a *Igualdade Material*, correspondendo ao ideal da justiça enquanto reconhecimento de identidades (orientado pelos critérios de gênero, orientação sexual, idade, etnia e demais critérios subjetivos da pessoa humana). Cf. PIOVESAN, Flávia. Ações Afirmativas no Brasil: Desafios e Perspectivas. *Revista Estudos Feministas da UFSC*, Florianópolis, v. 16, n. 3, p. 887-896, 2008. Disponível em: https://periodicos.ufsc.br/index.php/ref/article/view/S0104-026X2008000300010. Acesso em: 7 nov. 2021. Além disso, a incorporação dos novos valores da CDPD, ao texto constitucional de 1988, inclui a percepção de que as pessoas com deficiência deixam de ser "objeto" de políticas assistencialistas e de tratamentos médicos, para serem concebidas como verdadeiros sujeitos, titulares de direitos. Afinal, o princípio da prevalência dos Direitos Humanos, atribuído, notadamente, ao texto constitucional de 1988, garante a concepção de que os direitos humanos constituem tema de legítima preocupação e interesse da comunidade internacional. Cf. PIOVESAN, Flávia. *Direitos Humanos e o Direito Constitucional Internacional*. 14. ed. ver. e atual. São Paulo: Saraiva, 2013. p. 94, 283.

Assim, a óptica material busca construir e firmar a igualdade com respeito à diversidade, reconhecendo identidades e o direito à diferença na plataforma de emancipação de direitos.

Nesse sentido, na visão de Luiz Alberto David Araújo,[125] o primeiro documento que tratou do tema a nível constitucional no Brasil, de modo explícito, foi a Constituição de 1967, por meio da Emenda Constitucional nº 12, de 17 de outubro de 1978. Segundo o autor, o respectivo diploma trouxe a adoção do termo "deficiente", entretanto, os seus ideais não foram incorporados ao texto constitucional, ficando tão somente ao final do texto legal de modo anexo. Por isso, alude o mesmo, que seria uma emenda "segregada". A seu turno, somente a partir da Constituição Federal de 1988 que houve a adoção da expressão "pessoa portadora de deficiência", estando os direitos desses indivíduos, finalmente, fundados no princípio da igualdade sob o viés material e formal.[126]

Ainda sobre tais critérios, a última etapa, a de internacionalização, estaria diretamente relacionada à criação, no dia 13 de dezembro de 2006, sob a supervisão da Organização das Nações Unidas (ONU), da Convenção sobre os Direitos das Pessoas com Deficiência (CDPD). Logo, percebe-se que houve um processual amadurecimento dos direitos desses indivíduos pelos entes organizacionais do meio social – a comunidade, a família e o Estado – para alcançar um *status* de reconhecimento ou legitimação dos direitos daqueles que possuam algum tipo de deficiência.

É relevante frisar que o respectivo diploma levou em consideração a participação de indivíduos que possuam algum tipo de deficiência na elaboração da referida norma.[127] Finalmente, como já salientado, não se admite que pessoas sem deficiência exerçam plenamente e sozinhas influências na tutela de seus interesses sem a participação de indivíduos que tenham titularidade e local de fala. Por isso, mais uma

---

[125] ARAÚJO, Luiz Alberto David. A Convenção sobre os Direitos das Pessoas com Deficiência e seus reflexos na ordem jurídica interna do Brasil. *In*: FERRAZ, Carolina Valença; LEITE, George Salomão; LEITE, Glauber Salomão; LEITE, Glauco Salomão (Org.). *Manual dos Direitos da Pessoa com Deficiência*. São Paulo: Saraiva, 2012. p. 52.

[126] ARAÚJO, Luiz Alberto David. A Convenção sobre os Direitos das Pessoas com Deficiência e seus reflexos na ordem jurídica interna do Brasil. *In*: FERRAZ, Carolina Valença; LEITE, George Salomão; LEITE, Glauber Salomão; LEITE, Glauco Salomão (Org.). *Manual dos Direitos da Pessoa com Deficiência*. São Paulo: Saraiva, 2012. p. 53.

[127] Cf. FONSECA, Ricardo Tadeu Marques da. O novo conceito constitucional de pessoa com deficiência: um ato de coragem. *Revista do Tribunal Regional do Trabalho da 2ª Região*, São Paulo, n. 10, p. 45-54, 2012.

vez, impera-se pormenorizar nos debates sobre tais indivíduos o lema "Nada sobre nós, sem nós".

Destaca-se que o referido diploma, como já comentado, foi recepcionado pelo Brasil com *status* de norma constitucional, tendo em vista que seguiu rito especial introduzido pela Emenda Constitucional nº 45, pois foi aprovado pelo Congresso Nacional, mediante o Decreto Legislativo nº 186, de 9 de julho de 2008, com dois turnos de votação e aprovação por três quintos dos membros de cada casa. Seguiu, assim, o que propugna o §3º do art. 5 da Constituição Federal de 1988.

Ratifica-se que esse é o primeiro tratado internacional de direitos humanos aprovado com força equivalente de emenda constitucional e, ainda, o foi sem ressalvas. Portanto, hierarquicamente, possuiria o mesmo valor normativo da própria Constituição Federal de 1988, com *status* superior ao das leis ordinárias e resoluções. Nessa situação, todas as normas infraconstitucionais devem se readequar para assimilar os seus preceitos e as suas salvaguardas de direitos.

Ademais, na percepção de Luiz Alberto David Araújo,[128] os tratados de direitos humanos, equiparados a emendas constitucionais, possuem, em sua simbiose, três tipos básicos de normas que modificam o sistema normativo de um Estado nacional, a saber: a) a primeira se refere a comandos precisos que produzem efeitos imediatos, pois são normas que agirão diretamente no sistema vigente ao criar, reformar ou concretizar direitos; b) o segundo é daquelas que vedam um comportamento do Estado, de modo a impedir que ele se comporte de modo contrário aos preceitos fundamentais do tratado; no caso em comento, não se poderá opor-se à inclusão, pois não pode ser aceito que se fira a norma convencional; e c) o terceiro se refere à aplicabilidade da Convenção, pois se determina que, na existência de norma interna mais efetiva, não se aplicará o diploma normativo. Por fim, levando para a reflexão o terceiro tipo, poder-se-á considerar que em momento anterior à promulgação da CDPD, no Brasil, não haveria critérios efetivos de proteção que assegurassem melhor os direitos e interesses dos indivíduos com algum tipo de deficiência. Nesse caso, haveria de se considerar a respectiva norma a partir dos dois primeiros critérios básicos apresentados.

---

[128] ARAÚJO, Luiz Alberto David. A Convenção sobre os Direitos das Pessoas com Deficiência e seus reflexos na ordem jurídica interna do Brasil. *In*: FERRAZ, Carolina Valença; LEITE, George Salomão; LEITE, Glauber Salomão; LEITE, Glauco Salomão (Org.). *Manual dos Direitos da Pessoa com Deficiência*. São Paulo: Saraiva, 2012. p. 58-59.

Outro ponto de destaque é que esse diploma carrega no teor de sua concretização os ideais conceituais do modelo *social* de deficiência. Por isso, haveria uma imposição quanto aos ideais do respectivo modelo para os países signatários da referida convenção. Assim, aqueles países que adotarem em seus ordenamentos a CDPD teriam compromissos voltados para a emancipação do exercício da autonomia desses indivíduos na concretização da liberdade no tocante aos atos jurídicos.

Todavia, ao assimilar o conceito *social* de deficiência, a Convenção aponta para o reconhecimento de uma mudança paradigmática quanto aos deveres da comunidade, da família e do Estado. A partir disso, por meio do art. 1º do tratado de direitos humanos, as pessoas com deficiência seriam aquelas que possuiriam quaisquer impedimentos de natureza física, intelectual ou sensorial, aos quais, em interação com as mais diversas barreiras, poderiam obstruir a plena e efetiva participação destes na sociedade em igualdade de oportunidade com os demais indivíduos que não possuam deficiência.[129]

Dessarte, compreende-se que o referido diploma não atribui à origem da deficiência razões religiosas nem tampouco científicas, mas tão somente critérios relacionais, pois a interação do indivíduo que possua alguma limitação, com as mais diversas barreiras sociais existentes, que contribuiria para a não equiparação de direitos com os demais membros da sociedade em igualdade de oportunidades com os demais.

Além disso, Joyceane Bezerra de Menezes explica que a Convenção seria o primeiro tratado do sistema universal de direitos humanos, do século XXI, que possui como princípios cardiais o *"in dubio pro capacitas"* e o da "intervenção mínima", pois promovem uma mudança no regime de incapacidades e no sistema de direito protetivo pautados na substituição de vontade do curatelado, especialmente para os indivíduos que possuem deficiência.[130]

---

[129] Convenção sobre os Direitos das Pessoas com Deficiência (2007): *"Artigo 1. Propósito. O propósito da presente Convenção é promover, proteger e assegurar o exercício pleno e eqüitativo de todos os direitos humanos e liberdades fundamentais por todas as pessoas com deficiência e promover o respeito pela sua dignidade inerente. Pessoas com deficiência são aquelas que têm impedimentos de longo prazo de natureza física, mental, intelectual ou sensorial, os quais, em interação com diversas barreiras, podem obstruir sua participação plena e efetiva na sociedade em igualdades de condições com as demais pessoas.".*

[130] MENEZES, Joyceane Bezerra de. O direito protetivo no Brasil após a convenção sobre a proteção da pessoa com deficiência: impactos do novo CPC e do estatuto da pessoa com deficiência. *Civilistica.com*, Rio de Janeiro, a. 4, n. 1, jan./jun. 2015. p. 5. Disponível em: http://civilistica.com/o-direito-protetivo-no-brasil/. Acesso em: 6 nov. 2021.

Por conseguinte, a Convenção determina que as pessoas com deficiência devem ter a oportunidade de participar ativamente do processo decisório de políticas públicas relacionadas aos programas que as atinjam. Ademais, estaria o Estado obrigado a consultá-los quando da elaboração e da implementação de leis e medidas que efetivem o referido diploma.[131]

Além do mais, a CDPD, em seu art. 3º, estabelece oito princípios gerais como inspiradores para a sua aplicação, sendo eles: a) o respeito à dignidade, a autonomia individual para fazer suas próprias escolhas e a independência pessoal; b) a não discriminação; c) a plena e efetiva participação e a inclusão social; d) o respeito às diferenças e a aceitação das pessoas com deficiência como parte da diversidade humana; e) a igualdade de oportunidades; f) a acessibilidade; g) a igualdade entre homens e mulheres; h) o respeito ao desenvolvimento das capacidades das crianças com deficiência e respeito aos direitos dessas crianças de preservar sua identidade.

A partir de tais levantamentos, constata-se que a referida norma leva em consideração o respeito aos direitos fundamentais da pessoa humana com deficiência. Aqueles direitos que são mais violados se encontram enumerados de modo exemplificativo no próprio tratado para se exigir respeito às garantias fundamentais que precisam ser preservadas no exercício da humanidade desses indivíduos.

Especial atenção merece o princípio que atribui o respeito às diferenças e a atenção de que as pessoas com deficiência fazem parte constitutiva da diversidade na espécie humana, interpretando-se aqui como um dado genético relevante, o qual, conjuntamente com o que dispõe a definição sobre discriminação pela deficiência, no art. 2º da CDPD, não deve haver uma diferenciação, exclusão ou restrição baseada unicamente por essa característica genômica. Dessa maneira, afirma-se no diploma de direitos humanos, no art. 5, itens 2 e 3, que os Estados-Partes devem proibir e eliminar quaisquer discriminações baseadas unicamente pela deficiência, havendo, por isso, o dever de instituir políticas públicas que promovam a expectativa de igualdade material na sociedade, diluindo-se os ideais preconcebidos sobre ser uma vida miserável e que não vale a pena ser vivida.

---

[131] PIOVESAN, Flávia. Convenção da ONU sobre os direitos das pessoas com deficiência: inovações, alcance e impacto. *In*: FERRAZ, Carolina Valença; LEITE, George Salomão; LEITE, Glauber Salomão; LEITE, Glauco Salomão (Org.). *Manual dos Direitos da Pessoa com Deficiência*. São Paulo: Saraiva, 2012. p. 48.

Sendo assim, as garantias desses direitos nada mais são do que a ratificação da inalienabilidade da condição humana do indivíduo com deficiência que, historicamente, teve seus direitos tolhidos ou minimizados em face de suas respectivas condições de vulneração em relação aos demais indivíduos da sociedade. Exige-se, por isso, respeito aos direitos universais garantidos ao homem, afinal, tão somente a Declaração Universal dos Direitos do Homem foi insuficiente para protegê-los em efetividade. Além disso, a ratificação desses direitos busca também em nível de direitos personalíssimos a sua efetivação.

2.2 Reflexos na codificação civil brasileira: em que fase nós estamos?

O ordenamento jurídico brasileiro assimilou a concepção *social* de deficiência ao promover a promulgação da CDPD. A assimilação desse tratado internacional de direitos humanos possibilitou uma verdadeira reviravolta conceitual quanto ao que se entenderia por deficiência não só para o ambiente das ciências sociais aplicadas, mas também para as ciências da saúde e demais áreas afins. Nada obstante, em que pese a assimilação de tal diploma com *status* de EC, foi preciso, ainda, a elaboração de uma norma infraconstitucional para que houvesse maior efetividade dos princípios estabelecidos pelo tratado de direitos humanos.

Dessa maneira, foi elaborado e aprovado o Estatuto da Pessoa com Deficiência ou Lei Brasileira de Inclusão (Lei nº 13.146/2015) em sede do contexto jurídico brasileiro, a fim de promover diversas reformas diretas nos textos existentes, sobretudo no que concerne ao campo do Direito Civil. Desse modo, nota-se como nítidos os reflexos ao se analisar: a) a interpretação quanto ao que seria deficiência; b) a mudança no sistema de capacidade jurídica; e c) o direito assistencial ou protetivo. Sobre esses temas, passar-se-á a tecer breves enunciações dada a sua relevância para a compreensão de que a pessoa com deficiência possui a garantia, no plano do direito, do exercício de potencialidades e habilidades, contrariando a antiquada lógica da interdição para a substituição da vontade sobre o pretexto de uma vida com autonomia, demasiadamente limítrofe e sem potencialidades.

Nesses aspectos, houve quem não concordasse com a elaboração de uma lei apartada, por meio de uma lei nacional, uma vez que já havia um tratado de direitos humanos específico para pessoas com deficiência e que tinha este alcançado o mais alto grau de hierarquia das normas no Brasil. Entretanto, existe um consenso entre os estudiosos de que os novos temas introduzidos pela Convenção devem ser regulamentados para fins de aplicação da norma.[132] Consequentemente, busca-se dar maior efetividade e segurança quanto aos direitos tutelados em sede de norma de hierarquia constitucional e de sede de norma infraconstitucional.

É importante dizer, ainda, que a Lei nº 13.146/2015 reproduz, na verdade, as diretrizes e os princípios contidos na CDPD. Nessa situação, há uma clara intenção do legislador brasileiro em salvaguardar aspectos primordiais de respeito à autonomia desses indivíduos por ora ainda vulnerados perante os demais sujeitos de direito na sociedade.

2.2.1 O novo conceito de deficiência

A CDPD, em seu art. 1, elucida que a deficiência seria um impedimento de longo prazo de natureza física, mental, intelectual ou sensorial, o qual, em interação com as diversas barreiras existentes, haveria a obstrução da participação plena e efetiva na sociedade em igualdade de condições com as demais pessoas.

O Estatuto da Pessoa com Deficiência, por sua vez, reproduz e aprofunda esse conceito ao afirmar, em seu art. 2º, que se considera como deficiência o impedimento de longo prazo de natureza física, mental, intelectual ou sensorial, o qual, em interação com uma ou mais barreiras, pode obstruir a participação plena e efetiva na sociedade. Ademais, seria a deficiência condicionada a uma avaliação biopsicossocial, a ser realizada por equipe multiprofissional e interdisciplinar, considerando-se sempre: a) os impedimentos nas funções e estrutura do corpo; b) os fatores socioambientais, psicológicos e pessoais; c) as limitações no desempenho de atividade; e d) a restrição de participação.

Além disso, a Lei Brasileira de Inclusão também inova ao definir o que seriam as barreiras, conceito-chave para se compreender o que seria deficiência. Dessa forma, conforme o art. 3, IV, as barreiras seriam qualquer entrave ou obstáculo que impossibilite a fruição de qualquer direito inerente à personalidade jurídica da pessoa com diversidade funcional, assim, existiriam: a) barreiras urbanísticas (referentes aos espaços públicos e privados); b) barreiras arquitetônicas (existentes em

---

[132] LOPES, Laís de Figueirêdo Lopes. Disposições Gerais. *In*: LEITE, Flávia Piva Almeida; RIBEIRO, Lauro Luiz Gomes; COSTA FILHO, Waldir Maceira da (Org.). *Comentários ao Estatuto da Pessoa com Deficiência*. São Paulo: Saraiva, 2016. p. 41.

edifícios públicos e privados); c) barreiras nos transportes (observadas em sistemas e meios de transportes); d) barreiras nas comunicações e na sua informação (entende-se como impossibilidade comunicacional nas relações privadas e com os entes públicos); e) barreiras atitudinais (comportamentos interpessoais prejudiciais à preservação da dignidade); e f) barreiras tecnológicas (impeditivas da acessibilidade tecnológica às pessoas integrantes da diversidade funcional).

É imperioso destacar, também, que o rol enumerado anteriormente tem caráter meramente exemplificativo, visto que novas barreiras poderão ser erguidas em decorrência das relações interpessoais e das mudanças sociais advindas dos avanços da modernidade.

Há de perceber, por isso, que o atual paradigma de deficiência, baseado nos direitos humanos, é o de percepção *social*, considerando que é o ambiente que tem influência direta na vida da pessoa com diversidade funcional quando em contato com o seu entorno. Assim, não é a pessoa a razão da incapacidade, mas sim o ambiente e a estrutura social não adaptados. Esse parâmetro requer, por sua vez, a elaboração de recursos de acessibilidade e apoio mediante auxílio que não incapacite o sujeito com limitação funcional.

É imprescindível exigir, também, a participação ativa dos indivíduos que possuam limitação funcional no processo de intervenção das políticas públicas que direcionem o exercício da capacidade e influam na percepção do que é deficiência no contexto social brasileiro, pois a plena integração não deve ocorrer formada tão somente por indivíduos sem deficiência. Essa normativa é explorada por meio do art. 9 da Convenção em buscar oferecer acessibilidade e participação social em igualdade de oportunidade com os demais sujeitos de direito.

2.2.2 Impactos na interpretação do sistema de capacidades jurídicas

Nas lições de Marcos Bernardes de Mello[133] há dois conceitos fundamentais para a compreensão do tema, sendo eles: a) o sujeito de direito: entendido como toda pessoa capaz de ser titular de uma situação jurídica, de ter direitos e obrigações, na medida em que sem ele não há sequer direito ou relações jurídicas; e b) capacidade jurídica:

---

[133] MELLO, Marcos Bernardes de. Achegas para uma teoria das capacidades em direito. *Revista de Direito Privado*, São Paulo: RT, n. 3, 2001. p. 9-11, 17.

consistindo em atributo da pessoa em ser sujeito de direito, por isso, pode ser conceituado como a "aptidão que o ordenamento jurídico atribui às pessoas, em geral, e a certos entes, em particular, estes formados por grupos de pessoas ou universalidades patrimoniais, para serem titulares de uma situação jurídica". Ensina o autor, também, que entre esses conceitos há uma ligação indissociável, uma vez que ser sujeito de direito implica a existência de capacidade jurídica.

Na sua interpretação, além da capacidade jurídica, deve-se reconhecer aos sujeitos de direito outras capacidades, tanto de ordem de direito material como formal, implicando a possibilidade de exercício desses direitos. São capacidades que não se relacionam com a aquisição de direitos e deveres, mas sim com o poder de exercê-las. A essas capacidades o autor denomina genericamente como capacidades específicas, posto que se referem à especificidade que caracteriza cada qual. Por isso, entende que no direito privado há a capacidade de agir, das quais são espécies a capacidade negocial, a capacidade de praticar atos jurídicos *stricto sensu*, atos-fatos jurídicos, entre outros.[134]

A tradicional doutrina civilista, por sua vez, costuma classificar a capacidade jurídica em duas subespécies, a saber: a) a capacidade de direito; e b) a capacidade de agir. Dessa maneira, a capacidade de direito consiste na aptidão para se adquirir e transferir direitos, sendo também conhecida como de aquisição, por isso, fala-se que toda pessoa humana a detém como reconhecimento do seu atributo de personalidade jurídica. A capacidade de agir, por sua vez, diz respeito ao exercício dos direitos por quem é titular com eficácia jurídica.[135]

Nesse sentido, cumpre mencionar que a pessoa com diversidade funcional, enquanto sujeito de direito, teve substancialmente modificada a sua capacidade de exercício de direitos a partir da CDPD e do EPD. Isso porque, tradicionalmente, a negação à celebração de atos jurídicos esteve diretamente associada à impossibilidade de o discernimento reduzido ser responsável por uma manifestação da vontade válida, não possuindo, por isso, a possibilidade de agir quanto aos atos jurídicos de natureza existenciais e patrimoniais.[136] Em decorrência disso, havia

---

[134] MELLO, Marcos Bernardes de. Achegas para uma teoria das capacidades em direito. *Revista de Direito Privado*, São Paulo: RT, n. 3, 2001. p. 19-25.

[135] Cf. LÔBO, Paulo. *Direito Civil*: parte geral. 10. ed. São Paulo: Saraiva Educação, 2021, p. 114, 119; PEREIRA, Caio Mário da Silva. *Instituições de direito civil*. Introdução ao direito civil. Teoria geral do direito civil. Vol. I. Atual. Maria Celina Bodin de Moraes. 30. ed. rev. e atual. Rio de Janeiro: Forense, 2017. p. 222-223.

[136] Importa refletir que os atos de natureza patrimonial e existencial, para o direito, não se confundem, levando em consideração que ambos repercutem em tutelas de intervenções

a interdição como medida adequada ao manejo da vida dos sujeitos diagnosticados como pessoas humanas sem autonomia real para gerir atos específicos da sua vida civil. Por conseguinte, eram considerados como absolutamente incapazes, segundo a redação original do art. 3 do Código Civil Brasileiro (CCB) de 2002, para exercer pessoalmente os atos da vida civil: a) os menores de 16 anos; b) os que, por enfermidade ou deficiência mental, não tiverem discernimento; e c) os que, por causa transitória, não puderem exprimir a sua vontade.[137]

A referida Convenção, por seu turno, de maneira paradigmática, além de estabelecer um giro conceitual quanto ao que seria deficiência, determina, em seu (art. 12, item 2),[138] que as pessoas com diversidade funcional são dotadas de capacidade legal, devendo os Estados-Partes tomarem as devidas providências, a fim de proporcionar o exercício da capacidade desses indivíduos em igualdade de condições com os demais. Em conformidade com tal disposição, a Lei Brasileira de Inclusão, em seu art. 6, ratifica que a deficiência não afeta a plena capacidade civil da pessoa, inclusive para: a) a escolha da entidade familiar, seja ela casamento ou união estável, por exemplo; b) o exercício pleno dos direitos sexuais e reprodutivos; c) o exercício do direito de escolha quanto ao número de filhos e o acesso a informações adequadas sobre reprodução e planejamento familiar; d) o direito à conservação da fertilidade, sendo vedada expressamente a esterilização compulsória;

---

distintas, como será aprofundado em tópico a que se segue, relativamente ao contexto de incidência da Curatela e Tomada de Decisão Apoiada. Nesse sentido, conforme Joyceane Bezerra de Menezes, existem atos pertinentes à esfera patrimonial, à esfera existencial ou àqueles que atingem ambas as esferas. Nesse sentido, os atos que exprimem relações jurídicas obrigacionais, por excelência, como os contratos, referem-se à seara de patrimoniais, bem como aos que envolvam relações jurídicas que compreendem propriedade e os demais direitos reais. Ademais, os outros atos civis, como o casamento, disposição sobre o próprio corpo, decisão sobre o tratamento médico, diretivas antecipadas de vontade, nomeação de tutor ou curador, reconhecimento de filhos, liberdade religiosa, entre outros, encontram-se como puramente existenciais. Por fim, há aqueles que possam tocar ambos os aspectos – patrimoniais e pessoais –, sendo eles, a exemplo, disposições de última vontade, pactos antenupciais, administração dos bens dos filhos menores e outros. MENEZES, Joyceane Bezerra de. O direito protetivo no Brasil após a convenção sobre a proteção da pessoa com deficiência: impactos do novo CPC e do estatuto da pessoa com deficiência. *Civilística.com*, Rio de Janeiro, a. 4, n. 1, jan./jun. 2015. p. 8.

[137] Código Civil (2002), redação original: "*Art. 3º. São absolutamente incapazes de exercer pessoalmente os atos da vida civil: I – os menores de dezesseis anos; II – os que, por enfermidade ou deficiência mental, não tiverem o necessário discernimento para a prática desses atos; III – os que, mesmo por causa transitória, não puderem exprimir sua vontade.*".

[138] Convenção Sobre os Direitos das Pessoas com Deficiência: "*Artigo 12. Reconhecimento igual perante a lei [...] 2. Os Estados Partes reconhecerão que as pessoas com deficiência gozam de capacidade legal em igualdade de condições com as demais pessoas em todos os aspectos da vida*".

e) a possibilidade de exercer o direito à família e à convivência familiar e comunitária; e f) o direito ao exercício da guarda, da tutela, da curatela, da adoção – enquanto adotante ou adotando –, em igualdade de oportunidade com os demais sujeitos de direito.[139]

Isso, por sua vez, refletiu na completa modificação do art. 3º do CCB/2002, tendo todos os seus incisos revogados, restando para o seu *caput* a redação de que são absolutamente incapazes de exercer pessoalmente os atos da vida civil apenas os menores de 16 anos.[140]

De outro lado, eram compreendidos como relativamente incapazes, de acordo com a redação originária do art. 4º do CCB de 2002, em relação a alguns atos ou a maneira de exercê-los: a) os maiores de 16 e menores de 18; b) os ébrios habituais, os viciados em tóxicos e os que, por deficiência mental, tenham o discernimento reduzido; c) os excepcionais, sem desenvolvimento mental completo; e d) os pródigos.[141] A seu turno, as reformulações diretas, influenciadas pela Lei nº 13.146/2015 no texto civil, deram margem para que fosse retirada a alusão da deficiência, restando como relativamente incapazes: a) os maiores de 16 anos e menores de 18 anos; b) os ébrios habituais e os viciados em tóxicos; c) os que não puderem exprimir sua vontade por causa transitória ou permanente; e d) os pródigos.[142]

Nas lições de Vitor Almeida,[143] o modelo de incapacitação da pessoa adotado no Brasil, em razão da deficiência intelectual, era denominado de *outcome approach*, ou seja, era focado nos resultados,

---

[139] Estatuto da Pessoa com Deficiência (2015): *"Art. 6º A deficiência não afeta a plena capacidade civil da pessoa, inclusive para: I - casar-se e constituir união estável; II - exercer direitos sexuais e reprodutivos; III - exercer o direito de decidir sobre o número de filhos e de ter acesso a informações adequadas sobre reprodução e planejamento familiar; IV - conservar sua fertilidade, sendo vedada a esterilização compulsória; V - exercer o direito à família e à convivência familiar e comunitária; e, VI - exercer o direito à guarda, à tutela, à curatela e à adoção, como adotante ou adotando, em igualdade de oportunidades com as demais pessoas."*.

[140] Código Civil (2002), após o EPD: *"Art. 3º. São absolutamente incapazes de exercer pessoalmente os atos da vida civil os menores de 16 (dezesseis) anos."*.

[141] Código Civil (2002), redação original: *"Art. 4º. São incapazes, relativamente a certos atos, ou à maneira de os exercer: I – os maiores de dezesseis e menores de dezoito anos; II – os ébrios habituais, os viciados em tóxicos, e os que, por deficiência mental, tenham o discernimento reduzido; II – os excepcionais, sem desenvolvimento mental completo; IV – os pródigos. Parágrafo único. A capacidade dos índios será regulada por legislação especial."*.

[142] Código Civil (2002), após o EPD: *"Art. 4º. São incapazes, relativamente a certos atos ou à maneira de os exercer: I – os maiores de dezesseis e menores de dezoito anos; II – os ébrios habituais e os viciados em tóxico; III – aqueles que, por causa transitória ou permanente, não puderem exprimir sua vontade; IV – os pródigos. Parágrafo único. A capacidade dos indígenas será regulada por legislação especial."*.

[143] ALMEIDA, Vitor. *A capacidade civil das pessoas com deficiência e os perfis da curatela.* Belo Horizonte: Fórum, 2019. p. 174.

CAPÍTULO 2
O ARGUMENTO SOBRE "A VIDA QUE NÃO VALE A PENA SER VIVIDA"...

105

ao aferir um juízo de razoabilidade sobre as consequências dos atos praticados pelo sujeito com diversidade funcional. Esse critério, além do *status approach* e *functional approach*, historicamente utilizado para abordar a deficiência pelos Estados nacionais, segundo Joyceane Bezerra de Menezes,[144] não pode ser aplicado sem ofensa frontal à CDPD. Dessa maneira, a deficiência, por si só, deixou de ser entendida como causa a ensejar a incapacidade automática e presumida da pessoa humana.

Com base nisso, a doutrina sustenta, atualmente, que o discernimento, a partir da adesão do modelo social de deficiência, no ordenamento jurídico brasileiro, em consonância com a CDPD e o EPD, deixou de apresentar-se como um requisito legal, mas ainda pode subsistir, desde que lido à luz do atual diploma de direitos humanos. Em função disso, ensina Vitor Almeida[145] que, ao lado desse critério, outros dois podem ser, igualmente, úteis para se avaliar a pessoa com a capacidade restringida, em consonância com os mandamentos do modelo social, sendo eles: a) a dependência: tratando-se de medida de suporte ou auxílio que possa ser necessário para a realização dos atos da vida civil, na medida em que nem sempre somente o discernimento será suficiente para sinalizar a necessidade de suporte; e b) a funcionalidade: como influência da elaboração da Classificação Internacional de Funcionalidade, Incapacidade e Saúde (CIF), elaborada pela Organização Mundial de Saúde (OMS), a pessoa com deficiência passa a ser entendida como um sujeito com impedimentos vivendo em um ambiente com barreiras, de modo que a funcionalidade engloba todas as funções do corpo, atividades e participação.

---

[144] Explica Joyceane Bezerra de Menezes que três foram os critérios adotados historicamente para abordar a deficiência no regime de incapacidades: a) a abordagem do *status* (*status approach*) – na qual a própria deficiência em si – especialmente a intelectual – é considerada como elemento incapacitante, sendo suficiente para privar a pessoa da capacidade jurídica, desconsiderando suas potencialidades concretas; b) a abordagem do resultado da escolha (*outcome approach*) – a qual modula o exercício da capacidade jurídica alicerçada nos resultados das escolhas individuais da pessoa, quando essas forem consideradas irrazoáveis com base no juízo social da época; e, c) a abordagem funcional (*functional approach*) – que se funda numa aferição da capacidade natural de um indivíduo, por si só, tomar determinadas decisões, avaliando a conveniência dos efeitos que elas podem vir a tomar, ou seja, desconsiderando a possibilidade da pessoa vir a precisar de um apoio para toma-las. MENEZES, Joyceane Bezerra de. A capacidade jurídica pela Convenção sobre os Direitos da Pessoa com Deficiência e a insuficiência dos critérios do status, do resultado da conduta e da funcionalidade. *Pensar - Revista de Ciências Jurídicas*, Fortaleza, v. 23, n. 2, p. 1-13, 2018. p. 7. Disponível em: https://periodicos .unifor.br/rpen/article/view/7990. Acesso em: 15 nov. 2021.

[145] ALMEIDA, Vitor. *A capacidade civil das pessoas com deficiência e os perfis da curatela*. Belo Horizonte: Fórum, 2019. p. 179-183.

2.2.3 Direito Protetivo: curatela e tomada de decisão apoiada

A CDPD, no art. 12, itens 4 e 5,[146] dispõe que os Estados-Partes devem assegurar medidas responsáveis para prevenir abusos no tocante ao exercício da capacidade legal da pessoa com diversidade funcional, de modo que sejam respeitadas as suas vontades e as suas preferências em contextos que devem ser em regra livres de conflitos de interesses. Por isso, a autoridade responsável deverá ser independente e imparcial, na medida em que garanta salvaguardas que sejam proporcionais e apropriadas às circunstâncias da pessoa pelo período mais curto possível. Além disso, as pessoas com deficiência possuem, em igualdade, o direito a possuir e herdar bens, bem como de controlar as próprias finanças. Ademais, encontra-se assegurado que não sejam, arbitrariamente, destituídas de seus bens, pois os Estados-Partes devem tomar medidas apropriadas para promover o acesso da pessoa com diversidade funcional ao devido apoio que necessitem para o exercício de sua capacidade legal.

Não se confunde esse apoio, para tanto, com uma intervenção que leve em consideração, casuisticamente, limitações na autonomia pautadas na substituição integral da vontade, na óptica de uma interdição total. Assim, preconiza-se afastar a possível produção de incapacidade no exercício do agir, vez que, como comentado em tópicos anteriores, o novo paradigma de deficiência busca alavancar o ideal de modo de vida interdependente. Nesse cenário, ensina Luis Miguel del Águila[147] que em determinadas situações poderá a pessoa

---

[146] Convenção Sobre os Direitos das Pessoas com Deficiência (grifo nosso): "*Artigo 12. Reconhecimento igual perante a lei. [...]. 4.Os Estados Partes assegurarão que todas as **medidas relativas ao exercício da capacidade legal incluam salvaguardas apropriadas e efetivas para prevenir abusos, em conformidade com o direito internacional dos direitos humanos.** Essas salvaguardas assegurarão que as medidas relativas ao exercício da capacidade legal **respeitem os direitos, a vontade e as preferências da pessoa, sejam isentas de conflito de interesses e de influência indevida**, sejam **proporcionais e apropriadas às circunstâncias da pessoa, se apliquem pelo período mais curto possível e sejam submetidas à revisão regular por uma autoridade ou órgão judiciário competente, independente e imparcial. As salvaguardas serão proporcionais ao grau em que tais medidas afetarem os direitos e interesses da pessoa.** 5.Os Estados Partes, sujeitos ao disposto neste Artigo, tomarão todas as medidas apropriadas e efetivas para assegurar às pessoas com deficiência o igual direito de possuir ou herdar bens, **de controlar as próprias finanças e de ter igual acesso a empréstimos bancários, hipotecas e outras formas de crédito financeiro, e assegurarão que as pessoas com deficiência não sejam arbitrariamente destituídas de seus bens.**".*

[147] ÁGUILA, Luiz Miguel del. La autonomia de las personas con discapacidad como principio rector. *In:* SALMÓN, Elizabeth; BREGAGLIO, Renata. (Ed.). *Nuevos conceptos claves para entender la Convención sobre los derechos de las pesonas con discpacidad.* Lima:

com deficiência necessitar de algum apoio para a manifestação de sua vontade sem que isso comprometa a sua independência ou autonomia. Explica, por isso, que é um erro muito comum confundir, no âmbito da deficiência, o conceito de "independência" com o de "autossuficiência", pois, em um sentido muito particular, a pessoa com deficiência poderá necessitar de algum tipo de apoio sem que isso comprometa a sua capacidade, havendo, na verdade, uma autonomia interdependente.

Dessa forma, os reflexos das transformações referentes ao sistema das capacidades jurídicas, após a CDPD e a Lei nº 13.146/2015, impulsionaram reformas diretas na interpretação do instituto civil da Curatela, compreendido, originalmente, como o regime que pressupunha a interdição e a substituição da vontade do curatelado de forma integral. A Curatela foi funcionalizada de forma que, segundo Vitor Almeida,[148] teve a sua estrutura e função modificadas para trazer novos perfis, tendo como vocação "emancipar o sujeito socialmente já alijado de seus direitos fundamentais, promovendo o livre desenvolvimento de sua personalidade, de modo que se respeitem suas vontades e preferências ao máximo". Por isso, a curatela volta-se para a promoção da plena capacidade civil no exercício da autonomia.

Lembra-se, ainda, que foi criado o instituto da Tomada de Decisão Apoiada (TDA) como alternativa à Curatela no exercício de auxílio da pessoa com deficiência nas esferas de interesse do apoiado, após a elaboração da referida norma infraconstitucional. Ademais, na concepção de Rafael Vieira de Azevedo,[149] a partir das mudanças promovidas pela CDPD e pelo EPD no ordenamento jurídico brasileiro,

---

Pontifícia Universidade Católica Del Perú, 2015, p. 64. "*Un error muy frecuente en el ámbito de la discapacidad, que proviene del sentido común, es entender la idea o concepto de – independência‖ (que es la razón o atributo principal de la vida independiente de las personas con discapacidad) en el sentido de – autossuficiência‖, es decir, como aquella posibilidad o capacidad de hacer las cosas sin ningún tipo de apoyo o ayuda. Sabemos bien que este carácter de independência en el ámbito de la discapacidad tiene un sentido muy particular y es el que se refiere a la autonomia de la voluntad y a la capacidade de tomar decisiones propias, inclusive contando para ello con cualquier tipo de apoyo externo. Es decir, la necesidad que una persona con discapacidad pueda tener de algún tipo de apoyo o assistência en este sentido no comprometer ni tiene por qué comprometer para nada la independência o autonomia de esa persona.*".

[148] ALMEIDA, Vitor. *A capacidade civil das pessoas com deficiência e os perfis da curatela*. Belo Horizonte: Fórum, 2019. p. 203.

[149] AZEVEDO, Rafael Vieira de. *O novo regramento da capacidade civil das pessoas com deficiência no ordenamento jurídico brasileiro e seus reflexos à luz da teoria do fato jurídico*. 2016. 158 f. Dissertação (Mestrado em Direito) – Programa de Pós-Graduação em Direito, Centro de Ciências Jurídicas/Faculdade de Direito do Recife, Universidade Federal de Pernambuco, Recife, 2016. p. 144. Disponível em: https://repositorio.ufpe.br/handle/123456789/18631. Acesso em: 6 dez. 2021.

há, atualmente, dois modelos de apoio que deverão ser aplicados para se extrair a vontade e as preferências da pessoa: a) a curatela da pessoa com deficiência, que funcionará de maneira diferente da curatela tradicional, primando pelo suporte; e b) a tomada de decisão apoiada, denominada como a medida de apoio propriamente dita.

Nesses critérios, se por um lado a Curatela estava direcionada à representação legal de forma a substituir a vontade de forma integral, hoje, pauta-se, assim como a TDA, como ferramenta de assistência da capacidade de agir, não se levando em consideração, obviamente, práticas paternalistas no exercício do apoio a ser realizado para com o indivíduo com deficiência.

Considera-se, por isso, como o exercício de participação e o auxílio nas possíveis escolhas a serem realizadas, embora para a Curatela a atuação do curador ainda se dê de modo mais intenso, como entende parte da doutrina. Assim, acompanha-se o que leciona Joyceane Bezerra de Menezes, ao entender que a Curatela perde fôlego enquanto medida de substituição de vontade, passando a atribuir maior incidência às circunstâncias pessoais do próprio curatelado, principalmente aos seus interesses fundamentais.[150]

Diante disso, o modelo atual, recepcionado pelo ordenamento jurídico brasileiro, após a promulgação da CDPD e elaboração do EPD, aponta para um exercício de emancipação da autonomia das pessoas com deficiência nas relações entre privados e para com a coletividade. Nesse sentido, como foi referenciado anteriormente, a intenção do legislador é atribuir para a pessoa com deficiência, no art. 6, a capacidade para o exercício de direitos de natureza existencial. No entanto, essa medida ainda causa dúvidas para alguns estudiosos do tema, na medida em que, em alguns atos desta natureza, poderá a pessoa com diversidade intelectual necessitar de apoio para o exercício de sua capacidade.

À vista disso, reitera-se que essa postura fez com que o legislador do EPD apontasse que a extensão da atividade do curador não deve alcançar os atos de natureza existencial, restando tão somente a sua atuação para o auxílio de atos de natureza patrimonial. Assim, é o que leciona o *caput* e o §1º do art. 85[151] da Lei nº 13.146/2015, ao definir

---

[150] MENEZES, Joyceane Bezerra de. O direito protetivo no Brasil após a convenção sobre a proteção da pessoa com deficiência: impactos do novo CPC e do estatuto da pessoa com deficiência. *Civilistica.com*, Rio de Janeiro, a. 4, n. 1, jan./jun. 2015. p. 18.

[151] Estatuto da Pessoa com Deficiência (2015): "*Art. 85. A curatela afetará tão somente os atos relacionados aos direitos de natureza patrimonial e negocial. §1º A definição da curatela não*

que a curatela afeta tão somente os atos relacionados aos direitos de natureza patrimonial e negocial, não alcançando, assim, o direito ao próprio corpo, o direito à sexualidade, ao matrimônio, à privacidade, à educação, à saúde, ao trabalho, ao voto e outros.

Além do mais, deve-se compreender a curatela como medida *in extremis*, vez que, segundo o §2º do art. 85,[152] constitui medida extraordinária, devendo, inclusive, constar na sentença as razões e motivações para a sua definição, preservando sempre os interesses do curatelado. O §3º e o §4º do art. 84[153] apontam, além da excepcionalidade da medida, outras características para a definição da curatela, como ser proporcional às necessidades e às circunstâncias de cada caso, possuir o menor tempo de duração possível e haver a necessidade de prestação de contas, anualmente, da administração prestada pelo curador.

A partir disso, Paulo Lôbo[154] interpreta como características atuais do instituto da Curatela as seguintes: a) a *temporariedade* – deve ser estabelecido prazo determinado; b) a *proporcionalidade* – o juiz especificará os atos abrangidos pela curatela; e c) a *excepcionalidade* – a curatela deverá ser aplicada em *ultima ratio*, pois, em razão de sua natureza de restrição de direitos, a intervenção deverá ser a última medida a ser aplicada.

De outro lado, o disciplinamento do referido instituto no CCB/2002 também sofrera impactos, por isso, o art. 1.767[155] foi parcialmente modificado. Logo, conforme a redação originária, estavam sujeitos à curatela: a) os que por enfermidade ou deficiência mental não tiverem discernimento; b) os que por causa duradoura não puderem exprimir vontade; c) os deficientes mentais, os ébrios habituais e os

---

alcança o direito ao próprio corpo, à sexualidade, ao matrimônio, à privacidade, à educação, à saúde, ao trabalho e ao voto".

[152] Estatuto da Pessoa com Deficiência (2015): "*Art. 85. [...]. §2º A curatela constitui medida extraordinária, devendo constar da sentença as razões e motivações de sua definição, preservados os interesses do curatelado.*".

[153] Estatuto da Pessoa com Deficiência (2015): "*Art. 84. [...]. §3º A definição de curatela de pessoa com deficiência constitui medida protetiva extraordinária, proporcional às necessidades e às circunstâncias de cada caso, e durará o menor tempo possível. §4º Os curadores são obrigados a prestar, anualmente, contas de sua administração ao juiz, apresentando o balanço do respectivo ano.*".

[154] LÔBO, Paulo. *Direito Civil*: famílias. 11. ed. São Paulo: Saraiva Educação, 2021. p. 458-459.

[155] Código Civil (2002), redação original: "*Art. 1.767. Estão sujeitos a curatela: I - aqueles que, por enfermidade ou deficiência mental, não tiverem o necessário discernimento para os atos da vida civil; II - aqueles que, por outra causa duradoura, não puderem exprimir a sua vontade; III - os deficientes mentais, os ébrios habituais e os viciados em tóxicos; IV - os excepcionais sem completo desenvolvimento mental; V - os pródigos.*".

viciados em tóxicos; d) os excepcionais sem completo desenvolvimento mental; e e) os pródigos. Por sua vez, a redação atual,[156] conferida ao presente artigo, inclui, tão somente, as seguintes hipóteses: a) os que por causa transitória ou permanente não puderem exprimir sua vontade; b) os ébrios habituais e os viciados em tóxico; e c) os pródigos.

Portanto, percebe-se que há a intenção de retirar a deficiência como condição para uma incapacidade civil absoluta automática, deixando de ser pré-requisito essencial o critério do discernimento para o exercício dos atos civis enquanto uma barreira para esses sujeitos, mediante o necessário intermédio de um curador pautado na lógica de substituição da vontade. Afinal, seriam esses indivíduos pessoas com capacidades restringidas,[157] mas que, com o apoio e o suporte necessário, poderão ter a sua vontade respeitada, sobretudo, diante do que se propugna com a lógica da autonomia interdependente.

O EPD determina que, se houver a necessidade de se avaliar a pessoa com deficiência, a forma adequada será a avaliação biopsicossocial estabelecida no §1º do art. 2º da Lei nº 13.146/2015,[158] a qual indica os critérios de análise de: a) impedimentos das funções e estruturas corporais; b) fatores socioambientais, psicológicos e pessoais; c) limitações no desempenho de atividades; e d) restrições de participação. Ademais, o §2º do mesmo artigo, alterado pela Lei nº 14.126/2021, indica que o Poder Executivo poderá criar outros instrumentos para avaliar a pessoa com diversidade funcional.

Ademais, a TDA se trata de uma novidade no sistema normativo brasileiro, vez que foi inserida pelo Estatuto da Pessoa com Deficiência

---

[156] Código Civil (2002), após o EPD: "*Art. 1.767. Estão sujeitos a curatela: I - aqueles que, por causa transitória ou permanente, não puderem exprimir sua vontade; (Redação dada pela Lei nº 13.146, de 2015) (Vigência); II - (Revogado) ; (Redação dada pela Lei nº 13.146, de 2015) (Vigência); III - os ébrios habituais e os viciados em tóxico; (Redação dada pela Lei nº 13.146, de 2015) (Vigência); IV - (Revogado) ; (Redação dada pela Lei nº 13.146, de 2015) (Vigência); V - os pródigos.*".

[157] Ensinam Joyceane Bezerra de Menezes e Ana Carolina Brochado: "*[...] não podemos cogitar repetir que a pessoa com deficiência sob curatela seja incapaz. Até mesmo para evitar os estigmas que o regime das incapacidades produziu ao longo da história, optamos por utilizar a expressão pessoa com capacidade restringida.*". MENEZES, Joyceane Bezerra de; TEIXEIRA, Ana Carolina Brochado. Desvendando o conteúdo da capacidade civil a partir do Estatuto da Pessoa com Deficiência. *Pensar - Revista de Ciências Jurídicas*, v. 21, n. 2, p. 568-599, 2016. p. 594. Disponível em: https://periodicos.unifor.br/rpen/article/view/5619. Acesso em: 17 nov. 2021.

[158] Estatuto da Pessoa com Deficiência (2015): "*Art. 2º [...]. §1º A avaliação da deficiência, quando necessária, será biopsicossocial, realizada por equipe multiprofissional e interdisciplinar e considerará: I - os impedimentos nas funções e nas estruturas do corpo; II - os fatores socioambientais, psicológicos e pessoais; III - a limitação no desempenho de atividades; e V - a restrição de participação. §2º O Poder Executivo criará instrumentos para avaliação da deficiência.*".

e acrescida no CCB/2002, mediante o art. 1.783-A.[159] Dessa maneira, o conceito de tomada de decisão apoiada tem um cunho de assistência, mas não um assistencialismo que poda a autonomia do exercício da vontade da pessoa com diversidade funcional. O sentido, na verdade, fundamenta-se na ideia de que pessoas idôneas, ou seja, sem predisposição de desfavorecer ou prejudicar, ou que tenha vontade viciada, contribuam para uma escolha positiva do indivíduo que esteja sendo assistido. Por conseguinte, leciona Joyceane Bezerra de Menezes[160] que o apoio, como ferramenta capaz de auxiliar no exercício da capacidade, tem o propósito de "facilitação da comunicação, na prestação de informações e esclarecimentos, no auxílio à análise dos fatores favoráveis e desfavoráveis que circundam decisões [e outros], tudo a depender do caso específico e das demandas da pessoa que precisa do apoio".

Nessa perspectiva, há um avanço na lei quanto à disposição de autonomia e legitimidade para o exercício de direitos e deveres da

---

[159] Código Civil (2002), acrescido pelo EPD: *"Art. 1.783-A. A tomada de decisão apoiada é o processo pelo qual a pessoa com deficiência elege pelo menos 2 (duas) pessoas idôneas, com as quais mantenha vínculos e que gozem de sua confiança, para prestar-lhe apoio na tomada de decisão sobre atos da vida civil, fornecendo-lhes os elementos e informações necessários para que possa exercer sua capacidade. §1 o Para formular pedido de tomada de decisão apoiada, a pessoa com deficiência e os apoiadores devem apresentar termo em que constem os limites do apoio a ser oferecido e os compromissos dos apoiadores, inclusive o prazo de vigência do acordo e o respeito à vontade, aos direitos e aos interesses da pessoa que devem apoiar. §2 o O pedido de tomada de decisão apoiada será requerido pela pessoa a ser apoiada, com indicação expressa das pessoas aptas a prestarem o apoio previsto no caput deste artigo. §3 o Antes de se pronunciar sobre o pedido de tomada de decisão apoiada, o juiz, assistido por equipe multidisciplinar, após oitiva do Ministério Público, ouvirá pessoalmente o requerente e as pessoas que lhe prestarão apoio. §4 o A decisão tomada por pessoa apoiada terá validade e efeitos sobre terceiros, sem restrições, desde que esteja inserida nos limites do apoio acordado. §5 o Terceiro com quem a pessoa apoiada mantenha relação negocial pode solicitar que os apoiadores contra-assinem o contrato ou acordo, especificando, por escrito, sua função em relação ao apoiado. §6 o Em caso de negócio jurídico que possa trazer risco ou prejuízo relevante, havendo divergência de opiniões entre a pessoa apoiada e um dos apoiadores, deverá o juiz, ouvido o Ministério Público, decidir sobre a questão. §7 o Se o apoiador agir com negligência, exercer pressão indevida ou não adimplir as obrigações assumidas, poderá a pessoa apoiada ou qualquer pessoa apresentar denúncia ao Ministério Público ou ao juiz. §8º Se procedente a denúncia, o juiz destituirá o apoiador e nomeará, ouvida a pessoa apoiada e se for de seu interesse, outra pessoa para prestação de apoio. §9º A pessoa apoiada pode, a qualquer tempo, solicitar o término de acordo firmado em processo de tomada de decisão apoiada. §10. O apoiador pode solicitar ao juiz a exclusão de sua participação do processo de tomada de decisão apoiada, sendo seu desligamento condicionado à manifestação do juiz sobre a matéria. §11. Aplicam-se à tomada de decisão apoiada, no que couber, as disposições referentes à prestação de contas na curatela. ".*

[160] MENEZES, Joyceane Bezerra de. Tomada de decisão apoiada: instrumento de apoio ao exercício da capacidade civil da pessoa com deficiência instituído pela lei brasileira de inclusão (Lei n. 13.146/2015). *Revista Brasileira de Direito Civil*, Rio de Janeiro, v. 9, p. 31-57, jul./set. 2016. p. 47. Disponível em: https://www.ibdcivil.org.br/image/data/revista/volume9/rbdcivil_vol_9_03_tomada-de-decisueo-apoiada.pdf. Acesso em: 18 nov. 2021.

pessoa com múltiplas habilidades. Isso porque, segundo o dispositivo, a TDA é o processo pelo qual a pessoa com deficiência elege pelo menos duas pessoas idôneas, com as quais mantenha vínculos e que gozem de sua confiança, para prestar-lhe apoio na tomada de decisão sobre os atos da vida civil, fornecendo-lhes as informações e os elementos necessários para que possa exercer sua capacidade. É, por isso, um mecanismo que reforça a validade dos negócios praticados pelas pessoas com deficiência, o que não implica uma necessária perda de capacidade da pessoa que a requerer.

A lei prevê, ainda, que a escolha de indicação dos apoiadores seja feita pela própria pessoa com deficiência, cabendo a ela escolher a quem delegar esse papel. Além disso, para garantir uma preservação da liberdade de escolher, os apoiadores deverão ser pessoas com quem o sujeito com deficiência mantenha vínculo e confie. Serão delimitados em juízo os limites do apoio a ser oferecido e os compromissos dos apoiadores, inclusive o prazo de vigência do acordo e o respeito à vontade, aos direitos e aos interesses da pessoa que deve ser apoiada, findado na lógica de garantir os seus interesses, sempre visando à preservação de um completo desenvolvimento intersubjetivo da pessoa em questão.

Ademais, há de se comentar que existem dúvidas quanto à extensão do apoio no tocante à natureza dos atos jurídicos, pois a doutrina não é pacífica a esse respeito, pelo que podem ser mencionados posicionamentos díspares. Dessa forma, alguns autores, a exemplo de Paulo Lôbo,[161] compreendem que a TDA se aplica tão somente aos atos de natureza patrimonial, como uma analogia ao que dispõe o Estatuto em relação à curatela. Outros, por sua vez, como Joyceane Bezerra de Menezes,[162] percebem que o instituto pode ser aplicado também aos atos de natureza existencial, compreendendo-o mais como uma forma de acessibilidade apta a auxiliar na manifestação da vontade do indivíduo, entendimento acompanhado pelo autor deste trabalho.

Além do mais, no intuito de garantir o pleno exercício da TDA, o Estatuto traz a noção de que, se o apoiador agir com negligência, não adimplir com as obrigações devidas ou chegar a exercer pressão

---

[161] LÔBO, Paulo. *Direito Civil*: famílias. 11. ed. São Paulo: Saraiva Educação, 2021. p. 459.

[162] MENEZES, Joyceane Bezerra de. Tomada de decisão apoiada: instrumento de apoio ao exercício da capacidade civil da pessoa com deficiência instituído pela lei brasileira de inclusão (Lei n. 13.146/2015). *Revista Brasileira de Direito Civil*, Rio de Janeiro, v. 9, p. 31-57, jul./set, 2016. p. 44. Disponível em: https://www.ibdcivil.org.br/image/data/revista/volume9/rbdcivil_vol_9_03_tomada-de-decisueo-apoiada.pdf. Acesso em: 18 nov. 2021.

indevida, poderá a pessoa apoiada, ou qualquer outra pessoa, prestar denúncia ao Ministério Público ou ao Juiz de ofício. Ouvida a denúncia, sendo ela procedente, o juiz destituirá o apoiador e nomeará, ouvida a pessoa com deficiência, e se for do seu interesse, outra pessoa para lhe prestar apoio. Por demais, a pessoa com deficiência pode, a qualquer tempo, decidir cessar o acordo firmado do processo de TDA. Existe a ideia de que o apoiador também poderá solicitar ao juiz a exclusão de sua participação do processo de tomada de decisão, sendo seu desligamento condicionado à manifestação do juiz.

Aplica-se, portanto, a noção de autonomia interdependente, resguardado numa preocupação em devolver para a pessoa com deficiência a titularidade de seus direitos, de modo a ser o verdadeiro detentor de suas decisões e escolhas na prestação de apoios devidos, sendo facultada sempre a permanência ou não dos indivíduos firmados no processo de prestação de TDA. Portanto, garante-se à pessoa com diversidade funcional o resgate de autonomia, ainda que de forma interdependente, para que não haja mais dúvidas quanto às suas potencialidades e habilidades no meio social.

2.3 A diferença entre enfermidade e deficiência

A medicina, nas lições de Georges Canguilhem (1904-1995),[163] é uma ciência que se afirma no momento histórico-cultural no qual foi formulada, de modo a ser influenciada pelos valores das transformações ocorridas em uma determinada época. Dessa maneira, o filósofo e médico francês do século XX, ao realizar o exame crítico das relações entre o normal e o patológico, em sua tese de doutoramento (1943), ocupa-se em investigar quais "fenômenos patológicos são idênticos aos fenômenos normais correspondentes, salvo pelas variações quantitativas". Particularmente, a sua contribuição, para este trabalho, concentra-se no estudo dos signos de saúde, doença e como eles contribuem para a construção do conceito de normalidade ou não, na medida em que a ideia de normalidade foi construída a partir da relação com o patológico. À vista disso, argumenta que, no século XIX, a identidade dos fenômenos do normal e patológico já se encontrava cientificamente definida, sobretudo pela autoridade dos biólogos e médicos.

---

[163] CANGUILHEM, Georges. *O normal e o patológico*. Tradução de Mana Thereza Redig de Carvalho Barrocas. 6. ed. rev. Rio de Janeiro: Forense Universitária, 2009. [E-book]. p. 10, 34.

Nesse sentido, a expressão do dogma desses conceitos, na França, encontrava-se explorada por: a) Auguste Comte (1798-1857): parte a investigação do patológico para o normal, para entender conceitualmente o normal. Por isso, adota o princípio de Broussais como universal, chegando à definição do patológico como simples prolongamento de variação, superior ou inferior, de cada fenômeno do organismo normal. Na visão de Canguilhem, confundem-se a causa e o efeito na definição do estado patológico, na medida em que a ideia se subordina a um sistema universal;[164] b) Claude Bernard (1813-1878): dirige-se do normal para o patológico, com a finalidade de interpretar racionalmente o caráter quantitativo do patológico, pois considera a medicina como a ciência das doenças, filosofia e vida, admitindo a tese de diferença qualitativa nos mecanismos de funções vitais entre o estado patológico e normal. Dessa forma, a saúde e a doença seriam modos que se diferenciam essencialmente, mas que revelam relação de continuidade. No entanto, para Canguilhem, a teoria de Bernard é válida somente para casos limitados, em que se restringe o estado patológico a um sintoma ou quando se vai buscar as causas sintomáticas deste. Na sua visão crítica, a ciência da doença, até então, levou pouco em consideração a própria característica de doença, posto que ser doente também é uma forma diferente de vida;[165] e c) René Leriche (1879-1955): argumenta que a saúde seja a vida no silêncio dos órgãos e, inversamente, a doença seja aquilo que perturba a pessoa no exercício da sua vida normal, podendo fazer-lhe sofrer. Logo, a saúde seria positiva e a doença, negativa, enquanto forma de oposição e perturbação. Todavia, tece que o silêncio dos órgãos não significaria necessariamente a ausência de doença, na medida em que há organismos lesionados que durante muito tempo possuem um quadro clínico imperceptível. Entre as ponderações destacadas por Canguilhem, encontra-se que é preciso desumanizar a doença, pois "não são mais a dor ou a incapacidade funcional e a enfermidade social que fazem a doença, e sim a alteração anatômica ou distúrbio fisiológico".[166]

---

[164] CANGUILHEM, Georges. *O normal e o patológico*. Tradução de Mana Thereza Redig de Carvalho Barrocas. 6. ed. rev. Rio de Janeiro: Forense Universitária, 2009. [E-book]. p. 14-16.

[165] CANGUILHEM, Georges. *O normal e o patológico*. Tradução de Mana Thereza Redig de Carvalho Barrocas. 6. ed. rev. Rio de Janeiro: Forense Universitária, 2009. [E-book]. p. 23-24, 27, 29.

[166] CANGUILHEM, Georges. *O normal e o patológico*. Tradução de Mana Thereza Redig de Carvalho Barrocas. 6. ed. rev. Rio de Janeiro: Forense Universitária, 2009. [E-book]. p. 30-33.

CAPÍTULO 2
O ARGUMENTO SOBRE "A VIDA QUE NÃO VALE A PENA SER VIVIDA"...

115

A partir desse levantamento, o filósofo e médico francês percebe que os conceitos de saúde e doença "disputavam o Homem, assim como o Bem e o Mal disputavam o mundo", compreendendo que, na verdade, o estado patológico não seja nada mais do que o estado normal. Em função disso, talvez o sentido de normal seja, do ponto de vista terapêutico, aquilo que se deseja restabelecer pelo doente. Além disso, ressalta que há uma problemática na distinção entre anomalia e estado patológico, mas possui suma importância ao passo em que revela a partir de qual ponto começa a doença. Dessa forma, em termos biológicos, Canguilhem entende que é sempre necessário tomar a própria pessoa como ponto de referência.[167]

Nesse quadro, ao buscar estabelecer definições, entende que:

a) *doença*: trata de uma espécie de norma biológica, derivada do estado patológico, não podendo ser, simplesmente, chamada de anormal no sentido absoluto, mas anormal somente em relação a uma determinada situação, pois ser normal não implica ser sadio, tampouco, por isso, ser patológico consiste em ser sempre anormal, havendo circunstâncias em que ser patológico também seria uma espécie de normal;[168] e,

b) *saúde*: seria a possibilidade de ultrapassar a norma do que se considera como normal, pois, de maneira exemplificativa, pode-se permanecer normal possuindo apenas um rim, em determinados meios e sistemas. Dessa maneira, a saúde segue o que Canguilhem chama de "infidelidades" do meio, na medida em que torna admissível, contextualmente, identificar-se um estado de normalidade do ser humano, em relação ao seu meio social, em situações em que em outros contextos poderia ser considerado como anormal ou doente. Mas reforça que o homem com boa saúde seja aquele que se sente normal, por meio de um complexo de seguranças. De maneira exemplificativa, o filósofo e médico explica também que uma enfermidade, como o astigmatismo ou a miopia, por exemplo, revela-se como normal em um contexto de uma sociedade agrícola ou pastoril, enquanto seria anormal

---

[167] CANGUILHEM, Georges. *O normal e o patológico*. Tradução de Mana Thereza Redig de Carvalho Barrocas. 6. ed. rev. Rio de Janeiro: Forense Universitária, 2009. [E-book]. p. 59.

[168] CANGUILHEM, Georges. *O normal e o patológico*. Tradução de Mana Thereza Redig de Carvalho Barrocas. 6. ed. rev. Rio de Janeiro: Forense Universitária, 2009. [E-book]. p. 63-64.

num quadro em que a atividade laboral desempenhada seja a marinha ou a aviação, por isso, a norma que estabelece o amplo complexo de normalidade e anormalidade encontra-se também no próprio meio social no qual a pessoa humana esteja inserida, para além da vitalidade orgânica.[169]

Em síntese, entende que "não é absurdo considerar o estado patológico como normal, na medida em que exprime uma relação com a normatividade da vida". No entanto, seria um absurdo considerar esse ideal de normal idêntico ao normal fisiológico.[170]

A deficiência, nesses critérios, não implica, por isso, uma necessária correlação de anormalidade e doença, como estado patológico, se estiver inserida contextualmente numa sociedade em que suas autolimitações não sejam vistas como impedimentos para a sua integração social. O que implica dizer, portanto, que, dentro da construção teórica de Canguilhem, pode-se ser um sujeito com deficiência, historicamente entendido como anormal e patológico, mas ser sadio e deter potencialidades para uma vida boa e de qualidade. Assim, o que propugna o modelo social, adotado pelo diploma de direitos humanos, é ressaltar que as autolimitações da pessoa humana por si só não produzem o quadro de desigualdades, redução de oportunidades e potencialidades no exercício da vida, mas sim, na verdade, o próprio meio social que precisa se readequar para ultrapassar as barreiras socialmente impostas. Para além desse recorte, outras ferramentas contribuem para dissociar a tradicional visão de patologização da deficiência, não só pelas lentes do direito, anteriormente referenciadas, mas também pelo campo da medicina.

Atualmente, a Organização Mundial de Saúde (OMS) utiliza o conceito de saúde estabelecido em 1946, descrito no preâmbulo da sua constituição como "um estado de completo bem-estar físico, mental e social, e não apenas a ausência de doença ou enfermidade".[171] Associado a essa definição, foi elaborada em 2001, pela entidade, a Classificação Internacional de Funcionalidade (CIF) que, nas lições de Agustina

---

[169] CANGUILHEM, Georges. *O normal e o patológico*. Tradução de Mana Thereza Redig de Carvalho Barrocas. 6. ed. rev. Rio de Janeiro: Forense Universitária, 2009. [E-book]. p. 65-66.

[170] CANGUILHEM, Georges. *O normal e o patológico*. Tradução de Mana Thereza Redig de Carvalho Barrocas. 6. ed. rev. Rio de Janeiro: Forense Universitária, 2009. [E-book]. p. 76.

[171] WORLD HEALTH ORGANIZATION (WHO). *Preamble to the Constitution of the World Health Organization*. WHO, New York, USA, 1946. Disponível em: https://www.who.int/governance/eb/who_constitution_en.pdf. Acesso em: 21 nov. 2021.

Palacios e Javier Romañach,[172] inicia um processo de separação entre o que seria a diversidade funcional e a enfermidade, popularmente conhecida como doença. Isso porque, para os autores, o documento foi criado com o propósito de fornecer informações que possam comparar o nível de saúde, internacionalmente, a partir de uma abordagem holística, que leva em consideração o indivíduo e o ambiente no qual esteja inserido, ao tomar diferentes realidades de corpos e funções.

Dessa maneira, a classificação de funcionalidade atua de modo complementar ao Catálogo Internacional de Doenças 11 (CID-11). A CIF foi elaborada antes da promulgação da CDPD, mas já trouxe alguns de seus ideais, antecipando o que alguns teóricos discutem dentro do campo do modelo da diversidade de deficiência, ao valorizar a funcionalidade e a diversidade como traço constitutivo da espécie para além das autolimitações humanas que o sujeito possua. A partir disso, o documento manifesta que: a) a *deficiência* seja um problema nas funções ou estruturas do corpo, como um desvio ou perda;[173] b) a *incapacidade*, relacionada diretamente com a adoção do modelo *social*, consiste em uma questão política, ao ser criada pela sociedade mediante a inabilidade de plena integração do indivíduo com diversidade funcional no meio social;[174] e c) a *funcionalidade*, pautada em abordagem "biopsicossocial", objetiva integrar uma visão coerente de diferentes perspectivas da saúde: biológica, individual e social.[175]

Além da importância do documento, ensinam Agustina Palacios e Javier Romañach que existe uma confusão no entendimento quanto ao que seriam enfermidade e diversidade funcional em três planos de

---

[172] PALACIOS, Agustina; ROMAÑACH, Javier. El modelo de la diversidade: la Bioética y los Derechos Humanos como herramientas para alcanzar la plena dignidade em la diversidade funcional. Madrid: ediciones Diversitas – AIES, 2006. p. 120.

[173] ORGANIZAÇÃO MUNDIAL DE SAÚDE (OMS). *Classificação Internacional de Funcionalidade, Incapacidade e Saúde – CIF*. Centro Colaborador da Organização Mundial da Saúde para a Família de Classificações Internacionais. Tradução de Cassia Maria Buchalla. São Paulo: Editora da Universidade de São Paulo – EDUSP, 2003. p. 12. Disponível em: http://www.periciamedicadf.com.br/cif2/cif_portugues.pdf. Acesso em: 22 nov. 2021.

[174] ORGANIZAÇÃO MUNDIAL DE SAÚDE (OMS). *Classificação Internacional de Funcionalidade, Incapacidade e Saúde – CIF*. Centro Colaborador da Organização Mundial da Saúde para a Família de Classificações Internacionais. Tradução de Cassia Maria Buchalla. São Paulo: Editora da Universidade de São Paulo – EDUSP, 2003. p. 18. Disponível em: http://www.periciamedicadf.com.br/cif2/cif_portugues.pdf. Acesso em: 22 nov. 2021.

[175] ORGANIZAÇÃO MUNDIAL DE SAÚDE (OMS). *Classificação Internacional de Funcionalidade, Incapacidade e Saúde – CIF*. Centro Colaborador da Organização Mundial da Saúde para a Família de Classificações Internacionais. Tradução de Cassia Maria Buchalla. São Paulo: Editora da Universidade de São Paulo – EDUSP, 2003. p. 19. Disponível em: http://www.periciamedicadf.com.br/cif2/cif_portugues.pdf. Acesso em: 22 nov. 2021.

discussão: a) o plano técnico; b) o plano jurídico; e c) o plano social. Sendo assim, o primeiro plano, segundo os autores, dá-se na análise simples da conceituação quanto ao que seriam deficiência e enfermidade. Desse modo, percebem a enfermidade como as alterações mais ou menos graves da saúde, enquanto a deficiência corresponderia à dificuldade que o indivíduo possui em realizar atividades diárias em virtude das alterações de suas funções intelectuais e físicas num contexto social não adaptado.[176]

Diante disso, deduz-se que a enfermidade, sinônimo de doença, relaciona-se com a ideia de saúde, enquanto a compreensão de deficiência dá-se em relação às funções que o indivíduo desempenha no meio social não adaptado. A CIF, elaborada pela OMS, devido a isso, contribui, criticamente, para a separação da concepção de doença atrelada necessariamente à diversidade funcional, implicando dizer que a pessoa com deficiência não é em regra anormal em estado patológico, mas dependerá, circunstancialmente, do meio social e das funções que o seu corpo desempenha. Portanto, o documento contribui, discursivamente, para o debate sobre a despatologização do grupo vulnerado das pessoas com deficiência, que importa, sobretudo, para a aplicação das tecnologias advindas dos avanços biotecnológicos e para o debate da Bioética e do Biodireito.

Aduz-se, como imperioso, distinguir a diversidade funcional também das doenças incompatíveis com a vida, como as síndromes Lesch-Nyhan ou Tay-Sachs,[177] de uma deficiência, como a síndrome de Down. Isso porque, enquanto as doenças incompatíveis com a vida revelam a impossibilidade de o sujeito nascido permanecer vivo, a deficiência trata das experiências que o corpo biológico com autolimitações experimenta num meio social não adaptado.

A CIF inova também ao introduzir um novo paradigma para se trabalhar a deficiência e a incapacidade, pois não as consideram mais como consequências de saúde/doença, mas são diretamente determinadas a partir do contexto do ambiente físico e social pelas diferentes percepções do meio ambiente. Nesse sentido, a CIF, ao introduzir a ideia de funcionalidade, garante uma percepção integralizada

---

[176] PALACIOS, Agustina; ROMAÑACH, Javier. *El modelo de la diversidade*: la Bioética y los Derechos Humanos como herramientas para alcanzar la plena dignidade em la diversidade funcional. Madrid: Ediciones Diversitas – AIES, 2006. p. 119.

[177] Para aprofundamento, consultar ORGANIZACIÓN MUNDICAL DE LA SALUD. *Clasificación Internacional de Enfermedades 11 (CIE-11)*. OMS, versão 05/2021. Disponível em: https://icd.who.int/browse11/l-m/es. Acesso em: 22 nov. 2021.

e biopsicossocial. Além disso, também evoluiu ao incorporar três dimensões na interpretação da incapacidade: a biomédica, a psicológica e a social, percebendo como fortes os fatores ambientes.[178]

Por sua vez, quanto ao plano jurídico, os autores[179] refletem acerca da existência de leis fundamentais para o Estado Espanhol, que não possuem um viés de importância de análise aqui. Assim, no caso do ordenamento brasileiro, utilizando como subsídio as ideias anteriormente referenciadas, pode-se comentar acerca da: a) Convenção sobre os Direitos das Pessoas com Deficiência – norma de plano internacional, que foi assimilada ao ordenamento jurídico brasileiro mediante o procedimento estabelecido no art. 5º, §3º da CRFB/1988; assim, possuiria *status* normativo de Emenda Constitucional; b) a Lei brasileira de Inclusão ou Estatuto da Pessoa com Deficiência (Lei nº 13.146/2015) – norma infraconstitucional que possibilitou uma série de modificações diretas no ordenamento jurídico brasileiro, sobretudo no Código Civil, ao estabelecer a emancipação da autonomia e demais salvaguardas legais; e c) a própria Constituição Federal brasileira de 1988 – que, sob a óptica da igualdade material e formal, carrega ideais e princípios fundamentais que devem ser observados para a proteção dos interesses das pessoas com deficiência na relação entre privados e com a coletividade.

Nesse contexto, há de se refletir, ainda, que, num possível choque entre a interpretação do que propugnam a própria CDPD e a CID, por exemplo, há de se respeitar a primeira em detrimento dessa última, dado o caráter de superioridade e de hierarquia da norma universal de direitos humanos. A mesma lógica deverá ser aplicada em resoluções dos conselhos das áreas de saúde (e demais áreas), que violem disposição expressa de salvaguarda dos direitos fundamentais da pessoa com deficiência, vez que se prima pela sua autonomia e emancipação no contexto jurídico brasileiro.

Além do mais, o terceiro plano, o social, concebe-se mediante os meios de comunicação, o que torna praticamente inviável encontrar diferenciações a respeito de doença e diversidade funcional,

---

[178] FARIAS, Norma; BUCHULLA, Cassia Maria. A classificação Internacional de Funcionalidade, Incapacidade e Saúde. *Revista Brasileira de Epidemiologia*, v. 8, n. 2, p. 187-193, 2015. Disponível em: http://www.scielo.br/pdf/rbepid/v8n2/11.pdf. Acesso em: 22 nov. 2021.

[179] PALACIOS, Agustina; ROMAÑACH, Javier. *El modelo de la diversidad*: la Bioética y los Derechos Humanos como herramientas para alcanzar la plena dignidad en la diversidad funcional. Madrid: Ediciones Diversitas – AIES, 2006. p. 122.

segundo Palacios e Romañach, uma vez que a diferença foi estabelecida recentemente.[180] Nesse caso, torna-se emergencial a discussão quanto à necessária diferenciação entre o que seriam enfermidade e deficiência, para que sejam evitadas correlações desnecessárias que maculem a lógica da autonomia interdependente, como associar a necessidade de um tratamento compulsório ou, no plano de aconselhamento genético, imagine-se que trata de uma vida sem potencialidades.

A 10ª Câmara Cível do Tribunal de Justiça de Minas Gerais (TJMG), no ano de 2016, enfrentou temática que tangencia a problemática central deste trabalho. Isso porque um casal buscou, como auxílio à infertilidade, o uso da técnica de fertilização *in vitro* em uma clínica de reprodução assistida, mediante a consecução do direito ao planejamento familiar. Nesse sentido, os autores do projeto parental, após o processo de ciclo de fertilização e gestação humana, obtiveram, como resultado, um filho com síndrome de Down. Assim, sentindo-se lesionados, buscaram o judiciário alegando ter sofrido danos materiais e morais em face da clínica, devido à falta de teste genético que poderia ter detectado "anomalia genética" antes da transferência dos embriões para o útero da gestante. Desse modo, constituiria, segundo os autores do projeto parental, falha na prestação de serviço, pois não foi realizado o exame do diagnóstico genético pré-implantacional.[181]

Ainda de acordo com a matéria veiculada, as partes autoras do processo citaram a norma do Conselho Federal de Medicina, a Resolução nº1.358/1992, sob o pretexto de subsidiar seus argumentos – norma essa que, para a época, já se encontrava revogada, pois vigente era a Resolução CFM 2.121/2015 para disciplinar deontologicamente o uso das técnicas medicamente assistidas. Nesses aspectos, a clínica refutou os argumentos alegando que o contrato de prestação de serviços não expressa obrigação de realizar exame genético nas fertilizações *in vitro*. A par desses fatos, o juízo de primeiro grau do TJMG rejeitou o pedido dos autores, considerando-o totalmente improcedente.

Na situação fática, importa analisar que se argumenta, discursivamente, como medida passível de reparar os danos sofridos, o pretexto

---

[180] PALACIOS, Agustina; ROMAÑACH, Javier. *El modelo de la diversidade*: la Bioética y los Derechos Humanos como herramientas para alcanzar la plena dignidade em la diversidade funcional. Madrid: Ediciones Diversitas – AIES, 2006. p. 123.

[181] CLÍNICA de fertilização não deve indenizar casal por bebê com síndrome de Down. *Revista Consultor Jurídico*, 1 out. 2016, às 7h17min. Disponível em: www.conjur.com. br/2016-out-01/clinica-nao-indenizar-casal-teve-bebe-sindrome-down. Acesso: em 22 nov. 2021.

de a deficiência consistir numa anomalia genética passível de ser evitada a partir do diagnóstico pré-implantacional. Isso pois utiliza-se a lógica de ser um estado patológico anormal que consubstanciaria em uma vida que não vale a pena ser vivida, ao reduzir a deficiência a uma mera anomalia ou doença.

Modernamente, o poder da ciência em controlar a natalidade consubstancia o que alguns teóricos chamam de uma nova eugenia ou uma neoeugenia, implicando a discussão dos direitos de quarta geração na manipulação do patrimônio genético. Assim, é necessário refletir quais ferramentas o Estado de Direito brasileiro oferece para se tutelar a diversidade no patrimônio genético, o alcance e a extensão da autonomia do planejamento familiar e, sobretudo, quais mecanismos postos existem para regulamentar a reprodução humana assistida na sociedade. Afinal, o emblemático avanço da biotecnociência, no processo reprodutivo, radica numa mudança de percepção do que se enxerga como humano a partir da modificação da natureza constitutiva da espécie.

PARTE II

A NECESSIDADE DE DEFESA JURÍDICA DO PATRIMÔNIO GENÉTICO HUMANO E OS AVANÇOS DAS TECNOLOGIAS REPRODUTIVAS NA CONSTRUÇÃO DA FAMÍLIA: O FILHO PROJETADO

"[...] o que começou como a tentativa de tratar uma doença ou prevenir um distúrbio genético hoje acena como um instrumento de melhoria e uma escolha de consumo."

(SANDEL, Michael J. *Contra a perfeição*, 2007).

CAPÍTULO 3

ADMIRÁVEL MUNDO NOVO DA GENÉTICA: TECNOLOGIAS DE AUXÍLIO À REPRODUÇÃO E *DESIGN* GENÉTICO NA QUARTA ERA DOS DIREITOS

> *Toda descoberta da ciência pura é potencialmente subversiva: até a ciência deve, às vezes, ser tratada como um inimigo possível. Sim, a própria ciência.*
>
> (HUXLEY, Aldous. *Admirável mundo novo*, 1932).

Este capítulo tem o condão de discutir como os avanços da biotecnociência[182] favorecem alternativas para o dilema da infertilidade humana na construção de projetos parentais assistidos. Além disso, também propõe debater como o estado atual da biotecnologia faculta para o(s) autor(es) do projeto parental[183] a utilização da terapia gênica,

---

[182] Nas lições de Fermin Roland Schramm, a "biotecnociência" consiste em neologismo que indica a relação entre ciência, técnica e vida, de modo a indicar o estado atual de atuação da tecnociência em sistemas e seres vivos. SCHRAMM, Fermin Roland. Saúde pública: biotecnociência, biopolítica e bioética. *Saúde em Debate* [on-line]. v. 43, n. spe7, p. 152-164, 2019. p. 155. Disponível em: https://www.scielo.br/j/sdeb/a/JFJNxZjNQCMpbhtsRsQFRsz/?lang=pt. Acesso em: 18 ago. 2021.

[183] Seja esse projeto biparental heteroafetivo (os autores do projeto parental possuem o gênero diferente) ou homotransafetivo (composto por autores que destoem do padrão heterocisnormativo, ou seja, casais compostos por pessoas de mesmo gênero ou que tenham, na sua configuração, pelo menos uma pessoa com identidade de gênero trans), monoparental (feminino ou masculino) ou, ainda, coparental. Isso visto que as amarras da infertilidade ou a impossibilidade gestacional não traduzem mais a não possibilidade de conduzir o projeto de parentalidade. Afinal, tem-se a possibilidade de utilizar-se da técnica

em nível de edição molecular, em momento pré-implantatório, isto é, fase anterior à introdução no útero do embrião gerado em laboratório. Do ponto de vista jurídico, a discussão alicerçada promove o diálogo com o tratamento insuficiente conferido às tecnologias de procriação medicamente assistidas em legislação própria ou específica, os impasses teóricos quanto à natureza jurídica conferida ao embrião gerado em laboratório para a atribuição de direitos, destinação para pesquisa, descarte ou armazenamento, e, por fim, as possibilidades e os limites impostos pelo Estado de Direito para a manipulação para fins de melhoramento genético humano (linha germinativa) e limitações no que tange à finalidade para fins terapêuticos (células somáticas).

A partir disso, constatou-se na investigação que o estado da arte nos avanços das tecnologias permite o início de desenvolvimento embrionário extracorpóreo, de modo a ser possível que haja a edição genética em momento anterior à implantação no útero da gestante, como atualmente também há em nível experimental a terapia genética de pessoas humanas nascidas, tanto para fins terapêuticos como para fins de melhoramento humano, concretizando os pressupostos do manifesto transumanista na reconstrução do corpo genético humano. Sob esse prisma, o ordenamento jurídico brasileiro ainda possui mecanismos insatisfatórios na proteção dos direitos que derivam da utilização das tecnologias reprodutivas e de *design* genético, como no tocante à proteção do patrimônio genético humano, de modo a existir imprecisão regulamentária nas esferas civil e constitucional que serão demonstradas.

3.1 O Século da Biotecnologia: a revolução da biotecnociência no processo reprodutivo humano e a emergência dialógica dos direitos de quarta geração

Os progressivos avanços científicos no campo da engenharia genética permitiram que o ser humano fosse capaz de identificar a

---

de gestação por substituição e/ou, num futuro não tão distante, da tecnologia do útero artificial como alternativa extracorpórea de gestação humana. Para um aprofundamento na temática: Cf. SILVA NETTO, Manuel Camelo Ferreira da; DANTAS, Carlos Henrique Félix. Entre a ficção científica e a realidade: o "útero artificial" e as (futuras) perspectivas em matéria de biotecnologia reprodutiva humana à luz do biodireito. *In*: EHRHARDT JR, Marcos; CATALAN, Marcos; MALHEIROS, Pablo. *Direito Civil e tecnologia*. Belo Horizonte: Fórum, 2020.

estrutura do seu DNA,[184] formada por uma dupla hélice e contendo a informação genética única de cada ser vivo, em 1953, por intermédio dos estudos de James Watson e Francis Crick.[185] E, posteriormente, em 1978, desenvolvesse a tecnologia reprodutiva que ainda hoje é capaz de auxiliar na infertilidade daqueles sujeitos que buscam concretizar o sonho do projeto de parentalidade. Essa tecnologia, conhecida como Reprodução Humana Assistida (RHA), na época, possibilitou o nascimento da britânica Louise Brown, o primeiro ser humano nascido a partir de uma fertilização *in vitro* (FIV). Na América-Latina, por sua vez, o primeiro ciclo de FIV ocorreu em 1984, possibilitando o nascimento da brasileira Anna Paula Caldeira.[186] Entretanto, somente a partir de 1992 que a técnica de injeção intracitoplasmática de espermatozoides ganhou popularidade no mundo,[187] ocasionando, por isso, o fomento de debates incansáveis a respeito do fantástico potencial da tecnologia na possível instrumentalização da vida humana.

Nesse ínterim, cumpre mencionar também a importância do Projeto Genoma Humano (1990-2003), responsável pelo sequenciamento dos genes que compõem a estrutura do DNA, obtendo-se uma precisão de aproximadamente 92% no desenvolvimento da pesquisa.[188] Segundo

---

[184] Salienta-se que para esta pesquisa, em conformidade com os estudos que envolvem genética humana, utiliza-se como sinônimo de DNA a expressão conhecida como genoma. Por sua vez, o termo gene refere-se a uma pequena unidade do DNA, cujo conjunto é responsável por caracterizar o genoma de cada ser vivo.

[185] Consultar: WATSON, James; CRICK, Francis. Molecular Structure of Nucleic Acids: a Structure for Deoxyribose Nucleic Acid. *Nature*, n. 171, p. 737-738, 1953. Disponível em: https://www.nature.com/articles/171737a0. Acesso em: 14 nov. 2020; WATSON, James; CRICK, Francis. Genetical implications of the structure of deoxyribonucleic acid. *Nature*, v. 171, p. 964-967, 1953. Disponível em: https://www.leeds.ac.uk/heritage/Astbury/bibliography/Watson_and_Crick_1953b.pdf. Acesso em: 30 nov. 2020.

[186] YARAK, Aretha. Ser o primeiro bebê de proveta do Brasil 'sempre foi um motivo de orgulho'. *Veja*, 27 ago. 2020, às 12h19 min. Disponível em: https://veja.abril.com.br/saude/ser-o-1o-bebe-de-proveta-do-brasil-sempre-foi-um-motivo-de-orgulho/. Acesso em: 29 set. 2021.

[187] MOURA, Marisa Decat de; SOUZA, Maria do Carmo Borges de; SCHEFFER, Bruno Brum. Reprodução assistida: um pouco de história. *Revista da SBPH (on-line)*, v. 12, n. 2, p. 23-42, 2009. Disponível em: http://pepsic.bvsalud.org/pdf/rsbph/v12n2/v12n2a04.pdf. Acesso em: 20 dez. 2020.

[188] Sobre os resultados obtidos no projeto, consultar COLLINS, Francis; GREEN, Eric; GUTTMACHER, Alan; GUYER, Mark. A vision for the future of genomics research. *Nature*, v. 422, p. 835-847, 2003. Disponível em: https://www.nature.com/articles/nature01626. Acesso em: 30 nov. 2020. Além disso, sobre o tema, consultar: CORREA, Marilena. O admirável Projeto Genoma Humano. *Physis*, Rio de Janeiro, v. 12, n. 2, p. 277-299, 2002. Disponível em: https://www.scielo.br/scielo.php?script=sci_arttext&pid=S0103-73312002000200006. Acesso em: 16 abr. 2021.

Carlos María Romeo Casabona,[189] o propósito originário do projeto seria aprofundar os conhecimentos sobre as características do DNA e, em particular, a sua composição por meio dos genes, de modo a tentar determinar a sua função específica no tocante à transmissão da herança biológica da espécie. Entretanto, somente em pesquisa publicada no ano de 2022 que os cientistas do Consórcio Telomere-to-Telomere (T2T) conseguiram decifrar os 8% restantes.[190]

A preocupação com o avanço da engenharia genética fomentou a elaboração da *Declaração Universal do Genoma Humano e dos Direitos Humanos*[191] (DUGHDH) em 1997, na presença de representantes políticos de 80 Estados nacionais e com o esboço de texto redigido pelo Comitê Internacional de Bioética. De acordo com o documento, o genoma humano subjaz a unidade fundamental da espécie humana, em reconhecimento, inclusive, da sua diversidade inerente, cuja evolução dá-se em razão da sua própria natureza conforme fatores ambientais e naturais.[192] Pontua-se no documento, ainda, que ninguém deverá ser sujeito a quaisquer tipos de discriminação em razão de suas características genéticas individuais, relativas à sua herança genética, de modo que possa infringir os direitos humanos.[193]

Na virada para o século XXI, por isso, o filósofo Jürgen Habermas fomentou sua inquietação em nível internacional sobre o uso de células-tronco humanas em pesquisas científicas e sobre o perigo do

---

[189] CASABONA, Carlos María Romeo. La genética y la biotecnología em las fronteras del derecho. *Acta bioeth*, v. 8, n. 2, p. 283-297, 2002. p. 285. Disponível em: https://scielo.conicyt.cl/pdf/abioeth/v8n2/art09.pdf. Acesso em: 29 set. 2021.

[190] NURK, Sergey *et al*. The complete sequence of a human genome. *Science*, v. 376, p. 44-53, 2022. Disponível em: https://www.science.org/doi/epdf/10.1126/science.abj6987. Acesso em: 19 abr. 2022.

[191] ORGANIZAÇÃO DAS NAÇÕES UNIDAS PARA A EDUÇÃO, A CIÊNCIA E A CULTURA (UNESCO). *Declaração Universal do Genoma Humano e dos Direitos Humanos.* 21 de outubro a 12 de novembro de 1997. Disponível em: http://www.ghente.org/doc_juridicos/dechumana.htm. Acesso em: 1 out. 2021.

[192] Declaração Universal do Genoma Humano e dos Direitos Humanos (1997): "*Artigo 1 - O genoma humano subjaz à unidade fundamental de todos os membros da família humana e também ao reconhecimento de sua dignidade e diversidade inerentes. Num sentido simbólico, é a herança da humanidade. [...]. Artigo 3 - O genoma humano, que evolui por sua própria natureza, é sujeito a mutações. Ele contém potencialidades que são expressas de maneira diferente segundo o ambiente natural e social de cada indivíduo, incluindo o estado de saúde do indivíduo, suas condições de vida, nutrição e educação.*".

[193] Declaração Universal do Genoma Humano e dos Direitos Humanos (1997): "*Artigo 6 - Ninguém será sujeito a discriminação baseada em características genéticas que vise infringir ou exerça o efeito de infringir os direitos humanos, as liberdades fundamentais ou a dignidade humana.*".

uso do Diagnóstico Genético Pré-Implantacional[194] (DGPI), por meio da RHA. Diante disso, era possível discutir-se, então, a possibilidade de selecionar ou excluir um embrião a partir de determinadas características genéticas identificáveis.[195] [196] Nesse sentido, Habermas escreveu a obra *O futuro da natureza humana* (2001), responsável por introduzir nas sociedades atuais as discussões a respeito dos impactos das intervenções biotecnológicas no futuro da espécie humana, a partir das regras que levam em consideração o mercado que estipula os valores do material genético humano e das tecnologias reprodutivas na pós-modernidade. Sendo assim, a crítica habermasiana sobre a instrumentalização da espécie torna-se cada vez mais atual no debate público sobre desenvolvimento humano e biotecnologia reprodutiva.

À vista desse cenário, a promessa de desenvolvimento humano, diante das modernas tecnologias, levou Jeremy Rifkin[197] a entender que se vivencia o *Século da Biotecnologia*, na medida em que há a transição da era estritamente industrial para a materialização da transformação da humanidade por meio da engenharia genética, posto que as novas

---

[194] Entende-se por DGPI a técnica, associada à RHA, que consiste em identificar no embrião já formado o gene relativo à determinada característica hereditária indesejada, procedendo-se, por isso, com o descarte intencional deste, caso esteja em desenvolvimento extracorpóreo. Comenta-se, ainda, que existe a possibilidade de se realizar o teste genético em embriões formados e intracorpóreos, procedendo-se com o aborto intencional e legalizado quando se tratar de anencefalia, conforme decisão histórica proferida pelo Supremo Tribunal Federal na ADPF 54. (Cf. BRASIL. Supremo Tribunal Federal. *Ação de Descumprimento de Preceito Fundamental nº 54/DF*. Relator: Ministro Marco Aurélio. Data de julgamento: 12/04/2012. Disponível em: http://redir.stf.jus.br/paginadorpub/paginador. jsp?docTP=TP&docID=3707334. Acesso em: 26 abr. 2021).

[195] Isto é, momento posterior à concepção, em que houve a junção dos gametas femininos e masculinos, tratando-se, por isso, de um embrião formado. Nesse sentido, no DGPI não se altera direta e precisamente o patrimônio genético do embrião. Entretanto, ressalta Vera Lúcia Raposo, a seleção reiterada de embriões com determinadas características genéticas acabará por alterar o genoma da pessoa humana (RAPOSO, Vera Lúcia. *O direito à imortalidade*: o exercício de direitos reprodutivos mediante técnicas de reprodução assistida e o estatuto jurídico do embrião *in vitro*. Coimbra: Almedina, 2014. p. 959).

[196] Comenta-se, também, que os critérios utilizados – inclusive ainda hoje – perpassam por noções do que deve ser considerado como doença, qualidade de vida e uma vida que merece ou não ser vivida. Afinal, sobre o pretexto de falta de qualidade vida e "anormalidade", alguns sujeitos são taxados como prescindíveis de existência e direitos na percepção eugênica e médica de deficiência, a qual se encontra superada pelo paradigma social de deficiência nos sistemas jurídicos que tenham assimilado a Convenção Sobre os Direitos das Pessoas com Deficiência, como é o caso do Brasil. Para aprofundar o debate, consultar: PALACIOS, Agustina; ROMAÑACH, Javier. *El modelo de la diversidad*: la Bioética y los Derechos Humanos como herramientas para alcanzar la plena dignidad en la diversidad funcional. Madrid: Ediciones Diversitas – AIES, 2006.

[197] RIFKIN, Jeremy. *Il Secolo Biotech*: il commercio genetico e línizio di una nuova era. Tradução de Loredana Lupica. Baldini&Castoldi: Milano, 1998. p. 10.

ferramentas da biotecnociência possibilitam remodelar a noção de vida, o que inclui a possibilidade de modificar a própria natureza humana. Isso pode indicar, segundo o autor, a transformação do mundo natural em um mundo bioindustrial. Para Norberto Bobbio, o florescer desse momento adaptativo proclama um novo estágio dialógico dos direitos do homem na proteção da vida humana, quais sejam os direitos de quarta geração, cuja compreensão refere-se "aos efeitos cada vez mais traumáticos da pesquisa biológica, que permitirá manipulações do patrimônio genético de cada indivíduo". Essa interpretação do autor deriva, do ponto de vista teórico, da perspectiva de que os direitos do homem são históricos, portanto, nascidos a partir de circunstâncias que caracterizam a defesa de novas liberdades a partir dos velhos poderes, de modo a nascer gradualmente.[198]

Entretanto, comenta-se que as ferramentas de terapia gênica até então disponíveis, entre as quais podem ser mencionadas *Zinc-Finger Nucleases* (ZFNs), *Transcription Activator-Like Effector Nucleases* (TALENs) e *Meganucleases*, eram demasiadamente custosas e pouco precisas.[199] A partir de 2012, houve um novo salto evolutivo em matéria de biotecnologia reprodutiva, uma vez que as cientistas Jennifer Doudna e Emmanuelle Charpentier descobriram o potencial do sistema CRISPR que, quando associado à proteína Cas9, funciona como uma ferramenta capaz de alterar o genoma de qualquer ser vivo (seja ele animal ou vegetal). Desse modo, compreende-se que a técnica age de modo que: a) o CRISPR identifique a localização do gene destino a ser modificado; e b) o Cas9 funcione como uma "tesoura genética", capaz de romper com a sequência do DNA-alvo, substituindo-o pelo gene que esteja contido no RNA carregado pelo sistema CRISPR.[200]

A revolução ocasionada pelo método, em matéria genética e reprodutiva, por sua vez, concedeu, no ano de 2020, o prêmio Nobel de Química para as pesquisadoras,[201] demonstrando, no cenário

---

[198] BOBBIO, Norberto. *A era dos direitos*. Tradução de Carlos Nelson Coutinho. Rio de Janeiro: Elsevier, 2004. p. 9.

[199] Para conferir o debate dessas tecnologias, do ponto de vista jurídico, conferir: BRAÚNA, Mikaela Minaré; BRAÚNA, Leonardo Minaré. O direito e o avanço da engenharia genética. *In*: EHRHARDT JR, Marcos; CATALAN, Marcos; MALHEIROS, Pablo (Coord.). *Direito Civil e Tecnologia*. Belo Horizonte: Fórum, 2020.

[200] DOUDNA, Jennifer; STERNBERG, Samuel. *A crack in creation*: gene editing and unthinkable power to control evolution. Boston: Editora Houghton Mifflin Harcourt, 2017. p. 90.

[201] Consultar: THE NOBEL PRIZE IN CHEMISTRY 2020. *NobelPrize.org*. Nobel Media AB, 2020. Disponível em: https://www.nobelprize.org/prizes/chemistry/2020/summary/. Acesso em: 14 nov. 2020.

internacional, que a tecnologia, mais uma vez, renova o debate internacional sobre a importância da discussão de limites éticos e jurídicos no desenvolvimento das novas biotecnologias, sobretudo no que diz respeito à construção de projetos parentais assistidos frente à autonomia reprodutiva disponível pela garantia do planejamento familiar (art. 226, §7º da Constituição Federal de 1988[202]). Não obstante, faculta discutir também, ao lado dos testes genéticos pré-implantatórios, o que Carlos María Romeo Casabona chama de "nova eugenia" ou "neoeugenia",[203] posto que as tecnologias facultam intervenções no genoma humano, consoante técnicas variadas,[204] que podem atingir, de forma ilustrativa:

a) a *linhagem germinativa* (células indiferenciadas): diz respeito aos gametas femininos (óvulos ou oócitos) e masculinos (espermatozoides) que, quando se unem, no momento da fertilização, formam o zigoto no primeiro estágio de desenvolvimento embrionário. Por isso, o zigoto, a priori, seria composto por células germinativas. Apenas após o período de clivagem, em que há divisões celulares, que se passará a falar de embrião, do qual ainda dependerá do momento da nidação, isto é, a fixação no útero da gestante, para que haja a continuidade de seu desenvolvimento. No entanto, ressalta-se que ele será composto tanto por células somáticas quanto por células germinativas. Portanto, a linhagem germinativa são células capazes de se reproduzir e formar um organismo vivo. É imperioso tecer que a terapia gênica em células germinativas afeta diretamente a noção de hereditariedade, tendo em vista que o gene eventualmente modificado não passará para os descendentes;[205]

b) a *linhagem somática* (células já diferenciadas): são as células originadas a partir do desenvolvimento embrionário, formando

---

[202] Constituição Federal de 1988: *"Art. 226. [...]. §7º Fundado nos princípios da dignidade da pessoa humana e da paternidade responsável, o planejamento familiar é livre decisão do casal, competindo ao Estado propiciar recursos educacionais e científicos para o exercício desse direito, vedada qualquer forma coercitiva por parte de instituições oficiais ou privadas.".*

[203] CASABONA, Carlos María Romeo. La genética y la biotecnologia em las fronteras del derecho. *Acta bioeth*, v. 8, n. 2, p. 283-297, 2002. p. 288.

[204] Ressalta-se que este trabalho concentra o debate na utilização do diagnóstico genético pré-implantacional e da técnica CRISPR-Cas9 como ferramentas auxiliares na reprodução assistida.

[205] SNUSTAD, D. Peter; SIMMONS, Michael J. *Fundamentos da genética*. Rev. Cláudia Vitória de Moura Gallo. 7. ed. Rio de Janeiro: Guanabara Koogan, 2017. p. 46, 771.

os tecidos e órgãos do corpo humano. Pode-se, assim, dizer que, com exceção dos gametas humanos, as demais células que compõem o corpo são chamadas de somáticas, possuindo, na espécie humana, no que tange ao sexo feminino, 46 cromossomos XX (homogamético) e, ao masculino, 46 cromossomos XY (heterogamético).[206] Entre os principais exemplos, pode-se mencionar músculos, pele, cérebro, entre outros. A terapia gênica em células somáticas, por isso, diz respeito à modificação do gene na estrutura do genoma que não afeta a noção de hereditariedade da espécie, afetando, unicamente, aquele sujeito modificado;[207]

c) a *seleção de cromossomos*: em particular os cromossomos "x" e "y", de modo a tornar possível a determinação do sexo biológico por intermédio da técnica auxiliar de reprodução conhecida por diagnóstico genético pré-implantacional ou, ainda, a possibilidade de antever diagnósticos relacionados à quantidade de cromossomos, como a síndrome de Down. Costuma-se falar, também, na possibilidade de detectar doenças ligadas ao sexo biológico em fase pré-natal.

Nesse contexto, para este trabalho, importam diretamente as intervenções mencionadas a partir do amparo das tecnologias reprodutivas em concomitância com as técnicas auxiliares à procriação assistida, sobretudo o teste pré-implantatório e a ferramenta CRISPR-Cas9.

---

[206] Nas lições de Ana Canguçú-Campinho, a determinação biológica do sexo, a partir dos avanços das novas tecnologias moleculares, torna a diferenciação sexual pela definição cromossômica XX (mulheres) e XY (homens) mais complexa do que aparentava ser, sobretudo ao olhar-se para a pessoa intersexo. Afinal, explica quanto à tentativa de definição do sexo masculino de uma pessoa intersexo que "[...] esta visão retratava um olhar testocêntrico que priorizava os genes ligados ao Y em detrimento dos ligados ao X ou os autossomos. A existência de intersexuais 46 XX com testículos, mas sem o gene SRY possibilitou repensar a exclusividade deste gene da determinação do sexo, reconhecendo a interação de outros genes como SF-1, WT-1 e DAX1". Dessa maneira, enfatiza que se deve substituir a visão binária do sexo para a existência de um "quantum", em que haverá a interação entre variados genes para aproximar o sujeito do masculino ou feminino. CANGUÇÚ-CAMPINHO, Ana Karina Figueira. *A construção dialógica da identidade em pessoas intersexuais*: o X e o Y da questão. 204 f. Tese (Doutorado em Saúde Pública) – Programa de Pós-Graduação em Saúde Coletiva da Universidade Federal da Bahia, 2012. p. 19-20. Disponível em: http://repositorio.ufba.br/ri/handle/ri/6776. Acesso em: 4 out. 2021. Ademais, reforça-se a ideia de que o sexo biológico, seja ele masculino, feminino ou não definido, não necessariamente reflete também a identidade pessoal e a afetividade sexual da pessoa humana. Portanto, os critérios sexo biológico, gênero e sexualidade encontram-se constantemente em conflito.

[207] SNUSTAD, D. Peter; SIMMONS, Michael J *Fundamentos da genética*. Rev. Cláudia Vitória de Moura Gallo. 7. ed. Rio de Janeiro: Guanabara Koogan, 2017. p. 46, 746.

Dessa forma, percebe-se, assim, que se poderá estar mais perto da distopia de *Admirável Mundo Novo* (1932), de Aldous Huxley, que epigrafa este capítulo, do que se imaginava. A referida obra aborda uma sociedade em que é possível existir o amplo uso de intervenção científica no processo reprodutivo humano. Isso porque, no ensaio, a reprodução natural é substituída quase que integralmente pela artificial, viabilizando indivíduos produzidos em laboratório, em que a edição genética se torna a regra e a maneira comum de determinar o nascimento das pessoas, abominando-se, assim, o acaso atribuído à reprodução pelo coito sexual.[208]

Para além do ensaio fictício de Huxley, a realidade científica descrita na atualidade possibilitou o domínio do homem sobre a natureza reprodutiva humana, de forma precisa, em menos de um século, período ínfimo se comparado com a história de desenvolvimento da humanidade, levando à identificação e ao sequenciamento, em nível molecular, da estrutura do DNA humano, além do controle efetivo do processo reprodutivo, por meio da superação dos pressupostos da infertilidade humana em controlar aquilo que era atribuído somente ao acaso pelo coito sexual, para manipular a mais precisa unidade da vida: o genoma de cada ser vivo.

A partir do desenvolvimento do que parecem ser conquistas irrefutáveis no campo da biotecnociência e no desenvolvimento humano, o papel do Direito enquanto agente disciplinador das transformações sociais parece estar ainda estagnado, na medida em que nem sequer consegue disciplinar efetivamente as formas de dominação da ciência sobre o campo da reprodução humana assistida, havendo poucos mecanismos que regulamentem também o *design* genético. Por essa razão, reforça-se a necessidade do debate sobre os aspectos médicos científicos da reprodução assistida e os mecanismos de subversão do corpo genético a partir da terapia gênica em material genético humano.

3.2 Alternativas à infertilidade e à esterilidade humana a partir da procriação medicamente assistida

A infertilidade e a esterilidade biológica humana são descritas, pela OMS, como um transtorno no sistema reprodutivo ocasionado pela incapacidade de gravidez após 12 meses de relações sexuais regulares

---

[208] Conferir HUXLEY, Aldous. *Admirável mundo novo*. 22. ed. São Paulo: Globo, 2014.

desprotegidas, afetando milhões de pessoas em idade fértil.[209] Devido a isso, o debate no Brasil ganha contornos de ser um problema de saúde pública, na medida em que afeta aproximadamente oito milhões de indivíduos,[210] o qual suscita, portanto, dúvidas no Estado de Direito sobre a obrigatoriedade ou não da sua função promocional e de serem custeadas pelos planos de saúde as tecnologias assistidas de reprodução.[211] Além disso, ocasionam à pessoa humana consequências psicológicas expressivas, na medida em que são descritas, inclusive, como uma "dilaceração biográfica", devido aos sentimentos de culpa, vergonha e inferioridade, havendo até pela herança histórica um estigma social que produz severas perturbações ao bem-estar emocional.[212]

Menciona-se, ainda, que a infertilidade indica uma condição que pode ser tratada ou revertida, enquanto a esterilidade consiste em uma incapacidade permanente e irreversível[213] no sujeito, embora do ponto de vista jurídico, no estudo da filiação, acabe-se tratando de forma indistinta como sinônimos. Sendo assim, neste trabalho, de

---

[209] WORLD HEALTH ORGANIZATION (WHO). *Infertility*. Publicado em 14 set. 2020. Disponível em: https://www.who.int/news-room/fact-sheets/detail/infertility. Acesso em: 4 out. 2021.

[210] MATOS, Fernanda. Infertilidade: como enfrentar o diagnóstico e buscar o tratamento adequado. *Sociedade Brasileira de Reprodução Assistida (SBRA)*. Publicado em 20 maio 2019. Disponível em: https://sbra.com.br/noticias/infertilidade-como-enfrentar-o-diagnostico-e-buscar-o-tratamento-adequado/. Acesso em: 4 out. 2021.

[211] No ano de 2021, em debate sobre a definição da tese tema n. 1.067, no Superior Tribunal de Justiça (STJ), consoante os processos REsp 1.822.420/SP, REsp 1.822.818/SP e REsp 1.851.062/SP, decidiu-se por maioria sobre a não obrigatoriedade do custeio pelos planos de saúde quanto às técnicas de reprodução assistida. Defende-se que a decisão é anacrônica ao considerar a realidade sobre a infertilidade humana no Brasil, atingindo quantitativo considerável da população, ainda que na ausência de disposição expressa autorizando em contrato. PLANO de saúde não é obrigado a custear fertilização in vitro. *Migalhas Jurídicas*, publicado em 13 out. 2021, às 14h55min. Disponível em: https://www.migalhas.com.br/quentes/353088/stj-plano-de-saude-nao-e-obrigado-a-custear-fertilizacao-in-vitro. Acesso em: 15 out. 2021. Por outro lado, no dissenso da interpretação dada no Brasil, explica Karina Nunez Fritz que o tribunal infraconstitucional alemão, como regra, garante que os planos de saúde custeiem a inseminação artificial em pelo menos três tentativas. Por isso, destaca o julgamento do processo OLG Bremen, EU 7/17, de 17 de novembro de 2017, no qual a corte infraconstitucional decidiu que os planos são obrigados a cobrir mesmo em mulheres maduras. FRITZ, Karina Nunes. Plano de saúde deve cobrir custos de inseminação artificial em mulheres maduras, diz BGH. *In: Jurisprudência comentada dos tribunais alemães*. Indaiatuba: Editora Foco, 2021. p. 31-33.

[212] FARINATI, Débora Marcondes; RIGONI, Maisa dos Santos; MÜLLER, Marisa Campio. Infertilidade: um novo campo da Psicologia da saúde. *Estudos de Psicologia*, n. 23, n. 4, p. 433-439, out./dez. 2006. p. 435-435. Disponível em: https://www.scielo.br/j/estpsi/a/GPnYdjvDJdjpxF7nvRQ5C8t/abstract/?lang=pt. Acesso em: 4 out. 2021.

[213] FERRAZ, Ana Claudia Brandão de Barros Correia. *Reprodução humana assistida e suas consequências nas relações de família*: a filiação e a origem genética sob a perspectiva da repersonalização. 2. ed. Curitiba: Juruá, 2016. p. 43.

forma genérica, opta-se também pelo uso do termo infertilidade para designar o complexo de relações derivadas da impossibilidade de dar cabo ao projeto de parentalidade a partir do coito sexual.[214]

Dessa maneira, as dificuldades derivadas da não concretização do direito à filiação, descrito por Paulo Lôbo como uma relação de parentesco que se estabelece entre duas pessoas, sendo uma titular da autoridade parental e a outra vinculada pela origem biológica ou socioafetiva[215], acarretaram o esforço dos cientistas ao desenvolvimento de tecnologias que viabilizassem o tratamento da infertilidade biológica, sendo possível, portanto, oferecer alternativas aos dilemas da não concretização do projeto parental. O conjunto de ferramentas de auxílio à reprodução humana, por intermédio do agente ativo das relações biomédicas, isto é, um médico especializado, passou a ser chamado de Reprodução Humana Assistida (RHA), possibilitando dar cabo ao que pode ser conhecido por projetos parentais assistidos para se constituir a filiação programada.

Todavia, ressalta-se que a infertilidade biológica, atualmente, não é mais o único critério utilizado para possibilitar o manejo dessas ferramentas. Isso porque, diante da realidade social, há sujeitos que são biologicamente férteis, contudo, psicologicamente inférteis, como pondera Othoniel Pinheiro Neto.[216] Portanto, para além do parâmetro da infertilidade biológica, tradicionalmente conhecida, deve-se apoiar também, dentro do campo conceitual da infertilidade humana, os conceitos da: a) *infertilidade psicológica*: situação que abarca casais homossexuais que não desejam manter relações sexuais com o sexo oposto para fins estritamente reprodutivos, de modo a evitar, por isso, uma agressão à autonomia no cenário atual de desenvolvimento sociojurídico.[217]

---

[214] Para um aprofundamento de revisão bibliográfica sobre causas, consequências e tratamentos relativos à infertilidade humana feminina e masculina, consultar: SILVA, Daniel José da; SANTANA, Bárbara Pessoa de; SANTOS, Aarin Leal. Infertilidade: um problema de saúde pública. *UNINGÁ Journal*, v. 58, eUJ3044, 2021. Disponível em: http://revista.uninga.br/index.php/uninga/article/view/3044/2375. Acesso em: 4 out. 2021.

[215] LÔBO, Paulo. *Direito Civil*: famílias. 11. ed. São Paulo: Saraiva Educação, 2021. p. 223.

[216] NETO, Othoniel Pinheiro. *O direito dos homossexuais biologicamente férteis, mas psicologicamente inférteis, habilita-os como beneficiários da política nacional de reprodução humana assistida*. 137 f. Tese (Doutorado em Direito) – Programa de Pós-Graduação em Direito da Faculdade de Direito da Universidade Federal da Bahia, 2016. p. 12. Disponível em: http://repositorio.ufba.br/ri/handle/ri/20172. Acesso em: 4 out. 2021.

[217] NETO, Othoniel Pinheiro. *O direito dos homossexuais biologicamente férteis, mas psicologicamente inférteis, habilita-os como beneficiários da política nacional de reprodução humana assistida*. 137 f. Tese (Doutorado em Direito) – Programa de Pós-Graduação em Direito da Faculdade de Direito da Universidade Federal da Bahia, 2016. p. 60-61. Disponível em: http://repositorio.ufba.br/ri/handle/ri/20172. Acesso em: 4 out. 2021.

Além disso, ao se considerar o contexto de pessoas solteiras que desejam empreender em uma parentalidade individualmente, vislumbra-se também a possibilidade de ser assegurado o recurso às tecnologias de RHA, desobrigando-as a manter relações sexuais com o sexo opostos para fins restritamente reprodutivos;[218] e b) *infertilidade psicológica disfórica*: ocorre quando o processo transexualizador não ocasiona em infertilidade ou esterilidade irreversíveis, contudo, "a sua relação individual com a sua identidade de gênero e a forma de performá-lo, no meio social, acarrete uma ausência de vontade de desempenhar todas as suas funções reprodutivas de nascença".[219]

Ao socorrer-se desses conceitos, a restrição relativa ao uso da RHA, associada somente à infertilidade humana, acaba por incluir, portanto, pessoas biologicamente inférteis e aqueles sujeitos que não podem ter suas identidades de gênero e afetivo-sexuais violadas em razão da óptica da reprodução coligada, estritamente, ao coito sexual, na medida em que os avanços da biotecnociência permitem subverter a usual associação da reprodução atrelada somente ao sexo.

A partir disso, na atualidade, faz-se interessante analisar as principais técnicas de RHA disponíveis, das quais opta-se por estudá-las por meio de um quadro descritivo, para tornar o estudo mais objetivo para situar o leitor. Por isso, pode-se mencionar as seguintes:

---

[218] SILVA NETTO, Manuel Camelo Ferreira da; DANTAS, Carlos Henrique Félix; FERRAZ, Carolina Valença. O dilema da "produção independente" de parentalidade: é legítimo escolher ter um filho sozinho? *Revista Direito GV*, São Paulo, v. 14, n. 3, 1106-1138, 2018. Disponível em: https://www.scielo.br/pdf/rdgv/v14n3/2317-6172-rdgv-14-03-1106.pdf. Acesso em: 9 nov. 2020.

[219] SILVA NETTO, Manuel Camelo Ferreira da. *Planejamento Familiar nas Famílias LGBT*: desafios sociais e jurídicos do recurso à reprodução humana assistida no Brasil. Belo Horizonte: Fórum, 2021. p. 402-403.

Quadro 1 – Apresentação descritiva das principais técnicas de RHA disponíveis

(continua)

Técnicas principais	Descrição
Inseminação Artificial (*IA*)	Na *IA* os gametas masculinos (amostra seminal) serão introduzidos na vagina (inseminação intravaginal), no colo do *útero* (inseminação intracervical) ou dentro do *útero* (inseminação intrauterina),[220] por isso, a fertilização (união entre o espermatozoide e o *óvulo)* ocorrerá dentro do corpo humano (intracorpóreo). Aponta-se, nesse processo, que as amostras utilizadas poderão ser: a) *homólogas*: quando importar numa relação biparental, em que haverá a utilização dos gametas biológicos masculinos do cônjuge, do companheiro ou do parceiro, dentro do que se chama atualmente de uma coparentalidade; b) *heterólogas*: independentemente de haver uma relação de conjugalidade, na medida em que poderá ser biparental ou monoparental, haverá a utilização de material genético masculino de terceiro alheio ao projeto de parentalidade, geralmente a partir de um doador anônimo ou dentro da limitação imposta pela Res. CFM 2.294/2021 sobre o doador possuir até o 4º (quarto) grau de parentesco, não devendo incorrer em consanguinidade; ou c) *bisseminal:*[221] quando o material genético utilizado pertencer a 2 (duas) pessoas diversas, seja ela o cônjuge, companheiro ou um doador anônimo ou doador até o 4 (quarto) grau de parentesco.
Transferência Intratubária de Gametas (*GIFT*)	Na *GIFT*, a pessoa que possuir o *útero* deverá ser submetida a tratamento hormonal para que haja a indução da ovulação e, consequentemente, aspiração dos gametas biológicos femininos (óvulos) com o auxílio de ultrassom. A amostra seminal, por sua vez, passará por tratamento *in vitro*, sendo transferida por intermédio de uma cirurgia chamada laparoscopia e, finalmente, sendo depositada nas trompas de falópio. Segue-se, a partir daí, o processo natural de fecundação de forma intracorpórea ou, em outras palavras, dentro do corpo da pessoa que gestará, de modo a formar-se após as divisões celulares o zigoto, que descerá pelas trompas até o *útero*.[222]

---

[220] SILVA NETTO, Manuel Camelo Ferreira da. *Planejamento Familiar nas Famílias LGBT*: desafios sociais e jurídicos do recurso à reprodução humana assistida no Brasil. Belo Horizonte: Fórum, 2021. p. 231.

[221] FERRAZ, Ana Claudia Brandão de Barros Correia. *Reprodução humana assistida e suas consequências nas relações de família*: a filiação e a origem genética sob a perspectiva da repersonalização. 2. ed. Curitiba: Juruá, 2016. p. 45.

[222] SILVA NETTO, Manuel Camelo Ferreira da. *Planejamento Familiar nas Famílias LGBT*: desafios sociais e jurídicos do recurso à reprodução humana assistida no Brasil. Belo Horizonte: Fórum, 2021. p. 232-233

(continua)

Técnicas principais	Descrição
Transferência Intratubária de Zigotos (ZIFT)	Na *ZIFT* também haverá a indução hormonal, a captação dos *óvulos* e o tratamento *in vitro* dos espermatozoides, contudo, ao contrário das técnicas anteriores, a fecundação ocorrerá de forma extracorpórea, isto *é*, dar-se-á em uma placa que será transferida para uma estufa que simulará o ambiente das trompas de falópio até formar-se o zigoto dentro do prazo de 24 (vinte e quatro) horas.[223] Além disso, a técnica, geralmente, é utilizada quando o(s) autor(es) do projeto parental não consegue(m) a fecundação natural após terem tentado e falhado cerca de cinco ou seis ciclos de estimulação ovariana com inseminação artificial (IA) ou intrauterina (IIU).[224]
Fertilização *In Vitro* (FIV)	A *FIV* consistirá na coleta de *óvulos* e espermatozoides que serão fertilizados numa placa para formar-se o zigoto e, posteriormente, haverá a transferência desse material genético para o *útero* da pessoa que gestará. Comenta-se que essa *é* a técnica que se popularizou com o nascimento da britânica Louise Brown, em 1978.[225] Ademais, a técnica é, geralmente, indicada para casos de esterilidade tubária bilateral feminina ou obstrução irreversível nas trompas, hipofertilidade masculina, oligozoospermia, falha de tratamento cirúrgico tubário, endometriose e esterilidade inexplicável e, também, para casais homoafetivos masculinos.[226] Lembra-se, nesse contexto, que a Res. CFM 2.294/2021, como será à frente aprofundada, limita o quantitativo de embriões que poderão ser transferidos para gestação intracorpórea conforme o fator etário.

---

[223] SILVA NETTO, Manuel Camelo Ferreira da. *Planejamento Familiar nas Famílias LGBT*: desafios sociais e jurídicos do recurso à reprodução humana assistida no Brasil. Belo Horizonte: Fórum, 2021. p. 233-234.

[224] FERRAZ, Ana Claudia Brandão de Barros Correia. *Reprodução humana assistida e suas consequências nas relações de família*: a filiação e a origem genética sob a perspectiva da repersonalização. 2. ed. Curitiba: Juruá, 2016. p. 49.

[225] FERRAZ, Ana Claudia Brandão de Barros Correia. *Reprodução humana assistida e suas consequências nas relações de família*: a filiação e a origem genética sob a perspectiva da repersonalização. 2. ed. Curitiba: Juruá, 2016. p. 46.

[226] SILVA NETTO, Manuel Camelo Ferreira da. *Planejamento Familiar nas Famílias LGBT*: desafios sociais e jurídicos do recurso à reprodução humana assistida no Brasil. Belo Horizonte: Fórum, 2021. p. 235.

(conclusão)

Técnicas principais	Descrição
Injeção Introcito-plasmática de Espermatozoides (ICSI)	Na *ICSI* a fecundação também ocorrerá de forma extracorpórea, na medida em que os gametas biológicos sexuais serão colocados em contato em proveta. No entanto, para que haja a fecundação, será necessária a ocorrência da técnica de micromanipulação, em que o espermatozoide será injetado dentro dos *óvulos* com a ajuda específica de um microscópico especial e uma microagulha. Essa técnica, por sua vez, *é* utilizada quando os espermatozoides possuem debilidade na locomoção, devendo ser introjetados para que haja a fertilização.[227]

Fonte: Elaboração pelo autor a partir dos dados da pesquisa (2022).

Além das técnicas de RHA referenciadas, existe uma gama de ferramentas auxiliares que corroboram para que haja a concretização do projeto de parentalidade em conformidade com o desejo reprodutivo do(s) autor(es) frente a autonomia do planejamento familiar. Nesse sentido, no que tange as técnicas auxiliares, pode-se mencionar:

---

[227] BELTRÃO, Silvio Romero. *Reprodução humana assistida*: conflitos éticos e legais: legislar é necessário. 244 f. Tese (Doutorado em Direito) – Programa de Pós-Graduação em Direito, Centro de Ciências Jurídicas/ Faculdade de Direito do Recife, Universidade Federal de Pernambuco, 2010. p. 34-35. Disponível em: https://repositorio.ufpe.br/handle/123456789/3775. Acesso em: 5 out. 2021.

Quadro 2 – Apresentação descritiva das principais técnicas auxiliares da RHA disponíveis

(continua)

Técnicas auxiliares	Descrição
Doação de Gametas Sexuais	A infertilidade humana poderá suscitar a necessidade de utilização de gametas biológicos reprodutivos de terceiros, alheios ao projeto parental, para que se consubstancie a sua concretização. Usualmente, denomina-se o uso desse material genético, no direito, de heterólogo, demandando-se, no cenário nacional, por força da Res. CFM 2.294/2021, que haja os critérios de: a) anonimato quanto *à* origem genética do doador de gametas; ou b) possuir até o 4 (quarto) grau de parentesco com o(s) autor(es) do projeto parental, não devendo-se incorrer em consanguinidade. Além disso, por força da mesma resolução, a comercialização no Brasil de gametas sexuais *é* vedada. Ademais, quanto à coleta, fala-se que poderá ocorrer a partir das seguintes alternativas: a) amostral seminal ou de espermatozoide: realizada por masturbação; e b) amostral de *óvulos* ou oócitos: demandará indução hormonal para que haja a coleta por procedimento cirúrgico, que poderá ocasionar efeitos colaterais.[228]
Doação Compartilhada de Oócitos (DCO)	Trata-se de tema relativo ao item IV-9 da Res. CFM 2.294/2021 no qual haverá a figura da: a) doadora do *óvulo*; e b) receptora do *óvulo*. Ambas objetivam dar cabo ao seu projeto parental em que, geralmente, haverá a divisão do custeio da técnica de RHA e do próprio material genético utilizado. Nesse cenário, costuma-se apontar que se buscam doadoras de *óvulos* com menos de 35 (trinta e cinco) anos, tendo um bom prognóstico de ovulação, mas que por algum fator desejam se socorrer das técnicas de RHA. Por outro lado, a receptora do *óvulo* geralmente são mulheres mais velhas e com um maior poderio econômico, mas que padecem de algumas das causas da infertilidade humana.[229]

---

[228] SILVA NETTO, Manuel Camelo Ferreira da. *Planejamento Familiar nas Famílias LGBT*: desafios sociais e jurídicos do recurso à reprodução humana assistida no Brasil. Belo Horizonte: Fórum, 2021. p. 238.

[229] SILVA NETTO, Manuel Camelo Ferreira da. *Planejamento Familiar nas Famílias LGBT*: desafios sociais e jurídicos do recurso à reprodução humana assistida no Brasil. Belo Horizonte: Fórum, 2021. p. 239.

(continua)

Técnicas auxiliares	Descrição
Diagnóstico Genético Pré-Implantacional (DGPI)	Consiste em prática preditiva que torna possível analisar o genoma do zigoto ou embrião humano em fase anterior *à* implantação no corpo humano (intracorpóreo). Por intermédio dessa técnica, pode-se determinar nos embriões diagnósticos relativos a doenças, deficiências e inviabilidade quanto a uma possível gestação. Além disso, costuma-se falar que o resultado do teste pré-implantatório também possibilita "a opção de descartar (isto *é*, de não transferir para o *útero)* aqueles tidos como 'defeituosos'".[230] Ademais, além da prática pré-implantacional, pode-se comentar que as análises genéticas podem também abranger o diagnóstico pré-conceptivo (anterior à fecundação), em que se estudam os gametas sexuais, e o momento prénatal (momento anterior ao nascimento com vida).[231] Como argumentado anteriormente, facultam a prática de atos neoeugênicos no estado atual dos avanços da biotecnociência.
Criopreservação de Gametas	A crioconservação consiste em ferramenta que possibilita o congelamento do material genético humano. Especificamente, quando aplicado em gametas sexuais, o(s) autor(es) do projeto parental, em idade fértil, não possui(em) o interesse imediato de ter filho(s), seja por razões profissionais, sociais ou familiares. Por isso, costuma(m) se programar para utilizar o próprio material biológico quando se encontrar(em) em outra fase da vida, de acordo com a(s) respectiva(s) autonomia(s) pessoal(is). Além disso, menciona-se que pode haver a utilização da técnica como tratamento preventivo em função de alguma causa de infertilidade que a pessoa humana possa ser acometida em algum quadro clínico futuro. Para que haja efetividade na crioconservação, há a necessidade de imersão dos gametas em nitrogênio líquido em temperaturas, geralmente, abaixo dos -100 ºC.[232]

---

[230] FERRAZ, Ana Claudia Brandão de Barros Correia. *Reprodução humana assistida e suas consequências nas relações de família*: a filiação e a origem genética sob a perspectiva da repersonalização. 2. ed. Curitiba: Juruá, 2016. p. 52.

[231] CASABONA, Carlos María Romeo. Consideraciones jurídicas sobre las técnicas genéticas. *Anuario de filosofia del derecho*, n. 12, p. 15-38, 1995. p. 20. Disponível em: https://dialnet.unirioja.es/servlet/articulo?codigo=142331. Acesso em: 5 out. 2021.

[232] SILVA NETTO, Manuel Camelo Ferreira da. *Planejamento Familiar nas Famílias LGBT*: desafios sociais e jurídicos do recurso à reprodução humana assistida no Brasil. Belo Horizonte: Fórum, 2021. p. 241.

(continua)

Técnicas auxiliares	Descrição
Criopreservação de Embriões	Diante da existência de embriões produzidos de forma excedentária, dentro da limitação imposta pela Res. CFM 2.294/2021 de não exceder oito embriões gerados em laboratório, há a possibilidade de se crioconservar os embriões que não foram inseridos na gestante para o desenvolvimento. Lembra-se que se costuma produzir um quantitativo maior do que o que será inserido no útero devido à possibilidade de alguns dos embriões gerados serem considerados inviáveis para implicação consoante a aplicação combinada com a técnica de DGPI. Ressalta-se, nesse contexto, que a Lei de Biossegurança (Lei nº 11.105/2005), como será à frente aprofundado, determina que, após o prazo de três anos ou mais, é permitido o descarte ou a destinação para fins de pesquisa científica. Não obstante, lembra-se que o embrião excedentário também poderá ser doado para a consecução do projeto de parentalidade alheio, independentemente do prazo mencionado, desde que haja expressa disposição da vontade em termo de consentimento informado à luz da Res. CFM 2.294/2021. Argumenta-se, ainda, que, embora exista a previsão legal desse prazo no Brasil, o decurso do tempo nem sempre irá inutilizar ou destruir os embriões congelados, havendo, por isso, um dissenso no meio científico quanto a um tempo padrão. Isso porque há relatos, em diferentes lugares do mundo, que demonstram a viabilidade para um desenvolvimento saudável da criança derivada de um embrião que foi crioconservado num prazo superior ao mencionado pela legislação vigente no território nacional.[233]

---

[233] MEIRELLES, Ana Thereza. *A Delimitação Dogmática do Conceito de Homem como Sujeito de Direito no Regramento Jurídico Brasileiro*. 191 f. Dissertação (Mestrado em Direito) – Programa de Pós-Graduação em Direito da Faculdade de Direito da Universidade Federal da Bahia, 2009. p. 145. Disponível em: http://repositorio.ufba.br/ri/handle/ri/9263. Acesso em: 6 out. 2021.

(continua)

Técnicas auxiliares	Descrição
Gestação Sub-rogada ou Gestação por Substituição (GS)	A *GS* não consiste numa técnica biológica, mas sim, na verdade, na utilização de mulheres férteis que possam carregar o embrião de projeto parental alheio em seu próprio corpo. Nesse cenário, socorre-se dessa técnica quando há ausência de útero ou infertilidade derivada de patologia no útero, como insuficiência renal, por exemplo.[234] Atualmente, o seu uso encontra-se associado sobretudo aos casais homoafetivos masculinos que desejam dar cabo à sua filiação programada.[235] Nesse cenário, a utilização da GS ocasiona, para a mulher que cede o útero, uma possível situação de mitigação da autonomia, além de que a experiência brasileira demonstra haver dúvidas quanto à licitude do contrato de gestação sub-rogada diante dos fatores socioeconômicos que podem influenciar a mulher na sua decisão e, consequentemente, tornar questionável o seu consentimento para cessão do útero em termo declaro.[236] Ratifica-se, também, que o direito à GS confronta diretamente a presunção sobre a maternidade ser sempre certa, por isso, aponta-se que "Em caso de conflito de interesses, quem será a mãe? A mãe biológica? A mãe que emprestou o útero (gestacional)? Ou a mãe social, que contratou o processo de reprodução humana assistida?".[237]

---

[234] FERRAZ, Ana Claudia Brandão de Barros Correia. *Reprodução humana assistida e suas consequências nas relações de família*: a filiação e a origem genética sob a perspectiva da repersonalização. 2. ed. Curitiba: Juruá, 2016. p. 50.

[235] SILVA NETTO, Manuel Camelo Ferreira da. *Planejamento Familiar nas Famílias LGBT*: desafios sociais e jurídicos do recurso à reprodução humana assistida no Brasil. Belo Horizonte: Fórum, 2021. p. 393-402.

[236] HOLANDA, Maria Rita de. A vulnerabilidade da mulher no caso da gestação sub-rogada no Brasil. *In*: EHRHARDT JR, Marcos; LÔBO, Fabíola (Org.). *Vulnerabilidade e sua compreensão no direito brasileiro*. Indaiatuba, SP: Editora Foco, 2021. p. 209-210.

[237] BELTRÃO, Silvio Romero. *Reprodução humana assistida*: conflitos éticos e legais: legislar é necessário. 244 f. Tese (Doutorado em Direito) – Programa de Pós-Graduação em Direito, Centro de Ciências Jurídicas/ Faculdade de Direito do Recife, Universidade Federal de Pernambuco, 2010. p. 134.

(conclusão)

Técnicas auxiliares	Descrição
Edição genética pelo uso do CRISPR-Cas9	A edição genética ou terapia gênica trata da maneira com a qual busca-se editar, remover ou inserir, na estrutura do genoma humano, algum gene em particular. Além disso, a intervenção no genoma poderá ocorrer em linhagem germinativa ou somática. Dessa maneira, a modificação do patrimônio genético individual do embrião impacta, precisamente, a autonomia futura da prole.[238] Por isso, somando-se com as práticas preditivas de análise do genoma, pode haver o que se consubstancia como eugenia positiva (artesã) e eugenia negativa (terapêutica), que serão aprofundadas mais à frente. Dessa maneira, reitera-se que o estudo genético pode ocorrer por intermédio do diagnóstico: a) pré-conceptivo (estudo dos gametas sexuais); b) pós-conceptivo (estudo do zigoto ou embrião); e c) pré-natal (anterior ao nascimento com vida, por isso, intracorpóreo). Sendo assim, inúmeras são as técnicas existentes que objetivam manipular o genoma do ser humano, contudo, a técnica mais efetiva, barata e precisa que foi descoberta em 2012 é o CRISPR-Cas9, que será aprofundado também mais adiante. Lembra-se que, no Brasil, a prática de engenharia genética em células germinativas humanas, pela disposição da Lei de Biossegurança, é criminalizada. Contudo, aponta-se que a ferramenta se encontra facilmente à venda no ciberespaço, bem como de fácil replicação para uso doméstico, consoante a facilidade no seu manuseio. Soma-se, ainda, as ineficientes formas de fiscalização das práticas de RHA no Brasil, havendo, por isso, tanto as práticas caseiras de inseminação artificial bem como de edição genética pelo CRISPR-Cas9.

Fonte: Elaboração pelo autor a partir dos dados da pesquisa (2022).

À vista disso, as técnicas de RHA, em concomitância com as auxiliares, possibilitam não apenas dar cabo ao projeto de parentalidade, como também viabilizam adequar o desejo artificial de procriação, que é influenciado pela lógica de mercado, conforme será aprofundado no

---

[238] Para um aprofundamento do impacto da edição genético sobre a autonomia futura da prole, Cf.: SÁ, Maria de Fátima Freire de; NAVES, Bruno Torquato de Oliveira; MOUREIRA, Diogo Luna. Seleção e edição de embriões: a preservação normativa da autonomia futura. *In*: SÁ, Maria de Fátima Freire de; ARAÚJO, Ana Thereza Meirelles; SOUZA, Iara Antunes de; NOGUEIRA, Roberto Torquato de Oliveira; NAVES, Bruno Torquato de Oliveira (Coord.). *Direito e Medicina*: interseções científicas. Volume I: Genética e Biotecnologia. Belo Horizonte: Conhecimento Editora, 2021.

Capítulo 4, com práticas que tornam possível a instrumentalização da pessoa humana no estado atual de avanço da biotecnociência, pelo simples liberalismo reprodutivo. Dessa forma, conforme exposto em quadro descritivo, entende-se neste trabalho a edição genética, por intermédio do uso CRISPR-Cas9, como uma possível ferramenta auxiliar às demais técnicas de reprodução, ainda que implique uma conduta criminalizada no Estado de Direito, considerando, em vias de fato, a possibilidade de aplicação em linhagem germinativa a partir de práticas não fiscalizadas, como em inseminações caseiras.

Ademais, ressalta-se também que o eixo central de debate deste trabalho dar-se em função do uso concomitante entre as práticas de análise preditiva do genoma humano, como o diagnóstico genético pré-implantacional, com o uso do CRISPR-Cas9. Por esse motivo, dedicar-se-á a aprofundar o uso dessas ferramentas e como elas ensejam práticas de discriminação do dado genético da deficiência. Não obstante, a fim de ilustrar a insuficiente regulamentação, no Brasil, no tocante às tecnologias reprodutivas assistidas, passar-se-á, em imediato, a analisar as disposições da RHA no Código Civil, nas normas deontológicas do Conselho Federal de Medicina (CFM) e na Lei de Biossegurança, de forma a entender também o espaço de proteção conferido ao embrião no Brasil.

3.3 Um debate antigo, mas necessário: a tutela jurídica civil conferida ao embrião fertilizado em laboratório e a decorrente natureza jurídica dos excedentários

A legislação civil brasileira costuma empregar o termo "nascituro"[239] para designar o ente embrionário que está para nascer, levando-se em consideração, por isso, o material genético já concebido

---

[239] A tradicional doutrina civilista costuma apontar três teorias responsáveis por determinar o início da proteção a figura do "nascituro", compreendido como o ente embrionário que está para nascer, levando-se em consideração o material genético já concebido ou fecundado no útero da gestante, sejam elas: a) *Teoria Natalista*: a aquisição de personalidade jurídica ocorre apenas com o nascimento com vida; b) *Teoria Concepcionista*: a personalidade começa com a fecundação/concepção, por isso, antes do nascimento; e, c) *Teoria Condicional*: sustenta que há personalidade desde a fecundação/concepção, porém sujeita-se a condição do nascimento com vida. Sobre o embate discursivo dessas teorias aplicadas a figura do nascituro, Cf. ALMEIDA JUNIOR, Vitor de Azevedo. *A tutela extrapatrimonial do nascituro no ordenamento jurídico brasileiro*. 2013. 196 f. Dissertação (Mestrado em Direito Civil) – Faculdade de Direito da Universidade do Estado do Rio de Janeiro, Rio de Janeiro, 2013, p. 49-55. Disponível em: http://www.bdtd.uerj.br/handle/1/9654. Acesso em: 20 out. 2021.

ou fecundado no útero da pessoa que gestará, de modo a buscar determinar o início da proteção que será atribuída. Nesse sentido, ao analisar o art. 2º do CCB/2002,[240] pode-se constatar, ao dividir o *caput* em duas partes, que: a) apenas a partir do nascimento com vida haverá a aquisição de personalidade jurídica (1ª parte do *caput*); ao passo que, b) desde a concepção, já serão assegurados alguns direitos ao nascituro (2ª parte do *caput*). Ressalta-se que a opção do legislador reproduz, na verdade, a compreensão do antigo art. 4 do CCB/2016,[241] no entanto, houve a substituição do termo "homem" por "pessoa" na atual redação em vigência, dando-se maior precisão linguística ao adotar uma terminologia neutra, afastando porquanto qualquer interpretação que promova a discriminação em razão do gênero, em função da garantia constitucional da igualdade entre o homem e a mulher.[242]

Diante desse cenário, explica Caio Mário da Silva Pereira[243] que a personalidade, ao ter começo no nascimento com vida, segue dois requisitos para a sua caracterização: a) *nascimento*: momento em que o feto é separado do ventre materno, seja de forma natural ou com o auxílio da medicina obstetrícia, preenchendo-se o requisito na medida em que se desfaz a unidade biológica constituída pela mãe e filho, tendo, a partir daí, cada qual corpos orgânicos individualizados; e b) *vida*: instante em que se opera a primeira troca oxicarbônica entre o organismo do nascido com o meio ambiente, de modo que viveu a criança que tiver inalado o ar atmosférico, mesmo que em instantes seguintes chegue a perecer, posto que o marco usualmente adotado é a entrada de ar nos pulmões ainda que não tenha sido cortado o cordão umbilical. Atesta-se, também, que o exame de *docimasia hidrostática de galeno*[244] consiste em medida pericial responsável por verificar se a

---

[240] Código Civil (2002): *"Art. 2. A personalidade civil da **pessoa** começa do nascimento com vida; mas a lei põe a salvo, desde a concepção, os direitos do nascituro"* (grifo nosso).

[241] Código Civil (1916): *"Art. 4. A personalidade civil do **homem** começa do nascimento com vida; mas a lei põe a salvo desde a concepção os direitos do nascituro"* (grifo nosso).

[242] A tutela constitucional da igualdade de direitos e deveres entre o homem e a mulher, o que inclui a vedação de quaisquer formas de discriminação relativas ao gênero, pode ser encontrada, de maneira exemplificativa, nos seguintes dispositivos: a) *"Art. 3º. IV - promover o bem de todos, sem preconceitos de origem, raça, sexo, cor, idade e quaisquer outras formas de discriminação"*; b) *"7º. XXX - proibição de diferença de salários, de exercício de funções e de critério de admissão por motivo de sexo, idade, cor ou estado civil;"*; e c) *"Art. 226. §5º Os direitos e deveres referentes à sociedade conjugal são exercidos igualmente pelo homem e pela mulher."*.

[243] PEREIRA, Caio Mário da Silva. *Instituições de direito civil*: Introdução ao direito civil. Teoria geral do direito civil. Vol. I. Atual. Maria Celina Bodin de Moraes. 30. ed. rev. e atual. Rio de Janeiro: Forense, 2017. p. 186-187.

[244] LOSSETTI, Oscar; TREZZA, Fernando; PATITO, José. Patología Forense y Nacimiento con vida: docimasias. *Cuadernos de Medicina Forense*. Año 4, n. 3, p. 29-36, 2006. Disponível

prole nasceu viva ou morta, uma vez que verifica, pela diferença de peso específico no pulmão, se respirou ou não ao mergulhá-lo em água.

Embora não seja "pessoa natural", dotado de personalidade jurídica, por estar condicionado ao nascimento com vida, o nascituro poderá ser considerado como sujeito de direito e detentor de direito expectativo. Isso porque, segundo Paulo Lôbo,[245] há sujeitos que não são pessoas físicas ou jurídicas, sendo, por isso, entes não personificados, mas que detêm parcelas de capacidade quanto a aquisição, exercício e defesa de direitos, estando incluídos o nascituro e o embrião excedentário, fecundado em laboratório, a partir das modernas tecnologias de reprodução. Cumpre dizer que o legislador civil confecciona, entre os mecanismos de proteção garantidos ao nascituro, de maneira exemplificativa: a) a curatela do nascituro (art. 1.779): hipótese de a gestante não deter autoridade parental e, na óptica biparental, a outra figura encontrar-se falecida;[246] b) sucessão hereditária (art. 1.798): confere a possibilidade de ser legitimado à vocação hereditária, na medida em que o ente já concebido encontra-se em desenvolvimento embrionário, em ventre materno, no momento de abertura da sucessão, fazendo jus ao seu quinhão[247] que ficará reservado em poder do inventariante até o seu nascimento com vida;[248] e c) doação ao nascituro (art. 542): desde que aceita pelo seu representante legal.[249]

Por outro lado, a designação do embrião excedentário crioconservado ou congelado, de maneira pré-implantatória, consoante exposto anteriormente, dentro da limitação de serem gerados até oito em laboratório pela Res. CFM 2.294/2021, encontra-se em situação jurídica *sui generis*, não tutelada de maneira expressa pelo legislador civil quanto à sua natureza jurídica, havendo um único dispositivo no Código Civil, o inciso IV do art. 1.597, que lhe atribui presunção de

---

em: https://www.csjn.gov.ar/cmfcs/files/pdf/_Tomo-4(2005-2006)/Numero-3/Lossetti.pdf. Acesso em: 10 out. 2021.

[245] LÔBO, Paulo. *Direito Civil*: parte geral. 10. ed. São Paulo: Saraiva Educação, 2021. p. 91-92.

[246] Código Civil (2002): *"Art. 1.779. Dar-se-á curador ao nascituro, se o pai falecer estando grávida a mulher, e não tendo o poder familiar. Parágrafo único. Se a mulher estiver interdita, seu curador será o do nascituro"*.

[247] Código Civil (2002): *"Art. 1.798. Legitimam-se a suceder as pessoas nascidas ou já concebidas no momento da abertura da sucessão"*.

[248] Código de Processo Civil (2015): *"Art. 650. Se um dos interessados for nascituro, o quinhão que lhe caberá será reservado em poder do inventariante até o seu nascimento."*.

[249] Código Civil (2002): *"Art. 542. A doação feita ao nascituro valerá, sendo aceita pelo seu representante legal."*.

filiação, a qual será mais à frente discutida. Entendidos como aqueles que, pela necessidade de se concretizar o projeto de parentalidade, são fecundados em quantitativo maior do que o que será implantado no ventre materno, de modo a garantir maior grau de suscetibilidade para uma gestação segura, ao implantar-se somente aqueles tidos por viáveis, encontrando-se fora do corpo humano em clínicas de reprodução assistida, não podem ser enquadrados nem como pessoas naturais (não houve nascimento com vida), tampouco como nascituro (já concebido no ventre materno).

Fundamenta-se a sua tutela por meio da noção de situação jurídica, porque, como explica Marcos Bernardes de Mello,[250] a titularidade de direitos e deveres cabe às pessoas, mas não de forma exclusiva, havendo de maneira excepcional a atribuição de direitos para quem não é detentor de personalidade jurídica. Por isso, neste trabalho assume-se que ao lado do ente ainda não nascido (nascituro) e dos não concebidos (prole eventual), inserem-se os embriões gerados em laboratório como titulares de direitos no mundo jurídico, na medida em que se justifica a proteção do seu patrimônio genético no estado atual da biotecnociência, ante a autonomia do planejamento familiar, como decorrência de uma situação subjetiva relevante. Ademais, argumenta-se que essa atribuição se justifica também como decorrência da necessidade de se garantir segurança jurídica às relações que derivam do uso das ferramentas reprodutivas.

De forma corroborativa, Pietro Perlingieri[251] ensina que as situações subjetivas encontram origem em um fato juridicamente relevante, independentemente de ser ele voluntário ou natural, na medida em que foram pensadas para dar forma conceitual a determinados comportamentos que revelam uma situação jurídica de um interesse reconhecido. Portanto, o reconhecimento de uma situação jurídica relevante precede o próprio exercício do direito, a vicissitude e o interesse. Assim, pondera que "o sujeito não é o elemento essencial para a existência da situação, podendo existir interesses – e, portanto, situações – que são tuteladas pelo ordenamento apesar de não terem ainda um titular". Em certa medida, isso justifica também o necessário embate discursivo quanto à proteção do embrião gerado em laboratório, pois ainda que não lhe seja

---

[250] MELLO, Marcos Bernardes de. *Teoria do fato jurídico*: plano da eficácia. 11. ed. São Paulo: Saraiva Educação, 2019. p. 128-129, 136.

[251] PERLINGIERI, Pietro. *Perfis do direito civil*: introdução ao direito civil constitucional. Tradução de Maria Cristina de Cicco. 3. ed. Rio de Janeiro: Renovar, 2002. p. 105-106, 107.

atribuída a condição de detentor de personalidade jurídica, tratar-se-ia de um ente não personificado que possui parcelas de capacidade para a defesa de direitos.

À vista disso, para que o embrião crioconservado[252] seja considerado nascituro, é necessário que haja a posterior transferência ao útero da gestante para que se dê continuidade ao seu processo natural de desenvolvimento, consequentemente, a partir da nidação ou fixação nas paredes do ventre materno.[253] Dessa maneira, não se considera razoável equipará-lo à condição do ente que está para nascer (nascituro) consoante o que dispõe o legislador civil no art. 2 do CCB/2002. Além disso, seguindo o entendimento de Jussara Maria Leal de Meirelles, também não pode ser enquadrado como prole eventual (não concebido), posto que "os embriões *in vitro* representam seres já concebidos, o que afasta a possibilidade de caracterizá-los como prole eventual".[254] Isso porque a prole eventual, de acordo com o atual inciso I do art. 1.799 do CCB/2002,[255] consiste em ficção jurídica na qual busca-se garantir direitos ao ente ainda não concebido ou fecundado na forma testamentária.

---

[252] Nas lições de Silmara Chinellato, há os que pensem que o embrião extrauterino possa ser equiparado à condição de: a) pessoa, filiando-se à *Teoria Conceptiva*, cuja essência se desdobra no início da personalidade jurídica a partir da concepção; b) coisa ("res"), segundo aspirações de que a personalidade jurídica iniciaria, apenas, a partir do nascimento com vida, conforme a *Teoria Natalista*; ou, ainda, c) pessoa virtual ou pessoa *in fieri*, segundo o qual deve ser interpretado enquanto uma teoria intermediária. Cf. CHINELLATO, Silmara Juny de Abreu. Estatuto Jurídico do Nascituro: A evolução do direito brasileiro. In: CAMPOS, Diogo Leite; CHINELLATO, Silmara Juny de Abreu. (Coord.). *Pessoa humana e direito*. Coimbra: Edições Almedina - AS, 2009.

[253] De maneira divergente, entende Silmara Chinellato que a interpretação do termo "nascituro", adotada pelo legislador civil no art. 2º, abarca também a terminologia de "embrião". Dessa maneira, a referida autora se posiciona no sentido de acreditar que não é necessário modificar a redação do dispositivo para "embrião", posto que a terminologia "nascituro" já é ampla, de forma a incluir o embrião pré-implantatório. A partir disso, estaria resguardado de proteção jurídica segundo a análise desse instrumento normativo, podendo ser, por isso, detentor de direitos e deveres inerentes à personalidade jurídica desde a concepção condicionada à implantação no útero da gestante. Entre os direitos que devem ser atribuídos, a autora sustenta que o embrião pré-implantatório poderá ser tanto herdeiro legítimo como herdeiro testamentário. CHINELLATO, Silmara Juny de Abreu. A pessoa natural e a quarta geração de direitos: o nascituro e embrião pré-implantatório. *Revista Brasileira de Direito Comparado*, Rio de Janeiro, n. 32, p. 79-129. 2007. p. 86-87. Disponível em: http://www.idclb.com.br/revistas/32/revista32%20(7).pdf. Acesso em: 12 out. 2021.

[254] MEIRELLES, Jussara Maria Leal de. *A vida humana embrionária e sua proteção jurídica*. Rio de janeiro: Renovar, 2000. p. 69.

[255] Código Civil (2002): "*Art. 1.799. Na sucessão testamentária podem ainda ser chamados a suceder: I - os filhos, ainda não concebidos, de pessoas indicadas pelo testador, desde que vivas estas ao abrir-se a sucessão;*".

Desse modo, as usuais categorias da doutrina civilista (pessoa natural, nascituro e prole eventual) mencionadas não compartilham da mesma natureza do embrião excedentário. Nesses aspectos, concorda-se com Silmara Chinellato quanto à "necessidade [...] de que a legislação futura, civil e penal [...] proteja especificamente o embrião pré-implantatório, assim denominado, enquanto *in vitro* ou crioconservado".[256]

Além disso, ensina Heloisa Helena Barboza[257] que se costuma associar ao tema a rigorosa interpretação do Direito Civil de que deve haver, necessariamente, o enquadramento do embrião humano crioconservado e não implantado em duas categorias básicas, a das pessoas e das coisas, de modo a ser acolhido nessa última tudo aquilo que não é pessoa. Nessa perspectiva, pode-se acabar atribuindo à discussão uma problemática praticamente binária, consoante haver apenas duas abordagens possíveis. De forma corroborativa, sustenta-se, neste trabalho, não haver como enquadrar o embrião de laboratório congelado estritamente como coisa, em função da latente possibilidade de instrumentalização da vida humana, nem como pessoa natural, sendo essa interpretação destoante da realidade factual, na medida em que o legislador civil não lhe atribui personalidade jurídica por estar condicionado não apenas ao nascimento com vida, como também pela implantação em útero para que seja gestado.

Todavia, reforça-se que a sua condição peculiar não lhe confere completa abstenção protetiva do Estado de Direito, na medida em que deve ser protegido em função da sua natureza intrinsecamente humana. Nesse sentido, explica Jussara Maria Leal de Meirelles que "o que informa a semelhança entre os seres nascidos e aqueles concebidos e mantidos em laboratório é a sua natureza comum e o que representam axiologicamente, e não a maior ou menor possibilidade de se adequarem à categoria abstrata da personalidade jurídica".[258] Em função disso, o embrião pré-implantatório não pode ser enquadrado nem como coisa

---

[256] CHINELLATO, Silmara Juny de Abreu. Estatuto Jurídico do Nascituro: A evolução do direito brasileiro. In: CAMPOS, Diogo Leite; CHINELLATO, Silmara Juny de Abreu. (Coord.). *Pessoa humana e direito*. Coimbra: Edições Almedina - AS, 2009. p. 413.

[257] BARBOZA, Heloisa Helena. Repercussões jurídicas da biotecnologia no Código Civil: o papel do Biodireito. *In:* BARBOZA, Heloisa Helena; SILVA, Eduardo Freitas Horácio da; ALMEIDA, Vitor (Org.). *Biotecnologia e relações familiares*. Rio de Janeiro: Processo, 2021. p. 23.

[258] MEIRELLES, Jussara Maria Leal de. Os embriões humanos mantidos em Laboratório e a Proteção da Pessoa: O novo código civil brasileiro e o texto constitucional. *In:* BARBOZA, Heloísa Helena; MEIRELLES, Jussara Maria Leal de; BARRETTO, Vicente de Paulo (Org.). *Novos Temas de Biodireito e Bioética*. Rio de Janeiro: Renovar, 2003. p. 92.

nem como pessoa, tornando-se "um ser merecedor de tutela por força do princípio da dignidade humana, que rege o ordenamento jurídico, embora deva ser protegido de forma diferenciada em razão de seu estágio de desenvolvimento, que é muito rudimentar".[259]

A partir disso, é preciso se distanciar da tradicional categorização entre coisa e pessoa para buscar um meio-termo, na medida em que há a necessidade de tutela protetiva sem que seja necessário atribuir personalidade jurídica ao equiparar o embrião pré-implantatório enquanto pessoa natural ou ainda a atribuir o *status* moral de coisa. A necessidade de tutela se concentra na discussão de que, embora não sejam pessoas nem coisas, detêm natureza humana e, por si só, diante da latente possibilidade de modificação do patrimônio genético individual, em perspectiva micro, e da espécie humana, vista a situação de forma macro, consoante os interesses subjetivos dos pais projetistas, a partir da edição genética combinada com o diagnóstico genético pré-implantacional, em projetos parentais assistidos, legitima a necessidade de intervenção do Estado de Direito.

Afinal, ao se partir do pressuposto de que o embrião gerado em laboratório é um ente não personificado que detém parcela de capacidade para aquisição, exercício e defesa de direitos, possui a legitimidade para ser protegido juridicamente em pelo menos duas dimensões: a) âmbito privado: na óptica do planejamento familiar, ante a autonomia existencial em programar a sua filiação em células somáticas e germinativas, possibilitando atitudes instrumentalizadoras, de forma que a liberdade seja condicionada a limites; e b) âmbito coletivo: na perspectiva de direito difuso, impõe a intervenção do Estado relativamente à proteção da diversidade no patrimônio genético humano, na medida em que é de interesse da sociedade e da humanidade ter a sua diversidade biológica protegida como herança genética.

Esse posicionamento, por sua vez, condiz com o ordenamento jurídico brasileiro, na medida em que se criminaliza, ao atribuir uma regra geral de proibição, a prática da engenharia genética em células germinativas, zigoto humano e embrião humano viáveis (art. 25 da Lei de Biossegurança[260]). No entanto, pontua-se, como será discutido

---

[259] BARBOZA, Heloisa Helena. Repercussões jurídicas da biotecnologia no Código Civil: o papel do Biodireito. *In*: BARBOZA, Heloisa Helena; SILVA, Eduardo Freitas Horácio da; ALMEIDA, Vitor (Org.). *Biotecnologia e relações familiares*. Rio de Janeiro: Processo, 2021. p. 24.

[260] Lei de Biossegurança (2005): "*Art. 25. Praticar engenharia genética em célula germinal humana, zigoto humano ou embrião humano: Pena – reclusão, de 1 (um) a 4 (quatro) anos, e multa.*".

mais à frente, que se desacredita dessa vedação geral, na medida em que a edição genética em células somáticas em embriões viáveis, que não afetam o patrimônio genético da espécie, mas unicamente aquele material genético, desde que seja observado o risco dos mosaicismos genéticos indesejados, parece abrir portas para tratamentos de doenças incompatíveis com a vida que não sejam confundidas com deficiências antes de serem implantados no ventre materno. E, excepcionalmente, em linhagem germinativa, para que se evitem, sobretudo, doenças monogenéticas, que atingem somente um único genoma na estrutura do DNA.

Ademais, lembra-se que, em se tratando dos embriões gerados em laboratório, entre os excedentários, há expressa previsão, no art. 5 da Lei de Biossegurança,[261] quanto à permissão pelo Estado de Direito para a destinação para a pesquisa e a terapia, desde que haja expresso consentimento do(s) beneficiário(s) quanto aos: a) embriões inviáveis; e b) embriões congelados há pelo menos três anos ou mais.

Em julgamento histórico da Ação Direta de Inconstitucionalidade nº 3.510/DF (ADI 3.510/DF),[262] no ano de 2008, a Procuradoria Geral da República (PGR), ao levantar a incompatibilidade integral do art. 5 da Lei de Biossegurança que trata sobre a regulação da destinação dos embriões excedentários (não utilizados ou tidos por inviáveis) para pesquisa científica ou terapia, sustentou que a vida humana começaria a partir da concepção (ou fecundação dos gametas sexuais), fato destoante dos argumentos até então levantados neste trabalho. Além disso, fora pontuado que a pesquisa e a terapia com células-tronco adultas seriam mais promissoras do que se realizada com células-tronco embrionárias.

---

[261] Lei de Biossegurança (2005): *"Art. 5º É permitida, para fins de pesquisa e terapia, a utilização de células-tronco embrionárias obtidas de embriões humanos produzidos por fertilização in vitro e não utilizados no respectivo procedimento, atendidas as seguintes condições: I – sejam embriões inviáveis; ou, II – sejam embriões congelados há 3 (três) anos ou mais, na data da publicação desta Lei, ou que, já congelados na data da publicação desta Lei, depois de completarem 3 (três) anos, contados a partir da data de congelamento. §1º Em qualquer caso, é necessário o consentimento dos genitores. §2º Instituições de pesquisa e serviços de saúde que realizem pesquisa ou terapia com células-tronco embrionárias humanas deverão submeter seus projetos à apreciação e aprovação dos respectivos comitês de ética em pesquisa. §3º É vedada a comercialização do material biológico a que se refere este artigo e sua prática implica o crime tipificado no art. 15 da Lei n. 9.434, de 4 de fevereiro de 1997."*.

[262] BRASIL. Supremo Tribunal Federal. *Ação Direta de Inconstitucionalidade nº 3.510/DF.* Relator: Ministro Ayres Britto. Data do julgamento: 28/05/2008. Disponível em: https://redir.stf.jus.br/paginadorpub/paginador.jsp?docTP=AC&docID=611723. Acesso em: 13 out. 2021.

Ao tomar vista do emblemático caso, o Supremo Tribunal Federal (STF) julgou totalmente improcedente a ação em votação acirrada, na qual fora considerado o dispositivo válido à luz da Constituição de 1988 pelos votos dos Ministros Carlos Ayres Britto (Relator), Carmen Lúcia, Joaquim Barbosa, Ellen Gracie, Celso de Mello e Marco Aurélio de Mello.[263] [264]

Destaca-se, ao interpretar o voto do Min. Relator Carlos Ayres Britto, que haveria duas correntes predominantes no debate, aquela que considera o embrião pré-implantatório como: a) pessoa, valendo-se da Teoria Concepcionista, na qual se fala de "ser humano embrionário" a partir da fecundação, levantando a hipótese discursiva da pesquisa em embriões extracorpóreos consubstanciarem o tipo penal de aborto,[265] na medida em que coincide a concepção/fecundação com o começo da personalidade; e b) corrente que argumenta que a vida não começaria simplesmente a partir da "concepção", mas dependendo também da implantação no útero e do tempo para que haja a formação das terminações nervosas, não sendo comparável, por isso, o embrião *in vitro* com o embrião *in vivo* (no corpo humano).

Ao valer-se de audiência pública, em figuras admitidas como *amicus curiae*, a geneticista Mayana Zats se destacou ao afirmar:

> [...] que isso fique bem claro. No aborto, temos uma vida no útero que só será interrompida por intervenção humana, enquanto que, no embrião congelado, não há vida se não houver intervenção humana. É preciso haver intervenção humana para a formação do embrião, [...]. E esses embriões nunca serão inseridos no útero.

---

[263] Para este trabalho, optou-se por analisar somente os votos do Min. Relator Carlos Ayres Britto e dos Min. Carmen Lúcia e Celso de Mello.

[264] Ao levantar ressalvas quanto à aplicação prática do dispositivo, tiveram como votos vencidos os Ministros Cezar Peluso, Ricardo Lewandowski, Eros Grau e Gilmar Mendes (então presidente do Supremo Tribunal Federal).

[265] Ainda nesse contexto, serve lembrar o discurso proferido por Heloísa Helena Barboza em Audiência Pública acerca da Arguição de Descumprimento de Preceito Fundamento (ADPF) n. 422 no STF: "[...] *A criminalização do aborto é uma pseudo proteção de toda anacrônica, porque desconsidera a disposição livre sobre milhares de embriões criados pelas técnicas de reprodução humana assistida. A vida humana deve ser protegida em todas as suas fases, mas de modo diferenciado e adequado ao momento de ciclo vital. Em consequência, a proteção do embrião em laboratório deve ser em grau menor do que a proteção do embrião em gestação. E, a tutela do embrião de até 3 (três) meses deve ter menor intensidade do que a vida da mulher. A criminalização do aborto constitui, dessa forma, uma punição injusta contra a mulher, uma vez que carece de qualquer legitimidade ética ou jurídica à luz da Constituição Federal".* BARBOZA, Heloísa Helena. *Audiência Pública do STF sobre Aborto (ADPF nº 422).* Supremo Tribunal Federal (STF), Distrito Federal: Brasília. Proferido em 3 ago. 2018, às 18h40min. Disponível em: https://www.youtube.com/watch?v=73iYl4OxCYE. Acesso em: 14 out. 2021.

A Min. Carmen Lúcia, ao enfrentar o tema, arguiu que a terapia e a pesquisa científica em embriões congelados inviáveis ou não utilizados permitirão uma nova realidade para aqueles que padecem da descoberta de novos tratamentos. Por isso, sustentou a *Liberdade de Expressão Científica*, afigurando-se como um clássico direito constitucional-civil ou genuíno direito da personalidade. Ademais, trouxe para o debate que ainda assim há de observar a proteção da diversidade biológica no patrimônio genético, sendo necessário, para aproveitar-se bem a pesquisa científica, valer-se de princípios como: a) necessidade; b) integridade do patrimônio genético; c) consentimento informado; d) dignidade humana; e e) liberdade humana.

Outro voto de destaque, do Min. Celso de Mello, partiu do pressuposto indispensável da *Laicidade* do Estado, vez que o ordenamento jurídico deve se comportar de forma indiferente a ideias religiosas, posto que deve haver neutralidade axiológica diante da separação imanente entre o Estado e a Igreja. Importa, também, a sua reflexão sobre em qual momento vital deve haver a confecção ao ente biológico o *status* de indivíduo (pleno ou potencial), arguindo que de fato o início do desenvolvimento embrionário ocorre com a fecundação/concepção, contudo, nesse momento, estar-se longe de falar de uma pessoa natural. Isso em razão de que, em sua reflexão, a potencialidade para um embrião congelado dar origem a um indivíduo existe a partir da *conditio sine qua non* da implantação em útero. Por esse motivo, o ovo fecundado ou o embrião extracorpóreo somente será considerado ser humano em potencial se for implantado no útero. Na ausência dessa possibilidade, não há que se falar em ser humano em potencial (nascituro).

À vista disso, o Min. Celso de Mello pontua que se deve optar pela interpretação que mais se adeque ao interesse público diante da indeterminação dos conceitos de vida e morte. Contudo, ainda pondera que: a) início da vida: ocorre o início do seu desenvolvimento a partir da fecundação, mas, para o embrião congelado, existe a condição necessária de implantação no útero e o ulterior nascimento com vida; e b) morte: nos conformes do ordenamento jurídico brasileiro, deve ser compreendida como a morte encefálica, momento em que há a cessação das atividades cerebrais, consoante o *caput* do art. 3º da Lei nº 9.434/1997[266] sobre remoção de órgãos. Dessa forma, entende

---

[266] Lei sobre Remoção de Órgãos, Tecidos e Partes do Corpo Humano para fins de Transplante (1997): *"Art. 3º A retirada post mortem de tecidos, órgãos ou partes do corpo humano destinados a transplante ou tratamento deverá ser precedida de diagnóstico de morte encefálica, constatada*

que não ofende o ordenamento jurídico a utilização de embriões pré-implantatórios em terapias e pesquisas científicas, considerando-se até mesmo que se encontram em estágio anterior à formação do sistema nervoso. Ademais, defende que não há paridade ontológica entre embrião pré-implantatório e pessoa nascida.

A partir do exposto, percebe-se que o ente embrionário congelado ainda não possui a sua natureza jurídica definida pelo ordenamento jurídico, seja por intermédio do legislador civil que abrange apenas nascituro, prole eventual, coisa e pessoa natural, seja pela emblemática decisão do STF na ADI 3.510/DF no ano de 2008. Argumenta-se que a posição do Supremo, em não definir a natureza jurídica do embrião excedentário como coisa ou pessoa, resida exatamente na impossibilidade de enquadrar-se nessas categorias tradicionais da codificação civilista. Isso, por sua vez, corrobora para defender a tese de que o embrião pré-implantatório possui uma condição de situação jurídica *sui generis*, como defendido aqui, não podendo estar condicionado a uma visão binária restritiva entre coisa e pessoa, mas devendo-se investigar mecanismos de defesa em razão da sua natureza intrinsecamente humana. Não obstante, ante a fragilidade que é pautada à legislação civil brasileira na regulamentação das técnicas de RHA, passar-se-á a estudar os únicos dispositivos que tutelam de forma expressa as práticas artificiais de reprodução.

3.4 A atribuição de presunção jurídica de parentalidade decorrente da reprodução humana assistida homóloga e heteróloga

O estado de filiação, no direito brasileiro, é fundamentado tanto na origem biológica, que na égide da família patriarcal matrimonializada representou a principal forma de determinação do parentesco,[267] como também, atualmente, em função do desembocar

---

e registrada por dois médicos não participantes das equipes de remoção e transplante, mediante a utilização de critérios clínicos e tecnológicos definidos por resolução do Conselho Federal de Medicina.".

[267] Em que pese ser a principal forma, havia também a possibilidade da adoção, entendida como a filiação civil ou jurídica. Reforça-se, ainda, que nesse cenário os filhos biológicos eram divididos em: a) legítimos: se concebidos exclusivamente no casamento; b) ilegítimos: aqueles havidos fora de um contexto de casamento, sendo eles naturais (quando provenientes de pessoas não impedidas de se casarem entre si) ou espúrios (decorrentes de pessoas impedidas de se casarem entre si), classificados em adulterinos (filhos de

do reconhecimento constitucional da igualdade entre os filhos,[268] na origem não biológica. Dessa maneira, ensina Paulo Lôbo[269] que há, pelo menos, três verdades reais possíveis: a) a verdade biológica, na qual busca-se atribuir o parentesco; b) a verdade biológica, na qual busca-se conhecimento sobre a identidade genética, em razão do direito da personalidade, na espécie direito à vida, havendo paternidade já estabelecida (socioafetiva); e c) a verdade socioafetiva, representada tanto na adoção como na posse do estado de filho e no uso da amostra seminal de terceiro (heteróloga). Além disso, a legislação civilista reforça serem proibidas quaisquer designações discriminatórias relativas à filiação, possibilitando-se discutir de forma infraconstitucional a igualdade de direitos independente da origem.[270]

A partir disso, em matéria das presunções jurídicas de parentalidade, o Direito Civil sempre se valeu de formas de prever quem seria o pai, na medida em que a mãe, em tese, sempre foi certa,[271] embora o estado atual dos avanços sociais e científicos possa: a) garantir uma certeza quanto à paternidade de origem biológica, por intermédio do exame de DNA, utilizado pela primeira vez no Brasil em 1988, no Laboratório Gene (Núcleo de Genética Médica de Minas Gerais);[272]

---

pessoas já casadas) e incestuosos (parentes próximos). Por privilegiar-se a filiação "legítima", os demais filhos recebiam designações discriminatórias quanto aos seus direitos. Para aprofundamento, Cf. TEPEDINO, Gustavo. A Disciplina Jurídica da Filiação na Perspectiva Civil-Constitucional. *In*: TEPEDINO, Gustavo. *Temas de Direito Civil*. 2. ed. Rio de Janeiro: Renovar, 2001.

[268] Constituição Federal (1988): "*Art. 227. §6º - Os filhos, havidos ou não da relação do casamento, ou por adoção, terão os mesmos direitos e qualificações, proibidas quaisquer designações discriminatórias relativas à filiação.*".

[269] LÔBO, Paulo. *Direito Civil*: famílias. 11. ed. São Paulo: Saraiva Educação, 2021. p. 29.

[270] Código Civil (2002): "*Art. 1.596. Os filhos, havidos ou não da relação de casamento, ou por adoção, terão os mesmos direitos e qualificações, proibidas quaisquer designações discriminatórias relativas à filiação.*".

[271] Nas lições de Paulo Lôbo, além das presunções jurídicas do art. 1.597 do CCB/02, há também: a) a presunção *pater is est quem nuptiae demonstrant*, significando que será o pai aquele que demonstrar as núpcias, posto que o marido da mulher casada será o pai dos seus filhos; b) a presunção *mater semper certa est*: exprimindo que a mãe é sempre certa, uma vez que a mulher será a mãe de acordo com as evidências físicas em seu corpo do estado de gravidez e parto; c) a presunção que atribuirá paternidade para aquele que teve relações sexuais com a gestante no período da concepção; e d) a presunção *exceptio plurium concubentium*: como um contraponto à hipótese anterior, traduzindo-se como quando a mulher tiver relações sexuais com mais de um homem no período da concepção. LÔBO, Paulo. *Direito Civil*: famílias. 11. ed. São Paulo: Saraiva Educação, 2021. p. 227.

[272] OS BRASILEIROS que fizeram o ano de 1998: Sérgio Pena, um cientista com 99,999% de acerto. *Revista Veja*, 23 dez. 1998. Disponível em: https://veja.abril.com.br/acervo/. Acesso em: 16 out. 2021.

b) relativizar a certeza quanto à origem biológica da maternidade ao tornar-se possível a cessão do útero, desvinculando-se os sinais físicos da gestação da origem genética; e c) afastar o domínio do gênero feminino no exclusivismo da gestação humana, na medida em que há transparentalidades heteroafetivas ou homoafetivas masculinas[273] e, ainda, em um futuro não tão distante, em decorrência dos êxitos no desenvolvimento do útero artificial, poder-se concluir de forma integral ou parcial a gestação humana em incubadoras extracorpóreas.[274]

Nesse contexto, ensina Maria Rita de Holanda[275] que as presunções jurídicas de filiação, tradicionalmente, possuem o propósito de fixar o momento da concepção, de modo a tornar possível firmar a paternidade e os efeitos jurídicos dela decorrentes, na medida em que se originam do estado de conjugalidade – em sentido amplo – das figuras parentais. Desse modo, o legislador civil, no art. 1.597, procura atribuir uma aparência de certeza para algo que, de certa forma, é incerto em relação ao pai, ao interpelar, nos incisos I e II,[276] oriundos da sistemática do CCB/2016, uma condição de probabilidade nas hipóteses em que será: a) atribuída paternidade quando o filho nascer 180 dias, pelo menos, depois de estabelecida a convivência conjugal (e não o momento de celebração do casamento); e b) conferida a paternidade quando o filho nascer 300 dias após a dissolução da sociedade conjugal (por morte, separação judicial, nulidade ou anulação do casamento).

Os demais incisos (III, IV e V[277]) do referido dispositivo foram inseridos no CCB/2002 como forma de conferir segurança jurídica

---

[273] Sobre o tema, do ponto de vista jurídico, Cf. SILVA NETTO, Manuel Camelo Ferreira da. Uma (re)leitura da presunção *mater semper certa est* frente à viabilidade de gravidezes masculinas: qual a solução jurídica para atribuição da paternidade de homens trans que gestam seus próprios filhos? *Revista Brasileira de Direito Civil*, no prelo, 2021.

[274] Cf. SILVA NETTO, Manuel Camelo Ferreira da; DANTAS, Carlos Henrique Félix; LOBO, Fabíola Albuquerque. De onde vêm os bebês? Útero artificial, bioética e direito: os possíveis impactos da ectogênese no campo da filiação: uma análise a partir do contexto jurídico brasileiro. *Revista de Bioética y Derecho - RBD*, n. 51, p. 283-298, 2021. Disponível em: https://revistes.ub.edu/index.php/RBD/article/view/31258. Acesso em: 16 out. 2021.

[275] HOLANDA, Maria Rita de. *Parentalidade*: entre a realidade social e o direito. Belo Horizonte: Fórum, 2021. p. 144-145.

[276] Código Civil (2002): "1.597. [...]: I - *nascidos cento e oitenta dias, pelo menos, depois de estabelecida a convivência conjugal; II - nascidos nos trezentos dias subsequentes à dissolução da sociedade conjugal, por morte, separação judicial, nulidade e anulação do casamento;*".

[277] Código Civil (2002): "1.597. [...]: [...] III - *havidos por fecundação artificial homóloga, mesmo que falecido o marido; IV - havidos, a qualquer tempo, quando se tratar de embriões excedentários, decorrentes de concepção artificial homóloga; V - havidos por inseminação artificial heteróloga, desde que tenha prévia autorização do marido.*".

e igualdade no reconhecimento dos filhos oriundos do uso das ferramentas de RHA. É importante tecer que, quanto a eles, as expressões "fecundação", "concepção" e "inseminação" devem ser interpretadas, consoante a edição dos enunciados nº 105[278] e nº 126[279] da I Jornada de Direito Civil do Conselho da Justiça Federal (CJF), como "técnica de reprodução assistida", palavra mais abrangente que abarca as demais mencionadas, na medida em que há imprecisão na linguagem adotada pelo legislador. Diante da importância de cada qual para este trabalho, passar-se-á, agora, a analisar cada um desses incisos de forma isolada:

a) *Presunção de paternidade decorrente de filho havido por RHA homóloga, mesmo que falecido o marido* (inciso III): trata-se de hipótese em que, num contexto de biparentalidade, o casal se utiliza do próprio material biológico reprodutivo (amostra seminal e de óvulo) para que ocorra a fecundação com o auxílio das técnicas principais e auxiliares de reprodução. Dessa maneira, não há dúvidas sobre quem forneceu os gametas sexuais, havendo certeza quanto à origem biológica para a atribuição de parentalidade, na medida em que se sabe que: I) o pai será o que cedeu os gametas sexuais masculinos; e II) a mãe será quem ceder os gametas femininos, hipótese que levanta controvérsia somente diante da necessidade de fazer-se uso da cessão de útero, técnica auxiliar, em que, na ausência de termo de consentimento informado, poderá suscitar dúvidas acerca da maternidade sempre certa na composição do estado de filiação e da origem genética.

---

[278] I Jornada de Direito Civil do CJF: "*Enunciado 105 - As expressões 'fecundação artificial', 'concepção artificial' e 'inseminação artificial' constantes, respectivamente, dos incs. III, IV e V do art. 1.597 deverão ser interpretadas como 'técnica de reprodução assistida'*".

[279] I Jornada de Direito Civil do CJF: "*Enunciado 126 - Proposição sobre o art. 1.597, incs. III, IV e V: Proposta: Alterar as expressões 'fecundação artificial', 'concepção artificial' e 'inseminação artificial' constantes, respectivamente, dos incs. III, IV e V do art. 1.597 para 'técnica de reprodução assistida'. Justificativa: As técnicas de reprodução assistida são basicamente de duas ordens: aquelas pelas quais a fecundação ocorre in vivo, ou seja, no próprio organismo feminino, e aquelas pelas quais a fecundação ocorre in vitro, ou seja, fora do organismo feminino, mais precisamente em laboratório, após o recolhimento dos gametas masculino e feminino. As expressões 'fecundação artificial' e 'concepção artificial' utilizadas nos incs. III e IV, são impróprias, até porque a fecundação ou a concepção obtida por meio das técnicas de reprodução assistida é natural, com o auxílio técnico, é verdade, mas jamais artificial. Além disso, houve ainda imprecisão terminológica no inc. V, quando trata da inseminação artificial heteróloga, uma vez que a inseminação artificial é apenas uma das técnicas de reprodução in vivo; para os fins do inciso em comento, melhor seria a utilização da expressão 'técnica de reprodução assistida', incluídas aí todas as variantes das técnicas de reprodução in vivo e in vitro*".

No que tange à segunda parte do inciso, ao falar-se do uso dos gametas sexuais masculinos do falecido, explica Paulo Lôbo[280] que há a exigência, em decorrência do princípio da *Autonomia da Vontade*, que haja expressado consentimento deixado para esse fim, de modo que a viúva não poderá exigir da instituição responsável a utilização do sêmen sem que haja prévia disposição, por não se tratar de "coisa" passível de herança. Nesse sentido, orienta o enunciado nº 106 da I Jornada de Direito Civil da CJF[281] ao dispor que a mulher, em condição de viuvez, deverá portar autorização escrita do marido para que se utilize de seu material genético. De forma a buscar ampliar a interpretação do inciso, em situação inversa da prevista pelo legislador, o enunciado nº 633 da VIII Jornada de Direito Civil da CJF[282] aponta para a utilização *post mortem* dos gametas sexuais femininos da falecida esposa, por parte do viúvo ou companheiro sobrevivente, por meio do recurso à gestação sub-rogada, desde que haja expressado consentimento em vida. De forma a contrariar os entendimentos anteriores, o enunciado nº 127, também da I Jornada de Direito Civil,[283] sugere a não autorização do uso da técnica após a morte, baseando-se no fato que a criança resultante não deverá nascer sem a figura paterna viva.

---

[280] LÔBO, Paulo. *Direito Civil*: famílias. 11. ed. São Paulo: Saraiva Educação, 2021. p. 230.

[281] I Jornada de Direito Civil do CJF: *"Enunciado 106 – Art. 1.597, inc. III: para que seja presumida a paternidade do marido falecido, será obrigatório que a mulher, ao se submeter a uma das técnicas de reprodução assistida com o material genético do falecido, esteja na condição de viúva, sendo obrigatório, ainda, que haja autorização escrita do marido para que se utilize seu material genético após sua morte".*

[282] VIII Jornada de Direito Civil do CJF: *"633 – Art. 1.597: É possível ao viúvo ou ao companheiro sobrevivente, o acesso à técnica de reprodução assistida póstuma – por meio da maternidade de substituição, desde que haja expresso consentimento manifestado em vida pela sua esposa ou companheira. Justificativa: Nos casos de reprodução assistida homóloga – inclusive após o falecimento de um dos dois -, apesar do silêncio da norma codificada (CC, art. 1.597, III), deve haver manifestação de consentimento expresso do casal de modo a conferir segurança ao procedimento de reprodução assistida que poderá ser realizado mesmo após o falecimento do marido. Da mesma forma, ainda que a pessoa falecida seja a esposa, será possível que o viúvo venha a ter acesso à reprodução assistida póstuma desde que obviamente através da maternidade de substituição com outra mulher emprestando gratuitamente seu corpo para a gestação. Com base no princípio da igualdade entre os cônjuges (marido e esposa) em direitos e deveres (CF, art. 226, §5º) – o que também se aplica aos companheiros -, a mulher pode expressamente autorizar que seu material fecundante congelado possa ser utilizado mesmo após a sua morte, permitindo que seu marido (ou companheiro) venha a concretizar o projeto parental do casal. Conclui-se, portanto, que também nos casos de reprodução assistida homóloga é indispensável o consentimento do casal, o que se reforça em matéria de reprodução póstuma quanto ao uso do material fecundante congelado".*

[283] I Jornada de Direito Civil do CJF: *"Enunciado 127 – 127 – Proposição sobre o art. 1.597, inc. III: Proposta: Alterar o inc. III para constar "havidos por fecundação artificial homóloga". Justificativa: Para observar os princípios da paternidade responsável e da dignidade da pessoa humana, porque não é aceitável o nascimento de uma criança já sem pai".*

b) *Presunção de paternidade decorrente de filho havido, a qualquer tempo, quando se tratar de embriões excedentários, decorrentes de RHA* homóloga (inciso IV): consiste em hipótese em que, na óptica biparental, o casal já se valeu de ciclo de RHA com material genético próprio, tendo a fecundação/concepção dos gametas sexuais já ocorrido em laboratório e ter, por sua vez, sobrado alguns embriões que não serão utilizados naquele momento imediato (havendo a possibilidade também de nunca serem utilizados), sendo denominados, portanto, de embriões excedentários, posto que excedem o quantitativo necessário para implantação no ventre da gestante para se dar cabo àquele projeto de parentalidade. Menciona-se que, por orientação ético-disciplinar da Res. CFM 2.294/2021, os embriões gerados em laboratório não poderão exceder o quantitativo de oito. Dessa forma, como argumentado ao longo deste capítulo, a destinação desses embriões congelados, que possuem natureza jurídica *sui generis*, como argumentado anteriormente, poderá ser: I) crioconservação; II) destinação para pesquisa; III) doação para projeto parental alheio; e IV) descarte embrionário, desde que estejam crioconservados ou abandonados por três anos ou mais, mediante autorização judicial (V-4, 5 e 5.1. da Res. CFM 2.294/2021). Ressalta-se que a justificativa para que haja a produção excedente do que será implantado em útero para gestação se dá porque, geralmente, nem todos os embriões fertilizados em laboratórios são considerados como viáveis para gestação, por isso, há aqueles tidos como inviáveis, não sendo esses escolhidos para implantação a partir do DGPI.

Ademais, nessa hipótese também não há dúvidas quanto à origem biológica do embrião, na medida em que os sujeitos que cederam o material reprodutivo coincidem com os autores do planejamento familiar. Por isso, apenas a título de reforço de menção, será: a) o pai aquele que cedeu os gametas sexuais masculinos; e b) mãe aquela que cedeu os gametas sexuais femininos, com exceção, mais uma vez, de valer-se de gestação sub-rogada para que haja o desenvolvimento do embrião excedentário por terceiro alheio ao planejamento familiar, podendo-se surgir, então, dúvidas quanto à presunção da certeza da maternidade e da origem genética no estado de filiação.

Ainda nesse quadro, torna-se necessário reforçar, mais uma vez, a distinção entre nascituro e embrião excedentário. Na percepção de Jussara Maria Leal de Meirelles,[284] a diferença também pode residir no

---

[284] MEIRELLES, Jussara Maria Leal de. Os embriões humanos mantidos em Laboratório e a Proteção da Pessoa: O novo código civil brasileiro e o texto constitucional. *In*: BARBOZA,

critério da atribuição de personalidade jurídica na intenção de vê-lo reconhecido como detentor de direitos patrimoniais, uma vez que será: a) o *nascituro* o ente fecundado, para nascer, que está em desenvolvimento no ventre materno, já em fase posterior à nidação, na qual a aquisição dos seus direitos patrimoniais está sujeita a acontecimentos incertos (nascimento com vida) que independem da vontade alheia, estando já tutelados pelo art. 2 do CCB/2002; e b) o *embrião pré-implantatório* ou *excedentário* se encontra subordinado à vontade de outrem para que haja a sua transferência para implantação no útero e a sua ulterior nidação para se tornar nascituro, o qual, então, entrará nos parâmetros estabelecidos pelo legislador civil no art. 2 do CCB/2002. A diferenciação é necessária ante a intenção de valer-se de atitude que poderá instrumentalizar a vida para obter-se vantagens patrimoniais a partir de eventual gestação do embrião crioconservado.

Em conformidade com essas disposições, aponta o enunciado nº 107 da VIII Jornada de Direito Civil da CJF[285] que, após a dissolução do casamento (morte, nulidade ou anulação, separação judicial ou divórcio[286]), a presunção do inciso IV somente poderá ser aplicada na existência inequívoca de autorização prévia, por escrito, para que haja a utilização de embrião excedentário, podendo-se, inclusive, ser revogada a permissão até o início do procedimento de implantação no útero. Além disso, poder-se-á aplicar também a interpretação do já mencionado enunciado nº 633 da VIII Jornada de Direito Civil da CJF, o qual alarga o sentido do dispositivo para permitir que o marido utilize técnica de RHA auxiliar, a partir da cessão de útero, para valer-se de embrião congelado, desde que haja expressa disposição de consentimento da esposa ou companheira falecida. Por outro lado, de forma a sugerir que se evitem litígios desnecessários, sugere o enunciado de

---

Heloísa Helena; MEIRELLES, Jussara Maria Leal de; BARRETTO, Vicente de Paulo (Org.). *Novos Temas de Biodireito e Bioética*. Rio de Janeiro: Renovar, 2003. p. 88-89.

[285] I Jornada de Direito Civil do CJF: *"Enunciado 107 – Art. 1.597, IV: finda a sociedade conjugal, na forma do art. 1.571, a regra do inc. IV somente poderá ser aplicada se houver autorização prévia, por escrito, dos excônjuges para a utilização dos embriões excedentários, só podendo ser revogada até o início do procedimento de implantação desses embriões."*.

[286] Código Civil (2002): *"Art. 1.571. A sociedade conjugal termina: I - pela morte de um dos cônjuges; II - pela nulidade ou anulação do casamento; III - pela separação judicial; IV - pelo divórcio. §1º O casamento válido só se dissolve pela morte de um dos cônjuges ou pelo divórcio, aplicando-se a presunção estabelecida neste Código quanto ao ausente. §2º Dissolvido o casamento pelo divórcio direto ou por conversão, o cônjuge poderá manter o nome de casado; salvo, no segundo caso, dispondo em contrário a sentença de separação judicial."*.

nº 128 da I Jornada de Direito Civil do CJF[287] sobre a revogação do inciso comentado.

Em julgamento do Recurso Especial (REsp) nº 1.918.421-SP, em junho de 2021, a 4ª turma do Superior Tribunal de Justiça (STJ)[288] entendeu sobre a impossibilidade de implantação de embrião excedentário após a morte do marido em virtude da ausência de manifestação inequívoca, expressa e formal de consentimento. Além disso, a decisão destaca que a mera declaração posta em contrato padrão de prestação de serviço de RHA, por si só, é instrumento insuficiente para legitimar a implantação *post mortem* de embriões excedentários, sendo necessário, conforme a jurisprudência do tribunal, nesse caso, que haja a autorização expressa e específica por meio de testamento ou por documento análogo.

A situação concreta se deu em decorrência de a viúva desejar utilizar embriões congelados, com material genético de ambos, em que os herdeiros universais do falecido, filhos de casamento anterior do *de cujus*, alegaram a inexistência do direito de utilização *post mortem* dos embriões. Além do mais, ressalta-se que o falecido e a viúva eram

---

[287] I Jornada de Direito Civil do CJF: *"Enunciado 128 – Proposição sobre o art. 1.597, inc. IV: Proposta: Revogar o dispositivo. Justificativa: O fim de uma sociedade conjugal, em especial quando ocorre pela anulação ou nulidade do casamento, pela separação judicial ou pelo divórcio, é, em regra, processo de tal ordem traumático para os envolvidos que a autorização de utilização de embriões excedentários será fonte de desnecessários litígios. Além do mais, a questão necessita de análise sob o enfoque constitucional. Da forma posta e não havendo qualquer dispositivo no novo Código Civil que autorize o reconhecimento da maternidade em tais casos, somente a mulher poderá se valer dos embriões excedentários, ferindo de morte o princípio da igualdade esculpido no caput e no inc. I do art. 5º da Constituição da República. A título de exemplo, se a mulher ficar viúva, poderá, "a qualquer tempo", gestar o embrião excedentário, assegurado o reconhecimento da paternidade, com as conseqüências legais pertinentes; porém o marido não poderá valer-se dos mesmos embriões, para cuja formação contribuiu com o seu material genético, e gestá-lo em útero sub-rogado. Como o dispositivo é vago e diz respeito apenas ao estabelecimento da paternidade, sendo o novo Código Civil omisso quanto à maternidade, poder-se-ia indagar: se esse embrião vier a germinar um ser humano após a morte da mãe, ele terá a paternidade estabelecida e não a maternidade? Caso se pretenda afirmar que a maternidade será estabelecida pelo nascimento, como ocorre atualmente, a mãe será aquela que dará à luz, porém, neste caso, tampouco a paternidade poderá ser estabelecida, uma vez que a reprodução não seria homóloga. Caso a justificativa para a manutenção do inciso seja evitar a destruição dos embriões crioconservados, destaca-se que legislação posterior poderá autorizar que venham a ser adotados por casais inférteis. Assim, prudente seria que o inciso em análise fosse suprimido. Porém, se a supressão não for possível, solução alternativa seria determinar que os embriões excedentários somente poderão ser utilizados se houver prévia autorização escrita de ambos os cônjuges, evitando-se com isso mais uma lide nas varas de família.".*

[288] BRASIL. Superior Tribunal de Justiça. *Recurso Especial nº 1.918.421-SP*. Relator: Ministro Marco Buzzi. Relator para Acórdão: Ministro Luis Felipe Salomão. Data do julgamento: 8 jun. 2021. Disponível em: https://processo.stj.jus.br/processo/revista/documento/media do/?componente=ITA&sequencial=2058572&num_registro=202100242516&data=2021082 6&peticao_numero=-1&formato=PDF. Acesso em: 17 out. 2021.

casados no regime legal de separação absoluta de bens, uma vez que na época da celebração do matrimônio ele já possuía 72 anos. E, em testamento particular elaborado, havia deixado parte disponível da herança para os seus filhos e, para a viúva, o valor de R$ 10.000.000 (dez milhões) de reais, além de dinheiro suficiente para que adquira um novo imóvel para moradia.[289]

c) *Presunção de paternidade decorrente de filho havido por RHA* heteróloga, *desde que tenha prévia autorização do marido* (inciso V): fundamenta hipótese biparental na qual o casal busca valer-se de amostra seminal de terceiro, alheio ao projeto de parentalidade, em que, atualmente, poderá ser: I) doador anônimo; ou II) parente até o quarto grau de algum dos autores do planejamento familiar, conforme limitação da Res. CFM 2.294/2021. Nesse quesito, é importante tecer que a restrição de utilização dos gametas sexuais masculinos para somente parentes próximos até o quarto grau parece desconsiderar o avanço do Direito de Família em matéria da socioafetividade, pautado na origem não biológica para a composição do estado de filiação, na medida em que não há quaisquer restrições dessa natureza para se constituir uma paternidade socioafetiva no direito.

No que tange ao consentimento do marido, nessa hipótese, fala-se que é irrevogável, gerando presunção absoluta de paternidade (*juris et de jure*), ao contrário das hipóteses anteriores que são relativas (*juris tantum*), admitindo prova em contrário.[290]

Diante disso, em conformidade com a nova diretriz estabelecida, haverá certeza quanto à paternidade socioafetiva, na medida em que houve expressa autorização do marido quanto à prática, contudo, no que tange à origem genética, poderá: I) existir incerteza em relação à origem genética do gameta sexual masculino manuseado, ante a possibilidade de utilizar-se de material reprodutivo de doador anônimo; ou II) existir certeza sobre a origem genética do gameta sexual masculino utilizado em função da escolha do material biológico reprodutivo de parente até o quarto grau de parentesco. Além disso, relativo à maternidade,

---

[289] IMPLANTAÇÃO de embriões congelados em viúva exige autorização expressa do falecido, decide Quarta Turma. *Notícia Decisão do Superior Tribunal de Justiça*, publicado em 15 jun. 2021, às 7h00min. Disponível em: https://www.stj.jus.br/sites/portalp/Paginas/Comunicacao/Noticias/15062021-Implantacao-de-embrioes-congelados-em-viuva-exige-autorizacao-expressa-do-falecido--decide-Quarta-Turma.aspx. Acesso em: 18 out. 2021.

[290] SILVA NETTO, Manuel Camelo Ferreira da. *Planejamento Familiar nas Famílias LGBT*: desafios sociais e jurídicos do recurso à reprodução humana assistida no Brasil. Belo Horizonte: Fórum, 2021. p. 217.

não haverá dúvidas sobre a origem biológica, suscitando-se incertezas somente quanto à origem genética em hipótese em que se faça uso da técnica auxiliar de cessão de útero.

É necessário tecer que, no que concerne à doação anônima de gametas, segundo Paulo Lôbo,[291] o direito ao conhecimento da origem genética, em razão do direito da personalidade, na espécie direito à vida, não se confunde com o direito ao estabelecimento do estado de filiação, na medida em que essa já está consubstanciada em paternidade socioafetiva, a qual decorre da expressa autorização do marido na utilização de amostra seminal de terceiro anônimo. Posto isso, o objeto de tutela relativa ao conhecimento da origem genética residirá somente na "necessidade de cada indivíduo saber a história de saúde de seus parentes biológicos próximos para prevenção da própria vida", não havendo o que se falar sobre a atribuição de paternidade.[292]

Nesse viés, comenta Fabíola Albuquerque Lobo[293] que na doação anônima de gametas sexuais deve ser garantido à figura do doador anônimo o seu direito ao sigilo, na medida em que não deverão ser atribuídas quaisquer responsabilidades decorrentes da atribuição de paternidade derivada de projeto parental alheio. Isso, por sua vez, decorre da interpretação fundante da *Dignidade da Pessoa Humana*, como princípio que rege a relação fática, em concomitância com a proteção aos dados genéticos pela Declaração Universal do Genoma Humano e dos Direitos Humanos. Posiciona a autora, também, que a multiparentalidade não deverá ser aplicada em filiações provenientes da: a) adoção: o filho integrará exclusivamente a nova família; e b) inseminação artificial heteróloga: assumindo o marido ou o companheiro, definitivamente, a paternidade do filho havido com amostra seminal de

---

[291] LÔBO, Paulo. Direito ao estado de filiação e direito à origem genética: uma distinção necessária. *Revista CEJ*, n. 27, p. 47-56, out/dez., 2004, p. 53-54. Disponível em: https://core.ac.uk/reader/211932230. Acesso em: 18 out. 2021.

[292] Segundo Karina Nunes Fritz, no processo BGH XII ZR 71/78, julgado em 23 de janeiro de 2019, a Corte infraconstitucional alemã admite o direito ao conhecimento da origem biológica em favor da criança gerada, na medida em que o contrato celebrado entre a clínica e os autores do planejamento familiar se consubstancia não como um simples contrato bilateral, mas sim como um "contrato com eficácia de proteção em favor de terceiro". Desse modo, a proteção do anonimato do doador do material genético deve ficar em segundo plano. FRITZ, Karina Nunes. Clínica de reprodução tem dever de informar identidade do doador de sêmen. *In*: FRITZ, Karina Nunes. *Jurisprudência comentada dos tribunais alemães*. Indaiatuba: Foco, 2021. p. 25-30.

[293] LOBO, Fabíola Albuquerque. *Multiparentalidade*: efeitos no direito de família. Indaiatuba, SP: Foco, 2021. p. 36, 155.

terceiro, a partir do seu consentimento expresso, impedindo, inclusive, de posteriormente valer-se de ação negatória de paternidade, porque incidirá o *venire contra factum proprium*. Além disso, também pondera que nessas hipóteses o vínculo de origem biológica é rompido por força de expressas disposições legais do ordenamento jurídico brasileiro (art. 41 do ECA e inciso V do art. 1.597 do Código Civil).

Sendo superados os pressupostos interpretativos das hipóteses jurídicas de filiação civil decorrentes do art. 1.597, diante das incertezas que pode repousar a paternidade, explica Maria Rita de Holanda[294] que apenas as situações apresentadas nos incisos I, II e V consagram, verdadeiramente, natureza de presunção. Justifica-se porque as presunções seriam "instrumento fictício e garantidor da certeza da filiação, máxime com relação à paternidade que foi sempre cercada de incerteza, [...] pela ausência de mecanismos científicos que pudessem atestar a origem biológica". Desse modo, as hipóteses apresentadas nos incisos III e IV (homóloga) não possuiriam natureza de presunção, uma vez que não haveria uma probabilidade quanto à parentalidade que se constitui em união de gametas pertences ao próprio casal. Assim, na verdade, para a autora, haveria a certeza biológica pautada na utilização dos gametas sexuais dos próprios autores do planejamento familiar, em nada inovando.

É imperioso reforçar também que os incisos III, IV e V são as únicas menções expressas, entre os dispositivos do legislador civil, que buscam trazer algum mecanismo de tutela relacionada aos avanços das tecnologias de RHA. No entanto, reitera-se que não são suficientes para solucionar os conflitos jurídicos derivados dessas tecnologias, suscitando, inclusive, mais dúvidas do que propriamente resoluções ante o direito posto. Desse modo, na ausência de norma que regulamente, expressamente, o tema no Brasil, há o CFM que estabelece normas ético-disciplinares para regulamentar as práticas, às vezes restringindo ou ampliando direitos, o que foge de sua competência regulamentar. Por isso, passar-se-á a promover o debate do tratamento conferido à reprodução assistida no Brasil a partir de norma ético-disciplinar, ponderando-se criticamente os pontos que se correlacionam com este trabalho.

---

[294] HOLANDA, Maria Rita de. *Parentalidade*: entre a realidade social e o direito. Belo Horizonte: Fórum, 2021. p. 148-149.

3.5 O tratamento conferido à reprodução humana assistida no Brasil: a regulamentação por norma ético-disciplinar

O Conselho Federal de Medicina (CFM), autarquia federal da administração pública indireta, criada pela Lei nº 3.268/1957, consiste em órgão que supervisiona a ética da classe médica, sendo responsável, portanto, por julgar e disciplinar o desempenho dos seus profissionais. Além do mais, nas lições de Lucas Costa de Oliveira, tem o dever de organizar o seu próprio regimento interno e expedir instruções para o funcionamento dos conselhos regionais, de modo que possuem o poder de emitir regulamentos que são hierarquicamente subordinados a uma lei, tendo por finalidade exclusiva complementar e esclarecer a legislação posta. Dessa forma, as resoluções não podem ser consideradas lei em *stricto sensu*, uma vez que não são oriundas do poder legislativo.[295] Nesse sentido, o CFM não possui competência para legislar, de modo a ampliar ou restringir direitos, mas tão somente elucidar condutas que devem ser adotadas.

Em linhas gerais, diante da ausência de legislação específica quanto à atribuição de uso das técnicas principais e auxiliares de RHA no Brasil, o CFM vem emitindo resoluções que objetivam trazer algum grau de estabilidade para as aplicações das tecnologias. Salienta-se, também, que até então foram editadas sete resoluções deontológicas, em um marco temporal de aproximadamente três décadas, em que nenhum dos projetos de lei (PL) em tramitação no Congresso Nacional (CN)[296] tenha sido aprovado, sendo: a) a Resolução nº 1.358/1992; b) a

---

[295] OLIVEIRA, Lucas Costa de. *Gametas como mercadorias*: a superação dos desafios ético-jurídicos da comodificação de gametas humanos. 262 f. Tese (Doutorado em Direito) – Programa de Pós-Graduação em Direito, Faculdade de Direito e Ciências do Estado, Universidade Federal de Minas Gerais, 2021. p. 54-55. Disponível em: http://hdl.handle.net/1843/37991. Acesso em: 23 set. 2021.

[296] Atualmente, em julho de 2021, o Projeto de Lei (PL) nº 1.184/2003 obteve parecer favorável do Deputado Diego Garcia. Esclarece-se que o PL, elaborado há quase 20 (vinte) anos, assemelha-se, em algumas disposições, com a Resolução CFM 1.358/1992 e, noutros aspectos, acaba por trazer uma perspectiva mais reacionária na aplicação das ferramentas. A fim de trazer os aspectos mais polêmicos levantados, sabe-se que: a) poderá ser beneficiário a mulher ou casais que tenham solicitado o emprego da RHA, não estabelecendo-se uma idade máxima; b) proibida a gestação de substituição no país; c) vedado a remuneração atrelada a doação de gametas, permitindo-se a quebra do sigilo pela disposição da lei; d) será permitido gerar em laboratório até 2 (dois) embriões em cada ciclo reprodutivo, sendo obrigado a transferir-se a fresco todos os embriões gerados; e) poderá haver crioconservação; f) a sexagem é permitida para se evitar doenças relativas ao sexo; e g) os embriões originados pelas técnicas não detêm personalidade

Resolução nº 1.957/2010; c) a Resolução nº 2.013/2013; d) a Resolução nº 2.121/2015; e) a Resolução nº 2.168/2017; f) a Resolução nº 2.283/2020, que modificou apenas alguns dispositivos da normativa anterior; e g) a Resolução nº 2.294/2021. Além disso, foram elaboradas de modo a uma suceder a outra, na medida em que a anterior é sempre revogada, sendo apenas a última considerada como vigente.

Aproveita-se, também, para esclarecer que, segundo Maria Helena Diniz,[297] enquanto não advier legislação regulamentadora da reprodução assistida, "prevaleceria o princípio de que tudo aquilo que não está proibido está permitido, deixando os cientistas da área biomédica com grandes possibilidades de ação na área da embriologia e da engenharia genética". Nesse contexto, André Soares e Walter Piñeiro reforçam que "[...] a deontologia implica sempre uma legalidade. Ela estabelece as condutas que deverão ser assumidas e pune outras, reprováveis".[298] Dessa maneira, embora as resoluções do CFM sobre RHA não substituam as leis, tendo em vista que são normas de cunho meramente administrativo interno de um órgão de classe profissional, não devem elas, por sua vez, serem ignoradas, visto que possuem minimamente conteúdo ético em seu estabelecimento para a regulação dessas novas tecnologias. Apesar de que, de maneira controversa, em alguns pontos acabem usurpando a função do poder legislativo, na medida em que algumas das suas disposições, que serão minimamente analisadas, acabam ampliando ou restringindo direitos.

Outro fator de grande perplexidade, em virtude dessa falta de regramento, advém, sobretudo, da insuficiente fiscalização, em parâmetros de eficácia, quanto aos Centros de Reprodução Humana Assistida (CRHA), também conhecidos como Bancos de Células e Tecidos Germinativos (BCTG). Dessa maneira, como uma iniciativa a partir da Lei nº 12.527/2011 (Lei de Acesso à Informação), a Agência Nacional de Vigilância Sanitária (ANVISA) passou a elaborar, a partir do ano de 2008, relatórios do Sistema Nacional de Produção de Embriões (*SisEmbrio*) que, entre os critérios adotados, possuem o propósito de investigar a concessão de informações acerca: a) do número de tratamentos

---

jurídica, sendo condicionados à atribuição de direitos a partir da implantação em útero. BRASIL. Congresso Nacional. *Projeto de Lei nº 1184/2003*. Dispõe sobre a Reprodução Assistida. Disponível em: http://www.camara.gov.br/proposicoesWeb/prop _mostrarintegra?codteor=137589&filename=PL+1184/2003. Acesso em: 27 out. 2021.

[297] DINIZ, Maria Helena. *O estado atual do biodireito*. 10. ed. São Paulo: Saraiva, 2017. p. 781.

[298] SOARES, André Marcelo M.; PIÑEIRO, Walter Estes. *Bioética e Biodireito*: uma introdução. 2. ed. São Paulo: Edições Loyola, 2006. p. 27.

realizados; b) dos óvulos produzidos e fecundados (embriões); c) dos embriões transferidos ao útero das parturientes; e d) do número de embriões congelados e descartados pela ausência de viabilidade.

Ao considerar como base analítica o quantitativo de CRHA que concedeu informações sobre os ciclos de RHA realizados em seus laboratórios, a partir dos relatórios *SisEmbrio* até então divulgados (2008-2020), elaborou-se quadro comparativo, obtendo-se, entre as principais conclusões, que: a) os dados são fornecidos conforme o quantitativo de CRHA cadastrados no sistema da ANVISA para a obtenção de resultados, e não de acordo com o total de clínicas existentes no Brasil; b) a partir do *2º Relatório SisEmbrio*[299] (2010), em que se utilizou como campo amostral 120 CRHA, e houve apenas a adesão de 27,5%, cerca de 33 CRHA, a ANVISA passou a adotar ações para aumentar a concessão de informações; c) há divergências nos dados apontados, na medida em que os relatórios divergem quanto ao campo amostral, possuindo, por isso, na maioria dos relatórios um quantitativo diferenciado na obtenção de dados; d) segundo o *3º Relatório SisEmbrio*[300] (2011), a *Sociedade Brasileira de Reprodução Humana* (SBRH) apontou que, em 2011, havia cerca de 180 CRHA no Brasil, enquanto os relatórios *SisEmbrio* publicados entre os anos de 2009 e 2015 utilizaram como referência para a obtenção de dados 120 CRHA cadastradas que, entre elas, nem todas forneceram informações sobre os círculos de RHA realizados, havendo uma variação entre 22,5% e 72,5% quanto ao silêncio das informações solicitadas; e) a partir do *8º Relatório SisEmbrio* (2016), o quantitativo de clínicas cadastradas no sistema para o fornecimento de dados aumentou gradualmente, no entanto, mesmo no *13º Relatório SisEmbrio*[301] (2020), referente a informações de 2019, constata-se que cerca de 12,02% dos CRHA cadastrados não enviaram dados, atuando de modo silente quanto à concessão de informações exigidas pela ANVISA; f) ademais,

---

[299] ANVISA. Agência Nacional de Vigilância Sanitária. *2º Relatório do Sistema Nacional de Produção de Embriões – SisEmbrio*. Brasília, 2010. Disponível em: https://www.gov.br/anvisa/pt-br/centraisdeconteudo/publicacoes/sangue-tecidos-celulas-e-orgaos/relatorios-de-producao-de-embrioes-sisembrio. Acesso em: 20 out. 2021.

[300] ANVISA. Agência Nacional de Vigilância Sanitária. *3º Relatório do Sistema Nacional de Produção de Embriões – SisEmbrio*. Brasília, 2011. Disponível em: https://www.gov.br/anvisa/pt-br/centraisdeconteudo/publicacoes/sangue-tecidos-celulas-e-orgaos/relatorios-de-producao-de-embrioes-sisembrio. Acesso em: 20 out. 2021.

[301] ANVISA. Agência Nacional de Vigilância Sanitária. *13º Relatório do Sistema Nacional de Produção de Embriões – SisEmbrio*. Brasília, 2021. Disponível em: https://www.gov.br/anvisa/pt-br/centraisdeconteudo/publicacoes/sangue-tecidos-celulas-e-orgaos/relatorios-de-producao-de-embrioes-sisembrio. Acesso em: 21 set. 2021.

é importante refletir que mesmo no último relatório divulgado não se aponta o quantitativo de CRHA existentes no Brasil como um todo, apenas o quantitativo de CRHA cadastrados no sistema da ANVISA para tomar-se como referência.

Quadro 3 – Concessão de informações pelas CRHA para a elaboração dos relatórios *SisEmbrio*

(continua)

Relatório referência	Estabelecimentos cadastrados	Concessão de informações	Não concessão de informações
1º Relatório SisEmbrio – informações até agosto/2008	120 clínicas de CRHA[302]	41,67% das clínicas enviaram dados.	58,33% das clínicas não enviaram dados.
2º Relatório SisEmbrio – informações até janeiro/2009	120 clínicas de CRHA[303]	27,50% das clínicas enviaram dados.	72,5% das clínicas não enviaram dados.
3º Relatório SisEmbrio – informações até janeiro/2010	180 clínicas de CRHA no Brasi[304]	17,22% das clínicas enviaram dados.	82,78% das clínicas não enviaram dados.
4º Relatório SisEmbrio – informações até março/2011	120 clínicas de CRHA cadastradas.	60,00% das clínicas enviaram dados.	40% das clínicas não enviaram dados.
5º Relatório SisEmbrio – informações até junho/2012	120 clínicas de CRHA cadastradas.	64,17% das clínicas enviaram dados.	35,83% das clínicas não enviaram dados.
6º Relatório SisEmbrio – informações até abril/2013	120 clínicas de RHA cadastradas.	75,83% das clínicas enviaram dados.	24,17% das clínicas não enviaram dados.

---

[302] Estimativa de clínicas conforme o *1º Relatório SisEmbrio*.

[303] Não houve menção expressa, por isso consideraram-se os dados oficiais fornecidos no *1º Relatório SisEmbrio*.

[304] O relatório utilizou, excepcionalmente, como campo amostral os dados divulgados pela SBRH sobre o quantitativo total de CRHA no Brasil, e não o quantitativo de clínicas que se cadastraram no sistema da ANVISA.

(conclusão)

Relatório referência	Estabelecimentos cadastrados	Concessão de informações	Não concessão de informações
7º Relatório SisEmbrio – informações até março/2014	120 clínicas de RHA cadastradas.	77,50% das clínicas enviaram dados.	22,50% das clínicas não enviaram dados.
8º Relatório SisEmbrio – informações até fevereiro/2015	130 clínicas de RHA cadastradas.	81,54% das clínicas enviaram dados.	18,46% das clínicas não enviaram dados.
9º Relatório SisEmbrio – informações até fevereiro/2016	150 clínicas de RHA.	94% das clínicas enviaram dados.	6% das clínicas não enviaram dados.
10º Relatório SisEmbrio – informações até fevereiro/2017	160 clínicas de RHA cadastradas.	88,13% das clínicas enviaram dados.	11,87% das clínicas não enviaram dados.
11º Relatório SisEmbrio – informações até fevereiro/2018	150 clínicas de RHA cadastradas.	87,33%23 das clínicas enviaram dados.	12,67% das clínicas não enviaram dados.
12º Relatório SisEmbrio – informações até junho/2018	180 clínicas de RHA cadastradas.	85,56% das clínicas enviaram dados.	14,44% das clínicas não enviaram dados.
13º Relatório SisEmbrio – informações até 2019	183 clínicas de RHA cadastradas.	87,98% das clínicas enviaram dados.	12,02% das clínicas não enviaram dados.

Fonte: Elaboração pelo autor a partir dos dados da pesquisa (2022).

A partir disso, em síntese apertada, cumpre tecer alguns comentários, de forma comparativa, acerca da possibilidade de uso das técnicas medicamente assistidas ao longo desses aproximadamente 30 anos de disciplinamento mediante norma deontológica. Para tanto, foi elaborado quadro comparativo, constante no *Apêndice A*, a fim de refletir a respeito dos principais critérios, pertinentes a esta pesquisa, acerca

---

[305] Houve imprecisão no relatório, na medida em que na seção 2, sobre atualização de dados, apontou-se terem sido recebidos dados de 146 clínicas de RHA, nas conclusões do relatório, por sua vez, consta-se terem sido o quantitativo de 141. Optou-se por considerar o que constava na seção 2.

de: a) finalidade de uso das técnicas; b) propósito; c) idade máxima para candidatas à gestação; d) consentimento informado; e) possíveis beneficiários; f) seleção de sexo ou qualquer outra característica biológica do futuro filho; g) diagnóstico genético pré-implantacional; h) doação de gametas ou embrião; i) sigilo quanto à origem genética do doador (identidade civil); j) quantitativo máximo de embriões gerados em laboratório para viabilizar o projeto parental; k) definição quanto ao critério da "viabilidade" e da "inviabilidade"; l) crioconservação de gametas reprodutivos ou embrião; m) manifestação da vontade quanto à destinação dos embriões excedentários; e n) descarte embrionário.

Ante o exposto, a respeito da finalidade de uso das técnicas, todas resvalam o sentido de que possui um único fim: facilitar o processo de procriação humana, sendo proibida qualquer outra finalidade, relativa à fecundação dos gametas sexuais, que não tenha o objetivo de reprodução para auxiliar no planejamento familiar.[306] Percebe-se, por isso, que o intuito é assegurar a concretização da parentalidade, a partir do simples desejo de empreender na maternagem ou paternagem pelo(s) autor(es) do projeto parental por meio das técnicas de reprodução assistida.

Além do mais, acerca do propósito para a utilização de tais técnicas, pode-se entender que todas as resoluções têm a intenção de favorecer a procriação, quando outras terapêuticas tenham sido ineficazes, desde que exista probabilidade de sucesso e não incorra em risco ao paciente e ao possível descendente.[307]

A partir da Resolução nº 1.957/2010, observa-se uma sutil modificação na redação dos (itens I-1 e 2),[308] quanto à finalidade e ao propósito, de modo que passa a ser omitido o termo "infertilidade humana", na medida em que: a) finalidade: torna-se mais genérica, ao estabelecer que a função seria a de auxiliar nos "problemas de reprodução humana" para facilitar o processo de procriação, substituindo o termo "infertilidade humana"; e b) propósito: apenas suprime-se a expressão "para a

---

[306] Nos itens I-1 e 5 das Resoluções nº 1.358/1992, nº 1.957/2010 e nº 2.013/2013 ou nos itens I-1 e 6 das Resoluções nº 2.121/2015, 2.168/2017 e nº 2.294/2021.

[307] Nos itens I-2 das Resoluções nº 1.358/1992, nº 1.957/2010, nº 2.013/2013 e nº 2.121/2015 ou nos itens I-3 das Resoluções nº 2.168/2017 e nº 2.294/2021.

[308] CONSELHO FEDERAL DE MEDICINA. *Resolução CFM nº 1.957/2010*, de 6 de janeiro de 2011. A Resolução CFM nº 1.358/92, após 18 anos de vigência, recebeu modificações relativas à reprodução assistida, o que gerou a presente resolução, que a substitui *in totum*. Disponível em: http://www.portalmedico.org.br/resolucoes/CFM/2010/1957_2010.htm. Acesso em: 21 out. 2021.

solução de infertilidade". Assim sendo, percebe-se que a ideia inicial de uso para situações específicas de infertilidade humana passa a dar espaço para toda e qualquer situação que se configure abstratamente como problemas de reprodução, sem existir, até o momento, alguma enunciação de critérios específicos.

Imagina-se, com base nisso, a possibilidade inclusiva de ser adotada para a concretização de biparentalidades homoafetivas e transafetivas, além da viabilidade de uso para monoparentalidades programadas. Embora seja possível constatar tal modificação como um suposto avanço, passa a existir, também, maior amplitude sem o estabelecimento de limites em seu uso, o que, evidentemente, causa dúvidas a respeito da sua aplicação.

Em função disso, discute-se a respeito da idade máxima para candidatas à gestação, cuja previsão científica inicialmente nas duas primeiras resoluções não existia. Por outro lado, a partir da Resolução nº 2.013/2013, estabelece-se como sendo a idade máxima a de 50 anos, conforme (item I-2).[309] Por conseguinte, a partir da Resolução nº 2.121/2015, é possível estabelecer exceções à idade-limite, tendo por base, principalmente, fundamentos técnicos e científicos pelo médico responsável e a partir de esclarecimentos acerca dos riscos, conforme (item I-3).[310]

Em relação ao consentimento informado, todas as resoluções observam como sendo um critério obrigatório para a concessão do uso das técnicas de reprodução assistida, estendendo-se, ainda, para todos os pacientes, o que inclui, por isso, os doadores de gametas reprodutivos ou embriões, conforme (item I-3 ou 4).[311] Considera-se, assim, como fundamental para assegurar uma autonomia genuinamente

---

[309] CONSELHO FEDERAL DE MEDICINA. *Resolução CFM nº 2.013/2013*, de 9 de maio de 2013. Adota as normas éticas para a utilização das técnicas de reprodução assistida, anexas à presente resolução, como dispositivo deontológico a ser seguido pelos médicos e revoga a Resolução CFM nº 1.957/10. Disponível em: http://www.portalmedico.org.br/resolucoes/CFM/2013/2013_2013.pdf. Acesso em: 25 out. 2021.

[310] CONSELHO FEDERAL DE MEDICINA. *Resolução CFM nº 2.121/2015*, de 24 de setembro de 2015. Adota as normas éticas para a utilização das técnicas de reprodução assistida – sempre em defesa do aperfeiçoamento das práticas e da observância aos princípios éticos e bioéticos que ajudarão a trazer maior segurança e eficácia a tratamentos e procedimentos médicos – tornando-se o dispositivo deontológico a ser seguido pelos médicos brasileiros e revogando a Resolução CFM nº 2.013/13, publicada no D.O.U. de 9 de maio de 2013, Seção I, p. 119. Disponível em: http://www.portalmedico.org.br/resolucoes/CFM/2015/2121_2015.pdf. Acesso em: 25 out. 2021.

[311] No item I-3 das Resoluções nº 1.358/1992, nº 1.957/2010 e nº 2.013/2013 ou no item I-4 das Resoluções nº 2.121/2015, nº 2.168/2017 e nº 2.294/2021.

real, pautada na liberdade objetiva do indivíduo em desejar utilizar a reprodução assistida ou não.

No tocante aos possíveis beneficiários, é possível perceber que houve uma ampliação com o passar do tempo, vez que, inicialmente, era tido como um direito de toda mulher capaz, que, estando casada ou em união estável, necessitaria da anuência do marido ou do companheiro (item II- 1 e 2)[312] para uma concepção de ser direito de toda e qualquer pessoa, independentemente do gênero, estado civil ou da sexualidade, a partir das Resoluções nº 1.957/2010 e nº 2.013/2013 nos itens II – 1[313] ou II-1 e 2[314], sobretudo em função do reconhecimento, como entidade familiar, da união homoafetiva, no ano de 2011, pelo STF, ao equipará-la com a união estável.

Entende-se, por isso, que se saiu de uma concepção de maternidade necessária, na lógica de uma família biparental ou monoparental, para a percepção de que o anseio pela parentalidade não é uma exclusividade do gênero feminino e nem sequer de uma relação biparental heteroafetiva. Dessa maneira, assegura-se o acesso, como beneficiários, de modo expresso, para a constituição das famílias monoparentais e biparentais que não se enquadrem necessariamente numa heterossexualidade compulsória.

Ressalta-se que a partir da Resolução nº 2.283/2020, que alterou alguns dispositivos da resolução vigente anterior, houve a modificação do item II-2,[315] na medida em que passou a ter a seguinte redação:

---

[312] CONSELHO FEDERAL DE MEDICINA. *Resolução CFM nº 1.358/1992*, de 19 de novembro de 1992. Adota normas éticas para utilização das técnicas de reprodução assistida. Disponível em: http://www.portalmedico.org.br/resolucoes/CFM/1992/1358_1992.htm. Acesso em: 25 out. 2021.

[313] CONSELHO FEDERAL DE MEDICINA. *Resolução CFM nº 1.957/2010*, de 6 de janeiro de 2011. A Resolução CFM nº 1.358/92, após 18 anos de vigência, recebeu modificações relativas à reprodução assistida, o que gerou a presente resolução, que a substitui *in totum*. Disponível em: http://www.portalmedico.org.br/resolucoes/CFM/2010/1957_2010.htm. Acesso em: 21 out. 2021.

[314] CONSELHO FEDERAL DE MEDICINA. *Resolução CFM nº 2.013/2013*, de 9 de maio de 2013. Adota as normas éticas para a utilização das técnicas de reprodução assistida, anexas à presente resolução, como dispositivo deontológico a ser seguido pelos médicos e revoga a Resolução CFM nº 1.957/10. Disponível em: http://www.portalmedico.org.br/resolucoes/CFM/2013/2013_2013.pdf. Acesso em: 25 out. 2021.

[315] CONSELHO FEDERAL DE MEDICINA. *Resolução CFM nº 2.283/2020*, de 1 de outubro de 2020. Altera a redação do item 2 do inciso II, "Pacientes das técnicas de RA", da Resolução CFM no 2.168/2017, aprimorando o texto do regulamento de forma a tornar a norma mais abrangente e evitar interpretações contrárias ao ordenamento jurídico. Disponível em: https://sistemas.cfm.org.br/normas/arquivos/resolucoes/BR/2020/2283_2020.pdf. Acesso em: 12 set. 2021.

"É permitido o uso das técnicas de RA para heterossexuais, homoafetivos e transgêneros". Diante da nova redação, que vigora na Resolução nº 2.294/2021, no item II-2,[316] extrai-se, portanto, que, para ser beneficiário das técnicas de RHA, não é necessário o estado de conjugalidade nem a heterossexualidade como critérios.

No entanto, pontua-se que a discussão permanece polêmica, pois, embora tenha se tentado afastar possíveis interpretações conservadoras, removendo-se "respeitado o direito à objeção de consciência por parte do médico", associado ao restante das palavras que compõem a redação do item, a justificativa relativa às mudanças promovidas pela Resolução nº 2.283/2020 reforça subsistir a plena autonomia dos profissionais em se recusarem a realizar procedimentos relacionados à população abrangida. Nesse quadro, questionam Mascarenhas, Costa e Matos: "a objeção de consciência é em razão do ato médico ou a partir dos sujeitos envolvidos?".[317]

Cumpre ressaltar que a objeção de consciência, facultada ao médico, mediante o seu sentimento próprio em abster-se de realizar conduta que desvie de seu pensamento moral, pode decorrer da reprovabilidade pessoal em função de preconceitos pautados em uniões biparentais homotransafetivas ou monoparentalidades programadas, entidades familiares protegidas pelo ordenamento jurídico. Nesse sentido, ao mesmo tempo que parece garantir um empecilho para a consecução de direitos fundamentais da pessoa humana, também demonstra ser o exercício da autonomia individual do médico. Assim, estar-se-ia diante de um choque de direitos fundamentais: o direito do médico em poder se negar a realizar determinada prática em virtude de seu posicionamento moral *versus* o direito fundamental à reprodução da população LGBT+ e das pessoas solteiras em empreenderam a

---

[316] CONSELHO FEDERAL DE MEDICINA. *Resolução CFM nº 2.294/2021*, de 15 de junho de 2021. Adota as normas éticas para a utilização das técnicas de reprodução assistida – sempre em defesa do aperfeiçoamento das práticas e da observância aos princípios éticos e bioéticos que ajudam a trazer maior segurança e eficácia a tratamentos e procedimentos médicos, tornando-se o dispositivo deontológico a ser seguido pelos médicos brasileiros e revogando a Resolução CFM no 2.168, publicada no D.O.U. de 10 de novembro de 2017, Seção I. Disponível em: https://sistemas.cfm.org.br/normas/arquivos/resolucoes/BR/2021/2294_2021.pdf. Acesso em: 21 out. 2021.

[317] MASCARENHAS, Igor de Lucena; COSTA, Ana Paula Correia de Albuquerque da; MATOS, Ana Carla Harmatiuk. Direito médico à objeção de consciência e a recusa em realizar procedimentos de reprodução assistida em casais homossexuais: a discriminação travestida de direito. *Civilistica.com*, v. 10, n. 2, p. 1-24, 19 set. 2021. p. 13. Disponível em: https://civilistica.emnuvens.com.br/redc/article/view/754. Acesso em: 21 out. 2021.

construção do vínculo materno/paterno-filial para se compor a família monoparental.

Não obstante, acerca da possível seleção de sexo ou qualquer outra característica biológica do futuro filho, todas as resoluções apontam que não deve ser aplicada, excetuando-se a possibilidade de se evitar doenças na criança resultante.[318]

Evidencia-se, nesse ponto, uma amplitude na possibilidade de manipulação ou seleção em virtude de tudo o que, hipoteticamente, pode ser considerado enquanto doença, o que inclui, por isso, a possibilidade de ser interpretado que a enfermidade se confundiria com a deficiência. Assim como comentado em capítulo próprio, torna-se inadmissível essa associação, bem como a possibilidade de se prever, ainda em fase embrionária, a exclusão genética a partir da discriminação da diversidade funcional, enquanto potencialidade de uma vida que não valha a pena ser vivida, decorrente da interpretação de que não possuem qualidade de vida. Por isso, as técnicas auxiliares de DGPI e Crispr-Cas9 não podem ser utilizadas com esse propósito. É necessário reforçar, mais uma vez, que se deve distanciar da deficiência a automática associação com os conceitos de doença e de doenças incompatíveis com a vida, praticamente de forma compulsória.

No que tange ao diagnóstico genético pré-implantacional, todas as resoluções permitem o seu uso, de modo a prever a seleção de embriões submetidos ao diagnóstico de alterações genéticas causadoras de doenças (item VI-1). Mediante isso, inicialmente, esclarece-se que supostamente existiria o único objetivo de verificar a viabilidade ou detectar doenças, entretanto, a partir da Resolução nº 2.121/2015, tornam-se possíveis o descarte ou a doação para pesquisa do embrião, quando for possível perceber a existência de uma gestação ou uma vida considerada como não "viável" (item VI-1).[319] Além do mais, é preciso reafirmar que essa viabilidade, a partir da detecção de alterações genéticas causadoras de "doenças", não pode simular critérios que

---

[318] No item I-4 das Resoluções nº 1.358/1992, nº 1.957/2010 e nº 2.013/2013 ou no item I-5 das Resoluções nº 2.121/2015, nº 2.168/2017 e nº 2.294/2021.

[319] CONSELHO FEDERAL DE MEDICINA. *Resolução CFM nº 2.121/2015*, de 24 de setembro de 2015. Adota as normas éticas para a utilização das técnicas de reprodução assistida – sempre em defesa do aperfeiçoamento das práticas e da observância aos princípios éticos e bioéticos que ajudarão a trazer maior segurança e eficácia a tratamentos e procedimentos médicos – tornando-se o dispositivo deontológico a ser seguido pelos médicos brasileiros e revogando a Resolução CFM nº 2.013/13, publicada no D.O.U. de 9 de maio de 2013, Seção I, p. 119. Disponível em: http://www.portalmedico.org.br/resolucoes/CFM/2015/2121_2015.pdf. Acesso em: 25 out. 2021.

possam relacionar a enfermidade, doenças incompatíveis com a vida e a deficiência enquanto sinônimas.

Outro desdobramento da técnica auxiliar do teste préimplantatório, facultado a partir do item VI-2[320] da Resolução nº 2.013/ 2013, seria a popular figura do "bebê medicamento", no qual, nos termos da normativa, seria possível utilizar a tipagem do sistema HLA do embrião no intuito de selecionar aqueles HLA-compatíveis com algum(a) filho(a) do casal que já seja afetado pela doença, de modo a tornar possível tratamento efetivo a partir do transplante de célulastronco ou de órgãos. Comenta-se que a prática é percebida por muitos estudiosos do tema como extremamente problemática.[321]

A doação dos gametas sexuais ou de embrião, em todas as resoluções, deverá ser gratuita, sendo proibida, no país, a comercialização para fins lucrativos pela normativa. Além disso, ao médico e aos integrantes de sua equipe multidisciplinar, não é permitida a participação enquanto doadores anônimos. A partir da Resolução nº 2.013/2013, começa-se a estabelecer limites na idade dos doadores, que foram modificados na nº 2.294/2021, no item IV-3,[322] na medida em que: a) a mulher doadora poderá ter até 37 anos; e b) o homem doador deverá ter até 45 anos. Pontua-se, na normativa, também, que será possível valer-se de exceções na faixa etária dos doadores quando se tratar de materiais biológicos reprodutivos (gametas e óvulos) quando estiverem crioconservados.

A grande polêmica suscitada pela Resolução nº 2.294/2021, na análise desse critério, consiste na inclusão, como possíveis doadores, dos parentes até o quarto grau (pais/filhos, avós/irmãos, tios/sobrinhos e primos) no item IV-2, vez que, como comentado, a parentalidade

---

[320] CONSELHO FEDERAL DE MEDICINA. *Resolução CFM nº 2.013/2013*, de 9 de maio de 2013. Adota as normas éticas para a utilização das técnicas de reprodução assistida, anexas à presente resolução, como dispositivo deontológico a ser seguido pelos médicos e revoga a Resolução CFM nº 1.957/10. Disponível em: http://www.portalmedico.org.br/resolucoes/CFM/2013/2013_2013.pdf. Acesso em: 25 out. 2021.

[321] Sobre o tema, Cf. FERRAZ, Ana Claudia Brandão de Barros Correia. *O bebê salvador e a sua proteção como sujeito de Direito Intergeracional*. 2018. Tese (Doutorado em Direito) – Universidade Federal de Pernambuco, Recife, 2018. Disponível em: https://repositorio. ufpe.br/handle/123456789/35264. Acesso em: 25 out. 2021.

[322] CONSELHO FEDERAL DE MEDICINA. *Resolução CFM nº 2.294/2021*, de 15 de junho de 2021. Adota as normas éticas para a utilização das técnicas de reprodução assistida – sempre em defesa do aperfeiçoamento das práticas e da observância aos princípios éticos e bioéticos que ajudam a trazer maior segurança e eficácia a tratamentos e procedimentos médicos, tornando-o o dispositivo deontológico a ser seguido pelos médicos brasileiros e revogando a Resolução CFM no 2.168, publicada no D.O.U. de 10 de novembro de 2017, Seção I. Disponível em: https://sistemas.cfm.org.br/normas/arquivos/resolucoes/BR/2021/2294_2021.pdf. Acesso em: 21 out. 2021.

socioafetiva, no Direito das Famílias, é mais abrangente do que um mero critério pautado no biologismo, estando em descompasso à restrição. De forma a corroborar com esse entendimento, a 2ª Vara Cível Federal da Seção Judiciária de São Paulo, em maio de 2022, entendeu sobre o afastamento da obrigatoriedade do anonimato na doação de gametas, de forma a autorizar a fertilização *in vitro* com a flexibilização do dispositivo da resolução do CFM. Isso porque a normativa deve vincular somente a conduta ética-médica, mas em nenhuma hipótese impedir o exercício do direito ao planejamento familiar.[323]

Por outro lado, como argumentado, levanta-se a hipótese problemática de constituir-se uma multiparentalidade no plano factual hipotético quando se conhecer a origem genética do doador de gametas que faça parte do ciclo familiar, ensejando do ordenamento jurídico mecanismos de tutela de proteção à pessoa humana, uma vez que se sabe a origem biológica e a identidade civil do doador. Defende-se aqui que a parentalidade socioafetiva, decorrente da utilização de material genético heterólogo de parente até o quarto grau ou de doador anônimo, não deva constituir a chamada multiparentalidade, como argumentado anteriormente.

No que tange ao direito ao sigilo do doador anônimo de material genético reprodutivo (gametas ou embrião), todas as resoluções[324] pontuam que será obrigatório. E, em situação inversa, o doador também não poderá saber a identidade civil dos receptores do material genético. Todavia, excepcionalmente, em situações em que haja motivação relevante, de ordem de saúde, os médicos responsáveis concederão as informações desejadas sobre o doador desde que não revelem a sua identidade civil.

A respeito do número total de embriões a serem gerados em laboratório, apenas a partir da Resolução nº 2.295/2021 houve a previsão de que não se poderá exceder oito (item V-2).[325] Todas

---

[323] BRASIL. Justiça Federal da 3ª Região (TRF3). 2ª Vara Cível Federal da Seção Judiciária de São Paulo. *Processo de n. indisponível*. Relatora: Rosana Ferri, Data da decisão:20/05/2022. Disponível em: https://ibdfam.org.br/noticias/9703/Justiça%20afasta%20obrigatoriedade%20do%20doador%20anônimo%20e%20autoriza%20fertilização%20in%20vitro%20com%20flexibilização%20de%20resolução%20do%20CFM#:~:text=IBDFAM%3A%20Justiça%20afasta%20obrigatoriedade%20do,flexibilização%20de%20resolução%20do%20CFM . Acesso em: 11 jun. 2022.

[324] No item IV-3 das Resoluções nº 1.358/1992 e nº 1.957/2010 ou no item IV-4 das Resoluções nº 2.013/2013, nº 2.121/2015, nº 2.168/2017 e nº 2.294/2021.

[325] CONSELHO FEDERAL DE MEDICINA. *Resolução CFM nº 2.294/2021*, de 15 de junho de 2021. Adota as normas éticas para a utilização das técnicas de reprodução assistida –

as demais resoluções anteriores não previam expressamente esse limite. A restrição no quantitativo, atualmente, é bastante criticada pelos especialistas que trabalham realizando os ciclos de reprodução assistida, pois a regra poderá ser insuficiente para a concretização da parentalidade para aqueles casos em que a infertilidade humana mais grave diminui a chance de êxito em amostras de embriões na limitação estabelecida pela normativa. Por outro lado, o superávit de embriões crioconservados em laboratório, sem uma destinação, como aponta o *13º Relatório SisEmbrio*,[326] relativa a informações do ano de 2019, ao demonstrar que houve um crescimento de aproximadamente 311,92% em menos de uma década, aponta ser um problema de saúde pública para o qual ainda inexiste solução.

Figura 1 – Número de embriões congelados por ano a partir das técnicas de reprodução humana assistida

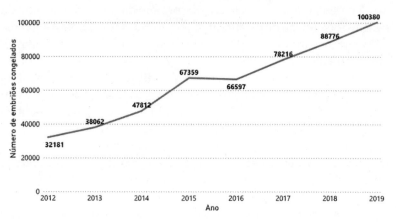

Fonte: ANVISA. 13º Relatório do Sistema Nacional de Produção de Embriões – SisEmbrio, 2020.

---

sempre em defesa do aperfeiçoamento das práticas e da observância aos princípios éticos e bioéticos que ajudam a trazer maior segurança e eficácia a tratamentos e procedimentos médicos, tornando-se o dispositivo deontológico a ser seguido pelos médicos brasileiros e revogando a Resolução CFM n° 2.168, publicada no D.O.U. de 10 de novembro de 2017, Seção I. Disponível em: https://sistemas.cfm.org.br/normas/arquivos/resolucoes/BR/2021/2294_2021.pdf. Acesso em: 21 out. 2021.

[326] ANVISA. Agência Nacional de Vigilância Sanitária. *13º Relatório do Sistema Nacional de Produção de Embriões – SisEmbrio*. Brasília, 2021. Disponível em: https://www.gov.br/anvisa/pt-br/centraisdeconteudo/publicacoes/sangue-tecidos-celulas-e-orgaos/relatorios-de-producao-de-embrioes-sisembrio. Acesso em: 21 set. 2021.

Nesse contexto, as Resoluções anteriores previam apenas que deveria ser comunicado o número de embriões que foram gerados em laboratório, de acordo com a necessidade clínica de cada caso, para que houvesse a decisão sobre quantos embriões viáveis seriam transferidos pelos beneficiários para a gestação.[327]

A definição quanto aos critérios utilizados sobre a "viabilidade" ou a "invialidade", em todas as Resoluções, permanece sem previsão. Comenta-se que na Resolução nº 2.294/2021, no item V-2,[328] reconhece-se sobre a ausência de definição expressa sobre isso, havendo a enunciação, somente, que, após o momento de realização do ciclo de RHA, gerando-se os embriões, separa-se aqueles viáveis para implantação e aqueles viáveis para crioconservação, não se mencionando a destinação dos "inviáveis", para os quais, por eliminação das hipóteses restantes, restaria apenas o descarte ou a destinação à pesquisa. Lembra-se, por sua vez, que o Decreto nº 5.591/2005, que regulamenta alguns dispositivos da Lei de Biossegurança, define como embriões inviáveis aqueles com alterações genéticas comprovadas a partir do diagnóstico genético pré-implantacional, no qual tiveram desenvolvimento interrompido pela ausência espontânea de clivagem (divisões celulares) após período superior a 24 horas a partir da fertilização ou que apresentem alterações morfológicas que comprometam o desenvolvimento embrionário.[329] Nesse sentido, percebe-se que o dispositivo legal não correlaciona a "inviabilidade" com a deficiência propriamente.

No que diz respeito à manifestação da vontade quanto à destinação dos embriões crioconservados, todas as Resoluções[330] apontam que, no momento de congelamento dos embriões, deverá haver a escolha do que ocorrerá em caso de: a) dissolução da entidade familiar; e

---

[327] Item V-2 nas Resoluções nº 1.358/1992, nº 1.957/2010, nº 2.013/2013, nº 2.121/2015, nº 2.168/2017 e nº 2.294/2021.

[328] Resolução CFM (nº 2.294/2021), grifo nosso: "*V – CRIOPRESERVAÇÃO DE GAMETAS OU EMBRIÕES. [...] 2. O número total de embriões gerados em laboratório não poderá exceder a 8 (oito). Será comunicado aos pacientes para que decidam quantos embriões serão transferidos a fresco, conforme determina esta Resolução. Os excedentes viáveis serão criopreservados. Como não há previsão de embriões viáveis ou quanto a sua qualidade, a decisão deverá ser tomada posteriormente a essa etapa.*".

[329] Decreto nº 11.105/2005: "*Art. 3º [...] XIII - embriões inviáveis: aqueles com alterações genéticas comprovadas por diagnóstico pré implantacional, conforme normas específicas estabelecidas pelo Ministério da Saúde, que tiveram seu desenvolvimento interrompido por ausência espontânea de clivagem após período superior a vinte e quatro horas a partir da fertilização in vitro, ou com alterações morfológicas que comprometam o pleno desenvolvimento do embrião.*".

[330] Item V-3 nas Resoluções nº 1.358/1992, nº 1.957/2010, nº 2.013/2013, nº 2.121/2015, nº 2.168/2017 e nº 2.294/2021.

b) falecimento. Além disso, também se faculta aos beneficiários a escolha da doação dos embriões para a concretização da parentalidade de outras pessoas.

A esse respeito, no âmbito jurisprudencial, embora haja essa fixação no momento de contratação do serviço nas CRHA, para se garantir algum grau de estabilidade, entendeu a 5ª Turma Cível do TJDFT,[331] em janeiro de 2022, que os ex-cônjuges, em contexto de divórcio, podem alterar ou revogar a vontade declarada em documento de consentimento informado a qualquer tempo, com relação ao destino do embrião crioconservado. Na situação fática, o ex-marido pleiteou o descarte dos embriões excedentários da técnica realizada quando ainda eram casados, na medida em que o documento destinava a titularidade dos excedentários para a ex-esposa. Por sua vez, obteve sentença procedente para seu pedido.

Também de forma a modificar o que fora pactuado previamente, a 4ª turma do Superior Tribunal de Justiça (STJ),[332] no Recurso Especial (REsp) nº 1.918.421-SP, por maioria, em junho de 2021, decidiu sobre a impossibilidade de implantação de embrião excedentário após a morte do marido mesmo havendo declaração posta em contrato padrão de prestação de serviço de RHA. Isso porque decidiu o tribunal que o documento de consentimento informado, posto em contrato padrão de prestação de serviço de RHA, por si só, é instrumento insuficiente para legitimar a implantação *post mortem* de embriões excedentários, pois não tratariam de manifestação inequívoca, expressa e formal de consentimento. Por isso, alude o precedente que haja a autorização expressa e específica por meio de testamento ou por documento análogo.

Na Resolução nº 1.358/1992, o descarte e a destruição embrionária eram proibidos (item V-2),[333] sendo silente também quanto à

---

[331] BRASIL. Tribunal de Justiça do Distrito Federal e dos Territórios (TJDFT). Quinta Turma Cível do Tribunal. *Processo de n. 0702501-17.2019.8.07.0011*, Relatora: Desembargadora Maria Ivatônia, Quinta Turma Cível, unânime. Data da publicação: 13/12/2021. Disponível em: https://www.tjdft.jus.br/consultas/jurisprudencia/decisoes-em-evidencia/19-1-2022-2013-descarte-de-embrioes-criopreservados-2013-divorcio-2013-tjdft . Acesso em: 12 jun. 2022.

[332] BRASIL. Superior Tribunal de Justiça. *Recurso Especial nº 1.918.421-SP*. Relator: Ministro Marco Buzzi. Relator para Acórdão: Ministro Luis Felipe Salomão. Data do Julgamento: 08/06/2021. Disponível em: https://processo.stj.jus.br/processo/revista/documento/media do/?componente=ITA&sequencial=2058572&num_registro=202100242516&data=2021082 6&peticao_numero=-1&formato=PDF. Acesso em: 17 out. 2021.

[333] CONSELHO FEDERAL DE MEDICINA. *Resolução CFM nº 1.358/1992*, de 19 de novembro de 1992. Adota normas éticas para utilização das técnicas de reprodução assistida. Disponível em: http://www.portalmedico.org.br/resolucoes/CFM/1992/1358_1992.htm. Acesso em: 25 out. 2021.

possibilidade de destinação para pesquisa. A Lei de Biossegurança, como comentado, passou a regular a destinação para pesquisa com células-tronco a partir do ano de 2005. A Resolução nº 1.957/2010, por sua vez, não tratou da possibilidade de descarte e destruição do embrião congelado, mas, de acordo com o item V-2,[334] podia-se entender que apenas os embriões "viáveis" eram congelados. Por outro lado, as Resoluções nº 2.013/2013 e nº 2.121/2015 determinaram que os embriões crioconservados, com mais de cinco anos, poderiam ser descartados se fosse a vontade dos beneficiários, ainda que houvesse a possibilidade de destinação para pesquisa (item V-4).

Todavia, a partir da Resolução nº 2.168/2017, reduziu-se o prazo para três anos ou mais, desde que haja expressa vontade dos pacientes, não sendo os mesmos obrigados a destinarem para pesquisa científica com células-tronco, conforme o item V-4.[335] Além disso, passou a prever a figura do embrião crioconservado "abandonado", no qual os beneficiários responsáveis que descumpriram o contrato preestabelecido e não foram localizados, também no prazo de três anos, admitir-se-ia a possibilidade de descarte desses embriões pela CRHA, segundo o item V-5.

A Resolução vigente, a nº 2.294/2021, nos itens V-4, 5 e 5.1,[336] reproduziu os critérios para descarte existentes na normativa anterior, no entanto, incluiu um novo parâmetro entendido como polêmico, que seria a necessidade de autorização judicial para a possibilidade

---

[334] CONSELHO FEDERAL DE MEDICINA. *Resolução CFM nº 1.957/2010*, de 06 de janeiro de 2011. A Resolução CFM nº 1.358/92, após 18 anos de vigência, recebeu modificações relativas à reprodução assistida, o que gerou a presente resolução, que a substitui *in totum*. Disponível em: http://www.portalmedico.org.br/resolucoes/CFM/2010/1957_2010.htm. Acesso em: 21 out. 2021.

[335] CONSELHO FEDERAL DE MEDICINA. *Resolução CFM nº 2.168/2017*, de 10 de novembro de 2017. Adota as normas éticas para a utilização das técnicas de reprodução assistida – sempre em defesa do aperfeiçoamento das práticas e da observância aos princípios éticos e bioéticos que ajudam a trazer maior segurança e eficácia a tratamentos e procedimentos médicos –, tornando-se o dispositivo deontológico a ser seguido pelos médicos brasileiros e revogando a Resolução CFM nº 2.121, publicada no D.O.U. de 24 de setembro de 2015, Seção I, p. 117. Disponível em: https://sistemas.cfm.org.br/normas/visualizar /resolucoes/BR/2017/2168. Acesso em: 25 out. 2021.

[336] CONSELHO FEDERAL DE MEDICINA. *Resolução CFM nº 2.294/2021*, de 15 de junho de 2021. Adota as normas éticas para a utilização das técnicas de reprodução assistida – sempre em defesa do aperfeiçoamento das práticas e da observância aos princípios éticos e bioéticos que ajudam a trazer maior segurança e eficácia a tratamentos e procedimentos médicos, tornando-se o dispositivo deontológico a ser seguido pelos médicos brasileiros e revogando a Resolução CFM no 2.168, publicada no D.O.U. de 10 de novembro de 2017, Seção I. Disponível em: https://sistemas.cfm.org.br/normas/arquivos/resolucoes/ BR/2021/2294_2021.pdf. Acesso em: 21 out. 2021.

de descarte em se tratando de: a) embriões crioconservados com três anos ou mais, ainda que com autorização expressa dos pacientes; e b) crioconservados e abandonados por três anos ou mais. Transferiu-se, por isso, a titularidade de solução da problemática do destino dos embriões não desejados para o poder judiciário.

Registra-se que, por um lado, a decisão do CFM é acertada, na medida em que não lhes compete decidir sobre o destino desses embriões que não possuem uma natureza jurídica e uma destinação abalizadas pelo Estado de Direito. No entanto, noutra perspectiva, existem aproximadamente 100.380 mil embriões congelados, conforme o último levantamento da ANVISA no *13º Relatório SisEmbrio,*[337] dado esse que demonstra haver um futuro de abarrotamento de processos no judiciário movidos pelos beneficiários e pelas clínicas de reprodução humana para pedir autorização no que tange ao descarte desses embriões, demandas essas para as quais, em regra, o julgador também não possui as ferramentas necessárias que devem ajudá-lo a formar o seu convencimento, não podendo simplesmente trazer impressões pessoais, de ordem religiosa ou de qualquer outra natureza que não seja de cunho jurídico. A incerteza quanto ao descarte dos embriões excedentários no poder judiciário, nos próximos anos, há de, talvez, fundamentar que haja um maior movimento do poder legislativo em regulamentar a matéria e criar precedentes dos mais diversos no que tange à tutela jurídica do embrião congelado.

À vista desse cenário, percebe-se que há mais inseguranças no que tange ao uso das tecnologias de reprodução humana assistida no Brasil do que propriamente certeza, tendo em vista a indefinição teórica pelo Estado de Direito quanto a diversos fatores. Entre eles, relembram-se as dúvidas quanto à natureza jurídica do embrião congelado, que vêm ocupando diversas gerações de juristas no debate, considerado para este trabalho como *sui generis* (nem coisa, nem pessoa, não se enquadrando nas categorias clássicas do direito civil), e a insuficiência resolutiva dos dispositivos do Código Civil que tratam do tema, nos incisos III, IV e V do art. 1.597.

Soma-se a isso, ainda, a conduta do CFM, de maneira autônoma, em regulamentar as ferramentas por normas ético-disciplinares que

---

[337] ANVISA. Agência Nacional de Vigilância Sanitária. *13º Relatório do Sistema Nacional de Produção de Embriões – SisEmbrio.* Brasília, 2021. Disponível em: https://www.gov.br/anvisa/pt-br/centraisdeconteudo/publicacoes/sangue-tecidos-celulas-e-orgaos/relatorios-de-producao-de-embrioes-sisembrio. Acesso em: 21 set. 2021.

não possuem força de lei em *strictu sensu*, usurpando, em algumas disposições, a função do poder legislativo ao restringir ou ampliar direitos. Nesse quadro problemático de incertezas, cumpre analisar, especificamente, as tecnologias auxiliares de diagnóstico genético pré-implantacional e o avanço da engenharia genética da precisão ao desenvolver a ferramenta de *design* genético conhecida como CRISPR-Cas9, de modo a vislumbrar o potencial disruptivo que ambas as tecnologias, aplicadas de forma independente ou conjunta, possuem em moldar o futuro da espécie humana e, por consequência, a própria natureza humana.

3.6 O diagnóstico genético pré-implantacional e a discriminação pela deficiência

O aconselhamento genético, na dimensão da medicina preventiva e preditiva,[338] além de constituir uma importante ferramenta para o direito ao planejamento familiar, poderá ocorrer também de forma: a) pré-conceptiva: na qual se analisam os exames genéticos realizados anteriores à fecundação, para verificar os riscos de se conceber um filho com doenças genéticas, sobretudo quando há antecedentes familiares conhecidos, possuindo menor exatidão se comparado aos demais diagnósticos; b) pré-implantatória: realizam-se os exames no momento em que já existem embriões, geralmente fertilizados em proveta, possibilitando separar-se aqueles que possuam doenças e os inviáveis, havendo resultados mais exatos e confiáveis; c) pré-natal: os testes ocorrerão de forma a determinar as condições de desenvolvimento do nascituro, isto é, momento em que já se apresenta um estado de gravidez, para obter-se informações sobre o desenvolvimento morfológico, estrutural, funcional, entre outros;[339] e d) pós-natal: momento em que se investigam

---

[338] A Medicina preventiva é uma especialidade na qual se busca evitar o desenvolvimento de doenças, por meio de hábitos saudáveis, enquanto a preditiva pode ser definida pela capacidade de se fazer predições quanto à possibilidade de uma pessoa desenvolver doenças ao socorrer-se, sobretudo, das modernas tecnologias. Sobre o tema, Cf. ASTONI JÚNIOR, Ítalo Márcio Batista; IANOTTI, Giovano de Castro. Ética e medicina preditiva. *Revista Brasileira de Saúde Materno Infantil*, Recife, 10 (Supl. 2), S377-S382, dez. 2010. Disponível em: https://www.scielo.br/j/rbsmi/a/nHztZJFhJWXXqZqQN9xQY6H/?lang=pt&format=pdf. Acesso em: 27 out. 2021.

[339] CONTI, Paulo Henrique Burg; SOUZA, Paulo Vinicius Sporleder de. A diversidade genética humana na era dos diagnósticos genéticos: aspectos bioéticos e da proteção de bens jurídicos-penais supraindividuais. *Revista Brasileira de Ciências Criminais*, v. 150, p. 77-120, 2018. p. 84-86.

patologias no recém-nascido para que se possa proceder com o início de tratamentos médicos adequados. Para este trabalho, especificamente, interessa o teste genético anterior à implantação do embrião gerado em laboratório no útero para gestação a partir da fertilização em proveta.

A partir disso, no Diagnóstico Genético Pré-Implantacional (DGPI), é possível determinar a existência de anomalias genéticas que impactem o desenvolvimento do embrião nas múltiplas divisões celulares necessárias para se formarem os tecidos e os órgãos ou, ainda, identificarem fatores genéticos que verifiquem a predeterminação para doenças hereditárias, doenças incompatíveis com a vida e deficiências, conceitos esses que, em sua abstração, não devem ser interpretados como sinônimos, sendo, portanto, inconfundíveis. Nesse cenário, esclarece-se que, destoando do objetivo primordial, seria a preservação da *Dignidade da Vida Humana* do embrião pré-implantatório – a qual se difere essencialmente da *Dignidade da Pessoa Humana* –, pode existir o objetivo secundarizado de descarte, destinação para pesquisa ou exclusão embrionária daqueles que possuem o genoma da deficiência por simples liberalismo reprodutivo. A prática do DGPI não é obrigatória e aumenta os custos relacionados ao ciclo de reprodução humana em laboratório, devendo ser aplicada quando houver histórico familiar latente de risco de doenças graves na criança que resultará do planejamento familiar.

Nesse contexto, não se defende que haja uma implantação obrigatória de embriões que possuam o diagnóstico da deficiência por exame pré-implantacional, mas que, no momento do aconselhamento genético, haja esclarecimentos sobre não se tratar de uma vida miserável e que não mereça ser vivida. O diagnóstico da deficiência em embrião gerado em laboratório, por isso, não deve ser suficiente para enquadrá--lo como inviável para a gestação e tampouco característica suficiente para que haja o imediato descarte ou destinação para pesquisa. Deve-se passar por um momento prévio de esclarecimentos, por intermédio do termo de consentimento informado caso haja, no Estado de Direito, a permissão para a escolha preditiva que abranja mais do que simples doenças a partir da óptica do planejamento familiar dentro do conceito de "viabilidade" e "invialidade". Ressalta-se que o ordenamento jurídico, no momento, não responde objetivamente a esse critério.

No entanto, pergunta-se: havendo esclarecimentos sobre a existência de embriões inviáveis e viáveis, somente a partir dos critérios de doenças hereditárias que não sejam deficiência, o que legitima a escolha de embriões viáveis que possuam o diagnóstico pela deficiência por aqueles que não possuam deficiência? Seria legítimo opor aos pais as informações que, entre os embriões viáveis, há aqueles diagnosticados com o gene da deficiência e outros sem o gene da deficiência? A escolha do planejamento familiar deve facultar uma filiação programada que possibilite escolher filhos com determinados dados genéticos, fundamentando-se somente na autonomia extrapatrimonial da pessoa humana? Para as perguntas suscitadas, não há uma resposta exata e pacífica, ocupando-se em responder somente às duas primeiras neste tópico, destinando a última para o capítulo seguinte.

Diante disso, preliminarmente, entende-se que, a partir da autonomia da pessoa humana, devem ser garantidas informações necessárias para que se entenda, no aconselhamento genético, os riscos derivados dos embriões gerados em laboratório em relação à inviabilidade, associado restritamente a doenças hereditárias e doenças incompatíveis com a vida. O liberalismo reprodutivo, por sua vez, não deve adentrar nas escolhas por preferências genéticas no que tange à projeção da prole em mais dimensões do que o critério restrito de doença. Isso porque, como argumentado, se a criança resultante possuir algum tipo de deficiência, não lhe qualificará como um sujeito que terá uma vida sem saúde e indigna. Por isso, qual deve ser o papel do médico ao deparar-se com o diagnóstico da diversidade funcional? Informar aos pais? Acredita-se que não haja uma obrigação moral para que se concedam tais informações, todavia, havendo a disposição delas para o sujeito que contratou a clínica, deve-se fundamentar no termo de consentimento informado, como fora falado, que aquelas vidas, de embriões viáveis, são passíveis de qualidade e saúde.

Nesse contexto, David King[340] argumenta que a eugenia, longe de ser um argumento do passado, faz parte da atualidade, pois, nas testagens genéticas, ao ser realizado um *screening* pré-natal, por exemplo, para se detectar uma condição particular, como a síndrome de Down, é possível impedir o nascimento de crianças consideradas com "defeitos" cromossômicos. Diante disso, Jürgen Habermas afirma que há uma obscenidade de a *práxis* viver em uma sociedade que adquire considerações narcisistas a partir das próprias preferências e a preço da insensibilidade com relação aos fundamentos normativos e naturais da vida.[341] Em razão disso, ele questiona: "é compatível com

---

[340] KING, David. Preimplantation genetic diagnosis and the 'new' eugenics. *Journal of Medical Ethics*, v. 2, p. 176-182, 1999. Disponível em: https://www.ncbi.nlm.nih.gov/pmc/articles/PMC479204/pdf/jmedeth00003-0102.pdf. Acesso em: 27 out. 2021.

[341] HABERMAS, Jürgen. *O futuro da natureza humana*: a caminho de uma eugenia liberal? Tradução de Karina Jannini. São Paulo: Martins Fontes, 2004. p. 28-29.

a dignidade humana ser gerado mediante ressalvas e, somente após um exame genético, ser considerado digno de uma existência e de um desenvolvimento? Podemos dispor livremente da vida humana para fins de seleção?".[342]

Dessa forma, Habermas considera que o DGPI pode partir da perspectiva da autoinstrumentalização e da auto-otimização da pessoa humana, pois torna-se difícil respeitar as fronteiras entre a seleção de fatores hereditários indesejáveis e a otimização de fatores desejáveis, adentrando-se na discussão entre a prevenção e a eugenia.[343] À vista disso, a partir da óptica do liberalismo reprodutiva, por meio dos desejos reprodutivos de figuras parentais projetistas, a oportunidade de haver novas significações ao que seria a eugenia, em virtude da possível associação entre essas ideias de melhoramento da espécie, com o que propugna o movimento transumanista, faculta-se buscar afastar características genéticas consideradas piores de outras melhores, em conformidade com um padrão socialmente hegemônico na cultura ocidental.

Desse modo, Francis Fukyama comenta que o transumanismo trata de um movimento que percebe a biologia humana como um limite a ser superado por meio dos avanços biotecnológicos, ao ser projetada uma visão de que a raça humana um dia será mais forte, inteligente, saudável e com maiores expectativas de vida em virtude da tecnologia.[344] Entretanto, os fundamentos transumanos não devem adentrar no campo da genética de modo a determinar que a deficiência, por si só, seja um fator única e exclusivamente de limitação individual, na medida em que a deficiência se alastra, na verdade, a partir da relação entre o sujeito e o meio social pouco adaptado para as suas subjetividades.

De toda sorte, o processo de procriação artificial possibilita a interpretação de que o que era um ato de sujeitos – a dois – figure-se em produto de uma atividade científica ou industrial e, por isso, ocorra uma artificialização do ser vivo em se tornar a própria mola da transformação em material.[345] É possível entender, por isso, que há

---

[342] HABERMAS, Jürgen. *O futuro da natureza humana*: a caminho de uma eugenia liberal? Tradução de Karina Jannini. São Paulo: Martins Fontes, 2004. p. 29.

[343] HABERMAS, Jürgen. *O futuro da natureza humana*: a caminho de uma eugenia liberal? Tradução de Karina Jannini. São Paulo: Martins Fontes, 2004. p. 29.

[344] FUKUYAMA, Francis. *Nosso futuro pós-humano*: conseqüências da revolução da biotecnologia. Tradução de Maria Luiza X. de A. Borges. Rio de Janeiro: Rocco, 2003. p. 18-19.

[345] TORT, Michel. *O desejo frio*: procriação artificial e crise dos referenciais simbólicos. Tradução. de Clóvis Marques. Rio de Janeiro: Civilização Brasileira, 2001. p. 70.

uma mecanização do ser humano, pois há uma verdadeira construção de um mercado vivo de material genético, ao oferecer a efetivação do projeto parental mediante oferta, procura e escolha.

A partir disso, Adrienne Asch,[346] professora de Biologia, Ética e Reprodução Humana na Wesllesley College (Estados Unidos da América), ensina que os profissionais de saúde e da bioética erram em duas situações. A primeira seria de que existem duas suposições de consequências adversas, pois acreditam que a vida da pessoa com deficiência, ou mesmo de um sujeito como uma doença crônica, estaria comprometida para sempre, como se a pessoa estivesse temporariamente interrompida ou comprometida. Por outro lado, há, ainda, a suposição de que, se o indivíduo com deficiência estiver passando por uma situação de isolamento, de impotência, de desemprego, pobreza, entre outros, os fatores se devem única e exclusivamente à inevitável condição pessoal do sujeito.

Além do mais, ela explica que as deficiências não são equivalentes a doenças agudas ou lesões repentinas, que são situações que mudam de maneira inesperada a rotina de uma vida. Assim, na verdade, pessoas com síndrome de Down, por exemplo, se veem enquanto pessoas saudáveis, isto é, não doentes, pois percebem suas condições como partes inerentes à vida, a partir de que é a maneira pela qual elas interagem com o mundo.[347]

Ainda sob esse viés, a segunda situação em que os profissionais erram, conforme a pesquisadora, é entender todos os problemas que existem na vida de uma pessoa com deficiência como consequência da sua condição pessoal, e não de fatores externos. Diante disso, esclarece que os formadores de políticas públicas, os médicos e os bioeticistas, estabelecem promoções de estilos de vida mais saudáveis com base em ideias de que certo nível de saúde seria não apenas desejável, como também um pré-requisito para uma vida aceitável.[348]

Desse modo, ensina a especialista que, quando os profissionais de saúde defendem o aconselhamento genético como uma forma de

---

[346] ASCH, Adrienne. Diagnóstico Pré-natal e aborto seletivo: um desafio à prática e às políticas. *In*: DINIZ, Debora (Org.). *Admirável nova genética*: bioética e sociedade. Brasília: LetrasLivras, Editora UnB, 2005. p. 231.

[347] ASCH, Adrienne. Diagnóstico Pré-natal e aborto seletivo: um desafio à prática e às políticas. *In*: DINIZ, Debora (Org.). *Admirável nova genética*: bioética e sociedade. Brasília: LetrasLivras, Editora UnB, 2005. p. 231.

[348] ASCH, Adrienne. Diagnóstico Pré-natal e aborto seletivo: um desafio à prática e às políticas. *In*: DINIZ, Debora (Org.). *Admirável nova genética*: bioética e sociedade. Brasília: LetrasLivras, Editora UnB, 2005. p. 232.

evitar uma futura deficiência, eles transformam a deficiência na única característica a ser considerada, a ponto de sugerir que pessoas que aguardam ansiosamente um bebê devam interromper uma gestação para terem um filho considerado "saudável". Isso porque há a dificuldade de se entender que, além do traço genético da deficiência, há também outras características de qualquer outra criança. Nessa medida, a tecnologia poder levantar hipóteses incorretas e pouco discutidas sobre o impacto negativo que a deficiência pode ter na vida das famílias, concentrando-se, sobretudo, "no que é comunicado sobre a aceitação familiar e social da diversidade, mais especificamente da deficiência". Portanto, reflete que, se as autoridades empenhassem esforços para fomentar justiça social e igualdade para pessoas com deficiência, de mesmo modo que fazem com mulheres, homossexuais e demais membros de minorias étnicas e raciais, os esforços para se promover as tecnologias de diagnóstico genético seriam reconsiderados.[349]

Diante disso, Adrienne Asch afirma que a sua posição moral é a de que a vida da pessoa com deficiência vale a pena ser vivida, além de pensar que uma sociedade justa deve apreciar e promover a vida de todas as pessoas. Por isso, pensa que existem inúmeras evidências de que os sujeitos com deficiência podem resistir e sobreviver na sociedade atual, que, na sua percepção, está longe de ser considerada como acolhedora.[350]

Nesse contexto, assim como a autora, acredita-se, para este trabalho, que a pessoa com deficiência tem plena possibilidade de viver na sociedade com qualidade de vida e saúde. Considera-se a necessidade de políticas públicas de acolhimento e acesso a direitos fundamentais minimizados em virtude da lógica higienista e incapacitante do sujeito com diversidade funcional. Ainda nessa perspectiva, perceber que a vida com deficiência vale a pena ser vivida vai além de assimilar a percepção do modelo *social* de deficiência no ordenamento jurídico, pois, ao tratar de uma questão de humanidade e de moralidade, apercebe-se, também, que se trata de uma questão de políticas públicas.

Justificar políticas higienistas, tendo por base a exclusão embrionária, em face da lógica de ser uma "vida restrita em termos de

---

[349] ASCH, Adrienne. Diagnóstico Pré-natal e aborto seletivo: um desafio à prática e às políticas. *In*: DINIZ, Debora (Org.). *Admirável nova genética*: bioética e sociedade. Brasília: LetrasLivras, Editora UnB, 2005. p. 236-237.

[350] ASCH, Adrienne. Diagnóstico Pré-natal e aborto seletivo: um desafio à prática e às políticas. *In*: DINIZ, Debora (Org.). *Admirável nova genética*: bioética e sociedade. Brasília: LetrasLivras, Editora UnB, 2005. p. 238.

potencialidades",[351] restringe, novamente, o debate da vida humana com deficiência a partir de aspectos do modelo médico de deficiência, vencidos, sobretudo, pelo tratado internacional de direitos humanos assimilado no Brasil com *status* de norma constitucional. Sobre esse debate, a *Organização Europeia de Pessoas com Deficiência* solicitou, de forma direta, mudanças na forma como a sociedade deve conduzir os debates sobre genética.

1. O uso de novas descobertas genéticas humanas, técnicas e práticas deve evitar a discriminação, bem como para proteger em todas as circunstâncias os direitos humanos dos sujeitos com deficiência;

2. O aconselhamento genético deve ser não diretivo, fundamentado nos direitos, ser abrangente e disponível para todas as pessoas e deve refletir a real experiência da deficiência;

3. Os pais não devem ser de nenhuma maneira pressionados a realizar testes pré-natais ou forçados a interromper terapeuticamente as gestações;

4. Todas as crianças devem ser bem-vindas ao mundo e providas apropriadamente de apoio financeiro, social e prático;

5. As organizações de pessoas com deficiência devem ser representadas em todos os organismos de regulação e conselhos relacionados à genética humana;

6. A legislação deve ser revisada para dar fim à discriminação com base na lesão para justificar legalmente o aborto;

7. Deve haver um extenso programa de treinamento para todos os profissionais de saúde e de assistência social a partir de uma perspectiva de igualdade para as pessoas com deficiência (*tradução nossa*).[352]

Dessa forma, considera-se, principalmente, que os centros de pesquisa em genética, assim como as clínicas que se prestam a realizar a reprodução de técnicas assistidas, devem assimilar novas concepções quanto à ética normativa e aplicada, ao considerar a deficiência para além de uma enfermidade e uma vida sem potencialidade.

---

[351] GUILAM, Maria Cristina Rodrigues. O discurso do risco na prática do aconselhamento genético pré-natal. *In*: SCHRAMM, Fermin Roland; REGO, Sergio; BRAZ, Marlene; PALÁCIOS, Marisa (Org.). *Bioética*: risco e proteção. 2. ed. Rio de Janeiro: Editora UFRJ: Editora Fiocruz, 2009. p. 175.

[352] DISABLED PEOPLE' INTERNACIONAL EUROPE. *Disabled People Speak on the New Genetics*: DPI Europe Position Statement on Bioethics and Human Rights. London: Disabled People' Internacional (DPI), 2000. Disponível em: http://www.dpi-europe.org/bioethics_issues/bioethics_issues/bioethics-english.pdf. Acesso em: 27 out. 2021.

A partir disso, Adrienne Asch explica que esses programas precisam mudar para englobar as pessoas que já existem no mundo, e não para alegar que algumas pessoas não deveriam existir porque o mundo não está preparado para recebê-las.[353] Dessa maneira, os estabelecimentos clínicos devem comunicar que é aceitável viver com a deficiência da mesma forma que é viver sem ela, pois uma sociedade em que se dá suporte e apoio a qualquer pessoa, independentemente de suas características é uma sociedade que pode garantir que pais e seus futuros filhos serão bem-vindos.[354]

Consequentemente, o aconselhamento genético não deve ser utilizado com o propósito finalístico de evitar uma deficiência sobre o pretexto de ser uma vida indigna e que não vale a pena ser vivida, devendo-se passar pelo processo de esclarecimentos sobre as potencialidades e qualidades que o sujeito que detém essas particularidades possui para além de uma autolimitação ou problema de ordem pessoal privada, sendo, sobretudo, as limitações decorrentes de fatores externos.

Além disso, especificamente, o exame pré-implantatório do embrião deve concentrar-se na investigação de doenças hereditárias e doenças incompatíveis com a vida, não havendo uma obrigação moral para que se investiguem deficiências, na medida em que se considera que, no conceito de inviabilidade do embrião, não há por que incluir a deficiência, sendo, por isso, considerados como embriões viáveis aqueles dotados de saúde que possuam ou não o traço genético da deficiência. Ademais, o avanço da biotecnociência, na atualidade, fundamenta não apenas a possibilidade preditiva de antever características genéticas do embrião extracorpóreo, mas fundamenta também a intervenção direta no genoma desse para que haja a substituição ou remoção de determinadas características genéticas a partir da moderna ferramenta conhecida como CRISPR-Cas9.

---

[353] ASCH, Adrienne. Diagnóstico Pré-natal e aborto seletivo: um desafio à prática e às políticas. *In*: DINIZ, Debora (Org.). *Admirável nova genética*: bioética e sociedade. Brasília: LetrasLivras, Editora UnB, 2005. p. 254.

[354] ASCH, Adrienne. Diagnóstico Pré-natal e aborto seletivo: um desafio à prática e às políticas. *In*: DINIZ, Debora (Org.). *Admirável nova genética*: bioética e sociedade. Brasília: LetrasLivras, Editora UnB, 2005. p. 256.

3.7 Terapia Gênica em material genético humano: a descoberta do CRISPR-Cas9

Embora se acredite que as bactérias sejam o presságio de problemas relativos a doenças, infecções ou até mesmo ao apodrecimento de alimentos, elas representam também um viés útil para seres humanos, como a regulação da digestão e o processamento de alimentos ingeridos. Nesse viés, comenta-se que o sistema "CRISPR", que significa *"curtas repetições palindrômicas agrupadas regularmente e interespaçadas"*,[355] deriva de bactérias, sendo, na atualidade, responsável pela descoberta do que até então era considerado como impossível para a humanidade. A esse respeito, torna-se fundamental tecer que os primeiros estudos da ferramenta têm início nos anos de 1980, no Japão, apesar de ter se tornado decisivo seu estudo a partir da década de 1990, por intermédio do trabalho do espanhol Francis Mojica, à época vinculado à Universidade de Alicante (Espanha), tendo sido criado o termo pelo pesquisador, em parceria com holandeses, em novembro de 2001, chegando-se ao acrônimo que se popularizou no mundo.[356]

Nessa toada, o potencial da ferramenta para a edição genética foi marcado pelos estudos das cientistas Jennifer Doudna e Emmanuelle Charpentier a partir do ano de 2012. Isso porque, em parceria com os pesquisadores Martin Jinek, Krzysztof Chylinski, Ines Fonfara e Michael Haure, em artigo publicado em junho de 2012, na revista *Science*, propuseram uma nova metodologia baseada no RNA-programado, a partir da proteína Cas9, por intermédio do sistema CRISPR, de modo a oferecer um considerável potencial da ferramenta para a aplicação em alvos genéticos rastreáveis, tornando possível, assim, a edição do genoma com precisão.[357] Por sua vez, em novembro de 2014, as cientistas publicaram em coautoria, também na revista *Science*, um ensaio descritivo provando como a tecnologia revolucionou o campo da engenharia genética. Discutem as pesquisadoras que o campo da biologia enfrenta agora uma nova fase de transformação com base no advento da ferramenta do RNA-programável, conhecido como CRISPR-Cas9,

---

[355] *"Clustered Regularly Interspaced Short Palindromic Repeats"* (tradução livre).

[356] MONTOLIU, Lluís. *Editando genes:* recorta, pega y cólera. Las maravillosas herramientas CRISPR. 2. ed. Pamplona: Next Door Publishers, 2020.

[357] JINEK, Martin; CHYLINSKI, Krzysztof; FONFARA, Ines; HAURE, Michael; DOUDNA, Jennifer; CHARPENTIER, Emmanuelle. A Programmable Dual-RNA–Guided DNA Endonuclease in Adaptive Bacterial Immunity. *Science*, v. 337, Issue 6096, 2012. Disponível em: https://science.sciencemag.org/content/337/6096/816.full. Acesso em: 30 nov. 2020.

em seres vivos (animais e plantas). Isso em razão de, ao se associar o sistema imune bacteriano, chamado de CRISPR, com a proteína Cas9, torna-se possível guiar uma sequência do RNA para os alvos do DNA, possibilitando-se editar o genoma de forma objetiva, visto que a proteína Cas9 funcionará como uma "tesoura" capaz de cortar o gene-alvo,[358] como pode ser observado na Figura a seguir.

Figura 2 – Desenho esquemático sobre a aplicação do sistema CRISPR-Cas9 como ferramenta de design genético

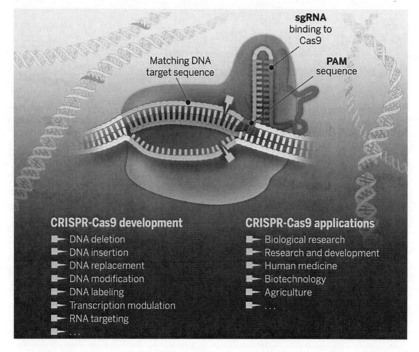

Fonte: DOUDNA, Jennifer; CHARPENTIER, Emmanuelle. *The new frontier of genome engineering with CRISPR-Cas9*, 2014.

Essa tecnologia, portanto, inaugura um novo marcador histórico nos avanços científicos que dizem respeito à engenharia genética, pois permite, com precisão, alterar o genoma de células somáticas e germinativas de forma mais objetiva, rápida e pouco onerosa do que as

---

[358] DOUDNA, Jennifer; CHARPENTIER, Emmanuelle. The new frontier of genome engineering with CRISPR-Cas9. *Science*, v. 346, issue 6213, 2014. Disponível em: https://science.sciencemag.org/content/346/6213/1258096. Acesso em: 6 dez. 2020.

tecnologias disponíveis anteriormente. Além disso, introduz no debate as consequências nefastas que poderá ter na proteção da diversidade no patrimônio genético, uma vez que ao se alterar por intermédio do método o genoma na linha germinativa do ser vivo, esse não fará mais parte da cadeia genética dos descendentes, sendo excluído, por isso, das futuras gerações e colocando em risco a noção de herança genética atribuída pela mudança do código de ascendentes para descendentes. Assim, da mesma forma que aparenta ser um inequívoco benefício na história da humanidade, é, também, circundado por graves dilemas éticos no manejo da tecnologia, sobretudo aqueles que tenham o propósito eugênico ou de "limpeza de defeitos". Dessa forma, há quem diga que, na medida em que se pode ler e escrever o genoma humano, torna-se possível modificar, também, a percepção do que é ser humano na atualidade.[359]

A simplicidade no uso da ferramenta fez com ela se popularizasse rapidamente não apenas no meio científico e acadêmico, mas também no uso doméstico por curiosos que desejassem utilizar a tecnologia de forma bruta e livre. A esse respeito, em rápida consulta, pode-se encontrar à venda em plataformas como Amazon[360] ou em sites específicos como genscript.com[361] ou the-odin.com[362] a partir do uso dos termos "Engenharia do genoma" ou "Crispr-Cas9 Kit", em preços que variam entre $169.99 e $379.00, prometendo facilidade e praticidade no uso da tecnologia. Em função disso, num futuro não tão distante, é possível que a simplicidade na aquisição da ferramenta possibilite que seja comercializada em grandes centros comerciais de forma pragmática.

Ao discorrer sobre kits caseiros, Walter Isaacson[363] entende que a praticidade no uso da técnica pode ser equiparada com a chegada dos computadores pessoais e dos serviços digitais nos anos de 1970. Afinal, os grandes desenvolvedores e empreendedores podem elaborar variantes dos kits, de forma delimitada, para que os testes domésticos possam ter, de forma exemplificativa, as seguintes aplicações:

---

[359] Cf. MUKHERJEE, Siddhartha. O gene: uma história íntima. Tradução de Laura Motta. São Paulo: Companhia das Letras, 2016. p. 23.

[360] "Kit de Engenharia de Genoma Bacterial DIY, CRISPR": https://www.amazon.com/DIY-Bacterial-Genome-Engineering-CRISPR/dp/B071ZXW1TW. Acesso em: 6 dez. 2020.

[361] "GenCRISPR™ Cas9 kits": https://www.genscript.com/cas9-kits.html. Acesso em: 6 dez. 2020.

[362] "DIY Bacterial Gene Engineering CRISPR Kit": https://www.the-odin.com/diy-crispr-kit/. Acesso em: 17 abr. 2021.

[363] ISAACSON, Walter. The Code Breaker: Jennifer Doudna, Gene Editing and the Future of the Human Race. New York, NY: Simon&Schuster Inc., 2021. p. 432-433.

detecção de vírus, diagnóstico de doenças, triagem de câncer, análises nutricionais, avaliações microbiológicas, testes genéticos, entre outros. De certa forma, para o autor, ajudará a trazer a Biologia para dentro de casa, de forma a permitir autodiagnósticos e soluções simplificadas para o que ocorre com o corpo humano.

Diante desse fenômeno, há o iminente desconforto sobre a inexistência de limites éticos e jurídicos bem-delineados pelos Estados nacionais a respeito do uso da ferramenta em seus respectivos países, de modo a estar próximo da metáfora utilizada por Van Rensselaer Potter sobre a "Caixa do Conhecimento de Pandora", em alusão à mitologia grega sobre a execução de uma ação que supostamente pode parecer inocente, mas que pode trazer consequências nefastas. Sendo assim, ao escolher abrir a "caixa do conhecimento", não se poderá mais colocar de volta a informação obtida, de modo que a humanidade deverá sempre procurar a sabedoria necessária para saber lidar com as novas descobertas. Desse modo, ao mesmo tempo em que jamais se imaginou prever as possíveis consequências dos novos conhecimentos, deve-se considerar uma necessidade de aumento do planejamento multidisciplinar. Justifica-se já que as descobertas deverão sempre prezar pela sabedoria necessária para lidar com as novas tecnologias, devendo-se concluir que não é do conhecimento perigoso que se deve ter medo, mas sim da ignorância perigosa.[364]

A partir disso, percebe-se que, devido à descoberta do potencial do CRISPR-Cas9 para a edição genética, os cientistas agora podem utilizá-lo para modificar o código genético vital que compõe o DNA de plantas, animais e seres humanos. E, como argumentado, não apenas pesquisadores e cientistas têm acesso à tecnologia, mas todos aqueles que tenham interesse e o dinheiro necessário poderão comprar os instrumentos para reproduzir a tecnologia em suas casas, sendo facilmente adquirido. Não obstante, embora existam as mais diversas possibilidades de aplicação da referida ferramenta para edição no genoma, esclarece Jennifer Doudna, em livro escrito em coautoria com Samnuel Stenberg, que a sua intenção inicial, juntamente com Emmanuelle Charpentier, era que seu trabalho pudesse ajudar a reescrever o DNA de pacientes humanos para curar doenças.[365] Dessa forma, ressaltam

---

[364] POTTER, Van Rensselaer. *Bioética*: ponte para o futuro. Tradução de Diego Carlos Zanella. São Paulo: Edições Loyola, 2016. p. 89-91.

[365] DOUDNA, Jennifer; STERNBERG, Samuel. *A crack in creation*: gene editing and unthinkable power to control evolution. Boston: Editora Houghton Mifflin Harcourt, 2017. p. 153.

os autores que existe uma diferença entre alterar células somáticas e germinativas no genoma, pois: a) células germinativas são aquelas em que o genoma pode ser herdado pelas gerações subsequentes, estando presente em óvulos ou esperma, por exemplo; e b) células somáticas são as outras células que compõem o organismo vivo, como coração, músculo, cérebro, entre outros.[366] Por isso, percebe-se que o propósito da técnica se direcionava como uma forma de garantir tratamento terapêutico para seres humanos nascidos que possuíssem uma doença hereditária e não de editar o genoma com a finalidade de reescrever a herança genética das futuras gerações.

Ademais, ensina Graziella Trindade Clemente que o uso da ferramenta do CRISPR-Cas9, com a finalidade de corrigir doenças em embriões gerados em laboratório, não deverá ser sempre visto de forma negativa e incompatível com a *Dignidade Humana*, na medida em que algumas doenças hereditárias graves poderão comprometer a qualidade de vida do sujeito.[367]

Dessa forma, ainda que haja a regra de proibição da edição genética no Brasil, em células germinativas, devem ser sopesadas circunstâncias em que essa terapia seja possível, não devendo haver uma restrição para todo e qualquer caso.

Ainda sob esse viés, ensina a especialista[368] que, embora muitos defendam não ser necessária a utilização da ferramenta do CRISPR-Cas9, em virtude de o DGPI ser eficiente na seleção de embriões diagnosticados com doenças, argumenta que há inúmeras situações em que, mesmo gerando-se no ciclo de reprodução humana alguns embriões em laboratório, há circunstâncias em que a probabilidade de se ter embriões viáveis, de acordo com o quadro clínico dos beneficiários, é reduzida ou próxima de zero. Por isso, poderá haver situações em que haja viabilidade em nenhum embrião ou em apenas um ou alguns. Dessa maneira, acaba sendo necessária a produção de uma

---

[366] DOUDNA, Jennifer; STERNBERG, Samuel. *A crack in creation*: gene editing and unthinkable power to control evolution. Boston: Editora Houghton Mifflin Harcourt, 2017. p. 158.

[367] CLEMENTE, Graziella Trindade. Avanços e desafios da edição gênica em seres humanos. *In*: CAMILLO, Carlos Eduardo Nicoletti; SILVA, Paulo Fraga da; ROCHA, Renata da; CAMPATO, Roger Fernandes (Coord.). *Biodireito, Bioética e Filosofia em Debate*. São Paulo: Almedina, 2020. p. 29.

[368] CLEMENTE, Graziella Trindade. Avanços e desafios da edição gênica em seres humanos. *In*: CAMILLO, Carlos Eduardo Nicoletti; SILVA, Paulo Fraga da; ROCHA, Renata da; CAMPATO, Roger Fernandes (Coord.). *Biodireito, Bioética e Filosofia em Debate*. São Paulo: Almedina, 2020. p. 23-25.

quantidade significativa de embriões para se garantir que haja a seleção de um embrião considerado saudável.

Ressalta-se, ainda, como fora falado, que a Resolução CFM nº 2.295/2021 restringiu o número de embriões a serem gerados em laboratório para no máximo oito, limitando, sobremaneira, a possibilidade de encontrar-se entre os fertilizados em laboratório aqueles tidos como viáveis, tornando ainda mais complexa a situação.

Importa salientar, ainda, que a intervenção da edição genética em embriões humanos, entendidos como componentes da linhagem germinativa, não é atualmente absolutamente segura, podendo haver falhas no procedimento na medida em que poderá ocorrer: a) mosaicismos: corte ineficiente no DNA ou reparação inapropriada, de modo a existir concomitância de genomas sem mutação e com mutação; b) modificações "off-target" ou fora do alvo: ocorre de forma inesperada, em decorrência da técnica utilizada, ao passo que, por alguma ação não pretendida da enzima Cas9, poderá atingir outro genoma para além daquele que foi programado.[369]

Nesse quadro, parte da comunidade científica[370][371] sustenta a possibilidade de investigar a aplicabilidade da edição genética, com finalidade terapêutica, em embriões com doenças monogenéticas, quando houver maior segurança e eficácia no uso da técnica. Isso porque as enfermidades monogenéticas hereditárias seriam aquelas que produzem uma alteração no DNA em apenas um único alelo ou gene, como fibroses císticas, hemofilia A, doença de Huntington, neurofibromatosis, entre outras. Dessa maneira, o risco de se editar geneticamente um único alelo seria menor em se ocasionar mosaicismos indesejados ou modificações fora do alvo.

---

[369] CLEMENTE, Graziella Trindade. Avanços e desafios da edição gênica em seres humanos. *In*: CAMILLO, Carlos Eduardo Nicoletti; SILVA, Paulo Fraga da; ROCHA, Renata da; CAMPATO, Roger Fernandes (Coord.). *Biodireito, Bioética e Filosofia em Debate*. São Paulo: Almedina, 2020. p. 25-26.

[370] CLEMENTE, Graziella Trindade. Avanços e desafios da edição gênica em seres humanos. *In*: CAMILLO, Carlos Eduardo Nicoletti; SILVA, Paulo Fraga da; ROCHA, Renata da; CAMPATO, Roger Fernandes (Coord.). *Biodireito, Bioética e Filosofia em Debate*. São Paulo: Almedina, 2020. p. 25-26.

[371] FERREYRA, Karen Ayelén. Consideraciones éticas sobre CRISPR/Cas9: Uso terapéutico en embriones y futura gobernabilidad. *Revista de Bioética y Derecho*, v. 54, p. 121-138, 2022, p. 127. Disponível em: https://revistes.ub.edu/index.php/RBD/article/view/36115. Acesso em: 20 abr. 2022.

3.7.1 Aplicação da Edição Genética em seres humanos a partir do sistema imune bacteriano

Acerca do tema, em nível internacional, por outro lado, a experimentação da edição do genoma em seres vivos vem conquistando o mercado de patentes, tendo sido registrados mais de 13 mil pedidos relativos à tecnologia somente entre os anos de 2013 e 2017. Além disso, encontram-se entre os pedidos, a exemplo, que a multinacional DowDuPont, do setor agrícola, aparece em primeiro lugar no ranking, com 514 solicitações, uma vez que é mais barato editar o DNA de plantas do que desenvolver uma espécie transgênica.[372] Ademais, uma projeção de pesquisa baseada nos Estados Unidos da América estima que o mercado de edição genética, no mundo, deve movimentar até 2025 aproximadamente U$$ 8,1 bilhões, impulsionando o campo de pesquisa público e privado na área.[373]

Entretanto, há de sopesar que a edição genética não vem se restringindo a apenas plantas e animais irracionais, mas também vem ocorrendo com a intenção de alterar o DNA de seres humanos para fins: a) terapêuticos: realizar modificações no genoma em células somáticas, de forma a viabilizar novos tratamentos para as enfermidades; ou b) artesões: alterações na estrutura do DNA em células germinativas, com o intuito de evitar a existência de determinadas características hereditárias indesejáveis, conforme o pretexto de uma suposta melhor qualidade de vida. Dessa forma, algumas pesquisas podem ser apontadas como propulsoras da emergência de um diálogo entre os limites da ética e do direito no uso da ferramenta na modernidade.

3.7.1.1 As gêmeas chinesas Lulu e Nana: design genético em embriões humanos e a busca da cura para o HIV

Entre junho de 2016 e março de 2017, o cientista He Jiankui, da Universidade de Ciência e Tecnologia do Sul da China (SUSTech),

---

[372] MARQUES, Fabrício. Guerra de Patentes: pesquisadores duelam por direitos de explorar a ferramenta de edição de genes CRISPR-Cas9. *Revista Pesquisa FAPESP*, p. 41-43, 2018, p. 43. Disponível em: https://revistapesquisa.fapesp.br/wp-content/uploads/2018/07/041-043_Crispr_269.pdf. Acesso em: 7 dez. 2020.

[373] GRAND VIEW RESEARCH. *Genome Editing Market Size to Reach $8.1 Billion by 2025.* February 2017. Disponível em: https://www.grandviewresearch.com/press-release/global-genome-editing-market. Acesso em: 17 abr. 2021.

lançou projeto de edição de genes em embriões humanos objetivando utilizar a tecnologia do CRISPR-Cas9 para alterar o gene "CCR5" em embriões que viriam a nascer por meio de fertilização *in vitro*. A precisão na escolha do gene decorre por esse ser responsável por produzir uma proteína que é necessária para que o HIV consiga adentrar nas células humanas.[374] Por isso, em contato com o vírus, as gêmeas chinesas Lulu e Nana, que nasceram em novembro de 2018, estariam supostamente protegidas de contrair o HIV quando expostas.

O anúncio do cientista chinês ocorreu, por sua vez, pela plataforma do YouTube,[375] estando entre as suas declarações que as bebês estariam saudáveis e em casa com os seus pais. A emergência ética suscitada pelo caso decorre do que Sheldon Krimsky[376] aponta como as dez maneiras diferentes que o pesquisador infringe a ética médica de forma mais grave e imprudente desde os experimentos ocorridos na Segunda Guerra Mundial ao: a) violar o consenso internacional sobre a edição de embriões, pois a Primeira Reunião Internacional sobre a Edição de Genes, em 2015, concluiu como irresponsável proceder com qualquer edição de genes na linha germinal humana antes de se resolver a segurança e a eficácia com base nos riscos e benefícios, devendo haver um amplo acordo social sobre o seu uso; b) não divulgar os resultados prévios de suas experimentações de uso do sistema CRISPR, inexistindo na literatura científica trabalhos prévios do cientista em edição de embriões; c) haver relatado os riscos e efeitos da edição genética em embriões de forma insuficiente, na medida em que suas declarações públicas não interceptam maneiras de eliminar ou prevenir em organismos vivos; d) falhar ao reunir informações suficientes sobre como seguir um consenso científico sobre os mínimos riscos ao tornar a edição

---

[374] CYRANOSKI, David. What's next for CRISPR babies. *Nature*, v. 566, p. 440-442, 2019. Disponível em: https://media.nature.com/original/magazine-assets/d41586-019-00673-1/d41586-019-00673-1.pdf. Acesso em: 7 dez. 2020.

[375] Para assistir ao vídeo referenciado, basta apontar a câmera do celular para o QR Code ou acessar o link https://www.youtube.com/watch?v=th0vnOmFltc.

[376] KRIMSKY, Sheldon. Ten ways in which He Jiankui violated ethics. *Nature Biotechnology*, v. 37, n. 1, p. 19-20, 2019. Disponível em: https://sites.tufts.edu/sheldonkrimsky/files/2019/01/pub2019TenWays.pdf. Acesso em: 7 dez. 2020.

de embriões possível; e) não cumprir as diretrizes éticas nacionais da China em termos de pesquisa embrionária; f) falhar no cumprimento das diretrizes éticas da própria universidade que integra enquanto pesquisador; g) editar a linha germinal humana sem concentrar os experimentos para buscar a cura de doenças debilitantes ou potencialmente fatais, para a qual inexista terapia; h) induzir os pais a aceitarem realizar o procedimento, a partir da alegação de que o seu laboratório iria cobrir o pagamento da FIV, num valor de aproximadamente US$ 40.000, o que pode ser considerado como um valor suficientemente alto, capaz de minar o julgamento dos pais ao tomar uma decisão voltada para os riscos e benefícios; i) não fornecer documento de consentimento livre e esclarecido aceitável, uma vez que continha termos técnicos, mas não havia nenhuma explicação dos significados dos efeitos ou das mudanças indesejáveis nas crianças; e j) não informar os pais sobre o conflito de interesses remanescentes, o que requer menção expressa no termo de consentimento livre e esclarecido.

Em decorrência do procedimento adotado, o cientista He Jiankui foi condenado por "prática médica ilegal" em dezembro de 2019, sendo sentenciado a três anos de cárcere e multa de $430,000.[377] A respeito das mutações geradas nas gêmeas, descobriu-se posteriormente que as edições efetuadas são "similares", mas não idênticas ao gene "CCR5", ocasionando uma incerteza quanto à resistência ao vírus do HIV.[378] A conduta do cientista chinês, além de revelar um descompasso com as diretrizes éticas nacionais e internacionais, também revela uma finalidade artesã no procedimento, embora argumente que tenha finalidade terapêutica, de modo a viabilizar modificações em células germinativas humanas para fins de aperfeiçoamento genético, conforme os interesses subjetivos do cientista em realizar o procedimento sem adequado consentimento dos pais.

---

[377] JOSEPH, Andrew. CRISPR Babies Scientist Sentenced to 3 Years in Prison. *Scientific American*, 2019. Disponível em: https://www.scientificamerican.com/article/crispr-babies-scientist-sentenced-to-3-years-in-prison/. Acesso em: 7 dez. 2020.

[378] REGALADO, Antonio. China's CRISPR babies: Read exclusive excerpts from the unseen original research. *MIT Technology Review*, 2019. Disponível em: https://www.technologyreview.com/2019/12/03/131752/chinas-crispr-babies-read-exclusive-excerpts-he-jiankui-paper/. Acesso em: 7 dez. 2020.

3.7.1.2 A busca pela perfeição: o desenvolvimento de estudo para a eliminação da surdez em embriões humanos

Em outubro de 2019, o cientista russo Denis Rebrikov anunciou ter iniciado processo de edição de genes em óvulos doados para aprender como usar o CRISPR-Cas9 como ferramenta para evitar que casais surdos tenham filhos com a mesma mutação genética, identificada no gene "GJB2". Conforme o pesquisador, ele possui permissão de um conselho para realizar a sua pesquisa, entretanto, essa não lhe concede a possibilidade de transferir os *óvulos* para um *útero*.[379]

Ainda no mesmo ano, o cientista voltou a declarar que pretende realizar experimentos tendo como alvo também o gene "CCR5", o mesmo utilizado nas pesquisas de He Jiankui, declarando, ainda, que sua técnica irá oferecer melhores benefícios, menores riscos e será eticamente mais bem-justificada e aceita pelo público do que a feita pelo cientista chinês.[380]

De acordo com a exposição de interesses do cientista russo, percebe-se que a pesquisa de edição genética terá a finalidade artesã, de modo a verificar os possíveis resultados quando a aplicabilidade ocorrer de forma a modificar células germinativas humanas ao: a) modificar um gene relativo a uma deficiência auditiva; e b) alterar um gene capaz de proteger o organismo humano contra o vírus do HIV em embriões.

3.7.1.3 Terapia em pacientes nascidos para curar câncer agressivo nos pulmões

Em outubro de 2016, a equipe liderada pelo oncologista Lu You, da Universidade de Sichuan (China), anunciou o início de projeto destinado a realizar estudos sobre como proceder terapia genética, por intermédio do sistema CRISPR-Cas9, em células de pacientes com câncer agressivo nos pulmões. Os resultados preliminares anunciados na revista *Nature*, em abril de 2020, apontaram para uma possível segurança e viabilidade da ferramenta em editar o gene "PD-1", responsável

---

[379] CYRANOSKI, David. Russian 'CRISPR-baby' scientist has started editing genes in human eggs with goal of altering deaf gene. *Nature*, v. 574, n. 7779, 2019, p. 465. Disponível em: https://www.nature.com/articles/d41586-019-03018-0. Acesso em: 7 dez. 2020.

[380] CYRANOSKI, David. Russian biologist plans more CRISPR-edited babies. *Nature*, v. 570, n. 7760, 2019, p. 145+. Disponível em: https://www.scientificamerican.com/article/russian-biologist-plans-more-crispr-edited-babies/. Acesso em: 7 dez. 2020.

pela doença, de modo a demonstrar, assim, um inequívoco benefício para a humanidade. Salienta-se, ainda, que a descoberta foi realizada com interferência, acompanhamento e autorização de comitê ético científico.[381] [382]

Percebe-se, assim, que a conduta do cientista ocorreu de modo a viabilizar um novo tratamento para o câncer em pulmões, revelando ser um projeto com finalidade terapêutica, ao modificar células somáticas.

3.7.1.4 A descoberta da cura para a anemia falciforme e a talassemia beta em pessoas humanas nascidas

Em janeiro de 2021, a equipe liderada por Damiano Rondelli, professor de Hematologia da Faculdade de Medicina da University of Illinois Chicago (UIC), publicou artigo no *New England Journal of Medicine*,[383] relatando a edição de genes de células-tronco, de forma a deletar o gene "BCL11A", responsável pela supressão da produção da hemoglobina fetal, de forma a almejar a cura para anemia falciforme e para a talassemia beta, aquelas pessoas dependentes de transfusão sanguínea, por intermédio da ferramenta do CRISPR-Cas9. Nesse sentido, a abordagem do estudo envolveu dois pacientes, um com a talassemia beta e outro com anemia falciforme, tendo ambos resultados positivos após receberem células editadas pela técnica de *design* genético.

As pessoas humanas que foram submetidas a esse estudo ainda hoje permanecem sob monitoramento, mesmo após o procedimento e conforme os pesquisadores estão saudáveis. Entretanto, os cientistas ainda ressalvam que a pesquisa está em estágio inicial e os primeiros pacientes permanecerão sob avaliação até que haja uma expansão para novos sujeitos.[384] Uma das pacientes da pesquisa, Victoria Gray, que

---

[381] CYRANOSKI, David. CRISPR gene-editing tested in a person for the first time. *Nature*, v. 539, p. 479, 2016. Disponível em: https://www.nature.com/news/crispr-gene-editing-tested-in-a-person-for-the-first-time-1.20988. Acesso em: 7 dez. 2020.

[382] YOU, Lu *et al.* Safety and feasibility of CRISPR-edited T cells in patients with refractory non-small-cell lung cancer. *Nature*, 26, p. 732-740, 2020. Disponível em: https://www.nature.com/articles/s41591-020-0840-5. Acesso em: 7 dez. 2020.

[383] FRANGOUL, Haydar; ALTSHULER, David; CAPPELLINI, M. Domenica; CHEN, Yi-Shan; DOMM, Jennifer; EUSTACE, Brenda K.; FOELL, Juergen; LA FUENTE, Josu de; GRUPP, Stephan; HANDGRETINGER, Rupert; HO, Tony W.; KATTAMIS, Antonis *et al.* CRISPR-Cas9 Gene Editing for Sickle Cell Disease and β-Thalassemia. *New England Journal of Medicine*, v. 384, p. 252-260, 2021. Disponível em: https://www.nejm.org/doi/10.1056/NEJMoa2031054. Acesso em: 17 abr. 2021.

[384] UNIVERSITY OF ILLINOIS AT CHICAGO. CRISPR technology to cure sickle cell disease. *ScienceDaily*, 2021. Disponível em: www.sciencedaily.com/releases/2021/01/210121131904.

possui anemia falciforme, concedeu entrevista para o *National Public Radio* (NPR) News (EUA), em junho de 2020, relatando que desde o tratamento não teve mais nenhum ataque de dor nem precisou ser socorrida para um cuidado emergencial, hospitalização ou transfusão de sangue, sendo uma "grande" mudança em sua vida que lhe trouxe esperança.[385]

O trabalho desenvolvido pelos pesquisadores do departamento da UIC direciona-se para a busca de novos tratamentos para enfermidades graves que afetam milhões de pessoas no tocante a células somáticas, seguindo a finalidade terapêutica, para possibilitar melhor qualidade de vida para aqueles sujeitos já nascidos e que têm sua saúde afetada.

Nota-se, assim, que a inovação da tecnologia do CRISPR-Cas9 se expandiu rapidamente no meio científico e social, permitindo que a descoberta se tornasse conhecida e utilizada por pesquisadores e curiosos. Todavia, o uso da ferramenta carrega consigo não apenas a promessa de um futuro de prevenção e descobertas terapêuticas para doenças hereditárias, mas também abre a possibilidade para um potencial uso com finalidade artesã, de modo a se alicerçar rapidamente com as regras de livre mercado da sociedade pós-moderna. Por essa razão, o risco de auto-otimização ou autoinstrumentalização da espécie humana torna-se, em grande medida, uma realidade, como aponta a crítica habermisiana sobre o futuro da espécie humana, como será discutido a seguir.

---

htm. Acesso em: 17 abr. 2021.

[385] STEIN, Rob. A Year In, 1st Patient To Get Gene Editing For Sickle Cell Disease Is Thriving, *NPR News*, 23 jun. 2020. Disponível em: https://www.npr.org/sections/health-shots/2019/11/19/780510277/gene-edited-supercells-make-progress-in-fight-against-sickle-cell-diseasehttps://www.npr.org/sections/health-shots/2020/06/23/877543610/a-year-in-1st-patient-to-get-gene-editing-for-sickle-cell-disease-is-thriving. Acesso em: 18 abr. 2021.

CAPÍTULO 4

O DIREITO DE FILIAÇÃO E O MERCADO DE BENS REPRODUTIVOS: ENTRE O DESEJO E OS LIMITES DA AUTONOMIA PROCRIATIVA NA PROTEÇÃO DA DIVERSIDADE NO PATRIMÔNIO GENÉTICO HUMANO

> *"O problema reside na hybris dos pais projetistas, no seu impulso de controlar o mistério do nascimento. Ainda que tal disposição não transforme os pais em tiranos em relação aos seus filhos, ela desfigura a relação entre ambos e priva os pais da humildade e do aumento de empatia humana que a abertura ao inesperado é capaz de promover."*
>
> (SANDEL, Michael J. *Contra a perfeição*, 2007).

Após terem sido percorridos os principais arranjos conceituais para a compreensão da pergunta-problema suscitada, este último capítulo concentra sua discussão na reflexão de como a oferta biomédica de filho, na lógica do mercado de bens reprodutivos, impõe riscos ao que pode ser chamado de patrimônio genético humano, de modo a enfraquecer também o critério originário do biologismo como fator preponderante para a determinação da filiação no Estado de Direito, na medida em que se busca um critério derivado, a partir da oferta de gametas humanos. Ainda sobre as lentes civilistas, de forma específica, direciona-se a investigação da crítica habermasiana para o conceito de instrumentalização da espécie humana, ao considerar, sobretudo, os signos da autonomia privada, eugenia (positiva e negativa) e liberalismo. A partir da influência desse cenário, busca-se identificar, a partir da relação entre a Bioética e o Direito, os possíveis indicativos de instrumentos favoráveis para a tutela jurídica da deficiência como expressão da diversidade no patrimônio genético humano. Por isso, finaliza-se observando o estudo sobre os possíveis limites da *Liberdade* no planejamento familiar, como uma garantia constitucional e infraconstitucional, para a construção dos projetos parentais assistidos.

Diante disso, foi possível observar, ao confrontar os avanços da biotecnociência, no favorecimento da liberdade procriativa, que a autonomia privada extrapatrimonial (ou existencial) nos projetos parentais assistidos não é plena, havendo mecanismos estabelecidos, ainda que não positivados em legislação própria ou específica, que limitam o exercício reprodutivo a partir dos princípios jurídicos disponíveis na ordem constitucional e infraconstitucional, aliando-se também aos preceitos éticos específicos da Bioética. Além disso, diante da emergência dialógica da proteção do corpo genético frente aos direitos de quarta geração, previamente mencionados no Capítulo 3, constatou-se também como limite à autonomia procriativa a interpretação da existência do princípio da *Diversidade no Patrimônio Genético Humano*, consoante a interpretação conjunta do parágrafo primeiro do inciso II do artigo 225 da Constituição e do artigo 2 da Convenção sobre Diversidade Biológica.

Não obstante, averigua-se que é necessário vencer os pensamentos higienistas de limpeza de "defeitos", considerando-se toda vida como igualmente digna de ser vivida, como pondera o modelo *social* de deficiência, assimilado no ordenamento jurídico brasileiro mediante a CDPD e pelo EPD, e reafirmado pelo modelo da *diversidade*, para entender que a limitação funcional não é sinônimo de falta de qualidade de vida ou tampouco uma sentença afirmativa sobre uma vida que não valha a pena ser vivida conforme parâmetros subjetivos dos autores do projeto parental. Além disso, não se propõe aqui impor escolhas relativas à implantação compulsória de um embrião com o traço da diversidade funcional, mas sim prever mecanismos de defesa, no Estado de Direito, que possibilitem proteger a Diversidade no Patrimônio Genético diante da chamada eugenia liberal. Na visão habermasiana, portanto, as sociedades marcadas pelo liberalismo possuem a tendência, a partir da lógica do mercado de bens reprodutivo, a não saber diferenciar o "certo do errado" a partir de circunstâncias que levem em consideração a eugenia positiva, de finalidade artesã, da negativa, com o propósito terapêutico.

4.1 O futuro da família genética (ou sobre como pode existir uma tendência para se afastar o critério biológico originário em razão da ordem mercadológica?)

A partir das modernas tecnologias de reprodução, é possível que a pessoa humana rompa com as barreiras da infertilidade (seja ela biológica ou psicológica) e consiga concretizar o tão almejado sonho acerca da parentalidade. Nesse sentido, em busca de satisfazer esses desejos, antes considerados inalcançáveis, a ciência progrediu a ponto de permitir, como alternativa à reprodução humana natural, a possibilidade da reprodução humana assistida. Diante disso, embora se reconheça esse avanço como um benefício para a humanidade, aduz-se como necessário reafirmar que a difusão de tais práticas, cada vez mais, representa a escolha da realização parental das famílias contemporâneas. Assim, como evidencia o 13º Relatório do Sistema Nacional de Embriões (SisEmbrio), elaborado pela Agência Nacional de Vigilância Sanitária (ANVISA), o quantitativo de produção de ciclos de fertilização *in vitro*, em menos de uma década, praticamente dobrou.[386]

Figura 3 – Produção de células germinativas e embriões humanos utilizados em técnicas de RHA

Fonte: ANVISA. 13º Relatório do Sistema Nacional de Produção de Embriões – SisEmbrio, 2020.

---

[386] ANVISA. Agência Nacional de Vigilância Sanitária. *13º Relatório do Sistema Nacional de Produção de Embriões – SisEmbrio*. Brasília, 2020. Disponível em: https://www.gov.br/anvisa/pt-br/centraisdeconteudo/publicacoes/sangue-tecidos-celulas-e-orgaos/relatorios-de-producao-de-embrioes-sisembrio. Acesso em: 21 set. 2021.

Desse modo, é evidente que deve existir uma atenção jurídica quanto à possibilidade de uso de tais técnicas, afinal, para além da escassez de disciplinamento jurídico, há, também, uma alta procura por essas tecnologias. Além disso, a possibilidade de poder prosseguir ou não com a procriação assistida, a partir do acesso à informação genética, evidencia, propriamente, o que Ana Thereza Meirelles qualifica como "uma preocupação com a manutenção da diversidade biológica da espécie, provavelmente reduzida, se não incidirem limites éticos e jurídicos sobre as escolhas reprodutivas traçadas".[387] Nesse contexto, na medida em que o crescimento de uso quanto às técnicas aumenta, de modo quase que exponencial na sociedade, também cresce o mercado de oferta biomédica de filiação.

Nesse panorama, Carla Froener e Marcos Catalan[388] demonstram, por intermédio de pesquisa empírica, o fenômeno da espetacularização da RHA no Brasil, na medida em que o consumo das tecnologias é estimulado por imagens, encenações e símbolos ao estudar o sítio eletrônico de 23 clínicas, dos 150 Centros de Reprodução Humana Assistida (CRHA) localizados na região Sul do país. Por meio da investigação, entre as constatações dos autores, destaca-se para este trabalho que as clínicas: a) exploram o consumo, por meio de frases objetivas e imagens, ao atribuir a felicidade à conjectura de uma filiação projetada, persuadindo ao induzir os "receptores a imaginarem como seriam felizes com filhos";[389] b) veiculam nas peças publicitárias analisadas padrões elitistas da cultura ocidental, na medida em que há apenas bebês de origem caucasiana, isto é, brancos, possuindo na maioria das imagens cabelos loiros e olhos azuis, constatando-se também que não há imagens de bebês negros ou indígenas;[390] c) divulgam fotos dos bebês provenientes das técnicas utilizadas, mesmo que haja expressa vedação no art. 3º, alínea "g"[391] da Resolução nº 1.974/2011;[392] d) utilizam, como argumento

---

[387] MEIRELLES, Ana Thereza. Práticas neoeugênicas e limites aos direitos reprodutivos em face da proteção ao patrimônio genético. *Direito UNIFACS - Debate Virtual*, n. 153, p. 1-19, 2013. p. 7. Disponível em: https://revistas.unifacs.br/index.php/redu/article/view/2482. Acesso em: 21 set. 2021.

[388] FROENER, Carla; CATALAN, Marcos. *A reprodução humana assistida na sociedade de consumo*. Indaiatuba, SP: Editora Foco, 2021. p. 89-90.

[389] FROENER, Carla; CATALAN, Marcos. *A reprodução humana assistida na sociedade de consumo*. Indaiatuba, SP: Editora Foco, 2021. p. 96-97.

[390] FROENER, Carla; CATALAN, Marcos. *A reprodução humana assistida na sociedade de consumo*. Indaiatuba, SP: Editora Foco, 2021. p. 98-99.

[391] Resolução nº 1.974/2011: *"Art. 3o É vedado ao médico: [...] g) Expor a figura de seu paciente como forma de divulgar técnica, método ou resultado de tratamento, ainda que com autorização expressa do mesmo, ressalvado o disposto no art. 10 desta resolução [...]"*.

[392] FROENER, Carla; CATALAN, Marcos. *A reprodução humana assistida na sociedade de consumo*. Indaiatuba, SP: Editora Foco, 2021. p. 99.

de convencimento em 73,9% dos CRHA analisados, equipamentos de última geração como forma de exaltar a tecnologia de ponta adotada;[393] e e) exibem o depoimento do(s) autor(es) do projeto parental assistido, que emprega(m), na maioria das vezes, as expressões "sonho", "Deus", "alegria", "sucesso", "felicidade" e "milagre".[394]

Além disso, a utilização de material genético alheio ao do(s) autor(es) do projeto parental assistido, no estabelecimento do vínculo de filiação, para a composição da família, é uma realidade prevista no ordenamento jurídico, como o fora mencionado no Capítulo 3, ao tratar-se da previsão do uso da RHA heteróloga (inciso V do art. 1.597 do CC/2002). Dessa maneira, preceitua Paulo Lôbo que a presunção radicada pela norma legal brasileira prevê que haja a utilização do espermatozoide de outro homem, porém não obstando que ocorra, por similitude, a situação inversa, ou seja, havendo a fecundação com o óvulo de outra mulher.[395] Por isso, haveria a utilização dos gametas de pelo menos um dos sujeitos sob a óptica de uma relação biparental. No entanto, menciona-se que há a dimensão proibitiva quanto à comercialização dos gametas humanos no Brasil por meio de norma deontológica, que não possui força de norma constitucional ou infralegal, por intermédio da Resolução CFM 2.294/2021, atualmente em vigor, ao prescrever como balizamento para a utilização do material genético de terceiro os critérios da: a) não onerosidade quanto aos gametas doados, não devendo ter finalidade lucrativa ou comercial; e b) sigilo quanto à origem genética do doador do material com exceção de doação de gametas sexuais de parentes até o quarto grau de parentesco.[396]

---

[393] FROENER, Carla; CATALAN, Marcos. *A reprodução humana assistida na sociedade de consumo.* Indaiatuba, SP: Editora Foco, 2021. p. 100.

[394] FROENER, Carla; CATALAN, Marcos. *A reprodução humana assistida na sociedade de consumo.* Indaiatuba, SP: Editora Foco, 2021. p. 105.

[395] LÔBO, Paulo. *Direito Civil:* famílias. 11. ed. São Paulo: Saraiva Educação, 2021. p. 234-236.

[396] Resolução CFM 2.294/2021: *"V – DOAÇÃO DE GAMETAS OU EMBRIÕES. 1. A doação não poderá ter caráter lucrativo ou comercial. 2. Os doadores não devem conhecer a identidade dos receptores e vice-versa, exceto na doação de gametas para parentesco de até 4o (quarto) grau, de um dos receptores (primeiro grau – pais/filhos; segundo grau – avós/irmãos; terceiro grau – tios/sobrinhos; quarto grau – primos), desde que não incorra em consanguinidade. [...] 4. Será mantido, obrigatoriamente, sigilo sobre a identidade dos doadores de gametas e embriões, bem como dos receptores, com ressalva do item 2 do Capítulo IV. Em situações especiais, informações sobre os doadores, por motivação médica, podem ser fornecidas exclusivamente para os médicos, resguardando a identidade civil do(a) doador(a). 5. As clínicas, centros ou serviços onde são feitas as doações devem manter, de forma permanente, um registro com dados clínicos de caráter geral, características fenotípicas e uma amostra de material celular dos doadores, de acordo com a legislação vigente.".*

Todavia, argumenta-se, nesse quesito, que, na medida em que há a dimensão proibitiva quanto à comercialização dos gametas femininos (oócitos ou óvulos) e masculinos (espermatozoides) no cenário nacional, por intermédio de norma de caráter meramente ético do CFM, a importação onerosa vem ocorrendo a partir do material genético proveniente de doadores estrangeiros, sobretudo oriundos do Banco de Sêmen norte-americano Fairfax e do Ovobank (Espanha). Dessa forma, aponta a ANVISA que os bancos de células e tecidos germinativos (BCTG) brasileiros optam por esses bancos, tendo em vista que quanto: a) às amostras seminais (espermatozoides ou sêmen): há informações declaradas de doenças preexistentes e acesso de fotos dos doadores do sêmen quando criança; e b) às amostras de oócitos (ou óvulos): se justificam por não existir, no Brasil, bancos de oócitos (ou óvulos), havendo, ainda, o aumento de mulheres com idade avançada na procura do tratamento por reprodução assistida.[397]

Ademais, o relatório declara que, majoritariamente, o perfil de pacientes interessados na aquisição de material genético estrangeiro, apenas no ano de 2017, por ordem de interesse, corresponderia a: a) quanto às amostras de sêmen: casais heterossexuais (359 amostras), mulheres solteiras (328 amostras) e casais homoafetivos de mulheres (173 amostras); e b) quanto às amostras de oócitos (ou óvulos): o relatório indicou que todas as amostras foram para casais heterossexuais (51 amostras). Nesse viés, por amostras se entende como um lote de material genético do mesmo doador, conforme declara o relatório. Outras informações que merecem destaque no relatório divulgado pela ANVISA seriam quanto à preferência do perfil genético dos doadores, no qual aponta-se como predominante quanto às: a) amostras seminais: ascendência caucasiana (91%), cor dos olhos azul (45%) e cabelos castanhos (67%); e b) amostras de oócitos (ou óvulos): ascendência caucasiana (88%), olhos castanhos (49%) e cabelos castanhos (65%).[398]

---

[397] ANVISA. Agência Nacional de Vigilância Sanitária. *2º Relatório de dados de importação de células e tecidos germinativos para uso em reprodução humana assistida*. Brasília, 2018. Disponível em: https://www.gov.br/anvisa/pt-br/centraisdeconteudo/publicacoes/sangue-tecidos-celulas-e-orgaos/relatorios-de-importacao-reproducao-humana-assistida/2o-relatorio-de-importacao-reproducao-humana-assistida-2018.pdf. Acesso em: 21 set. 2021.

[398] ANVISA. Agência Nacional de Vigilância Sanitária. *2º Relatório de dados de importação de células e tecidos germinativos para uso em reprodução humana assistida*. Brasília, 2018. Disponível em: https://www.gov.br/anvisa/pt-br/centraisdeconteudo/publicacoes/sangue-tecidos-celulas-e-orgaos/relatorios-de-importacao-reproducao-humana-assistida/2o-relatorio-de-importacao-reproducao-humana-assistida-2018.pdf. Acesso em: 21 set. 2021.

Como forma de simplificar a apresentação dos dados, pode-se conferir, no Quadro 4, a preferência na importação de material genético germinativo de doadores estrangeiros.

Quadro 4 – Preferência na importação de material genético humano no ano de 2017

Preferência	Gameta masculino (amostra de espermatozoide/sêmen)	Gameta feminino (amostra de oócito/óvulo)
Ascendência	*Caucasiana (781 amostras), Multi (39 amostras), Latina (20 amostras), Asiática (13 amostras), Negra (7 amostras).*	*Caucasiana (45 amostras), Multi (2 amostras), Latina (4 amostras), Asiática (0 amostras), Negra (0 amostras).*
Cor dos olhos	*Azul (383 amostras), Castanho (260 amostras), Avelã (119 amostras), Verde (98 amostras).*	*Azul (7 amostras), Castanho (25 amostras), Avelã (6 amostras), Verde (13 amostras).*
Cor dos cabelos	*Castanho (575 amostras), Loiro (192 amostras), Preto (74 amostras), Ruivo (19 amostras).*	*Castanho (33 amostras), Loiro (16 amostras), Preto (1 amostra), Ruivo (1 amostra).*

Fonte: Elaboração pelo autor a partir dos dados da pesquisa (2022).

A partir disso, podem ser constatados dois fenômenos no chamado direito de filiação a partir do estado atual da biotecnociência no mercado de bens reprodutivos, a saber: a) o primeira seria que a família biológica, baseada estritamente em laços genéticos consanguíneos originários do(s) autor(es) do projeto de parentalidade, encontra-se veemente confrontada não apenas pela socioafetividade, a partir do movimento doutrinário de João Baptista Villela,[399] iniciado na década de 1970, mas também se vê diretamente influenciada pela lógica do mercado na sociedade atual diante da reprodução assistida; e b) o segundo, de forma praticamente complementar ao primeiro, revela que há uma tendência para a busca de um critério para a filiação que é derivado do material genético de terceiros, alheios ao projeto de parentalidade, não apenas com a finalidade possível de dar cabo à parentalidade,

---

[399] Cf. VILLELA, João Baptista. Desbiologização da paternidade. *Revista da Faculdade de Direito da Universidade Federal de Minas Gerais*, Belo Horizonte, n. 21, p. 400-418, 1979. Disponível em: https://revista.direito.ufmg.br/index.php/revista/article/view/1156. Acesso em: 23 set. 2021.

mas também conforme a cultuação dos padrões sociais modernos que são valorados na sociedade ocidental. É relevante tecer, também, que, segundo Fabíola Albuquerque Lobo,[400] a utilização do material genético alheio, proveniente da técnica de reprodução assistida heteróloga, pode ser enquadrada como uma das espécies de filiação socioafetiva, ao lado da adoção e da posse do estado de filiação.

Ainda a despeito da proibição mencionada sobre a comercialização de gametas humanos, na interpretação de Lucas Costa de Oliveira,[401] constata-se uma evidente contradição no Brasil, tendo em vista que "estabelecer rígidos parâmetros para a cessão de gametas em território nacional e desconsiderá-los completamente no contexto internacional é um paradoxo que somente se explica pela ausência de clareza no debate sobre a comodificação do corpo humano". Além disso, destaca o autor, como defendido neste trabalho, que o CFM é uma autarquia federal que evoca função legislativa que foge de sua competência regulatória ao restringir direitos. Outro apontamento de destaque de Lucas Oliveira seria de que não há legislação específica, no território nacional que trate sobre a comodificação de gametas, havendo somente três normas que disciplinam a comercialização de materiais de origem humana, sendo elas: a) a Lei de Doação de Órgãos, Tecidos e Partes do Corpo Humano (Lei nº 9.434/1997): o objeto de regulamentação concentra-se na proibição da compra e da venda de órgãos, tecidos e partes do corpo humano (art. 15); b) a Lei de Doação de Sangue (Lei nº 10.205/2001): veda a comercialização de sangue e seus componentes derivados (art. 1 e 2); e c) a Lei de Biossegurança (Lei nº 11.105/2005): a qual impede a compra e a venda de embriões e células-tronco embrionárias (parágrafo 3 do art. 5), tendo a menção de "células germinais" somente no tocante à criminalização da prática de engenharia genética (art. 25), que será aprofundado em tópico mais à frente.

Dessa forma, as ferramentas até então disponíveis possibilitam não apenas dar cabo ao nascimento com vida, por meio da previsão de uma gestação segura, mas também permite a escolha daquele material genético que possua as melhores condições de desenvolvimento e que

---

[400] LOBO, Fabíola Albuquerque. *Multiparentalidade*: efeitos no direito de família. Indaiatuba, SP: Foco, 2021. p. 33.

[401] OLIVEIRA, Lucas Costa de. *Gametas como mercadorias*: a superação dos desafios ético-jurídicos da comodificação de gametas humanos. 262 f. Tese (Doutorado em Direito) – Programa de Pós-Graduação em Direito, Faculdade de Direito e Ciências do Estado, Universidade Federal de Minas Gerais, 2021. Disponível em: http://hdl.handle.net/1843/37991. Acesso em: 23 set. 2021. p. 54-55; 67-68.

CAPÍTULO 4
O DIREITO DE FILIAÇÃO E O MERCADO DE BENS REPRODUTIVOS... **211**

atenda às expectativas do(s) autor(es) do projeto parental conforme o seu desejo, que poderá estar influenciado pela óptica moderna do mercado nos padrões cultuados pela cultura ocidental. Dessa maneira, a discussão sobre a autonomia disponível, no Estado de Direito, para o planejamento familiar encontra-se no lugar de destaque no então chamado Século da Biotecnologia, o qual proporciona transformações diretas no patrimônio genético individual da futura prole e, num contexto geral, na própria dimensão de Diversidade Humana na espécie. Por isso, torna-se fundamental estudar como o avanço da engenharia genética, sobretudo a partir do DGPI e do CRISPR-Cas9, revigora o debate normativo sobre a eugenia (positiva e negativa) nas sociedades marcadas pelo liberalismo na ótica habermasiana.

4.2 A crítica habermasiana frente aos avanços da biotecnologia reprodutiva: autonomia privada, eugenia e a (im)possibilidade de instrumentalização da espécie humana

Para Habermas, a ordem jurídica moderna é formada com base nos direitos subjetivos, os quais concedem à pessoa natural âmbitos legais para conduzir suas preferências, de acordo com a percepção de uma ação que é guiada. Isso porque a sua capacidade de exercício de direitos estaria dentro das fronteiras do que é permitido em lei, conforme o princípio hobbesiano de que "é permitido tudo aquilo que não é explicitamente proibido". Separa-se, assim, o campo da moralidade do direito. Assim, os direitos morais derivam das obrigações recíprocas, enquanto as jurídicas são delimitações legais da liberdade subjetiva. Essa estrutura, por sua vez, reflete o modo característico da validade jurídica, de modo a limitar o mundo dos fatos a partir da execução judicial estatal, conforme uma positivação jurídica existente.[402] Desse modo, para o autor, "não existe direito sem a autonomia privada das pessoas jurídicas individuais de um modo geral". Afinal, sem o direito clássico à liberdade, não haveria de se ter o meio adequado para que os cidadãos possam exercer a sua autodeterminação. Além disso, torna-se necessário reforçar que as autonomias privada e pública coexistem na

---

[402] HABERMAS, Jürgen. *A constelação pós-nacional*: ensaios políticos. Tradução de Márcio Seligmann-Silva. São Paulo: Littera Mundi, 2001. p. 144-145.

medida em que correspondem ao núcleo interno da democracia com o Estado.[403]

Nessa perspectiva, o frankfurtiano, na obra *O Futuro da Natureza Humana* (2001), argumenta que as inovações no campo da biotecnologia estão à frente das transformações sociais que simplesmente se ajustam às regras normativas, ameaçando o processo normativo de esclarecimento na esfera pública.[404] Por essa razão, os avanços científicos desafiam constantemente a norma posta, de modo a ensejar do direito novas formas de regular as descobertas. E, assim, enquadra-se o DGPI e, atualmente, também a ferramenta de *design* genético conhecida como CRISPR-Cas9, que torna possível a edição do genoma de seres vivos em células somáticas e germinativas de maneira precisa e objetiva. Dessa forma, cumpre esclarecer que a primeira tecnologia, em nível legislativo, permanece sem regulação, existindo projetos de lei[405] que se mantêm em tramitação no Congresso Nacional, sendo, até o momento, disciplinada por meio de resolução do Conselho Federal de Medicina (CFM),[406] de teor meramente deontológico. A segunda tecnologia, por sua vez, até o momento segue sem previsão específica de regulamentação no contexto nacional. À vista disso, subsiste a Lei de Biossegurança (Lei nº 11.105/2005) como forma de estabelecer diretrizes quanto às atividades que envolvam organismos geneticamente modificados, que será aprofundada no tópico seguinte.

Ademais, a preocupação habermasiana se concentra na discussão das sociedades regidas pelo liberalismo,[407] uma vez que, por

---

[403] HABERMAS, Jürgen. *A constelação pós-nacional*: ensaios políticos. Tradução de Márcio Seligmann-Silva. São Paulo: Littera Mundi, 2001. p. 149.

[404] HABERMAS, Jürgen. *O futuro da natureza humana*: a caminho de uma eugenia liberal? Tradução de Karina Jannini. São Paulo: Martins Fontes, 2004. p. 25, 34.

[405] Entre os Projetos de Lei (PL) com maior abrangência na regulamentação das técnicas de RHA, destacam-se os seguintes: PL nº 2.855/1997, PL nº 1.135/2003, PL nº 2.061/2003 e PL nº 4.892/2012.

[406] Há aproximadamente três décadas, a RHA é disciplinada por resoluções editadas pelo CFM (Resolução nº 1.1358/1992, Resolução nº 1.957/2010, Resolução nº 2.013/2013, Resolução nº 2.121/2015, Resolução nº 2.168/2017 e Resolução nº 2.283/2020), estando em vigor atualmente a Resolução CFM 2.294/2021.

[407] Na visão foucaultiana, o fenômeno do liberalismo, atualmente, pode ser compreendido como neoliberalismo, uma vez que esse constitui o princípio legitimador e fundador do Estado. Nesse sentido, observa-se a transformação da racionalidade interna social de acordo com a programação estratégica da atividade dos indivíduos, em que a pessoa humana não figurará mais como um simples parceiro de trocas, tornando-se, na verdade, empresário de si mesma e o próprio capital social. FOUCAULT, Michel. *Nascimento da biopolítica*: curso dado no Collège de France (1978-1979). Tradução de Eduardo Brandão. São Paulo: Martins Fontes, 2008. p. 299-300.

serem regidas pela livre iniciativa de mercado, as decisões de cunho eugênico seriam tomadas com base na oferta e no desejo dos sujeitos que integram esse contexto. A esse respeito, entende o autor como necessário separar o que seria a eugenia negativa (terapêutica) da positiva (aperfeiçoamento),[408] na medida em que a primeira aparenta possuir uma razão justificável, enquanto a segunda inicialmente pode ser considerada simplesmente como injustificada. Assim, na fronteira de imprecisão de limites bem-definidos, torna possível sustentar argumentos que se baseiam em uma suposta eugenia liberal, a qual não define limites entre o que seria uma intervenção terapêutica e uma de cunho meramente de aperfeiçoamento humano, sendo guiada pelas preferências individuais da pessoa humana que integra o mercado na escolha de características genéticas.[409] Essa linha de reflexão utilizada pelo frankfurtiano possibilita que se imagine que a eugenia negativa possa também levar a uma positiva, correndo-se o risco de que as pessoas não consigam perceber a diferença entre o que seria certo e errado. Assim, a crítica do filósofo alemão se direciona a ser favorável à construção de uma proteção jurídica, de modo a tentar evitar que as

---

[408] De acordo com Lilian Mai e Emília Angerami, a prática da eugenia acompanha a história da humanidade, estando presente em contextos rigorosos, como o controle do nascimento da pessoa humana, em sociedades como a espartana, na Grécia Antiga. Dessa forma, a tendência prática de diferenciação entre o que seria a eugenia positiva e negativa, no aperfeiçoamento das qualidades humanas, vem sendo construída há muito tempo, pois, antes dos avanços das tecnologias genéticas, podia-se falar em: a) eugenia positiva: quando havia seleções eugênicas baseadas em casamentos para fins de procriação, ao se considerarem as linhagens hereditárias para se alcançar um perfil de qualidades tidas por superiores, dando-se o controle, sobretudo, de forma pré-conceptiva, ao realizar o estudo genético dos nubentes; e b) eugenia negativa: quando buscava-se diminuir a procriação de pessoas desaconselhadas de procriarem, como no caso de doenças e má formações genéticas, de modo a defender-se, inclusive, o aborto eugênico. Diante, atualmente, da possibilidade de intervenção direta das tecnologias no patrimônio genético humano, o sentido de eugenia (ou modernamente também "eugenética"), mais uma vez, teve a sua conceituação aprimorada, de forma a significar a redução da frequência de dados genéticos considerados "ruins". Nesse parâmetro, o cenário dos avanços da biotecnociência, a partir do século XX, permite discutir a eugenia a partir do movimento da geneticização, interpretando: a) eugenia positiva (boa reprodução): busca de melhoria ou a criação de competências, como a inteligência, memória, criatividade artística, entre outros mediante intervenções genéticas; e b) eugenia negativa (má reprodução): objetiva prevenir doenças e malformações consideradas de origem genética, por meio de modificações diretas no patrimônio genético individual. MAI, Lilian Denise; ANGERAMI, Emília Luigia Saporiti. Eugenia negativa e positiva: significados e contradições. *Revista Latino-Americana de Enfermagem*, v. 14, p. 251-258, mar./abr. 2006. p. 254-255. Disponível em: https://www. scielo.br/j/rlae/a/q5QybhYZjmM3GyF4zVvxC8t/?format=pdf&lang=pt. Acesso em: 6 set. 2021.

[409] HABERMAS, Jürgen. *O futuro da natureza humana*: a caminho de uma eugenia liberal? Tradução de Karina Jannini. São Paulo: Martins Fontes, 2004. p. 26-27.

sociedades modernas se acostumem com a dita eugenia liberal. Em função disso, outro direcionamento pertinente é que a eugenia liberal se diferencia, também, da eugenia conservadora, uma vez que esta última se baseia na visão de que o aperfeiçoamento humano é guiado pelas diretrizes estabelecidas pelo Estado.[410]

Ensina Habermas, ainda, que a manipulação genética pode corroborar para modificar a autocompreensão do homem enquanto ser da espécie, de modo a viabilizar um ataque ao direito e à moral, provocando uma ruptura com a noção de integração social a partir da perspectiva de pessoas que foram programadas geneticamente e pessoas que foram geradas a partir do acaso, por meio da reprodução natural.[411] Nesse sentido, acha preferível que a alteração no genoma ocorra de modo a não alterar a identidade genética da espécie humana, na medida em que considera aceitável que a modificação ocorra para evitar de maneira muito específica doenças hereditárias, o que se torna diferente de alterações de cunho meramente de aperfeiçoamento genético.[412] Por isso, a sua postura se adequa a ser favorável à eugenia negativa, viabilizando a alteração no genoma que possua a finalidade terapêutica. Isso porque, na visão do frankfurtiano, "ninguém deve dispor de uma outra pessoa e controlar as suas possibilidades de ação de tal modo que seja roubada uma parte essencial da liberdade da pessoa dependente. Essa condição é violada quando uma pessoa decide o programa genético de uma outra".[413]

Nesse sentido, a noção de instrumentalização, na perspectiva habermasiana, decorre da ideia de que as práticas eugênicas somente devem ser aplicadas em coisas e não em pessoas, pois, ao recorrer à noção de humanidade kantiana, entende que o sujeito é dotado de dignidade, enquanto uma coisa poderá ser instrumentalizada.[414] Portanto, na medida em que o indivíduo que foi manipulado geneticamente, com

---

[410] FELDHAUS, Charles. O futuro da natureza humana de Jürgen Habermas: Um comentário. *Revista Ethic@*, Florianópolis, n. 3, v. 3, p. 309-319, 2005. Disponível em: https://periodicos.ufsc.br/index.php/ethic/article/view/20241/18613. Acesso em: 20 nov. 2020.

[411] HABERMAS, Jürgen. *O futuro da natureza humana*: a caminho de uma eugenia liberal? Tradução de Karina Jannini. São Paulo: Martins Fontes, 2004. p. 37.

[412] HABERMAS, Jürgen. *O futuro da natureza humana*: a caminho de uma eugenia liberal? Tradução de Karina Jannini. São Paulo: Martins Fontes, 2004. p. 26.

[413] HABERMAS, Jürgen. *O futuro da natureza humana*: a caminho de uma eugenia liberal? Tradução de Karina Jannini. São Paulo: Martins Fontes, 2004. p. 210.

[414] FELDHAUS, Charles. O futuro da natureza humana de Jürgen Habermas: Um comentário. Revista Ethic@, Florianópolis, n. 3, v. 3, p. 309-319, 2005. Disponível em: https://periodicos.ufsc.br/index.php/ethic/article/view/20241/18613. Acesso em: 20 nov. 2020. p. 310.

o propósito de *aperfeiçoamento*, descobre que foi fabricado, estar-se-ia diante do paradigma da existência de sujeitos produtores e artesões. Isso pois a escolha egoísta e unilateral do código genético da prole pelos pais não considerou um consenso sobre a real necessidade da modificação genética – como a situação de uma doença hereditária grave, sem tratamento terapêutico disponível – e, também, foi baseada apenas nas preferências subjetivas do autor do projeto parental, levando-se a crer que se dispõe na verdade de um objeto, e não de um potencial ser humano.[415]

A visão do filósofo alemão considera que essa atitude artesã, potencialmente, prejudicará também o crescimento da criança, na medida em que essa não será autora e dona do seu próprio destino, não sendo, supostamente, detentora de direitos iguais enquanto membro da sociedade. Desse modo, afetar-se-á a ideia de consciência moral. Por isso, de maneira contrária ao exemplo anterior, ao imaginar intervenções genéticas de caráter terapêutico, poder-se-á perceber como necessário considerar, figurativamente, o embrião como uma segunda pessoa em que se poderá supor o seu consentimento em circunstâncias que apontem indícios de que há a finalidade única de prevenção de um mal extremo, rejeitado no campo da moral, como doenças graves sem tratamento. Ou seja, doenças hereditárias graves. Isso, para o frankfurtiano, estabelece uma linha fronteiriça entre o que seria a eugenia negativa (terapêutica) e a positiva (aperfeiçoamento), na medida em que parte do ponto de vista moral de uma relação não instrumentalizadora.[416] A partir disso, esclarece Habermas que a primeira pessoa envolvida, guiada pelas experiências e pelos desejos, deve agir de modo responsável, de forma a respeitar a liberdade de conduzir a própria vida da segunda pessoa, fundada na ideia de diversidade de interesses e que não marginalize ou exclua a voz do outro ser em potencial.[417]

É interessante pontuar, nesse contexto, que a deficiência, como falado ao longo deste trabalho, não consiste em uma doença, por isso, a modificação genética que vise modificar o patrimônio genético individual do sujeito para fins de melhoramento estaria dentro das

---

[415] HABERMAS, Jürgen. *O futuro da natureza humana*: a caminho de uma eugenia liberal? Tradução de Karina Jannini. São Paulo: Martins Fontes, 2004. p. 71.

[416] HABERMAS, Jürgen. *O futuro da natureza humana*: a caminho de uma eugenia liberal? Tradução de Karina Jannini. São Paulo: Martins Fontes, 2004. p. 61-62.

[417] HABERMAS, Jürgen. *O futuro da natureza humana*: a caminho de uma eugenia liberal? Tradução de Karina Jannini. São Paulo: Martins Fontes, 2004. p. 79.

circunstâncias de uma eugenia positiva ou, ainda, compreendida como uma modificação genética com finalidade artesã, tendo em vista que nascer com algum tipo de deficiência não consubstanciaria um mal grave reprovável, mas tão somente uma limitação de ordem funcional passível de qualidade de vida num contexto social equilibrado para atender às suas diferenças. Além disso, torna-se necessário refutar os argumentos generalistas que costumam aproximar doenças graves, para a qual não possuam um tratamento possível, com a deficiência em seu contexto relacional. A simples generalização sobre o pretexto da falta de qualidade de vida demonstra, na verdade, um vazio argumentativo e desconhecimento sobre os pressupostos da CDPD na chancela protetiva dos direitos das pessoas com deficiência no Estado de Direito.

Diante da inserção de um possível modelo de eugenia liberal na sociedade, há o risco evidente de que os avanços da biotecnologia reprodutiva podem ter a violação da percepção de diversidade no patrimônio genético humano. Em função disso, resta como necessário entender quais os mecanismos disponíveis para que se possa tutelar uma esfera de preservação da herança genética humana como forma de expressão da diversidade na espécie. A incidência da autonomia nas sociedades marcadas pelo liberalismo, como forma de representação social, leva a crer na possibilidade de liberdade plena na construção do projeto de parentalidade. Todavia, estar-se-ia diante, também, da noção de autonomia privada no Direito moderno, guiada pelo Estado em dispor sobre o exercício do planejamento familiar como um direito fundamental e os seus limites a partir da óptica do aperfeiçoamento e da alteração no genoma para fins terapêuticos.

4.3 Instrumentos jurídicos favoráveis à proteção da diversidade no patrimônio genético humano

No ordenamento jurídico brasileiro, o legislador constitucional reforça no §1º do inciso II do art. 225 da CRFB/1988[418] que incumbe ao Poder Público e à coletividade o dever de preservar para as atuais e as futuras gerações a diversidade e a integridade do patrimônio genético, devendo-se fiscalizar as entidades que se dedicam à

---

[418] Constituição Federal de 1988: *"Art. 225 [...]. §1º Para assegurar a efetividade desse direito, incumbe ao Poder Público: [...] II - preservar a diversidade e a integridade do patrimônio genético do País e fiscalizar as entidades dedicadas à pesquisa e manipulação de material genético".*

manipulação do material genético. Além disso, conforme definição do art. 2 da Convenção sobre Diversidade Biológica (CDB),[419] entende-se por diversidade a variabilidade de organismos vivos de todas as origens e ecossistemas, o que inclui a multiplicidade dentro das espécies, entre as espécies e de ecossistemas. Por esse motivo, a interpretação conjunta dos dispositivos permite alicerçar a identificação do que se poderia chamar de princípio da *Proteção da Diversidade no Patrimônio Genético*, o qual implicaria a tutela protetiva em três dimensões relativas: a) aos ecossistemas (terrestres, marinhos e outros aquáticos); b) às espécies (vegetais e animais); e c) dentro das espécies (vegetais e animais).

A proteção do patrimônio genético humano, por sua vez, encontra espaço na dimensão de tutela da multiplicidade de dados genéticos dentro da espécie humana, de modo a promover o respeito à diversidade a partir da noção de herança genética atribuída pela mudança do código de ascendentes para descendentes entre as gerações. Argumenta-se, também, que os dados genéticos são formados por: a) genótipos: traços genéticos passados pela hereditariedade; e b) fenótipos: o resultado da interação entre o genótipo e o meio no qual o sujeito está inserido.[420] Desse modo, pode-se entender que a conjunção dos dados genéticos da pessoa humana, por si só, não reflete o desenvolvimento que esta terá, na medida em que dependerá das escolhas particulares ou subjetivas e do ambiente sociocultural para além da predeterminação da genética. Em síntese, explicam o geneticista Luca Cavalli-Sforza e o filósofo Francesco Cavalli-Sforza[421] que parte da vida da pessoa humana depende do ambiente cultural no qual esteja inserida, enquanto a outra depende fundamentalmente da estrutura de seu genoma. Isso porque, segundo os autores, para se desenvolver a personalidade, é necessário respeitar a variação individual no tocante à esfera biológica e cultural.

---

[419] Convenção Sobre Diversidade Biológica: *"Art. 2 Utilização de termos. [...] 'Diversidade biológica' significa a variabilidade de organismos vivos de todas as origens, compreendendo, dentre outros, os ecossistemas terrestres, marinhos e outros ecossistemas aquáticos e os complexos ecológicos de que fazem parte, compreendendo ainda a diversidade dentro de espécies, entre espécies e de ecossistemas"*.

[420] Para aprofundar a discussão sobre genótipos e fenótipos, consultar: SNUSTAD, D. Peter; SIMMONS, Michael J. *Fundamentos da genética*. Rev. Cláudia Vitória de Moura Gallo. 7. ed. Rio de Janeiro: Guanabara Koogan, 2017. p. 122.

[421] CAVALLI-SFORZA, Luca; CAVALLI-SFORZA, Francesco. *Quem somos? História da Diversidade Humana*. Tradução de Laura Cardellini Barbosa de Oliveira. São Paulo: Editora UNESP, 2002. p. 346-347.

Ademais, nas lições de Adriana Diaféria,[422] a proteção dos dados genéticos humanos encontra respaldo no artigo 225 da CRFB/1988 por duas razões: a) o legislador não faz nenhuma distinção específica ao tipo de patrimônio ao qual está se referindo; e b) em uma postura inovadora, na compreensão da evolução do direito, o homem e os demais seres vivos devem ser entendidos em pé de igualdade, de modo que a pessoa humana seja considerada como parte integrante da natureza. Seguindo essa visão, a autora percebe que as informações contidas no genoma humano são bens de interesse difuso, de modo que a sua tutela interessa um número indeterminado de pessoas, sendo considerado como um direito transindividual (ou metaindividual), devendo-se estabelecer o necessário controle social para se preservar a dignidade constituinte da espécie humana.

Em nível infraconstitucional, cumpre tecer que a Lei nº 13.123/2015 define patrimônio genético como sendo a informação de origem genética de espécies vegetais, animais, microbianas ou espécies de outra natureza, incluindo substâncias oriundas do metabolismo desses seres vivos (inciso I do art. 2),[423] excluindo-se de apreciação da referida lei o patrimônio genético humano (art. 4).[424]

Diante disso, o CRISPR-Cas9 insere, novamente, a discussão sobre os limites éticos e jurídicos da engenharia genética a partir do poder econômico e do planejamento familiar disponível como uma garantia constitucional. Justifica-se já que a tecnologia renova o debate sobre a eugenia liberal, previamente comentada na perspectiva habermasiana, como um possível resultado na construção dos projetos parentais nas sociedades modernas. Essa alternativa de uso da tecnologia não pode vir a existir como uma forma de negação à existência da diferença, sob a óptica do aperfeiçoamento genético, de modo a objetivar o melhoramento da espécie ao se escolher os dados genéticos que caracterizem uma potencial melhor qualidade de vida com base em critérios do que é uma vida que merece ou não ser vivida em uma óptica subjetiva do(s) autor(es) do projeto parental.

---

[422] DIAFÉRIA, Adriana. Princípios estruturadores do direito à proteção do patrimônio genético humano e as informações genéticas contidas no genoma humano como bens de interesses difusos. *In*: CARNEIRO, Fernanda; EMERICK, Maria Celeste (Org.). *Limite*: a ética e o debate jurídico sobre acesso e uso do genoma humano. Rio de Janeiro: Fiocruz, 2000. p. 1-19. p. 2, 10-11.

[423] Lei nº 13.123/2015: *"Art. 2º [...]: I - patrimônio genético - informação de origem genética de espécies vegetais, animais, microbianas ou espécies de outra natureza, incluindo substâncias oriundas do metabolismo destes seres vivos".*

[424] Lei nº 13.123/2015: *"Art. 4º Esta Lei não se aplica ao patrimônio genético humano".*

Por outro lado, o uso da tecnologia, com a finalidade terapêutica, deve ser encorajado, porque, conforme explica Iñigo de Miguel Berian,[425] a edição genética deve ser possível na atualidade, pois os argumentos da sacralidade e da dignidade do genoma humano não são mais suficientes para impedir procedimentos derivados dos avanços tecnológicos. Entretanto, argumenta-se que, se tratando de modificações no genoma que afetem as futuras gerações – como é o caso da edição genética em células germinativas, com finalidade de aperfeiçoamento genético –, há possíveis riscos incontornáveis, os quais o uso do CRISPR-Cas9 não deve alcançar.[426] Dessa forma, deve-se limitar, ainda, a poucas intervenções genéticas produzidas, de forma a buscar reduzir ou eliminar as variantes genéticas indesejadas, compreendidas como mosaicismos genéticos indevidos no gene alvo a partir do uso da engenharia genética.[427]

A partir disso, como se sabe, não se deve estender essa percepção para a deficiência, já que ela não deve ser compreendida como uma desgraça, um problema individual ou, ainda, uma patologia ou doença que merece um tratamento compulsório. Afinal, na atualidade, a premissa de que a deficiência seria sinônimo de ausência de qualidade de vida é vencida pelo modelo social de deficiência que foi assimilado pelos ordenamentos jurídicos dos países que tenham se tornado signatários da Convenção sobre os Direitos das Pessoas com Deficiência. Cumpre mencionar, ainda, que o avanço biotecnológico com o fim de erradicar ou discriminar geneticamente a deficiência, sob o pretexto de ser uma vida que não merece ser vivida, viola frontalmente os preceitos do diploma de Direitos Humanos. Ademais, torna-se necessário associar a essa interpretação o *Princípio da Igualdade e Não Discriminação*, como forma de proteger, sob a óptica da igualdade material, a diferença como fundamento da diversidade na espécie humana.

Assim, resta dizer que o CRISPR-Cas9 não pode funcionar como ferramenta para erradicar ou eliminar a deficiência por meio de intervenção na linha germinal humana para fins de aperfeiçoamento

---

[425] DE MIGUEL BERIAIN, Iñigo. Human dignity and gene editing: using human dignity as an argument against modifying the human genome and germline is a logical fallacy. *EMBO Reports*, p. 1-4, 2018. p. 2. Disponível em: https://www.embopress.org/doi/pdf/10.15252/embr.201846789. Acesso em: 14 dez. 2020.

[426] DE MIGUEL BERIAIN, Iñigo. Should human germ line editing be allowed? Some suggestions on the basis of the existing regulatory framework. *Bioethics*, p. 105-111, 2019. p. 110. Disponível em: https://onlinelibrary.wiley.com/doi/pdf/10.1111/bioe.12492. Acesso em: 14 dez. 2020.

[427] MONTOLIU, Lluís. *Editando genes*: recorta, pega y cólera. Las maravillosas herramientas CRISPR. 2. ed. Pamplona: Next Door Publishers, 2020. p. 187.

genético. Haja vista a deficiência não dever ser entendida simplesmente como uma doença hereditária, na medida em que a doença constitui um problema de ausência de saúde, enquanto a deficiência reflete uma limitação, que, em contato com uma sociedade não adaptada para atender às diferenças, ocasiona desigualdade de oportunidades.[428] Desse modo, o argumento de que a diversidade funcional seria sinônimo de uma vida que não vale a pena ser vivida reflete uma visão ultrapassada à luz dos diplomas atuais de direitos humanos em vigência.

Dito isso, a Lei de Biossegurança (Lei nº 11.105/2005) segue uma linha mais restritiva em torno da aplicação da engenharia genética em seres humanos, como ocorre no Canadá, na França, na Alemanha e na Austrália,[429] de modo a proteger especificamente o embrião, o zigoto e as células germinais humanas a início de termo da construção do projeto de parentalidade. O legislador brasileiro criminaliza a conduta no art. 25,[430] de forma a aplicar reclusão de um a quatro anos e multa. Nessa perspectiva, o ordenamento jurídico brasileiro encontra-se dentro da perspectiva do que alguns teóricos qualificam como sendo de tendências bioconservadoras, pois tende a desincentivar práticas que possam conduzir a um comportamento artesão do(s) autor(es) do projeto parental. No entanto, a restrição faculta a possibilidade de uso da ferramenta de edição genético em células somáticas humanas, podendo avançar no sentido de garantir qualidade de vida e novos tratamentos para aquelas pessoas que se encontram nascidas.

Ainda sobre tais critérios, Paulo Vinícius Sporleder de Souza compreende que os crimes de engenharia ou manipulação genética humana são "aquelas atividades que, de forma programada, permitem modificar (total ou parcialmente) o genoma humano, com fins não terapêuticos reprováveis, através da manipulação de genes".[431] Dessa forma, compreende-se como a intervenção que vise ao aperfeiçoamento da espécie, ainda que isso signifique abrir margem para práticas eugênicas ressignificadas.

---

[428] Sobre o tema, consultar: PALACIOS, Agustina; ROMAÑACH, Javier. *El modelo de la diversidade*: la Bioética y los Derechos Humanos como herramientas para alcanzar la plena dignidad en la diversidad funcional. Madrid: ediciones Diversitas – AIES, 2006.

[429] CYRANOSKI, David. What's next for CRISPR babies. *Nature*, v. 566, p. 440-442, 2019. Disponível em: https://media.nature.com/original/magazine-assets/d41586-019-00673-1/d41586-019-00673-1.pdf. Acesso em: 7 dez. 2020.

[430] Lei nº 11.105/2005: *"Art. 25. Praticar engenharia genética em célula germinal humana, zigoto humano ou embrião humano: Pena - reclusão, de 1 (um) a 4 (quatro) anos, e multa.".*

[431] SOUZA, Paulo Vinícius Sporleder. *Direito Penal Genético e a Lei de Biossegurança*. Porto Alegre: Livraria do Advogado, 2007. p. 24.

4.4 Autonomia procriativa e os limites na construção dos projetos parentais assistidos: a liberdade no planejamento familiar na disposição dos direitos reprodutivos

O desejo da concretização dos projetos parentais assistidos, para muitos modelos familiares, decorre do reconhecimento dos direitos sexuais e reprodutivos enquanto uma conquista fundamental para o restabelecimento da saúde reprodutiva da pessoa humana em contexto de esterilidade ou de infertilidade ou, também, da impossibilidade gestacional do embrião. Por esse motivo, o direito ao planejamento familiar, enquanto um substrato da autonomia do sujeito, encontra esfera de tutela no ordenamento jurídico em dimensão constitucional e infraconstitucional. Diante disso, ensina Maria Claudia Crespo Brauner[432] que, na busca de satisfazer o desejo de gerar, pode-se encontrar também o sentimento de vaidade e egoísmo de certos casais, ou pessoas individualmente consideradas, ao enxergar na figura da futura criança a óptica de um objeto, de modo a perquirir todos os meios possíveis que justifiquem a realização do projeto parental conforme parâmetros subjetivos.

Essa postura, por sua vez, confronta o fundamento de *Liberdade* no planejamento familiar, na esfera pública e privada do Estado de Direito, com a proteção do que se constitui como sendo a Diversidade Humana no patrimônio genético, ao se direcionar especificamente a deficiência como dado genético em momento pré-conceptivo e pós--conceptivo. Afinal, as tecnologias reprodutivas, aplicadas de forma conjunta a técnicas auxiliares, como o DGPI e CRISPR-Cas9, fundamentam a discussão valorativa do alcance e a extensão da autonomia procriativa na construção dos projetos parentais assistidos, diante do potencial disruptivo da existência de uma eugenia liberal, previamente comentado na perspectiva habermasiana, nas sociedades modernas. Em razão disso, propõe-se aqui investigar, em um primeiro momento, a *Liberdade* no planejamento familiar no Estado de Direito brasileiro, sob o ponto de vista da autonomia privada extrapatrimonial (ou existencial) disponível e, por conseguinte, o debate sobre os limites dessa autonomia na construção dos projetos parentais derivados da utilização dessas ferramentas.

---

[432] BRAUNER, Maria Claudia Crespo. *Direito, sexualidade e reprodução humana*: conquistas médicas e o debate bioético. Rio de Janeiro: Renovar, 2003. p. 56.

4.4.1 Liberdade, famílias e planejamento parental no Estado de Direito brasileiro: a autonomia na constituição das famílias ectogenéticas

A primeira Constituição brasileira, de 1824, do período colonial brasileiro, não dispunha sobre família[433] e, por isso, tampouco sobre o tema do planejamento parental. Após a Proclamação da República, a primeira Constituição elaborada, em 1891,[434] não disciplinava de forma especial a família, havendo um único dispositivo atribuindo legitimidade ao casamento religioso, também não havendo diretrizes que aludissem ao referido tema.[435] Dessa forma, o percurso do direito ao planejamento familiar ocorreu a partir das Constituições republicanas de 1934,[436] 1937[437] e 1946,[438] mas ainda assim de forma incipiente, garantindo amparo aos núcleos matrimoniais de prole numerosas. É imperioso lembrar que nessa época o modelo familiar reinante no direito brasileiro era o patriarcal, baseado na construção da ideia de legitimação de uma única forma de entidade familiar como reconhecida e tutelada juridicamente, qual seja o casamento, formado pelo vínculo indissolúvel entre o homem e a mulher. Dessa maneira, o critério de legitimidade atribuía a necessidade da diversidade de gênero[439] como requisito indispensável para a existência do casamento, de forma a não chancelar aquelas famílias desviantes do padrão socialmente imposto. Esse modelo heterocispatriarcal, para Pierre Bourdieu,[440] refletia a invisibilização das existências públicas e legítimas dos membros

---

[433] A única menção destinava-se a tutelar, exclusivamente, a família imperial.

[434] Constituição Federal (1891): *"Art.72. §4º. A República só reconhece o casamento civil, cuja celebração será gratuita."*.

[435] Para um aprofundamento sobre o tema das famílias nas constituições, consultar COSTA, Dilvanir José da. A família nas constituições. *Revista da Faculdade de Direito da Universidade Federal de Minas*, n. 48, 2008. Disponível em: https://www.direito.ufmg.br/revista/index.php/revista/article/view/1455. Acesso em: 25 out. 2020.

[436] Constituição Federal (1934): *"Art 138. Incumbe à União, aos Estados e aos Municípios, nos termos das leis respectivas: [...] c) amparar a maternidade e a infância; d) socorrer as famílias de prole numerosa [...]"*.

[437] Constituição Federal (1937): *"Art 124 - A família, constituída pelo casamento indissolúvel, está sob a proteção especial do Estado. Às famílias numerosas serão atribuídas compensações na proporção dos seus encargos."*.

[438] Constituição Federal (1946): *"Art 164 - É obrigatória, em todo o território nacional, a assistência à maternidade, à infância e à adolescência. A lei instituirá o amparo de famílias de prole numerosa."*.

[439] Em vez de utilizar a terminologia "diversidade de sexo", opta-se pelo uso de "diversidade de gênero" como termo adequado, ao considerar a precisão sobre a identidade de gênero para além da predeterminação biológica.

[440] BOURDIEU, Pierre. *A dominação masculina*. Tradução de Maria Helana Kühner. 11. ed. Rio de Janeiro: Bertland Brasil, 2012.

da população LGBT+,[441] colocando-se à margem de reconhecimento também outros agrupamentos familiares pautados em uma parentalidade solo ou àqueles voltados para o não prosseguimento das etapas formais do casamento (concubinato puro) ou pela impossibilidade formal (concubinato impuro).

Ressalta-se, também, que essa visão refletia a existência do poder que o chefe da família tinha sobre a mulher (poder marital) e sobre os filhos (pátrio poder), devendo o patriarca estabelecer os valores morais que guiariam o seio familiar neste momento de transição do Estado Liberal, abstencionista, em que ainda havia maior liberdade dos particulares na família. Por essa razão, com os avanços em matéria do reconhecimento dos direitos civis para grupos socialmente vulneráveis, como as mulheres, as crianças, entre outros, isso somado à mudança de perspectiva do ordenamento jurídico ao assumir uma postura de Estado Social, houve a incidência de um gradual processo de mitigação do chamado modelo patriarcal de família, como podia-se observar com a Declaração Universal dos Direitos da Criança (1959), o Estatuto da Mulher Casada (1962) e a instituição da Emenda Constitucional nº 9 (1977), regulada pela Lei do Divórcio (1977), garantindo o fim do casamento indissolúvel no contexto da Constituição republicana de 1967,[442] como também uma política mais interventiva do Estado de Direito. Dentro do escorço normativo desse diploma, o planejamento familiar também estava a ser tutelado de forma insuficiente, de modo a ser garantida mera assistência à maternidade, à infância e à adolescência.

Fatidicamente, a Constituição Cidadã de 1988 contribuiu de maneira mais incisiva na superação da desigualdade entre o homem e a mulher, na filiação e entre as entidades familiares, inaugurando o que Paulo Lôbo chama de um direito de família igualitário e solidário na sociedade brasileira.[443] Dessa forma, também se fala que o direito ao planejamento familiar passou a ser mais bem-trabalhado, tendo agora um dispositivo específico na Carta Magna, embora ainda muito tímido, por meio do art. 226, §7º, ao estabelecer que se trata de livre

---

[441] Embora haja divergências quanto à sigla que deve ser adotada ao se referir às pessoas integrantes da diversidade sexual e de gênero, optou-se por seguir "LGBT+", a qual entende-se como sendo lésbicas, gays, bissexuais e transgêneros (transexuais e travestis) e outras identidades desviantes.

[442] Constituição Federal (1967): *"Art 167. A família é constituída pelo casamento e terá direito à proteção dos Poderes Públicos. §4o - A lei instituirá a assistência à maternidade, à infância e à adolescência.".*

[443] LÔBO, Paulo. *Direito Civil*: famílias. 11. ed. São Paulo: Saraiva Educação, 2021. p. 41.

decisão do casal, competindo ao Estado propiciar recursos educacionais e científicos para o seu exercício, sendo transcrita sua redação integral abaixo.

> Art. 226, §7º. Fundado nos princípios da dignidade da pessoa humana e da paternidade responsável, o planejamento familiar é livre decisão do casal, competindo ao Estado propiciar recursos educacionais e científicos para o exercício desse direito, vedada qualquer forma coercitiva por parte de instituições oficiais ou privadas.[444]

Além disso, em 1996 foi elaborada a Lei do Planejamento Familiar (Lei nº 9.263), de forma a regular o §7º do art. 226 da CRFB/1988. A referida normativa tem, entre os seus propósitos, o dever de orientar as ações preventivas e educativas de planejamento familiar ao garantir acesso igualitário de informações, meios, métodos e técnicas disponíveis para regular a fecundidade humana, havendo o dever interno no plano do Sistema Único de Saúde (SUS) em capacitar os seus profissionais para atender à saúde reprodutiva da sociedade com qualidade.[445] Por esse motivo, na dimensão de atendimento global e integral da saúde humana, o SUS deve oferecer atividades básicas, como: a) assistência à concepção e contracepção; b) atendimento pré-natal; c) assistência ao parto, ao puerpério e ao neonato; d) oferecer ferramentas que contribuam para o controle de doenças sexualmente transmissíveis; e c) controlar e prevenir o câncer cérvico-uterino, de mama, de próstata e de pênis.[446]

---

[444] BRASIL. Constituição (1988). *Constituição da República Federativa do Brasil.* Brasília: Senado, 1988. Disponível em: http://www.planalto.gov.br/ccivil_03/Constituicao/Constituicao. htm. Acesso em: 9 set. 2021.

[445] Lei nº 9.263/1996: "*Art. 4º O planejamento familiar orienta-se por ações preventivas e educativas e pela garantia de acesso igualitário a informações, meios, métodos e técnicas disponíveis para a regulação da fecundidade. Parágrafo único - O Sistema Único de Saúde promoverá o treinamento de recursos humanos, com ênfase na capacitação do pessoal técnico, visando a promoção de ações de atendimento à saúde reprodutiva.*".

[446] Lei nº 9.263/1996: "*Art. 3º O planejamento familiar é parte integrante do conjunto de ações de atenção à mulher, ao homem ou ao casal, dentro de uma visão de atendimento global e integral à saúde. Parágrafo único - As instâncias gestoras do Sistema Único de Saúde, em todos os seus níveis, na prestação das ações previstas no **caput**, obrigam-se a garantir, em toda a sua rede de serviços, no que respeita a atenção à mulher, ao homem ou ao casal, programa de atenção integral à saúde, em todos os seus ciclos vitais, que inclua, como atividades básicas, entre outras: I - a assistência à concepção e contracepção; II - o atendimento pré-natal; III - a assistência ao parto, ao puerpério e ao neonato; IV - o controle das doenças sexualmente transmissíveis; V - o controle e prevenção do câncer cérvico-uterino, do câncer de mama e do câncer de pênis. V - o controle e a prevenção dos cânceres cérvico-uterino, de mama, de próstata e de pênis.*".

Cumpre tecer, na visão de Maria Amélia Belomo Castanho,[447] que o direito ao planejamento familiar passou a ser entendido também como um direito fundamental da pessoa humana, cujo exercício impõe duas dimensões de direito: a) a dimensão negativa: na qual deve haver uma zona de não intervenção do Estado, implicando uma abstenção, na medida em que a redação do dispositivo do legislador constitucional adota *"[...] é livre decisão do casal [...] vedada qualquer forma coercitiva por parte de instituições oficiais ou privadas"*; e b) a dimensão positiva: impondo o exercício da liberdade por intermédio do Estado de Direito, tendo em vista que proclama-se na redação do artigo *"[...] competindo ao Estado propiciar recursos educacionais e científicos para o exercício desse direito"*. Consoante essa interpretação, é possível entender que, da mesma forma que o Estado de Direito garante a Liberdade no planejamento familiar, ele também garantirá os recursos que estarão disponíveis na consecução desse direito e as formas de limitá-lo.

Ademais, quanto à titularidade do exercício do direito ao planejamento familiar, embora o legislador constitucional utilize a expressão "casal", sabe-se que, atualmente, essa interpretação pode ser estendida também a partir de alguns vieses possíveis, das quais destacam-se para este trabalho os seguintes:

a) primeiramente, para além de uma biparentalidade necessária, pautada no exclusivismo do casamento, tendo em vista o reconhecimento expresso, no art. 226 da Constituição, de outras entidades familiares, como a união estável (concubinato puro) e a família monoparental, composta tanto por uma mãe ou um pai solo e o(s) seu(s) respectivo(s) filho(s). De forma corroborativa, a Lei do Planejamento Familiar (Lei nº 9.263/1996), em seu art. 2,[448] determina que o direito ao planejamento familiar inclui a pessoa individualmente considerada como também casal. Além disso, diante da tese da pluralidade das entidades familiares constitucionalizadas, que, segundo Paulo Lôbo,[449]

---

[447] CASTANHO, Maria Amélia Belomo. *Planejamento Familiar*: o estado na construção de uma sociedade inclusiva e a participação social para o bem comum. Curitiba: Juruá, 2014. p. 69

[448] Lei nº 9.263/1996: *"Art. 2º Para fins desta Lei, entende-se planejamento familiar como o conjunto de ações de regulação da fecundidade que garanta direitos iguais de constituição, limitação ou aumento da prole pela mulher, pelo homem ou pelo casal."*.

[449] Deve-se notar, ainda, que a tese defendida por Paulo Lôbo leva em consideração que a Constituição Federal de 1988 permitiu que houvesse tanto o reconhecimento de núcleos familiares: a) de forma *expressa*, como o casamento, a união estável e a família monoparental; b) como também de modo *implícito*, incluindo-se aquelas não previstas de forma específica no texto constitucional do art. 226 da CRFB/1988. LÔBO, Paulo. Entidades familiares constitucionalizadas: para além do numerus clausus. *Revista Brasileira de Direito de Família*, Porto Alegre, v. 12, p. 40-55, 2002. p. 42.

implica o reconhecimento de um rol exemplificativo de núcleos familiares na Constituição, faculta-se o projeto parental também para outras entidades familiares que ali não o foram expressamente elencadas no rol constitucional;

b) em segundo lugar, houve uma digressão no Estado de Direito brasileiro quanto à necessidade de uma heterossexualidade compulsória na constituição das entidades familiares, abandonando-se o requisito da diversidade de gênero como um fator fundamental. O Supremo Tribunal Federal (STF), no ano de 2011, decidiu a partir da Arguição de Descumprimento de Preceito Fundamental nº 132/RJ (ADPF 132/RJ)[450] e da Ação Direta de Inconstitucionalidade nº 4.277/DF (ADI 4.277/DF)[451] que há a proibição da discriminação da pessoa humana em função da orientação sexual, reforçando o pluralismo social, de modo a trazer interpretação inclusiva do reconhecimento das uniões homoafetivas, equiparando-as à união estável. Ainda nesse ano, o Superior Tribunal de Justiça (STJ), por meio do Recurso Especial nº 1.183.378/RS (Resp. 1183378/RS),[452] reconheceu a possibilidade da habilitação direta para o casamento das uniões formadas por pessoas do mesmo gênero. Entretanto, ainda assim houve a necessidade de elaboração da Resolução nº 175 do Conselho Nacional de Justiça (CNJ) para fortalecer essa decisão, de modo a romper o entrave de estigmatização social que existia nos cartórios que se recusavam a realizar a habilitação direta para o casamento, vedando expressamente que as autoridades competentes se recusassem a fazer a habilitação direta.[453]

---

[450] BRASIL. Supremo Tribunal Federal. *Arguição de Descumprimento de Preceito Fundamental nº 132/RJ*. Relator: Ministro Ayres Britto. Data do julgamento: 5 maio 2011. Disponível em: http://redir.stf.jus.br/paginadorpub/paginador.jsp?docTP=AC&docID=628633. Acesso em: 10 set. 2021.

[451] BRASIL. Supremo Tribunal Federal. *Ação Direta de Inconstitucionalidade nº 4.277/DF*. Relator: Ministro Ayres Britto. Data do Julgamento: 05/05/2011. Disponível em: http://jurisprudencia.s3.amazonaws.com/STF/IT/ADI_4277_DF_1319338828608.pdf?Signature= 3tCKJor9pw22ndmfv2CkDfbIRXg%3D&Expires=1459737468&AWSAccessKeyId=AKIAI PM2XEMZACAXCMBA&response-content-type=application/pdf&x-amz-meta-md5-has h=82e72df83dc8520f9d7b7eeb704df7c6. Acesso em: 10 set. 2021.

[452] BRASIL. Superior Tribunal de Justiça. *Recurso Especial nº 1.183.378/RS*. Relator: Ministro Luis Felipe Salomão. Data do julgamento: 25 out. 2011. Disponível em: https://jurisprudencia.s3.amazonaws.com/STJ/IT/RESP_1183378_RS_1330972067974.pdf?Signa ture=UrJqtmv%2Fp3N%2B2R1bfDaCDSu8KEc%3D&Expires=1555052681&AWSAccess KeyId=AKIAIPM2XEMZACAXCMBA&response-content-type=application/pdf&x-amz-meta-md5-hash=6614bce5618ad15c0806d4ac79e931ac. Acesso em: 10 set. 2021.

[453] Resolução nº 175/2013 do CNJ: *"Art. 1º É vedada às autoridades competentes a recusa de habilitação, celebração de casamento civil ou de conversão de união estável em casamento entre pessoas de mesmo sexo".*

Portanto, a partir desse cenário de movimento dos tribunais superiores, a partir de uma postura ativista, foi possível conceber a existência de entidades familiares entre pessoas do mesmo gênero, o que por si só, diante do preceito da *Igualdade* entre as entidades familiares, faculta o direito ao planejamento familiar para essas famílias que desviam do padrão heterocispatriarcal imposto socialmente como fator de normalidade. De forma a buscar acompanhar essas mudanças sociojurídicas, a Resolução CFM nº 2.283/2020[454] alterou a redação do item 2 do inciso II da Resolução CFM nº 2.168/2017 para abarcar o acesso às TRHA para relações homoafetivas e pessoas solteiras, respeitando-se o direito de objeção por parte do médico, sendo o entendimento reproduzido na Resolução CFM 2.294/2021, atualmente em vigor.

Outra disposição que merece destaque, na Lei do Planejamento Familiar (Lei nº 9.263/1996), seria a limitação quanto ao exercício do direito, na medida em que serão permitidos os métodos e as técnicas, cientificamente aceitos, desde que não coloquem em risco a vida e a saúde das pessoas envolvidas, de modo a observar avaliação prévia e acompanhamento clínico, devendo ser informados os possíveis riscos, vantagens, desvantagens e a eficácia do tratamento adotado.[455] O referido dispositivo atrela-se diretamente à figura do consentimento informado, dentro da dimensão discursiva do princípio ético da *Autonomia*, de base da Teoria Principialista, na qual busca-se conferir ao paciente, por meio das informações disponíveis, mecanismos para que a sua decisão seja genuinamente real, em consonância com a sua vontade, a partir dos esclarecimentos necessários para a tomada de sua decisão. Argumenta-se, também, que a dimensão de serem aplicados somente métodos e técnicas que mantenham o quadro clínico de saúde da pessoa humana, volta-se para a discussão dos princípios da *Beneficência* e *Não Maleficência*, na medida em que se deve promover o bem do sujeito clínico, de modo a evitar situações em que se coloque em risco o seu bem-estar.

---

[454] CONSELHO FEDERAL DE MEDICINA. *Resolução CFM nº 2.283/2020*, de 1 de outubro de 2020. Altera a redação do item 2 do inciso II, "Pacientes das técnicas de RA", da Resolução CFM no 2.168/2017, aprimorando o texto do regulamento de forma a tornar a norma mais abrangente e evitar interpretações contrárias ao ordenamento jurídico Disponível em: https://sistemas.cfm.org.br/normas/arquivos/resolucoes/BR/2020/2283_2020.pdf. Acesso em: 12 set. 2021.

[455] Lei nº 9.263/1996: *"Art. 9º Para o exercício do direito ao planejamento familiar, serão oferecidos todos os métodos e técnicas de concepção e contracepção cientificamente aceitos e que não coloquem em risco a vida e a saúde das pessoas, garantida a liberdade de opção. Parágrafo único. A prescrição a que se refere o* **caput** *só poderá ocorrer mediante avaliação e acompanhamento clínico e com informação sobre os seus riscos, vantagens, desvantagens e eficácia.".*

Não obstante, de acordo com Carlos Pianovski Ruzyk,[456] a *Liberdade* no Direito Civil pauta-se na lógica da autonomia privada[457] como marco de desenvolvimento da pessoa humana, centro do ordenamento jurídico, no Estado Social de Direito. Sendo assim, esclarece o autor que não é possível pensar em uma autonomia privada ilimitada, pois é possível identificar um conjunto de balizamentos dentro dos quais pode-se pensar essa autonomia, construída a partir de uma óptica de liberdade negativa, que pressupõe limites, ainda que mínimos. É necessário esclarecer, também, que, de acordo com Francisco Amaral,[458] existe uma distinção entre o que seria a autonomia da vontade e a autonomia privada, pois se para a primeira há um caráter mais subjetivo, como a manifestação da liberdade individual no campo do direito, a segunda reflete o poder de criar, nos limites da lei, normas jurídicas, isto é, o poder de alguém dar a si mesmo um ordenamento próprio. Observa-se, assim, para essa última, que a norma jurídica funciona como um limite da liberdade no contexto do exercício da autonomia, de modo impositivo e coercitivo.

No âmbito da família, segundo Paulo Lôbo,[459] a *Liberdade* segue a tendência do livre poder de escolha em algumas dimensões, como: a) a entidade familiar; b) a forma de aquisição e administração do patrimônio familiar; c) o planejamento familiar; d) a definição dos modelos educacionais, valores culturais e religiosos da família; e e) a livre formação dos filhos. Isso porque as transformações sociais e jurídicas do último século, na ruptura do modelo de autoritarismo da família

---

[456] RUZYK, Carlos Eduardo Pianovsk. *Liberdade(s) e função*: contribuição crítica para uma nova fundamentação da dimensão funcional do direito civil brasileiro. 2009. 402 f. Tese (Doutorado em Direito das Relações Sociais) – Universidade Federal do Paraná. Curitiba, 2009, p. 134. Disponível em: https://acervodigital.ufpr.br/bitstream/handle/1884/19174/?sequence=1. Acesso em: 23 abr. 2021.

[457] Todavia, pondera-se que a tutela relativa aos atos jurídicos patrimoniais – de lógica proprietária – não deve ser a mesma no que se denomina hoje como situações jurídicas existenciais ou extrapatrimoniais. Dessa maneira, Ana Carolina Brochado Teixeira ensina que a autonomia patrimonial, pautada em liberdade negativa, é insuficiente para regular a autonomia existencial da pessoa humana, sobretudo no que se refere à proteção do sujeito nos atos jurídicos de ordem subjetiva, de função pessoal. Nesse contexto, em uma proposta de mudança qualitativa no trato da autonomia, entende como necessário suceder essa para uma liberdade positiva, consistindo na escolha metodológica-interpretativa de primar pela realização da pessoa humana, devendo interpretá-la conforme a sua base na *Dignidade da Pessoa Humana* (artigo 1, inciso III da CF/88) e na *Liberdade* (artigo 5, *caput*, da CF/88). TEIXEIRA, Ana Carolina Brochado. Autonomia existencial. *Revista Brasileira de Direito Civil – RBDCivil*, Belo Horizonte, v. 16, p. 75-104, abr./jun. 2018. p. 81-87. Disponível em: https://rbdcivil.ibdcivil.org.br/rbdc/article/view/232. Acesso em: 13 ago. 2021.

[458] AMARAL, Francisco. *Direito Civil*: introdução. Rio de Janeiro: Renovar, 2006. p. 388.

[459] LÔBO, Paulo. *Direito Civil*: famílias. 11. ed. São Paulo: Saraiva Educação, 2021. p. 70-71.

tradicional, promoveram uma ampliação no exercício das liberdades de todos os atores que compõem a família para uma organização mais democrática, participativa e solidária. Entretanto, pondera o autor que a autonomia da vontade, por si só, não é fator determinante diante dos demais valores na proteção dos integrantes da entidade familiar, sobretudo quando esses se qualifiquem como sujeitos vulneráveis.

Com base nisso, ensina Maria Rita de Holanda[460] que a dimensão da liberdade da família opera-se de forma distinta quando sob a óptica da esfera conjugal e parental no Estado de Direito brasileiro. Isso ocorre porque, na transição do Estado Liberal abstencionista, pautado em individualismo, para o Estado Social, que se propõe a interceder protetivamente, na busca de tutelar os direitos e as garantias fundamentais, há na esfera conjugal um recuo interventivo na sua forma de determinação para garantir mais liberdade. Entretanto, no tocante à relação parental, houve um movimento inverso, na medida em que há maior intervenção do Estado, haja vista a titularidade de crianças e adolescentes como sujeitos de direitos em desenvolvimento, o que acaba impondo limites comportamentais referentes ao(s) autor(es) do projeto parental.

Ainda sobre o tema, leciona a autora[461] que a valorização da autonomia existencial no ordenamento jurídico brasileiro pressupõe a existência de duas subespécies: a autonomia da vontade e a autonomia privada. Sendo assim, a autonomia existencial seria um gênero que possui traços híbridos, na medida em que é composta pela: a) autonomia da vontade: pautada em ideais liberais, em que há a prevalência do interesse subjetivo sobre o coletivo; e b) autonomia privada: referindo-se ao exercício do direito subjetivo com observância dos valores e interesses da coletividade. Desse modo, para a autora, as condutas voltadas para a realização da autonomia existencial se prestariam não apenas à realização individual dos desejos particulares, mas na combinação dos interesses pessoais com a observância dos valores coletivos. Dessa maneira, na parentalidade há mais deveres do que propriamente direitos, estando a autonomia parental mais ligada à autonomia privada do que propriamente à autonomia da vontade.[462]

---

[460] HOLANDA, Maria Rita de. *Parentalidade*: entre a realidade social e o direito. Belo Horizonte: Fórum, 2021. p. 204.

[461] HOLANDA, Maria Rita. Filiação: natureza jurídica, autonomia e boa-fé. *In*: LÔBO, Fabíola Albuquerque; EHRHARDT JÚNIOR, Marcos; PAMPLONA FILHO, Rodolfo (Coord.). *Boa-fé e sua aplicação no direito brasileiro*. Belo Horizonte: Fórum, 2017. p. 221.

[462] HOLANDA, Maria Rita de. *Parentalidade*: entre a realidade social e o direito. Belo Horizonte: Fórum, 2021. p. 204.

A partir disso, percebe-se, evidentemente, que a construção do projeto de parentalidade, na dimensão da autonomia existencial, possui como reflexo do princípio constitucional da *Liberdade* a ideia da autonomia privada, e não singularmente o que pressupõe a autonomia da vontade, ao estabelecer a superveniência dos interesses individuais sobre os coletivos. Consequentemente, impõe-se como relevante entender que tais disposições empregam, no exercício da vontade, a sujeição aos parâmetros estabelecidos pela ordem constitucional e infranconstitucional, ao construir um projeto de parentalidade assistido, seja ele da pessoa individualmente considerada ou, também, de casais em contexto heteroafetivo ou homoafetivo.

Nesse contexto, a compreensão da *Liberdade* no planejamento familiar não assegura uma liberdade irrestrita, pois existe a necessidade de haver a ponderação de limites na construção do projeto de parentalidade, independentemente da entidade familiar adotada e do poder econômico disponível. No âmbito da engenharia genética, a partir da óptica da autonomia parental, não pode haver um distanciamento da intervenção do Estado de Direito para que existam mecanismos de poder e contenção quanto à autonomia extrapatrimonial disponível. Isso em vista de as escolhas pessoais do(s) autor(es) do projeto parental poderem afetar diretamente a estrutura do patrimônio genético da pessoa humana individualmente considerada e, em um contexto maior, da própria espécie humana como tal. Dessa forma, não há como se admitir, a partir do uso das tecnologias advindas dos avanços da biotecnociência, a construção de uma filiação projetada que não leve em consideração, por exemplo, limites em sua constituição.

Dessa forma, ensina Michel Tort que uma possível inexistência de limites poderia ensejar o simples liberalismo reprodutivo, tendo em vista que se poderá consubstanciar a "lei dos desejos" no mercado de bens da procriação. Desse modo, poder-se-á entender a transformação do próprio ser vivo em produto industrial, resultado de uma artificialização do ser humano enquanto material para a transformação e a produção.[463] Nesse sentido, como argumentado ao longo deste trabalho, a engenharia genética alerta a emergência dialógica dos direitos de quarta geração frente às liberdades existentes a partir do estado atual da biotecnociência nas sociedades modernas marcadas pelo liberalismo, guiadas pela óptica de mercado e consumo de bens

---

[463] TORT, Michel. *O desejo frio*: procriação artificial e crise dos referenciais simbólicos. Tradução de Clóvis Marques. Rio de Janeiro: Civilização Brasileira, 2001. p. 70.

reprodutivos. Assim, deve-se seguir a tendência de aproximar, em momento pré-conceptivo e pós-conceptivo, a intervenção estatal diante da relevância do patrimônio genético como direito difuso, que se impõe como de interesse social sua proteção, para não marginalizar a noção da Diversidade Humana como identidade genética da espécie, inclusive ao olhar-se para a deficiência como dado genético humano relevante.

A possibilidade de fazer-se o uso das tecnologias reprodutivas no projeto de parentalidade inaugura a noção de famílias ectogenéticas, que, conforme leciona Rodrigo da Cunha Pereira, são formadas com filhos decorrentes das técnicas de reprodução medicamente assistidas, mediante o suporte da biotecnologia, que abriu a possibilidade de inseminações artificiais com o material genético dos próprios autores do projeto parental (homólogas) ou, ainda, de terceiro (heterólogas).[464]

Diante disso, sempre que se envolver a pessoa do filho ou, ainda, o futuro filho, olhando-se para o material genético humano fecundado, em fase extracorpórea, ou ainda intracorpórea, embora aqui não se siga uma visão conceptiva quanto à natureza jurídica do embrião, há de se dispor das salvaguardas das garantias fundamentais necessárias para se tutelar o que se constitui como sendo a natureza humana diante dos avanços tecnológicos que buscam subvertê-la em prol dos interesses individuais sobre os coletivos no futuro da espécie humana. Combina-se a partir dessa visão, por isso, a tutela do material genético humano na esfera de proteção e intervenção Estatal, afastando-se, por isso, o que alguns autores defendem como Direito de Família mínimo na construção dos projetos de parentalidade,[465] sobretudo diante da

---

[464] PEREIRA, Rodrigo da Cunha. *Dicionário de direito de família e sucessões*: ilustrado. 2. ed. São Paulo: Saraiva Educação, 2018. p. 328.

[465] Seguindo a tendência de alguns autores que assumem a postura transumanista, como Julian Savulescu e Guy Kahane, afirma Renata de Lima Rodrigues que se deve garantir aos idealizadores do projeto parental "um espaço de autonomia no qual lhes é consentido fazer escolhas que permitam ter filhos com as melhores expectativas de vida boa ou de bem-estar, em respeito à sua autonomia, dignidade e alteridade". A visão da autora parte do pressuposto interpretativo de aplicação do Direito de Família mínimo no planejamento familiar, ao alicerçar ao estudo do princípio da *Parentalidade Responsável* a discussão polêmica sobre a *Beneficência Procriativa*, de forma a conceber a escolha sobre os embriões disponíveis àqueles que representem a maior garantia de bem-estar. O fundamento utilizado pela autora leva à discussão, também, de que "é incorreto selecionar embriões com deficiência como a surdez porque tal seleção conduz à idealização e à criação de uma pessoa que possui, a priori, menos expectativas de capacidade ou de potencialidade de se realizar plenamente, apresentando menor qualidade de vida do que seria normalmente possível". RODRIGUES, Renata de Lima. *Planejamento familiar*: limites e liberdades parentais. Indaiatuba: Foco, 2021. p. 96-98, 101. Dessa forma, entre as interpretações possíveis levantadas pela autora, pode-se chegar à conclusão capacitista de que a deficiência consiste em menor qualidade de vida e potencialidades, noção essa combatida

necessidade de se estabelecerem limites comportamentais a partir do desejo dos autores do planejamento familiar quanto ao que se denomina como eugenia positiva (finalidade artesã) e negativa (finalidade terapêutica) no Estado de Direito.

A dúvida que se suscita neste trabalho é sobre a não conduta impositiva e paternalista do Estado de Direito sobre uma generalização quanto à proibição de uso dos avanços das tecnologias e os limites fundamentais no exercício dessa autonomia extrapatrimonial na modificação do patrimônio genético humano que afeta o futuro da espécie diante do planejamento familiar disponível. Atento a essa demanda, o legislador constitucional, na primeira parte do §7º do art. 226, adota parâmetros que devem guiar essa autonomia, sendo interpretado também como limites à autonomia procriativa, no trecho *"Fundado nos princípios da dignidade da pessoa humana e da paternidade responsável [...]"*. Dessa forma, o tópico final deste trabalho volta-se ao estudo desses conceitos e de outros que podem contribuir na construção de parâmetros para limitar a autonomia extrapatrimonial (ou existencial) no contexto de construção de um projeto de parentalidade a partir do uso combinado das tecnologias de *design* genético humano, ao olhar-se para o CRISPR-Cas9, e do DGPI, na proteção da deficiência como diversidade biológica no patrimônio genético humano.

4.4.2 Os limites da autonomia na construção dos projetos parentais assistidos a partir dos testes pré-implantatórios e do design genético humano na exclusão da diversidade genética

A ordem jurídica privada brasileira, a partir da interpretação conjunta do art. 226, §7º da CRFB/1988 e do art. 2 da Lei do Planejamento Familiar (Lei nº 9.263/1996), busca garantir direitos iguais para todas as pessoas naturais juridicamente consideradas no exercício do direito ao planejamento familiar, independentemente de uma conjugalidade necessária ou de uma heterossexualidade compulsória, incluindo-se, ainda, a pertinência em se impor limites na execução desse projeto parental para o aumento da prole ocorrido de forma planejada por

---

pelo modelo *social* de deficiência e da *diversidade*, assimilados no ordenamento jurídico brasileiro mediante a Convenção sobre os Direitos das Pessoas com Deficiência com status de norma constitucional, tendo seu teor sido reproduzido pela Lei Brasileira de Inclusão (Lei nº 13.146/2015).

meio dos avanços da biotecnociência. Assim, reforça-se que a autonomia extrapatrimonial disponível não é irrestrita, havendo como apontamento do legislador constitucional, na primeira parte do §7º do art. 226, o alcance para a sua concretização por meio da base axiológica dos princípios constitucionais da *Dignidade da Pessoa Humana* e da *Parentalidade Responsável*. De modo a corroborar com o debate, busca-se trazer outros balizamentos, como os princípios do *Melhor Interesse da Criança Resultante* e a *Beneficiência Procriativa*. Acrescenta-se, ainda, o chamado princípio da *Diversidade no Patrimônio Genético Humano*, na medida em que se busca tutelar as noções de patrimônio genético individual e a herança genética da espécie frente aos avanços da engenharia genética que potencializam subverter o conceito de natureza humana para fins de eugenia em nome do "bem-estar" da futura prole, implicando a exclusão da Diversidade Humana no patrimônio genético.

4.4.2.1 Dignidade da vida humana

O debate em torno da dignidade humana vem ocupando os teóricos, ao longo da história, em virtude, sobretudo, de ser considerado como de conteúdo fluido e indeterminado. Contudo, o seu significado, transformado no tempo, revela construção que importa ao Estado de Direito tanto no âmbito público como no privado. Atualmente, a dignidade está esculpida no inciso III do art. 1 da Constituição Federal como fundamento da República, norteadora dos valores que devem guiar as relações sociais, jurídicas e interpessoais.

No âmbito da família, especificamente, pontua-se que o princípio impõe um dever geral de respeito, proteção e intocabilidade à condição humana frente aos demais sujeitos que compõem o núcleo familiar.[466] Por isso, propõe um giro interpretativo dos valores patriarcais da família, em que havia a concentração, na figura masculina, do poder de chefia da relação conjugal e parental. No entanto, a transição dos valores sociojurídicos, marcados pela óptica liberal, para incorporar-se nas relações regidas pelo direito os valores sociais, elegidos pelo legislador constituinte a partir da segunda metade do século XX, possibilitou uma recomposição da estrutura familiar. Dessa maneira, a família antes chefiada pelo homem passa a ser entendida como um

---

[466] Consultar LÔBO, Paulo. *Direito Civil*: famílias. 11. ed. São Paulo: Saraiva Educação, 2021. p. 58-60.

espaço democrático,[467] em que cada membro da família ocupa um lugar de espaço destacado e que impõe respeito entre os titulares de direitos e deveres.

Nesse quadro, ao olhar-se para as relações que envolvam a pessoa do filho, ainda que em potencial, quando se entende que há a existência de uma futura criança, derivada de projetos parentais assistidos, há de se valer a intervenção do Estado para assegurar a proibição à objetificação de sua natureza humana, pois não se trata de uma coisa meramente disponível ou um objeto passivo nas relações de família.[468] A partir disso, corrobora-se para interpretar a dignidade da vida humana como limite à autonomia do planejamento familiar, estampado na primeira parte do §7º do art. 226 da Constituição, ao valer-se da inexorável proteção da natureza humana do sujeito em potencial envolvido nas relações derivadas da biotecnologia reprodutiva.

No planejamento familiar, conforme Maria Amélia Belomo Castanho,[469] a *Dignidade da Pessoa Humana* alcança dimensões variadas que podem representar: a) a liberdade de escolha sobre gerar ou não gerar; e b) restrições nesse direito em favor de outros direitos fundamentais envolvidos, de modo a sustentar a liberdade de ação ou limitá-la, como quando violar a dignidade dos filhos, ou de outros sujeitos envolvidos. Nas lições da autora, a dignidade humana alcança todos os sujeitos envolvidos na relação que se estabelece a partir do exercício do planejamento familiar, sendo verificada a sua incidência em maior ou menor grau a partir do direito que esteja sendo tutelado. Nesse sentido, a primeira dimensão discursiva aponta para a liberdade da pessoa humana perante o Estado, o qual deve abster-se em impedir o exercício desse direito, tendo o papel de protegê-lo diante de eventuais circunstâncias de interferência externas.

A exemplo, podem-se mencionar quaisquer condutas que objetivem obstar a concretização do planejamento familiar por pessoas individualmente consideradas e casais em razão da escolha da entidade familiar ou, ainda, de um padrão socialmente esperado conforme a

---

[467] Conferir BODIN DE MORAES, Maria Celina. A família democrática. *Revista da Faculdade de Direito da UERJ*, v. 13-14, p. 47-70, 2005.

[468] Deve-se olhar de forma diversa quando se tratar de uma relação de conjugalidade, em que se pressupõe igualdade de capacidade na tomada de decisões afetas à esfera subjetiva da pessoa humana.

[469] CASTANHO, Maria Amélia Belomo. *Planejamento Familiar*: o estado na construção de uma sociedade inclusiva e a participação social para o bem comum. Curitiba: Juruá, 2014. p. 80-83.

noção de uma heterossexualidade necessária para a conjectura da parentalidade na sociedade. Sobre o tema, afirma Manuel Camelo Netto que a heterocisnormatividade social, espécie de dominação simbólica, implica a construção de obstáculos para a efetivação dos direitos sexuais e reprodutivos da população LGBT,[470] pois ocasiona restrições, entendidas aqui como de ordem moral subjetiva, no alcance do direito à procriação. Acrescenta-se, ainda, além da possibilidade de valer-se de um projeto parental assistido, a oportunidade da adoção como alternativa das quais não devem ser limitadas em razão da identidade afetiva da pessoa humana. Desse modo, aponta-se como necessário desmitificar suposições de que as homoparentalidades e as transparentalidades seriam contrárias ao bem-estar da criança e do adolescente enquanto sujeitos de direito em desenvolvimento.

A segunda dimensão discursiva da *Dignidade*, apontada por Castanho, como de função limitadora, refere-se aos interesses envolvidos dos filhos, sobretudo porque a criança, fruto do planejamento familiar, não participou da decisão que definirá os rumos dos acontecimentos de sua vida e também se aponta os interesses de terceiros.[471]

Em um contexto em que a filiação ocorra de forma programada, por intermédio da tecnologia como alternativa reprodutiva para a concretização do projeto de parentalidade, pode-se falar que se estaria diante de alguns titulares de direitos no balizamento dos interesses em jogo: a) o(s) autor(es) do projeto parental; b) os interesses da criança que resultará do projeto parental; e c) a defesa do patrimônio genético como interesse difuso ou coletivo.

É imperioso, assim, separar o que seria o direito de acesso às tecnologias, como forma de concretização do planejamento familiar, e os mecanismos disponíveis para tutelar a criança projetada e, ainda, as ferramentas disponíveis pela engenharia genética como alternativas terapêuticas e de melhoramento genético, seja para fins de edição, modificação ou exclusão de material genético humano na sociedade. Isso já que, na primeira situação, há de valer-se da autonomia existencial plena de todas as pessoas, vedadas quaisquer designações discriminatórias na consecução da parentalidade. Por outro lado, a segunda

---

[470] SILVA NETTO, Manuel Camelo Ferreira da. *Planejamento Familiar nas Famílias LGBT*: desafios sociais e jurídicos do recurso à reprodução humana assistida no Brasil. Belo Horizonte: Fórum, 2021. p. 348-349.

[471] CASTANHO, Maria Amélia Belomo. *Planejamento Familiar*: o estado na construção de uma sociedade inclusiva e a participação social para o bem comum. Curitiba: Juruá, 2014. p. 83.

situação impõe a observância de um sujeito vulnerável esperado que não participará das escolhas relativas ao seu destino, mas que sofrerá as consequências das escolhas subjetivas em sua vida relativas ao(s) autor(es) do projeto parental quando nascer com vida. A terceira situação, por sua vez, implica a atuação do Estado de Direito na aplicação dos limites ao planejamento familiar, em prol da proteção do patrimônio genético humano ou herança genética como fundamento específico da identidade da espécie, justificando-se, por isso, por consistir em um interesse coletivo.

Atento a esse cenário, Habermas aponta que existe uma distinção conceitual quanto ao que seria a *Dignidade* no momento anterior e posterior ao nascimento com vida. Embora o embrião ainda não seja pessoa, gozará dos atributos que devem lhe garantir proteção e prevenção de uma possível atitude instrumentalizadora ou objetificadora. A partir disso, possuem o que seria chamado de *Dignidade da Vida Humana*, ao passo que os nascidos com vida possuiriam a *Dignidade da Pessoa Humana*. Essa contraposição conceitual, estabelecida pelo filósofo frankfurtiano, destina-se a afastar a possível coisificação da futura prole, pois devem ser consideradas como alheias à natureza humana quaisquer atitudes instrumentalizadoras.[472] Por essa razão, como uma dimensão negativa que impõe restrições ao exercício da liberdade, não se deve aplicar no planejamento familiar condutas que possam instrumentalizar a futura prole.

Outra situação que se destaca seria a utilização do material biológico humano (gametas reprodutivos e embrião) crioconservado com a intenção de obter-se vantagem patrimonial, em decorrência da atribuição do estado de filiação. Nesse sentido, o Estado de Direito deve atuar de modo a verificar o genuíno respeito à capacidade de autodeterminação sobre o destino desse material biológico humano em momento de dissolução da entidade familiar ou em caso de falecimento de uma das figuras envolvidas no planejamento familiar,[473] sob a pena de estar-se instrumentalizando a vida humana para fins alheios à consecução do projeto parental.

O direito ao planejamento familiar possui envergadura constitucional, não devendo ele ser moldado consoante a disposição de vontade

---

[472] HABERMAS, Jürgen. *O futuro da natureza humana*: a caminho de uma eugenia liberal? Tradução de Karina Jannini. São Paulo: Martins Fontes, 2004. p. 71.

[473] Ressalta-se, nessa hipótese, a importância do "testamento genético" como cláusula extrapatrimonial de disposição de última vontade em quaisquer das modalidades testamentárias previstas pelo legislador civil.

de apenas uma das partes envolvidas no planejamento familiar, em detrimento da outra vontade quando lhe forem atribuídos os direitos e deveres decorrentes do estado de filiação. Imagina-se, nesse ponto, que a única hipótese possível de driblar a situação seria quando houver o afastamento da parentalidade daquele sujeito que não deseje mais dar cabo ao projeto parental com o seu ex-cônjuge ou ex-companheiro, na óptica biparental. Por isso, deve-se separar o conhecimento sobre a origem biológica do material reprodutivo da atribuição do estado de filiação para dar seguimento a uma doação solidária, desde que consensual, dos gametas reprodutivos ou do embrião crioconservados, viabilizando, assim, uma possível monoparentalidade programada ou uma biparentalidade programada heteróloga.

4.4.2.2 Parentalidade responsável

Há como outro parâmetro axiológico adotado pelo legislador constituinte a *Parentalidade Responsável*, que, nas lições de Fabíola Albuquerque Lobo,[474] consiste em balizamento ao livre planejamento familiar por impor aos pais o múnus público decorrente do poder familiar.

Nessa medida, ao referir-se à *Parentalidade Responsável*, fala-se do desempenho do cuidado exercido tanto pela figura materna como pela paterna. Não há uma restrição de deveres à figura paterna, assim como pode remeter simbolicamente o termo adotado pela Constituição, ao utilizar "paternidade" responsável, na verdade atribui-se uma equivalência no exercício dos direitos e deveres com relação à prole. Até porque sustenta-se, no estágio atual do direito, a igualdade entre o homem e a mulher nas relações conjugais e parentais. Nessa medida, a sua aplicabilidade no seio familiar ocorre também independentemente da natureza do vínculo filiatório, seja ele biológico, civil ou socioafetivo, não subsistindo quaisquer formas discriminatórias remanescentes entre os filhos.

Diante disso, o princípio está diretamente relacionado com as relações de filiação no desempenho do cuidado da pessoa do filho e, no contexto deste trabalho, com a projeção de cuidado com o filho derivado das tecnologias assistidas. Por esse motivo, diante dos projetos parentais

---

[474] LOBO, Fabiola Albuquerque. As transformações do direito de família brasileiro à luz da Constituição Federal de 1988. *Civilistica.com*, v. 8, n. 3, p. 1-21, 15 dez. 2019. p. 10. Disponível em: https://civilistica.emnuvens.com.br/redc/article/view/455. Acesso em: 15 set. 2021.

assistidos, deve refletir a consciência sobre a responsabilidade que os pais devem ter quando decidirem constituir a sua prole programada. Portanto, o princípio atua como requisito para o planejamento familiar por ser claro, conforme Maria Amélia Belomo Castanho,[475] que "o destinatário final de sua decisão é a criança e é o direito dela que goza de proteção constitucional em primazia mesmo que venha de encontro ao direito de liberdade de planejamento familiar conferido aos casais".

Nessa esteira, o direito à autonomia procriativa não reflete apenas direitos e potencialidades das pessoas existentes na consecução da parentalidade, mas impõem-se, também, responsabilidades com o sujeito ainda não concebido ou concebido, hipoteticamente, a partir da sua expectativa de nascimento, implicando refletir sobre a legitimidade das escolhas subjetivas a serem adotadas no projeto parental na manipulação da sua herança genética individual.

À vista disso, a concretização da parentalidade, aqui em referência, trata da construção de projetos parentais derivados das mais modernas tecnologias de reprodução e edição genética, mediante os avanços cada vez mais constantes no campo da biotecnociência. Sob tal prisma, Mônica Aguiar esclarece que as tecnologias de auxílio à reprodução existem como forma de afastar o sofrimento individual existente por não ser possível conceber descendentes. Assim, o conhecimento científico disponível deve facilitar ou permitir a procriação, mas em nenhuma hipótese almejar a eugenia para assegurar a limpeza de "defeitos" do ente a ser gerado.[476]

Na interpretação da autora, as tecnologias de auxílio à reprodução existem como forma de afastar o sofrimento individual por não ser possível conceber descendentes. Dessa maneira, a infertilidade ou a incapacidade reprodutiva, por si só, devem funcionar como um limite a esse mesmo uso, uma vez que não se justifica o desejo narcisista de se projetar um filho. Converter, assim, as práticas médicas como meio alternativo de reprodução, utilizadas como remédio ao desfortúnio da esterilidade, representa um mal que deve ser afastado. Assim, deve-se sempre mirar no bem-estar da pessoa a ser concebida, sob a pena de traçar-se sem limites o rumo da biotecnologia destinada à reprodução humana,[477] o que pode levar à inserção de um possível modelo de eugenia liberal na sociedade.

---

[475] CASTANHO, Maria Amélia Belomo. *Planejamento Familiar*: o estado na construção de uma sociedade inclusiva e a participação social para o bem comum. Curitiba: Juruá, 2014. p. 89.

[476] AGUIAR, Mônica. *Direito à filiação e bioética*. Rio de Janeiro: Forense, 2005. p. 57.

[477] AGUIAR, Mônica, *Direito à filiação e bioética*. Rio de Janeiro: Forense, 2005. p. 57.

Por outro lado, embora Pietro Perlingieri considere como preferível legitimar intervenções apenas relativas a remover graves impedimentos físicos ou psíquicos, reconhece como oportuno que não se deve chegar à manipulação de seres otimais, pois tratar-se-ia de dar um passo para trás na história.[478] Em outras palavras, não se deve legitimar a intervenção genética no embrião toda vez que for possível.

4.4.2.3 Melhor interesse da criança resultante

A partir do referencial dos direitos humanos, a pessoa do filho vem sendo vista como um sujeito de direito em desenvolvimento perante a família, a sociedade e o Estado. Por isso, não deve mais ser entendida como um objeto passivo de disputa no ambiente doméstico, devendo percebê-la como titular de proteção jurídica, inclusive frente às figuras parentais,[479] enquanto medida de limitação dos deveres decorrentes da autoridade parental ou da guarda.

Destaca-se a Declaração Universal dos Direitos da Criança e do Adolescente (1959) e a Convenção Internacional dos Direitos da Criança (1989) ao tratar a pessoa do filho como detentora de um interesse maior, garantindo-se primazia nas relações que seja parte para instituir o chamado *Best Interest of the Child* ou, em tradução livre, *Melhor Interesse da Criança*. Esse paradigma, nas lições de Paulo Lôbo,[480] propõe uma inversão de prioridades, pois se no auge do modelo patriarcal o pátrio poder funcionava em função dos pais (e não da criança), hoje reflete uma mudança na perspectiva de submissão, de modo a romper com a hierarquia nas relações parentais ao ter os seus interesses tratados com prioridade.

Nesse sentido, o legislador constitucional reforça a interpretação dada pelos diplomas internacionais ao elencar, no art. 227, o dever de absoluta prioridade perante a família, a sociedade e o Estado, em assegurar ao filho em desenvolvimento a atenção necessária para garantir--lhe dignidade, respeito, liberdade, saúde, vida, entre outros valores fundamentais, de forma a corroborar com a garantia de prioridade em

---

[478] PERLINGIERI, Pietro. *Perfis do direito civil*: introdução ao direito civil constitucional. Tradução de Maria Cristina de Cicco. 3. ed. Rio de Janeiro: Renovar, 2002. p. 178.

[479] Conferir BODIN DE MORAES, Maria Celina. Instrumentos para a proteção dos filhos frente aos próprios pais. *Civilistica.com*, v. 7, n. 3, p. 1-43, 2018. Disponível em: https://civilistica.emnuvens.com.br/redc/article/view/391. Acesso em: 23 mar. 2022.

[480] LÔBO, Paulo. *Direito Civil*: famílias. 11. ed. São Paulo: Saraiva Educação, 2021. p. 79.

decorrência da sua condição peculiar de pessoa em desenvolvimento, como pontuado no Estatuto da Criança e do Adolescente (ECA).[481]

Contudo, o debate tenciona-se de maneira diversa ao considerar-se a criança que será originada a partir dos projetos parentais assistidos, pois põe em risco o ideal sobre a possível violação de sua autonomia futura, ao programar-se, conforme a vontade objetiva dos pais projetistas, o seu patrimônio genético individual a partir do planejamento familiar.

Nesse quadro, Glenn Cohen,[482] professor da Harvard Law School, propõe uma releitura do princípio para chamá-lo de *Best Interest of the Resulting Child* (BIRC) ou, em tradução livre, *Melhor Interesse da Criança Resultante* (MICR). Desse modo, percebe o autor que há um problema lógico ao interpretar o *Melhor Interesse* no contexto da autonomia reprodutiva e no caso da autonomia familiar. Isso porque, neste último, há a discussão protetiva de crianças já existentes, ao passo que na autonomia reprodutiva há, na verdade, o debate de proteção da criança que resultará do processo de construção do projeto parental.

A interpretação possível, diante do teste pré-implantatório, seria a possibilidade de antever que aquele embrião possui alguma característica genética indesejável e, a partir daí, associar à tecnologia a edição genética humana por intermédio do CRISPR-Cas9. Desse modo, ao utilizar o sistema bacteriano como ferramenta de edição genética em células germinativas humanas, estar-se-ia diante de modificações no patrimônio genético das futuras gerações, minando a lógica da hereditariedade. Logo, na medida em que o(s) autor(es) do projeto parental pode(m) utilizar a tecnologia ao supor um consentimento baseado em escolhas individuais e subjetivas, poderá haver uma mitigação da autonomia da futura prole projetada. Isso implicaria uma possível instrumentalização do ente a ser gerado, de modo a coisificá-lo

---

[481] Estatuto da Criança e do Adolescente (ECA): "*Art. 4º. [...]. Parágrafo único. A garantia de prioridade compreende: a) primazia de receber proteção e socorro em quaisquer circunstâncias; b) precedência de atendimento nos serviços públicos ou de relevância pública; c) preferência na formulação e na execução das políticas sociais públicas; d) destinação privilegiada de recursos públicos nas áreas relacionadas com a proteção à infância e à juventude. [...] Art. 6º Na interpretação desta Lei levar-se-ão em conta os fins sociais a que ela se dirige, as exigências do bem comum, os direitos e deveres individuais e coletivos, e a condição peculiar da criança e do adolescente como pessoas em desenvolvimento*".

[482] COHEN, Glenn. Regulating reproduction: the problem with the best interests. *Minnesota Law Review*, Minnesota, v. 96, n. 8, p. 423-519, 2011. p. 437. Disponível em: http://www.minnesotalawreview.org/wp-content/uploads/2012/02/CohenA_MLR.pdf. Acesso em: 22 nov. 2020.

(ou objetificá-lo), consubstanciando prática médica ilegal conforme o art. 25 da Lei de Biossegurança.

Outra possibilidade seria a não implantação e a destinação para pesquisa, o que, por si só, confrontam o art. 5 da Lei de Biossegurança, pois não consiste em critério do legislador a discriminação genética em razão da deficiência, mas tão somente fala-se em embriões inviáveis ou congelados há 3 (três) anos ou mais. Contrariando o dispositivo legal, a resolução atualmente em vigor do CFM, doravante exposto no Capítulo 3, abre margem para esse tipo de postura no princípio geral de n. 5,[483] o qual fala que não se pode selecionar característica biológica do futuro filho, exceto para evitar doenças no possível descendente. Sabe-se, nesse contexto, que a deficiência costuma ser associada a uma doença ou ainda uma doença incompatível com a vida. Por isso, torna-se necessário reforçar a distinção desses conceitos.

Nesse quadro de discussão, o filósofo frankfurtiano Habermas[484] percebe que atitudes baseadas na eugenia positiva, com finalidade artesã, podem prejudicar o desenvolvimento da criança, pois esta não seria autora e dona do seu próprio destino. Por essa razão, apenas em circunstâncias que apontem indícios de que há finalidade única de se prevenir um mal extremo e irremediável, rejeitado no campo moral, entenderia sobre a possibilidade de modificação genética para evitar doenças graves e que não possuem tratamentos existentes, consubstanciando a possibilidade justificável da eugenia negativa. Essa, por sua vez, pode estar associada a doenças incompatíveis com a vida, mas não necessariamente a deficiências, posto que a deficiência não é sinônimo da ausência de qualidade de vida ou de falta de potencialidades.

Nesse contexto, ensina Glenn Cohen[485] que anomalias genéticas ou deficiências de ordem intelectual não necessariamente traduzem uma vida que não vale a pena ser vivida. O argumento ocasiona suspeita sobre se essa vida realmente não merece ser vivida, parecendo-lhe implausível qualquer intervenção, embora acredite que, em situações

---

[483] Resolução CFM (nº 2.294/2021): *"5. As técnicas de RA não podem ser aplicadas com a intenção de selecionar o sexo (presença ou ausência de cromossomo Y) ou qualquer outra característica biológica do futuro filho, exceto para evitar doenças no possível descendente."*.

[484] HABERMAS, Jürgen. *O futuro da natureza humana*: a caminho de uma eugenia liberal? Tradução de Karina Jannini. São Paulo: Martins Fontes, 2004. p. 61-62.

[485] COHEN, Glenn. Regulating reproduction: the problem with the best interests. *Minnesota Law Review*, Minnesota, v. 96, n. 8, p. 423-519, 2011. p. 437. Disponível em: http://www.minnesotalawreview.org/wp-content/uploads/2012/02/CohenA_MLR.pdf. Acesso em: 22 nov. 2020.

específicas, como as síndromes Lesch-Nyhan ou Tay-Sachs, doenças incompatíveis com a vida, haveria uma suposta justificativa. Ou, também, em situações de graves anormalidades genéticas decorrentes do incesto. Todavia, até mesmo esses casos, para o autor, representam situações discutíveis sobre serem ou não uma vida que não vale a pena ser vivida.

Deve-se averiguar, portanto, a legitimidade na tomada da decisão do aprimoramento genético na linha tênue entre livrar a criança resultante de uma anomalia genética grave que seja incompatível com a vida, como uma exceção à regra geral, estabelecida no Estado de Direito, para a proibição de engenharia genética em embriões humanos na Lei de Biossegurança. Por isso, não se devendo admitir quaisquer intervenções pelo simples fato de ser possível consoante uma liberdade integral no planejamento familiar.

Esse princípio, portanto, atua como um limite ao perceber que o futuro filho não se trata de um simples objeto a ser moldado conforme parâmetros subjetivos dos pais projetistas, até porque as escolhas reprodutivas podem coadunar com um valor contemporâneo à época da decisão que não coadunem mais com os valores pessoais sustentados pelos autores do planejamento familiar em momento futuro. Além disso, o patrimônio genético humano individual da criança importa não somente para o núcleo familiar restrito, mas também para a própria criança que será objeto de aprimoramento genético frente à autonomia subjetiva no planejamento familiar dos pais projetistas. E, em perspectiva macro, para a sociedade como um todo, ao dar-se ênfase ao debate sobre a diversidade dentro do patrimônio genético humano.

4.4.2.4 Beneficência procriativa

Derivada da interpretação do princípio da *Beneficência*, a partir da Teoria Principialista, de base estadunidense, propõe, consoante uma óptica liberal, garantir os melhores benefícios para o sujeito passivo das relações biomédicas num contexto de saúde.

Nessa medida, Julian Savulescu e Guy Kahane[486] argumentam que o princípio *Procreative Beneficence* (PB) ou, em tradução livre, Beneficência Procriativa (BP), significa que o(s) autor(es) de um projeto

---

[486] SAVULESCU, Julian; KAHANE, Guy. The moral obligation to create children with the best chance of the best life. *Bioethics*, v. 23, n. 5, p. 274-290, 2009, p. 275-276. Disponível em: https://onlinelibrary.wiley.com/doi/abs/10.1111/j.1467-8519.2008.00687.x. Acesso em: 17 mar. 2021.

parental deve(m) decidir com base em uma obrigação moral de selecionar a criança com a melhor dotação genética para que desfrute de uma vida com o melhor bem-estar possível. Essa visão não implica a escolha de uma criança que seja "perfeita", mas aquela que possa ser melhor esperada dentro da previsão dos pais sobre a expectativa de uma vida que seja considerada ideal. Além disso, os autores admitem que o debate se torna acalorado quando isso provocar a não escolha de embriões que possuam "doença" – seja por motivos principiológicos ou pessoais –, mas ressaltam que o PB oferece uma resposta simples: há razões que possibilitam tomar a melhor escolha com base nas informações genéticas sobre suscetibilidade na construção do projeto parental.

Dessa forma, no contexto de reprodução humana, a *Beneficência* se preocupa em atribuir maior liberdade ao(s) autor(es) do planejamento familiar, em conformidade com seus desejos subjetivos, ainda que em contraposição aos valores coletivos. Imagina-se que o filho projetado deve corresponder às expectativas dos pais projetistas, de acordo com os seus valores individuais. Desse modo, pode ser agrupado como um princípio que revela tendências transumanistas, diante da garantia ativa em dispor sobre o patrimônio genético humano em função dos interesses da(s) figura(s) parental(is).

O princípio é importante porque leva em consideração o reconhecimento, no debate público de biossegurança, da autonomia do planejamento familiar com a finalidade de demonstrar que não é contrário à moral a utilização dos avanços da biotecnologia em favor da escolha do patrimônio genético individual da prole. No âmbito jurídico, o debate importa porque, como argumentado previamente, os princípios do Biodireito guardam relação com os princípios éticos, levando-se em conta a necessidade de levar para o debate público a ética aplicada, não devendo descartar, portanto, a importância da ética normativa ao caso concreto. Dessa maneira, embora seja um princípio de base ética, interessa para o direito por trazer considerações importantes nos debates sobre saúde pública e reprodução humana.

Ainda sobre o tema, discute Julian Savulescu[487] sobre a utilidade da genética comportamental,[488] enquanto ramo da genética que

---

[487] SAVULESCU, Julian. Procreative beneficence: why we should select the best children. *Bioethic*, v. 15, n. 5/6, p. 413-426, 2001. p. 416-417. Disponível em: http://shamiller.net/phi038/wp-content/uploads/2014/02/Procreative-Beneficence.pdf. Acesso em: 18 mar. 2022.

[488] Ensina o autor que a genética comportamental, por intermédio do estudo dos genes, pode se atentar para comportamentos criminosos, alcoolismo, distúrbios de ansiedade, transtorno

possibilita a tomada de escolhas dos pais projetistas, ao exemplificar que, num contexto em que há dois embriões viáveis, pode-se escolher aquele com a melhor dotação genética. O exemplo simples, dado pelo autor, seria que, ao realizar uma bateria de exames, havendo um com predisposição para desenvolver asma e outro não, deve-se sopesar a escolha sobre o que possui a garantia de uma melhor qualidade de vida. Entende, dessa forma, que a asma reduz a qualidade de vida da pessoa humana, podendo levar a complicações severas.

Neste trabalho, argumenta-se que essa interpretação não é tão simples como aparenta ser, na medida em que a edição genética, em células germinativas, além de eliminar o dado genético na cadeia genética individual, em perspectiva micro, afeta, de forma maximizada, a noção de patrimônio genético humano ao se naturalizar intervenções genéticas na sociedade. A problemática, na legitimação de intervenções subjetivas, supõe que a figura parental, ao deliberar sobre a escolha, tomará a decisão fora de um contexto egoístico, contrário a moral vigente, como em caso em que o traço genético modificado assegure uma vida incompatível com a vida.

Seguindo a mesma lógica argumentativa, aponta Walter Veit[489] que, com o avanço da biotecnociência, ao introduzir-se a tecnologia CRISPR-Cas9, torna-se praticamente impossível descobrir quais possíveis genes foram editados, de modo a sustentar uma realidade, outrora vista como distopia, em que há os não aprimorados e os aprimorados. Nesse contexto, os aprimorados podem viver sem saber que sofreram melhoramento genético ou, ainda, havendo conhecimento social, sofrer

---

de hiperatividade, desordem de personalidade, bipolariedade, homossexualidade, tendência a um comportamento tido por "materno", capacidade de memória e inteligência, esquizofrenia, vício em substâncias, entre outros. SAVULESCU, Julian. Procreative beneficence: why we should select the best children. *Bioethic*, v. 15, n. 5/6, p. 413-426, 2001. p. 417. Ao levantar o quadro, ao colocar na mesma categoria a homossexualidade e transtornos, como a ansiedade, enquanto comportamentos que podem ser controlados pela genética, com base no desejo dos pais projetistas, alude-se a um cenário que desnuda não apenas práticas higienistas, mas também a confusão teórica entre a necessária separação dos conceitos de identidade de gênero, sexualidades e patologização das identidades pelo biologismo, dos quais merecem tratamento aprofundado. Sobre o tema, recomenda-se BUTLER, Judith. *Problemas de gênero*: feminismo e subversão da identidade. Tradução de Renato Aguiar. Rio de Janeiro: Civilização Brasileira, 2003. Isso porque sustenta a autora que o gênero, o sexo e a identidade não se pautam, exclusivamente, pelo hetero[cis]sexismo biologista como uma norma regulamentadora.

[489] VEIT, Walter. Proceative Beneficence and Genetic Enhancement. *Kriterion – Journal of Philosophy*, v. 32, 2018. p. 14. Disponível em: https://philpapers.org/rec/VEIPBA. Acesso em: 18 mar. 2022.

discriminações. No mercado de trabalho, aponta que poderá haver discriminações baseadas nas diferentes habilidades.

Além do mais, tenciona-se mencionar que esse princípio polêmico deve ser levantado e interpretado em conformidade com as normas gerais em direito admitidas, tais quais os princípios constantes na parte final deste trabalho, de modo a corroborar como ferramentas interpretativas limitadoras a autonomia do planejamento familiar frente às disposições subjetivas dos autores do planejamento familiar.

À vista disso, percebe-se que, tomando como base a *Beneficência Procriativa*, o(s) autor(es) do planejamento familiar deve(m) considerar, como extensão da liberdade, buscar a utilização das ferramentas da biotecnociência desde que não implique utilizá-las como formas de discriminar geneticamente a prole programada, conforme valores individuais que violem os valores coletivos ou sociais, a partir de uma lógica instrumentalizadora da vida humana. Por isso, o Estado de Direito deve interceder nessas escolhas subjetivas, de modo a afastar um direito de família mínimo no planejamento familiar, sobretudo porque o patrimônio genético denota um interesse difuso, qual seja a herança genética da espécie.

A faculdade de liberdade, a partir da *Beneficência Procriativa*, deve levar em conta, sob a óptica da autonomia extrapatrimonial, a possibilidade de garantir os benefícios à prole programada desde que não implique ferir a sua autonomia futura, ao levar em consideração somente os desejos individuais da(s) figura(s) parental(is), que podem ser considerados egoístas.

Ademais, essa faculdade de garantir os melhores benefícios, no momento da concepção, deve pautar-se na observância não só dos valores coletivos, mas na garantia de saúde que não implique atrelar compulsoriamente a noção de doença com a deficiência, enquanto sinônimo de ausência de qualidade de vida. É necessário que haja prévio esclarecimento, no termo de consentimento, sobre tratar-se de uma vida que vale a pena ser vivida, afastando-se a lógica incapacitante.

A tensão promovida entre a liberdade e o limite à autonomia existe com o propósito de tutelar o que se chama de herança genética no património genético humano, ao considerar-se, sobretudo, a linhagem germinativa humana frente às tecnologias reprodutivas que auxiliam a concretização dos projetos parentais assistidos.

4.4.2.5 Proteção da diversidade no patrimônio genético humano

Deve ser sempre disponível à pessoa humana a modificação no patrimônio genético para fins de planejamento familiar? Haveria, em um contexto de edição genética humana, abertura para controlar a identidade genética do sujeito que resultará do projeto de parentalidade? O Estado de Direito deve posicionar-se de forma proibitiva contra toda e qualquer intervenção no genoma humano, independentemente de ser terapêutica ou para fins de melhoramento genético humano, aperfeiçoando qualidades nos descendentes?

Diante disso, levanta-se, neste trabalho, outro balizamento axiológico para fins de limitação ao planejamento familiar, qual seja o princípio da *Proteção da Diversidade no Patrimônio Genético Humano*, previamente comentado, como uma decorrência interpretativa conjunta do §1º do inciso II do art. 225 da CRFB/1988 e do art. 2 da Convenção sobre Diversidade Biológica (CDB). Reforça-se, assim, a deficiência como um dado genético relevante que não pode simplesmente ser discriminada a partir de uma óptica de uma eugenia liberal, marcada pela utilização de algumas tecnologias como o CRISPR-Cas9 e o DGPI. Essas duas tecnologias potencialmente subvertem o conceito de natureza humana na sociedade a partir da manipulação genética ou da exclusão embrionária. Por isso, torna-se necessário investigar os pressupostos argumentativos que motivam a vontade do(s) autor(es) do projeto parental em quererem discriminar geneticamente a deficiência, associado a argumentos, como: a) a deficiência como uma doença; b) como um sujeito que não tem qualidade de vida; e c) um sujeito que não merece nascer pela ausência de potencialidades a partir do nascimento com vida.

Levando-se em consideração esses reflexos, considera-se inadmissível a intervenção que vise assegurar quaisquer modificações no genoma de modo a propiciar a ocultação ou o desaparecimento da diferença, reforçando-se a proibição geral contida na Lei de Biossegurança para práticas de engenharia genética na linhagem germinativa humana. Todavia, entende-se que uma proibição taxativa para toda e qualquer prática de engenharia genética não seja a resposta mais coerente, havendo a necessidade de se aproximarem da realidade social aquelas condutas responsáveis, pautadas em garantir descobertas galgadas, sobretudo, em modificações genéticas em células somáticas, cuja modificação não impacta a noção de hereditariedade nem o patrimônio genético humano, tendo finalidade única terapêutica em pessoas nascidas. Por esse motivo, enxerga-se uma distinção quanto à prática da engenharia genética em células germinativas e somáticas, sendo a primeira motivação de um distanciamento em prol de um interesse difuso ou coletivo, enquanto a segunda merece ser investigada.

Não obstante, como uma exceção à regra geral de proibição de modificação da linhagem germinativa humana, seguindo a tendência de autores como Habermas, Pietro Perlingieri e Glenn Cohen, em circunstâncias extremamente específicas, no que tange a doenças incompatíveis com a vida, enxerga-se a possibilidade de intervir no patrimônio genético humano do embrião.

Sobretudo quando essa anomalia genética for proveniente de um único gene alvo, em doenças monogenéticas,[490] evitando-se, por isso, o risco de mosaicismos indesejados ou modificações fora do alvo na edição genética ao utilizar-se a ferramenta do CRISPR-Cas9. Ao se considerar a *Liberdade de Expressão Científica*, já conhecida e debatida no Estado de Direito, sobretudo em decorrência do julgamento da constitucionalidade do art. 5 da Lei de Biossegurança,[491] na Ação Direta de Inconstitucionalidade nº 3.510/DF (ADI 3.510/DF), levanta-se o incentivo para fins de pesquisa e terapia em embriões humanos inviáveis ou congelados há mais de três anos, dos quais não se pretende utilizar em projeto parental próprio. Propõe, por isso, em caráter experimental, a edição genética em células germinativas do embrião gerado em laboratório que não será utilizado, de modo que a ciência possa progredir sobre a descoberta de novas alternativas para doenças incompatíveis com a vida.

Observa-se, nesse sentido, a necessidade de se reafirmar a diferença que deve existir entre o que seria a deficiência e a enfermidade, referenciadas no Capítulo 2, uma vez que a primeira seria um

---

[490] Como as fibroses císticas, hemofilia A, doença de Huntington, neurofibromatosis, entre outras.

[491] Lei de Biossegurança (2005): "*Art. 5º É permitida, para fins de pesquisa e terapia, a utilização de células-tronco embrionárias obtidas de embriões humanos produzidos por fertilização in vitro e não utilizados no respectivo procedimento, atendidas as seguintes condições: I – sejam embriões inviáveis; ou, II – sejam embriões congelados há 3 (três) anos ou mais, na data da publicação desta Lei, ou que, já congelados na data da publicação desta Lei, depois de completarem 3 (três) anos, contados a partir da data de congelamento. §1º Em qualquer caso, é necessário o consentimento dos genitores. §2º Instituições de pesquisa e serviços de saúde que realizem pesquisa ou terapia com células-tronco embrionárias humanas deverão submeter seus projetos à apreciação e aprovação dos respectivos comitês de ética em pesquisa. §3º É vedada a comercialização do material biológico a que se refere este artigo e sua prática implica o crime tipificado no art. 15 da Lei n. 9.434, de 4 de fevereiro de 1997.*".

impedimento de longo prazo, cuja caracterização se dá na esfera das funções que o indivíduo desempenha na sociedade não adaptada. E, por outro lado, a enfermidade se atrela, necessariamente, a questões de saúde e doença, o que, conceitualmente, foi afastado da percepção quanto à origem da deficiência a partir da promulgação da CDPD, ao estabelecer o modelo *social* de deficiência. A deficiência, por isso, não é sinônimo de ausência de potencialidades e qualidade de vida, mas tão somente fruto de uma limitação individual que compõe o eixo pessoal de sua característica basilar enquanto pessoa humana diversa, como aponta o modelo da *diversidade*.

Nesse particular, há de se notar que, ao se defender uma vedação à discriminação genética, essa estaria desatrelando a intenção de se descartar ou excluir unicamente em razão do gene da diversidade funcional, a partir da possibilidade de se concretizar uma parentalidade programada. Nesses parâmetros, excetua-se, por isso, a deficiência enquanto característica genética que, pelo interesse narcisista do(s) autor(es) do planejamento familiar, possa ser modificada ou descartada, o que revela, inclusive, parâmetros que se assemelham à ideia de eugenia liberal.

CONSIDERAÇÕES FINAIS

A partir do panorama teórico argumentativo exposto ao longo deste trabalho, tornou-se possível tecer algumas considerações conclusivas:

1. A consolidação acadêmica da Bioética ocorreu com o propósito de proteger a pessoa humana, sobretudo aqueles sujeitos potencialmente vulnerados (como as crianças, os idosos, as mulheres, as pessoas com deficiência etc.), frente ao disruptivo avanço da biotecnologia, ainda que haja o propósito de se garantir desenvolvimento humano. Isso porque valorizam-se os valores humanos e o respeito à autonomia como marcos que confrontam diretamente o paternalismo médico em tomar as decisões independentemente da vontade do sujeito passivo das relações biomédicas. Por esse motivo, como resultado dos experimentos realizados em seres humanos classificados como de segunda categoria, em meados do século XX, o ramo interdisciplinar conquistou autonomia epistemológica a partir da Teoria Principialista, de base estadunidense, a partir dos princípios da: a) *Autonomia*; b) *Beneficência*; c) *Não maleficência*; e, d) *Justiça*. A esse respeito, argumenta-se que essa base teórica é amplamente criticada por países do sul global, na medida em que os seus indicadores sociais, políticos e históricos por meio da referida teoria não traduzem, necessariamente, soluções que viabilizem diminuir a vulnerabilidade ontológica da pessoa humana nas relações biomédicas, tornando necessário alavancar outros fatores interpretativos, entre os quais o referencial da vulnerabilidade.

2. O Biodireito, enquanto microssistema normativo, caminha para tornar-se um ramo autônomo do Direito. Além disso, não se trataria de um simples correspondente jurídico da ética normativa e aplicada, mas sim uma área investigativa capaz de buscar soluções

jurídicas exigidas pelo avanço da biotecnociência para garantir a proteção da pessoa humana como centro das questões biomédicas. Por essa razão, não aplicar-se-iam, simplesmente, os princípios derivados da Teoria Principialista, ainda que possam ser utilizados de maneira complementar, haja vista a relação entre a Ética e o Direito. Mas, na verdade, tratar-se-ia de aplicar os princípios e as garantias fundamentais previstas pelo ordenamento jurídico brasileiro como forma de regulamentar as situações não previstas originariamente pelo legislador em sua formulação original.

3. O desenvolvimento do conjunto de técnicas com o propósito de remediar os problemas de infertilidade e esterilidade humana, popularmente chamada de Reprodução Humana Assistida, representa um grande marco para a humanidade na esfera da concretização da parentalidade por meio do chamado direito de filiação, enquanto substrato da *Liberdade* no planejamento familiar. Entretanto, em que pese o reconhecimento desse avanço biotecnológico em matéria de desenvolvimento humano, não se pode olvidar reflexões imprescindíveis quanto ao seu uso nos Centros de Reprodução Humana, tendo em vista a escassez legislativa e a fiscalização deficitária quanto à atribuição de uso das ferramentas. Dessa maneira, o uso da reprodução assistida não pode dar margem para que o simples liberalismo reprodutivo, guiado pela vontade dos pais projetistas em programar geneticamente a prole, ocorra de modo a não observar limites à autonomia do planejamento familiar. Essas intercorrências, a partir da inobservância de limites, podem ensejar a incidência de uma nova forma de eugenia, em que a prática, por exemplo, do diagnóstico genético pré-implantacional possa determinar "viabilidade" de uma vida sob o argumento de evitar-se uma "doença". E, a partir disso, proceder com o descarte intencional do embrião extrauterino que possua o gene da deficiência, sob o pretexto de uma melhora da espécie despreocupada com os valores humanos, ou ainda, realizar a edição genética, ao combinar-se o uso com o CRISPR-Cas9, com o propósito de excluir o traço genético, impactando as futuras gerações na linhagem germinativa.

4. Nesse contexto, torna-se inadmissível realizar as práticas de manipulação genética sob o argumento de se erradicar "anomalias causadoras de doenças" ou, ainda que genericamente, apenas "doença", a partir da justificativa da deficiência, na condição interpretativa de uma patologia ausente de potencialidades e que não valha a pena ser vivida. Assim, reafirma-se a necessidade de estabelecer que enfermidade e deficiência não são sinônimas, guardando, por isso, cada qual

um sentido próprio. Logo, enquanto a deficiência diz respeito a uma limitação total ou parcial, a partir da relação com o meio ambiente não adaptado, a enfermidade corresponde, por sua vez, a um conceito abstrato e impreciso, que se aproxima do conceito de saúde para determinar um corpo anormal no sentido biológico.

5. Observa-se, por isso, uma essencial diferença conceitual entre ambos os termos. Asseguram-se tais ideias, precisamente, a partir da promulgação da Convenção sobre os Direitos das Pessoas com Deficiência no Brasil, com *status* de norma constitucional, ou seja, norma superior hierarquicamente no plano de normas existentes. Garante-se, desse modo, que qualquer norma de hierarquia inferior deve ser revogada ou interpretada em conformidade com o que estabelece o tratado de direitos humanos. Nesse sentido, sob o prisma do modelo *social* de deficiência, seria o indivíduo com diversidade funcional um sujeito dotado de autonomia, ainda que necessite para exercê-la de um mínimo apoio. Tal reviravolta conceitual garante, assim, um marco de liberdades e direitos humanos sob o viés da igualdade material, sem descartar, a seu turno, a dignidade intrínseca e a extrínseca também garantidas pelo diploma de direitos humanos.

6. De outro modo, paulatinamente, esse movimento pôde ser observado a partir das modificações históricas incorporadas pela consolidação acadêmica da Bioética, associada, ainda, ao movimento internacional das pessoas com deficiência. Portanto, na medida em que os ideais de autonomia emergiram, após um momento histórico de abuso de direitos envolvendo minorias (tais como negros, mulheres, pobres, crianças, pessoas com deficiência, entre outros), por meio do tolhimento de suas respectivas capacidades de autodeterminação, surgiram, em contraponto, os movimentos sociais organizados, como os movimentos feminista, hippie, dos negros e outros. E, em especial para este trabalho, insurgiu o movimento das pessoas com deficiência, com o propósito de ressignificar a concepção da diversidade funcional, ao inaugurar que seria a incapacidade uma forma específica de opressão social. Assim, a deficiência corresponderia a uma condição biológica natural, tal qual ter olhos azuis ou cabelo castanho. Trata-se, por isso, de uma característica específica da pessoa humana dotada de qualidade e potencialidade, para além do estigma de limitação, ao se determinar que a pessoa com deficiência possui autonomia no que diz respeito aos atos de natureza existencial, consoante fora disposto no art. 6 da Lei Brasileira de Inclusão ou Estatuto da Pessoa com Deficiência.

7. Nesse contexto, o legislador brasileiro acompanha tais inovações ao promover a criação de um novo instituto para auxiliar as pessoas com algum tipo de limitação. Desse modo, o Estatuto da Pessoa com Deficiência promove a criação da *Tomada de Decisão Apoiada* como uma ferramenta efetiva para alcançar o exercício genuíno da autonomia do sujeito com deficiência. Embora ainda exista aplicabilidade do instituto da *Curatela*, afinal, esse foi condicionado a ser utilizado de modo restrito e somente quando for necessário, por tempo determinado. O juiz deverá também analisar caso a caso, para verificar, com base em fundamentos interdisciplinares, a possível aplicação do instituto que promove a substituição da vontade do curatelado.

8. Ademais, a descoberta do sistema CRISPR-Cas9, como ferramenta para a edição genética, revolucionou mais uma vez o debate internacional sobre o melhoramento do genoma humano para fins terapêuticos e de aperfeiçoamento. Isso porque a tecnologia favorece, em comparação com as técnicas disponíveis anteriormente, modificações precisas, rápidas e pouco onerosas na estrutura do DNA de seres vivos, sejam eles animais ou plantas. Torna possível, assim, algo que era imaginado apenas em distopias, como a obra *Admirável Mundo Novo*, de Aldous Huxley, ou o filme clássico conhecido como *Gattaca*, devido à simplicidade na aplicação da edição genética. Além disso, os riscos de utilização da tecnologia, sem a imposição de limites éticos e jurídicos pelos ordenamentos jurídicos, tornam possível a ocorrência de uma maior facilitação de uso da ferramenta para promover a instrumentalização da pessoa humana, a partir da lógica da eugenia liberal.

9. No tocante ao desenvolvimento de pesquisas envolvendo seres humanos, a nível internacional, a ferramenta CRISPR-Cas9 vem sendo utilizada tanto para fins terapêuticos, em busca de novos tratamentos médicos para enfermidades, como para alcançar finalidades de aperfeiçoamento genético humano, de acordo com os interesses subjetivos dos pesquisadores em alcançar sempre inovações científicas que causem impacto no ambiente científico. Entre os principais resultados alcançados pelos geneticistas, no levantamento de dados realizado neste trabalho, tem-se que para: a) fins terapêuticos: a descoberta de tratamento efetivo no combate a cânceres agressivos nos pulmões e a possível cura para a anemia falciforme e a talassemia beta; e b) fins de aperfeiçoamento: o nascimento com vida de embriões sem o gene "CCR5", responsável por facilitar a contaminação da pessoa humana pelo vírus do HIV (a comunidade científica alega incerteza sobre a possível eficácia da "imunidade" das crianças, ao frisar falhas no procedimento realizado

pelo cientista chinês He Jiankui) e o anúncio do desenvolvimento de novas pesquisas relativas à edição genética do mesmo gene pelo cientista russo Denis Rebrikov, prometendo efetividade e melhores diretrizes éticas. Além disso, o cientista também alega estar realizando, com autorização de comitê de ética, pesquisas relativas à edição do gene "GJB2", responsável pela surdez, em embriões humanos.

10. A partir disso, percebe-se que a alteração no genoma traz dilemas éticos e jurídicos emergentes nas sociedades modernas, sobretudo quando tiver a finalidade de aperfeiçoamento genético e o propósito de modificar as células germinais humanas, de modo a afetar o patrimônio genético da espécie nas futuras gerações. Pois, em linhas gerais, a engenharia genética aplicada em células somáticas é relativa à descoberta de novas alternativas terapêuticas para pacientes enfermos.

11. Prevendo um risco, cada vez maior, sobre o futuro da espécie, a partir da engenharia genética, a crítica habermasiama do início do século XX aponta para uma possível instrumentalização da vida humana. Dessa forma, a alteração com o propósito de aperfeiçoamento, entendida como eugenia positiva, para o autor, tem o cunho de objetificar ou coisificar a pessoa humana, retirando a dignidade constitutiva da espécie. Por outro lado, em raríssimos e poucos casos, aponta como aceitável a eugenia negativa, com o propósito de evitar estritamente doenças hereditárias para a qual inexista tratamento médico existente, de modo a se imaginar uma possível pressuposição de consentimento da futura prole para a prática de edição genética. Logo, Habermas possui uma visão restritiva no que diz respeito à aplicação da manipulação genética em seres humanos na modernidade, de modo a valorizar o domínio sobre Identidade Genética, Herança Genética e Patrimônio Genético Humano como fundamento da Diversidade na humanidade.

12. Por outro lado, para responder à problemática central da pesquisa, torna-se insuficiente levantar somente esses aspectos. Diante disso, ratifica-se que, na construção do projeto de parentalidade, os pais projetistas não possuem uma liberdade irrestrita para concretizar a tão almejada filiação. De fato, a garantia constitucional da *Liberdade*, conferida na dimensão do planejamento familiar, deve ser vista de forma restritiva, conforme os parâmetros adotados pelo legislador quanto aos princípios da *Dignidade Humana* e da *Parentalidade Responsável* (art. 226, §7, da CRFB/1988) para guiar os projetos parentais assistidos. Além desses, cumpre mencionar também o *Melhor Interesse da Criança Resultante*, como forma de tutelar os interesses da futura prole que será originada a partir do uso das modernas tecnologias

reprodutivas, devendo-se valorizar seus interesses em contraposição aos valores subjetivos do(s) autor(es) do projeto parental. Além desses princípios, menciona-se também a polêmica construção doutrinária sobre o chamado princípio da *Beneficência Procriativa*, traduzindo as escolhas subjetivas do(s) autor(es) do projeto parental sobre a melhor vida que vale a pena ser vivida, conforme uma obrigação moral do(s) autor(es) do planejamento parental.

13. Todavia, percebe-se como necessária a proteção do patrimônio genético humano no chamado Século da Biotecnologia, período em que há a eclosão dos avanços científicos na área da genética e da medicina. E, a partir disso, da possível manipulação no patrimônio genético de qualquer indivíduo. Ratifica-se, assim, como fundamental que seja levada em consideração a proteção da diversidade genética enquanto expressão da diversidade na humanidade, afinal, uma sociedade inclusiva e, verdadeiramente, preparada para lidar com novas formas de filiação não deve excluir, ainda em fase embrionária, aqueles que destoem de um padrão imposto de "normalidade".

14. A proteção constitutiva do patrimônio genético humano, compreendido como direito de quarta geração, por isso, encontra respaldo constitucional por meio do direito à diversidade e integridade do patrimônio genético (art. 225, inciso II, da CRFB/88). Deve-se associar a essa interpretação o *Princípio da Igualdade e Não Discriminação* e a proteção constitucional conferida à pessoa com deficiência pela Convenção sobre os Direitos das Pessoas com Deficiência, de modo a fazer valer a proteção dos seus dados genéticos enquanto expressão da Diversidade Humana. Uma vez que a deficiência não deve mais ser compreendida como falta de qualidade de vida ou uma simples patologia ou doença para a qual a solução seja a sua inexistência na sociedade, há de se supor, também, que a interpretação conjunta desses dispositivos, com a Convenção sobre Diversidade Biológica, faça emergir no debate jurídico contemporâneo, como limite ao planejamento familiar, a incidência do chamado princípio da *Proteção da Diversidade no Patrimônio Genético Humano*, de forma a fazer valer a tutela dos dados genéticos sem discriminações relativas a uma suposta superioridade racial ou alguma deficiência.

15. No tocante à proteção dos dados genéticos humanos, a partir da Lei de Biossegurança (Lei nº 11.105/2005), o legislador criminaliza a prática de engenharia genética em células germinais humanas, zigoto humano ou embrião humano, de forma a tentar coibir a engenharia

genética com finalidade artesã no país. Portanto, o Brasil situa-se dentro do que alguns teóricos qualificam como de tendências bioconservadoras, em razão dessa postura que busca descentivar ou coibir a prática de edição genética. Além disso, a legislação não menciona proibição para a prática de engenharia genética em células somáticas no art. 25, tornando possível interpretar que seja viável o uso da modificação no genoma com finalidade terapêutica.

16. Considerando a *Liberdade de Expressão Científica*, já conhecida e debatida no Estado de Direito, sobretudo em decorrência do julgamento da constitucionalidade do art. 5 da Lei de Biossegurança, na Ação Direta de Inconstitucionalidade nº 3.510/DF (ADI 3.510/DF), levanta-se o incentivo na investigação da edição genética, por meio do DPGI combinado com o CRISPR-Cas9, em embriões humanos, quando tratar-se de doenças monogenéticas incompatíveis com a vida. Isso porque essas doenças atingem somente um único alelo ou genoma, como nos casos das fibroses císticas, hemofilia A, doença de Huntington, neurofibromatosis, entre outras. Enfatiza-se, nesse campo de discussão, a necessária dissociação que deve haver entre os conceitos de doenças incompatíveis com a vida e a deficiência, como argumentado ao longo do trabalho.

17. Diante desse cenário, ratifica-se também que a construção do projeto de parentalidade, na dimensão da autonomia existencial, possui como reflexos do princípio constitucional da *Liberdade* a ideia da autonomia privada, e não singularmente o que pressupõe a autonomia da vontade, ao estabelecer a superveniência dos interesses individuais sobre os coletivos. Consequentemente, impõe-se a sujeição aos parâmetros estabelecidos pela ordem constitucional e infranconstitucional ao construir um projeto de parentalidade assistido. Percebe-se, por isso, que, na medida em que as normas existentes balizam o exercício da autonomia no contexto das relações jurídicas privadas, permite-se imaginar, assim, que o exercício dessa liberdade não possa descartar, a seu turno, o exercício conjunto com a interpretação da Convenção sobre os Direitos das Pessoas com Deficiência. Desse modo, haver-se-ia a imposição direta dos preceitos do tratado de direitos humanos quanto à *Igualdade e à Não discriminação*, o modo de vida independente a partir da ponderação de um apoio, ou, ainda, o distanciamento dos termos deficiência da noção de doença, em sentido amplo.

18. É necessário dissociar o direito de acesso e uso das técnicas de reprodução humana da proteção do patrimônio genético individual, em dimensão micro, e coletivo, em dimensão macro, para que

se possa tutelar o melhor interesse do futuro filho, na medida em que: a) a autonomia existencial deve ser plena no acesso às tecnologias de reprodução para a consecução da parentalidade (o direito a procriar e reproduzir-se como uma garantia que não deve ser discriminada, independente da entidade familiar e de uma heterossexualidade compulsória); b) no entanto, essa mesma autonomia esbarra com valores coletivos, haja vista envolver um sujeito vulnerável que resultará do planejamento familiar e, sobretudo, porque há outro interesse difuso em jogo, que seria o patrimônio genético humano como substrato da identidade genética da espécie. Por isso, a autonomia existencial nessa segunda dimensão, na óptica da deficiência como um dado genético relevante, seria limitada em razão da ideia de diversidade dentro do patrimônio genético humano.

19. Além do mais, ratifica-se como importante para o debate não alijar as próprias pessoas com deficiência como participantes da construção do conhecimento acadêmico e das políticas públicas. Nesse sentido, documentos como *Disabled People Speak on the New Genetics* são ferramentas indispensáveis para a inclusão nos espaços de produção do conhecimento científico biomédico. Pondera-se, por isso, como necessário um olhar mais humanizado e menos patologizador da deficiência para os agentes de saúde, afinal, a pessoa com deficiência possui, sim, a possibilidade de ter uma vida digna de ser vivida. O determinismo, ao conduzir os pais projetistas quanto ao descarte de uma vida com deficiência, com base em argumentos acerca de ser uma vida sem qualidade, representa nada mais do que a reprodução de uma ideologia de ser essa uma vida que não vale a pena ser vivida. Portanto, torna-se fundamental quebrar esse estigma ao promover a percepção de que os sujeitos que possuem deficiência são, sim, capazes de ter uma vida de qualidade, para além da fronteira de uma vida dependente, a partir do viés de práticas paternalistas e que lhe atribuam ausência de saúde.

20. Ademais, comenta-se que, ao se explorar a possível extensão de proteção jurídica conferida ao embrião gerado em laboratório, constatou-se a fragilidade que existe na possível construção de uma tutela jurídica da vida embrionária. Corrobora para essa percepção o fato de que ainda hoje não existe um consenso na doutrina quanto à possível natureza jurídica do embrião extrauterino. De outro modo, considera-se como necessário garantir proteção jurídica ao embrião pré-implantatório, levando-se em consideração o contexto biomédico no que diz respeito às tecnologias assistidas de reprodução e ao distanciamento da tradicional categorização entre coisa e pessoa para buscar um

meio-termo. Isso porque há a necessidade de tutela protetiva sem que seja necessário atribuir personalidade jurídica ao equiparar o embrião pré-implantatório enquanto pessoa natural ou atribuir o status moral de coisa, na medida em que se costuma atribuir à análise uma óptica praticamente binária, sobre existirem unicamente duas soluções.

21. Dessa maneira, o embrião extracorpóreo não se enquadra como: 1) pessoa natural, uma vez que não nasceu com vida; 2) prole eventual, posto que o legislador considera como sendo aqueles não concebidos; e 3) nascituro, uma vez que se considera como aquele implantado no útero da gestante, estando, por isso, em desenvolvimento embrionário para o ulterior nascimento com vida. Para que o embrião gerado em laboratório seja considerado nascituro, torna-se necessário que seja transferido para o ventre materno, de modo a finalmente estar incluído dentro da proteção conferida no artigo 2 do Código Civil. Todavia, a sua condição peculiar não lhe confere completa abstenção protetiva do Estado de Direto, na medida em que se deve tutelar a sua intrínseca natureza humana. Inclusive, não se enquadra nas categorias do Direito Civil: das coisas e das pessoas, uma vez que ocupa uma situação jurídica *sui generis*, não prevista pelo legislador expressamente, com exceção do art. 1.597, inciso IV, do CCB/02, que trata de presunção de filiação.

22. Além disso, parte-se do pressuposto argumentativo de que o embrião gerado em laboratório é um ente não personificado que detém parcela de capacidade para aquisição, exercício e defesa de direitos. Dessa maneira, ao não ser enquadrado também como prole eventual e nascituro, detém como esfera de defesa de seus interesses a proteção do patrimônio genético individual, em função de atitudes instrumentalizadoras dos pais projetistas na autonomia do planejamento familiar, condicionando que a *Liberdade* seja negativa. E, por ser de interesse difuso, a herança genética detém também interesse social, impondo a necessidade de intervenção do Estado no planejamento familiar, afastando, porquanto, um direito de família mínimo na construção das relações parentais, posto que o sujeito derivado dessas relações seja a pessoa do filho entendida como vulnerável e que guarda primazia de proteção quanto aos seus interesses.

23. Nessa oportunidade, menciona-se que os únicos dispositivos relativos à regulação jurídica da reprodução assistida encontram-se nos incisos III, IV e V do art. 1.597 do CCB/02, sendo eles insuficientes e causadores de mais dúvidas que certezas para as problemáticas modernas relacionadas com a reprodução humana na sociedade.

24. Ainda nessa esteira, argumenta-se que as diretrizes existentes, que propõem a regulação das técnicas principais e auxiliares de reprodução humana, são de natureza deontológica, disciplinadas por resolução elaborada pelo Conselho Federal de Medicina (CFM). Isto é, não possuem natureza de lei em *stricto sensu*, não podendo ampliar ou restringir direitos, mas tão somente elucidar possíveis condutas que deverão ser adotadas pelos profissionais da saúde. Em linhas gerais, entre as elaboradas no marco temporal de três décadas, permanece em vigor a Resolução nº 2.294/2021.

25. Aproveita-se para lembrar que a normativa de natureza deontológica funciona de modo a dar algum grau de estabilidade para as tecnologias reprodutivas disponíveis, contribuindo, inclusive, para garantir segurança jurídica. Contudo, ao interpretar o seu princípio geral de número cinco, ao falar sobre a vedação à manipulação genética do embrião gerado em laboratório, a partir do uso das técnicas reprodutivas, no sentido de selecionar o sexo ou qualquer outra característica biológica do futuro filho, salvo para evitar doenças na prole, ressalta-se a necessidade de associar à interpretação a distinção conceitual entre doenças hereditárias, doenças incompatíveis com a vida e deficiências.

26. Argumenta-se que não se defende que haja uma implantação obrigatória de embriões que possuam o diagnóstico da deficiência, mas que, no momento do aconselhamento genético, haja esclarecimentos sobre não se tratar de uma vida miserável e que não mereça ser vivida. O diagnóstico da deficiência, em embrião gerado em laboratório, não deve ser suficiente para enquadrá-lo como inviável para a gestação e tampouco característica suficiente para que haja o imediato descarte ou destinação para pesquisa. Deve-se passar por um momento prévio de esclarecimentos, por intermédio do termo de consentimento informado.

27. Entende-se, a partir da autonomia da pessoa humana, que devem ser garantidas informações necessárias para que se percebam, no aconselhamento genético, os riscos derivados dos embriões gerados em laboratório no que tratem da inviabilidade, associado restritamente a doenças hereditárias e doenças incompatíveis com a vida. O liberalismo reprodutivo, por sua vez, não deve adentrar nas escolhas por preferências genéticas no que tangem à projeção da prole em mais dimensões do que o critério restrito de doença. Isso já que, como argumentado, se a criança resultante possuir algum tipo de deficiência, não lhe qualificará como um sujeito que terá uma vida sem saúde e indigna.

28. Por isso, qual deve ser o papel do médico ao deparar-se com o diagnóstico da diversidade funcional? Informar aos pais? Acredita-se

que não haja uma obrigação moral para que se concedam tais informações, todavia, havendo a disposição delas para o sujeito que contratou a clínica, deve-se fundamentar no termo de consentimento informado, como fora falado, que aquelas vidas, de embriões viáveis, são passíveis de qualidade e saúde.

POSFÁCIO

AUTONOMIA PRIVADA E O VALOR DA DIVERSIDADE GENÉTICA COMO GARANTIA PARA UMA ORDEM JURÍDICA DEMOCRÁTICA

O planejamento familiar, quando exercido, decorre de uma vontade genuína ou de um impulso natural de perpetuação da espécie, mas também por assombrosa influência cultural. A organização das sociedades em torno da busca pelo estado de filiação é historicamente responsável por incutir nas pessoas uma *vontade* que se transforma em um sonho condicionado à *plena* felicidade ou forma de realização pessoal do indivíduo. A busca da parentalidade, portanto, beira o abismo de um individualismo.

Quando tal projeto parental é biológico, está também condicionado culturalmente a um critério de perfeição funcional da espécie. De certo, a deficiência em seu modelo médico, legalmente superado, foi inteiramente responsável por essa perspectiva, posto que propunha uma homogeneização da funcionalidade humana, estigmatizando qualquer diversidade funcional.

A nova perspectiva consolidada pelo Brasil desde 2009, com a Convenção sobre os Direitos da Pessoa com Deficiência, que foi regulamentada pela Lei nº 13.146/2015, se adequa plenamente a um modelo social calcado na proteção à diversidade, em total consonância com os valores de um Estado social e democrático de direito, mas ainda carece de adequação de termos e interpretações que desvinculem a diversidade funcional da concepção de deficiência com valoração negativa de limites.

De outro lado, com o auxílio da ciência humana e das descobertas biotecnológicas, a reprodução humana medicamente assistida ganhou relevo com a demanda para a cura da infertilidade/esterilidade, ofertando um serviço eficaz para o alcance de projetos filiais não alcançados pela reprodução natural. Carecendo de legislação sobre a matéria da reprodução assistida, o Brasil funciona, em sua realidade social, a partir do que delibera o Conselho Federal de Medicina, a cada Resolução que edita entre *flashs* das descobertas médicas, e também pelo Conselho Nacional de Justiça, por meio dos Provimentos destinados às regras registrais.

É importante essa breve introdução para bem delinear o controle Constitucional que deve se estabelecer no exercício da liberdade familiar, quando esta viola a esfera da dignidade humana ou da pessoa humana. A partir dessa distinção, tão bem traçada por *Habermas*, em sua obra sobre o *Futuro da Natureza Humana*, o autor consolida o entendimento de que o respeito e a proteção à diversidade se iniciam na garantia de inviolabilidade do patrimônio genético, ainda que este diferencie "funcionalidades" do ser *por vir*, das funcionalidades normalizadas. O autor combate fortemente o exercício da autonomia da vontade pelos pretendentes ao projeto parental, limitando-lhes, e também aos médicos assistentes, a qualquer intervenção que vise ao aprimoramento genético dos embriões humanos que atinja a linhagem germinativa sem finalidade terapêutica, ao mesmo tempo em que defende que tal intervenção desprotegeria a diversidade funcional como valor inerente à pessoa com *deficiência*, que detém capacidade e autonomia quando vier a ter personalidade.

A partir daí, talvez, a principal indagação provocativa na construção teórica do autor seja: a proteção à diversidade no/do patrimônio genético está condicionada à concepção a ser adotada para a natureza jurídica do embrião criopreservado?

As principais teorias em torno da natureza jurídica do embrião criopreservado o situam ora de forma equiparada ao nascituro, enquanto sujeito de direito, ora como *coisa* jurídica na medida em que, embora advenha de matéria humana, não goza das mesmas expectativas reconhecidas ao nascituro, que possui vida uterina e muito menos goza das prerrogativas da personalidade humana, que exige o nascimento com vida.

A Lei de Biossegurança nº 11.105/2005, após intensa discussão sobre o seu art. 5º, obteve julgamento favorável à sua constitucionalidade no ano de 2008 pelo Supremo Tribunal Federal. O resultado direcionou a uma compreensão da natureza jurídica do embrião criopreservado enquanto *coisa* jurídica, uma vez que confirmou a possibilidade de disponibilização do embrião criopreservado para as pesquisas de células-tronco, ainda que sob condições. Afinal, pode o material genético ser doado/disponibilizado entre particulares, por intermédio de um Centro de Reprodução Humana. Ao mesmo tempo, a lei estabelece regra geral de proibição à prática da engenharia genética em células germinativas, zigoto humano e embrião humano viáveis. Logo, os considerados inviáveis, então, não mereceriam essa proteção, e poderiam, na mesma lógica, estar sujeitos às intervenções manipuladas pela autonomia da vontade de seus titulares.

Para o autor, embriões criopreservados, que possuem diagnóstico de *deficiência*, não podem ser considerados inviáveis porque não se enquadram no critério de enfermidades, assim como a busca de uma intervenção pré-implantatória, para reedições e abolição de tais deficiências, violaria um direito à diversidade funcional e abriria um sério precedente discriminatório. Isso porque haveria um equívoco em se atribuir à deficiência um caráter de doença, tendo em vista o movimento de sua despatologização. A intervenção visaria, praticamente, uma *reabilitação* antes mesmo da condição de sujeito de direito, a depender da concepção adotada quanto à natureza jurídica do embrião criopreservado.

Nessa postura, há uma inafastável implicação com a discussão sobre a natureza jurídica do embrião criopreservado para a defesa de limites à intervenção pelo aprimoramento genético. Preocupa-se o autor, principalmente, com técnicas auxiliares de procriação assistida já existentes, como o teste pré-implantatório e o CRISPR-Cas9, que não têm sido refletidas em torno do enquadramento do embrião enquanto sujeito ou *coisa*. Além disso, a preocupação instala-se no receio ao desvio de sua finalidade terapêutica, visando à cura de enfermidades. Questiona-se a aplicação da lógica binária civilista nas categorias seculares de pessoa/sujeito e coisa jurídica.

A julgar pelo perigo de práticas eugênicas e que estas não devem ser aplicadas em pessoas ou sujeitos, estariam excluídas dessa proteção as coisas. Por essa razão, se torna de suma importância a tomada de decisão quanto à natureza jurídica desse "ser", que é o embrião criopreservado, que não é sujeito ou pessoa, mas decorre da natureza humana, razão pela qual mereceria um novo enquadramento.

A título de contribuição e provocação no contexto dessa densa e brilhante obra, há que se fazer o enfrentamento quanto à abertura conferida pela Lei de Biossegurança para o tratamento dos embriões considerados "inviáveis" e o que seria essa inviabilidade na medida em que seres que possuam *deficiência* ou potencial disfunção perante o tratamento normalizado poderiam aqui ser enquadrados, desafiando o preceituado no art. 225, §1º, inciso do II da CRFB/1988. E, dessa forma, estar-se-ia falando da inconstitucionalidade de um artigo de lei, cuja constitucionalidade foi confirmada pelo STF.

Diante de reflexão tão complexa, o autor toma posição por uma natureza jurídica híbrida do embrião criopreservado, que mereceria ser protegido mesmo possuindo uma expectativa mais remota do que o nascituro, de vir a nascer ou mesmo nem vir a nascer, lembrando que só se justifica o interesse dos proprietários do patrimônio genético em fazer intervenções quando há a decisão de execução do planejamento familiar. O mais valoroso entre suas conclusões é o reconhecimento da proteção da vida humana como ela é e poderá naturalmente vir a ser. Qualquer outra perspectiva seria a admissão de uma plástica individualista que descamba na busca da "pureza" de um modelo funcional que guarda profundas semelhanças com as condutas nazistas de um passado que se quer esquecer!

Primando pelo rigor científico, a obra do autor representa e promove essencialmente a defesa de direitos humanos por meio dos limites a serem estabelecidos ao exercício da liberdade do planejamento familiar, que, antes de mais nada, representa uma autonomia calcada em critérios objetivos estabelecidos por uma ordem jurídica conquistada após inúmeros crimes já praticados pelo homem contra a sua própria humanidade, e não em critérios subjetivos de um desejo individualista. A autonomia privada é a bússola para a garantia da diversidade humana nas constituições parentais e para uma ordem jurídica democrática.

Por todo o exposto, a leitura desta obra é fortemente recomendada a todos que procuram imersão nos estudos biotecnológicos e nas esferas das liberdades humanas.

Recife/PE, 10 de maio de 2022.

Maria Rita de Holanda

Doutora em Direito Civil pela Universidade Federal de Pernambuco (UFPE). Mestre em Direito Civil pela Pontifícia Universidade Católica de São Paulo (PUC-SP). Pós-doutoramento pela Universidade de Sevilla na Espanha (ES). Professora adjunta I da Universidade Católica de Pernambuco (UNICAP). Pesquisadora do Grupo de Pesquisa Constitucionalização das Relações Privadas na Universidade Federal de Pernambuco (CONREP/UFPE). Pesquisadora do Grupo de Pesquisa Direito Civil e Ação da Universidade Católica de Pernambuco (UNICAP). Conselheira Científica do Instituto Brasileiro de Direito de Família no Estado de Pernambuco. Advogada especialista em Família, Sucessões, Gênero, Bioética e Biodireito.

REFERÊNCIAS

AGUIAR, Mônica. *Direito à filiação e bioética*. Rio de Janeiro: Forense, 2005.

ÁGUILA, Luiz Miguel del. La autonomia de las personas con discapacidad como principio rector. *In:* SALMÓN, Elizabeth; BREGAGLIO, Renata. (Ed.). *Nuevos conceptos claves para entender la Convención sobre los derechos de las pesonas con discpacidad.* Lima: Pontifícia Universidad Católica Del Perú, 2015.

ALMEIDA, Vitor. *A capacidade civil das pessoas com deficiência e os perfis da curatela.* Belo Horizonte: Fórum, 2019.

ALMEIDA JUNIOR, Vitor de Azevedo. *A tutela extrapatrimonial do nascituro no ordenamento jurídico brasileiro.* 2013. 196 f. Dissertação (Mestrado em Direito Civil) – Faculdade de Direito da Universidade do Estado do Rio de Janeiro, Rio de Janeiro, 2013. Disponível em: http://www.bdtd.uerj.br/handle/1/9654. Acesso em: 20 out. 2021.

AMARAL, Francisco. *Direito Civil*: Introdução. Rio de Janeiro: Renovar, 2006.

ANVISA. Agência Nacional de Vigilância Sanitária. *2º Relatório de dados de importação de células e tecidos germinativos para uso em reprodução humana assistida.* Brasília, 2018. Disponível em: https://www.gov.br/anvisa/pt-br/centraisdeconteudo/publicacoes/sangue-tecidos-celulas-e-orgaos/relatorios-de-importacao-reproducao-humana-assistida/2o-relatorio-de-importacao-reproducao-humana-assistida-2018.pdf . Acesso em: 21 set. 2021.

ANVISA. Agência Nacional de Vigilância Sanitária. *1º Relatório do Sistema Nacional de Produção de Embriões – SisEmbrio.* Brasília, 2009. Disponível em: https://www.gov.br/anvisa/pt-br/centraisdeconteudo/publicacoes/sangue-tecidos-celulas-e-orgaos/relatorios-de-producao-de-embrioes-sisembrio. Acesso em: 20 out. 2021.

ANVISA. Agência Nacional de Vigilância Sanitária. *2º Relatório do Sistema Nacional de Produção de Embriões – SisEmbrio.* Brasília, 2010. Disponível em: https://www.gov.br/anvisa/pt-br/centraisdeconteudo/publicacoes/sangue-tecidos-celulas-e-orgaos/relatorios-de-producao-de-embrioes-sisembrio. Acesso em: 20 out. 2021.

ANVISA. Agência Nacional de Vigilância Sanitária. *3º Relatório do Sistema Nacional de Produção de Embriões – SisEmbrio.* Brasília, 2011. Disponível em: https://www.gov.br/anvisa/pt-br/centraisdeconteudo/publicacoes/sangue-tecidos-celulas-e-orgaos/relatorios-de-producao-de-embrioes-sisembrio. Acesso em: 20 out. 2021.

ANVISA. Agência Nacional de Vigilância Sanitária. *4º Relatório do Sistema Nacional de Produção de Embriões – SisEmbrio.* Brasília, 2012. Disponível em: https://www.gov.br/anvisa/pt-br/centraisdeconteudo/publicacoes/sangue-tecidos-celulas-e-orgaos/relatorios-de-producao-de-embrioes-sisembrio. Acesso em: 20 out. 2021.

ANVISA. Agência Nacional de Vigilância Sanitária. *5º Relatório do Sistema Nacional de Produção de Embriões – SisEmbrio*. Brasília, 2013. Disponível em: https://www.gov.br/anvisa/pt-br/centraisdeconteudo/publicacoes/sangue-tecidos-celulas-e-orgaos/relatorios-de-producao-de-embrioes-sisembrio. Acesso em: 20 out. 2021.

ANVISA. Agência Nacional de Vigilância Sanitária. *6º Relatório do Sistema Nacional de Produção de Embriões – SisEmbrio*. Brasília, 2014. Disponível em: https://www.gov.br/anvisa/pt-br/centraisdeconteudo/publicacoes/sangue-tecidos-celulas-e-orgaos/relatorios-de-producao-de-embrioes-sisembrio. Acesso em: 20 out. 2021.

ANVISA. Agência Nacional de Vigilância Sanitária. *7º Relatório do Sistema Nacional de Produção de Embriões – SisEmbrio*. Brasília, 2015. Disponível em: https://www.gov.br/anvisa/pt-br/centraisdeconteudo/publicacoes/sangue-tecidos-celulas-e-orgaos/relatorios-de-producao-de-embrioes-sisembrio. Acesso em: 20 out. 2021.

ANVISA. Agência Nacional de Vigilância Sanitária. *8º Relatório do Sistema Nacional de Produção de Embriões – SisEmbrio*. Brasília, 2016. Disponível em: https://www.gov.br/anvisa/pt-br/centraisdeconteudo/publicacoes/sangue-tecidos-celulas-e-orgaos/relatorios-de-producao-de-embrioes-sisembrio. Acesso em: 20 out. 2021.

ANVISA. Agência Nacional de Vigilância Sanitária. *9º Relatório do Sistema Nacional de Produção de Embriões – SisEmbrio*. Brasília, 2017. Disponível em: https://www.gov.br/anvisa/pt-br/centraisdeconteudo/publicacoes/sangue-tecidos-celulas-e-orgaos/relatorios-de-producao-de-embrioes-sisembrio. Acesso em: 20 out. 2021.

ANVISA. Agência Nacional de Vigilância Sanitária. *10º Relatório do Sistema Nacional de Produção de Embriões – SisEmbrio*. Brasília, 2018. Disponível em: https://www.gov.br/anvisa/pt-br/centraisdeconteudo/publicacoes/sangue-tecidos-celulas-e-orgaos/relatorios-de-producao-de-embrioes-sisembrio. Acesso em: 20 out. 2021.

ANVISA. Agência Nacional de Vigilância Sanitária. *11º Relatório do Sistema Nacional de Produção de Embriões – SisEmbrio*. Brasília, 2019. Disponível em: https://www.gov.br/anvisa/pt-br/centraisdeconteudo/publicacoes/sangue-tecidos-celulas-e-orgaos/relatorios-de-producao-de-embrioes-sisembrio. Acesso em: 20 out. 2021.

ANVISA. Agência Nacional de Vigilância Sanitária. *12º Relatório do Sistema Nacional de Produção de Embriões – SisEmbrio*. Brasília, 2019. Disponível em: https://www.gov.br/anvisa/pt-br/centraisdeconteudo/publicacoes/sangue-tecidos-celulas-e-orgaos/relatorios-de-producao-de-embrioes-sisembrio. Acesso em: 20 out. 2021.

ANVISA. Agência Nacional de Vigilância Sanitária. *13º Relatório do Sistema Nacional de Produção de Embriões – SisEmbrio*. Brasília, 2020. Disponível em: https://www.gov.br/anvisa/pt-br/centraisdeconteudo/publicacoes/sangue-tecidos-celulas-e-orgaos/relatorios-de-producao-de-embrioes-sisembrio. Acesso em: 21 set. 2021.

ARAÚJO, Luiz Alberto David. A Convenção sobre os Direitos das Pessoas com Deficiência e seus reflexos na ordem jurídica interna do Brasil. *In*: FERRAZ, Carolina Valença; LEITE, George Salomão; LEITE, Glauber Salomão; LEITE, Glauco Salomão (Org.). *Manual dos Direitos da Pessoa com Deficiência*. São Paulo: Saraiva, 2012.

ASCH, Adrienne. Diagnóstico Pré-natal e aborto seletivo: um desafio à prática e às políticas. *In*: DINIZ, Debora (Org.). *Admirável nova genética*: bioética e sociedade. Brasília: LetrasLivras, Editora UnB, 2005.

REFERÊNCIAS

ASSOCIAÇÃO MÉDICA MUNDIAL. *Declaração de Helsinki*, Finlândia, junho de 1964. Disponível em: https://www.fcm.unicamp.br/fcm/sites/default/files/declaracao_de_helsinque.pdf . Acesso em: 24 abr. 2021.

ASTONI JÚNIOR, Ítalo Márcio Batista; IANOTTI, Giovano de Castro. Ética e medicina preditiva. *Revista Brasileira de Saúde Materno Infantil*, v.10, (Supl. 2), S377-S382, dez., 2010. Disponível em: https://www.scielo.br/j/rbsmi/a/nHztZJFhJWXXqZqQN9xQY6H/?lang=pt&format=pdf . Acesso em: 27 out. 2021.

AZEVEDO, Rafael Vieira de. *O novo regramento da capacidade civil das pessoas com deficiência no ordenamento jurídico brasileiro e seus reflexos à luz da teoria do fato jurídico*. 2016. 158 f. Dissertação (Mestrado em Direito) – Programa de Pós-Graduação em Direito, Centro de Ciências Jurídicas/Faculdade de Direito do Recife, Universidade Federal de Pernambuco, 2016. Disponível em: https://repositorio.ufpe.br/handle/123456789/18631 . Acesso em: 6 dez. 2021.

BARBOZA, Heloisa Helena. A autonomia da vontade e a relação médico-paciente no Brasil. Lex. Medicinae - *Revista Portuguesa de Direito da Saúde*, Coimbra, v. 1, n. 2, p. 5-14, 2005.

BARBOZA, Heloísa Helena. *Audiência Pública do STF sobre Aborto (ADPF n. 422)*. Supremo Tribunal Federal (STF), Distrito Federal: Brasília. Proferido em 3 ago. 2018, às 18h40min. Disponível em: https://www.youtube.com/watch?v=73iYl4OxCYE. Acesso em: 14 out. 2021.

BARBOZA, Heloísa Helena. Vulnerabilidade e Cuidado: aspectos jurídicos. *In*: PEREIRA, Tânia da silva; OLIVEIRA, Guilherme de (Org.). *Cuidado e vulnerabilidade*. São Paulo: Atlas, 2009.

BARBOZA, Heloísa Helena. Princípios do Biodireito. *In*: BARBOZA, Heloísa Helena; MEIRELLES, Jussara Maria Leal de; BARRETTO, Vicente de Paulo (Org.). *Novos temas de Biodireito e Bioética*. Rio de Janeiro: Renovar, 2003.

BARBOZA, Heloisa Helena. Repercussões jurídicas da biotecnologia no Código Civil: o papel do Biodireito. *In*: BARBOZA, Heloisa Helena; SILVA, Eduardo Freitas Horácio da; ALMEIDA, Vitor (org.). *Biotecnologia e relações familiares*. Rio de Janeiro: Processo, 2021.

BARROSO, Luís Roberto. Legitimidade da Recusa de Transfusão de Sangue por Testemunhas de Jeová. Dignidade Humana, Liberdade Religiosa e Escolhas Existenciais. *Parecer jurídico*. Rio de Janeiro, 5 de abril de 2010. Disponível em: https://www.conjur.com.br/dl/testemunhas-jeova-sangue.pdf . Acesso em: 24 abr. 2021.

BEECHER, Henry. Ethics and clinical research. *The new England Journal of Medicine*. v. 274, n. 24, june, 16, 1966. Disponível em: https://www.dartmouth.edu/cphs/docs/beecher-article.pdf%20. Acesso em: 26 abr. 2021.

BELTRÃO, Silvio Romero. *Reprodução humana assistida*: conflitos éticos e legais: legislar é necessário. 244 f. Tese (Doutorado em Direito) – Programa de Pós-Graduação em Direito, Centro de Ciências Jurídicas/ Faculdade de Direito do Recife, Universidade Federal de Pernambuco, 2010. Disponível em: https://repositorio.ufpe.br/handle/123456789/3775. Acesso em: 5 out. 2021.

BOBBIO, Norberto. *A era dos direitos*. Tradução de Carlos Nelson Coutinho. Rio de Janeiro: Elsevier, 2004.

BODIN DE MORAES, Maria Celina. A família democrática. *Revista da Faculdade de Direito da UERJ*, v. 13-14, p. 47-70, 2005.

BODIN DE MORAES, Maria Celina. Instrumentos para a proteção dos filhos frente aos próprios pais. *civilistica.com*, v. 7, n. 3, p. 1-43, 2018. Disponível em: https://civilistica. emnuvens.com.br/redc/article/view/391 Acessado em: 23 mar. 2022.

BOURDIEU, Pierre. *A dominação masculina*. Tradução de Maria Helana Kühner. 11.ed. Rio de Janeiro: Bertland Brasil, 2012.

BUTLER, Judith. *Problemas de gênero*: feminismo e subversão da identidade. Trad. Renato Aguiar. 1.ed. Rio de Janeiro: Civilização Brasileira, 2003.

BRASIL. Congresso Nacional. *Projeto de Lei nº 1184/2003*. Dispõe sobre a Reprodução Assistida. Disponível em: http://www.camara.gov.br/proposicoesWeb/prop_ mostrarintegra?codteor=137589&filename=PL+1184/2003. Acesso em: 27 out. 2021.

BRASIL. Conselho da Justiça Federal. *Enunciados da I Jornada de Direito Civil de 12-13 de setembro de 2002*. Disponível em: https://www.cjf.jus.br/enunciados/pesquisa/resultado . Acesso em: 18 out. 2021.

BRASIL. Conselho da Justiça Federal. *Enunciados da VII Jornada de Direito Civil de 28-29 de setembro de 2015*. Disponível em: https://www.cjf.jus.br/enunciados/pesquisa/resultado. Acesso em: 18 out. 2021.

BRASIL. Conselho da Justiça Federal. *Enunciados da VIII Jornada de Direito Civil de 26-27 de abril de 2018*. Disponível em: https://www.cjf.jus.br/cjf/corregedoria-da-justica-federal/ centro-de-estudos-judiciarios-1/publicacoes-1/jornadas-cej/viii-enunciados-publicacao-site-com-justificativa.pdf . Acesso em: 18 out. 2021.

BRASIL. Supremo Tribunal Federal. *Ação de Descumprimento de Preceito Fundamental nº 54/DF*. Relator: Ministro Marco Aurélio. Data de Julgamento: 12/04/2012. Disponível em: http://redir.stf.jus.br/paginadorpub/paginador.jsp?docTP=TP&docID=3707334 . Acesso em: 26 abr. 2021.

BRASIL. Código Civil (2002). *Lei 10.406, de 10 de janeiro de 2002*. Brasília: Senado, 2002. Disponível em: http://www.planalto.gov.br/ccivil_03/leis/2002/l10406.htm. Acesso em: 25 abr. 2021.

BRASIL. Código Civil dos Estados Unidos do Brasil (1916). *Lei nº 3.071, de 1 de janeiro de 1916*. Disponível em: http://www.planalto.gov.br/ccivil_03/Leis/L3071.htm. Acesso em: 21 maio 2021.

BRASIL. Constituição (1988). *Constituição da República Federativa do Brasil*. Brasília: Senado, 1988. Disponível em: http://www.planalto.gov.br/ccivil_03/Constituicao/Constituicao. htm. Acesso em: 9 set. 2021.

BRASIL. Estatuto da Pessoa com Deficiência. *Lei nº 13.146, de 6 de julho de 2015*. Brasília: Senado. Disponível em: http://www.planalto.gov.br/ccivil_03/_Ato2015-2018/2015/Lei/ L13146.htm. Acesso em: 20 jul. 2021.

REFERÊNCIAS | **269**

BRASIL. Justiça Federal da 3ª Região (TRF3). 2ª Vara Cível Federal da Seção Judiciária de São Paulo. *Processo de n. indisponível*. Relatora: Rosana Ferri, Data da decisão: 20/05/2022. Disponível em: https://ibdfam.org.br/noticias/9703/Justiça%20 afasta%20obrigatoriedade%20do%20doador%20anônimo%20e%20autoriza%20 fertilização%20in%20vitro%20com%20flexibilização%20de%20resolução%20d-o%20CFM#:~:text=IBDFAM%3A%20Justiça%20afasta%20obrigatoriedade%20 do,flexibilização%20de%20resolução%20do%20CFM . Acesso em: 11 jun. 2022.

BRASIL. Supremo Tribunal Federal. *Arguição de Descumprimento de Preceito Fundamental nº 132/RJ*. Relator: Ministro Ayres Britto. Data do Julgamento: 05/05/2011. Disponível em: http://redir.stf.jus.br/paginadorpub/paginador.jsp?docTP=AC&docID=628633. Acesso em: 10 set. 2021.

BRASIL. Supremo Tribunal Federal. *Ação Direta de Inconstitucionalidade nº 4.277/DF*. Relator: Ministro Ayres Britto. Data do Julgamento: 05/05/2011. Disponível em: http:// jurisprudencia.s3.amazonaws.com/STF/IT/ADI_4277_DF_1319338828608.pdf?Signature= 3tCKJor9pw22ndmfv2CkDfbIRXg%3D&Expires=1459737468&AWSAccessKeyId=AKIAI PM2XEMZACAXCMBA&response-content-type=application/pdf&x-amz-meta-md5-ha sh=82e72df83dc8520f9d7b7eeb704df7c6. Acesso em: 10 set. 2021.

BRASIL. Supremo Tribunal Federal. *Ação Direta de Inconstitucionalidade nº 3.510/DF*. Relator: Ministro Ayres Britto. Data do Julgamento: 28/05/2008. Disponível em: https:// redir.stf.jus.br/paginadorpub/paginador.jsp?docTP=AC&docID=611723. Acesso em: 13 out. 2021.

BRASIL. Superior Tribunal de Justiça. *Recurso Especial nº 1.183.378/RS*. Relator: Ministro Luis Felipe Salomão. Data do Julgamento: 25/10/2011. Disponível em: https:// jurisprudencia.s3.amazonaws.com/STJ/IT/RESP_1183378_RS_1330972067974.pdf?Signa ture=UrJqtmv%2Fp3N%2B2R1bfDaCDSu8KEc%3D&Expires=1555052681&AWSAccess KeyId=AKIAIPM2XEMZACAXCMBA&response-content-type=application/pdf&x-amz-meta-md5-hash=6614bce5618ad15c0806d4ac79e931ac. Acesso em: 10 set. 2021.

BRASIL. Superior Tribunal de Justiça. *Recurso Especial nº 1.918.421-SP*. Relator: Ministro Marco Buzzi. Relator para Acórdão: Ministro Luis Felipe Salomão. Data do Julgamento: 08/06/2021. Disponível em: https://processo.stj.jus.br/processo/revista/documento/med iado/?componente=ITA&sequencial=2058572&num_registro=202100242516&data=2021 0826&peticao_numero=-1&formato=PDF. Acesso em: 17 out. 2021.

BRASIL. Tribunal de Justiça do Distrito Federal e dos Territórios (TJDFT). Quinta Turma Cível do Tribunal. *Processo de n. 0702501-17.2019.8.07.0011*, Relatora: Desembargadora Maria Ivatônia, Quinta Turma Cível, unânime. Data da publicação: 13/12/2021. Disponível em: https://www.tjdft.jus.br/consultas/jurisprudencia/decisoes-em-evidencia/19-1-2022-2013-descarte-de-embrioes-criopreservados-2013-divorcio-2013-tjdft. Acesso em: 12 jun. 2022.

BRASIL. Ministério de Estado da Saúde. *Portaria nº 1.820, de 13 de agosto de 2009*. Dispõe sobre os direitos e deveres dos usuários da saúde. Disponível em: https://bvsms.saude. gov.br/bvs/saudelegis/gm/2009/prt1820_13_08_2009.html. Acesso em: 16 abr. 2021.

BRASIL. Conselho Nacional de saúde. *Resolução nº 466, de 12 de dezembro de 2012*. Disponível em: https://conselho.saude.gov.br/resolucoes/2012/Reso466.pdf. Acesso em: 31 jan. 2022.

BRASIL. Lei de Biossegurança. *Lei n. 11.105, de 24 de março de 2005*. Disponível em: www. planalto.gov.br/ccivil_03/_ato2004-2006/2005/lei/l11105.htm. Acesso em: 28 jul. 2021.

BRASIL. Lei de Planejamento Familiar. *Lei nº 9.263, de 12 de janeiro de 1996*. Disponível em: http://www.planalto.gov.br/ccivil_03/leis/L9263.htm. Acesso em: 28 jul. 2021.

BRAÚNA, Mikaela Minaré; BRAÚNA, Leonardo Minaré. O direito e o avanço da engenharia genética. *In*: EHRHARDT JR, Marcos; CATALAN, Marcos; MALHEIROS, Pablo (Coord.). *Direito Civil e tecnologia*. Belo Horizonte: Fórum, 2020.

BRAUNER, Maria Claudia Crespo. *Direito, sexualidade e reprodução humana*: conquistas médicas e o debate bioético. Rio de Janeiro: Renovar, 2003.

CASABONA, Carlos María Romeo. Consideraciones jurídicas sobre las técnicas genéticas. *Anuario de filosofia del derecho*, n. 12, p. 15-38, 1995. Disponível em: https://dialnet.unirioja. es/servlet/articulo?codigo=142331. Acesso em: 5 out. 2021.

CASABONA, Carlos María Romeo. La genética y la biotecnologia en las fronteras del derecho. *Acta bioeth*, vol. 8, n. 2, p. 283-297, 2002. Disponível em: https://scielo.conicyt. cl/pdf/abioeth/v8n2/art09.pdf . Acesso em: 29 set. 2021.

CANGUÇÚ-CAMPINHO, Ana Karina Figueira. *A construção dialógica da identidade em pessoas intersexuais*: o X e o Y da questão. 204 f. Tese (Doutorado em Saúde Pública) – Programa de Pós-Graduação em Saúde Coletiva da Universidade Federal da Bahia, 2012. Disponível em: http://repositorio.ufba.br/ri/handle/ri/6776. Acesso em: 4 out. 2021.

CANGUILHEM, Georges. *O normal e o patológico*. Trad. Mana Thereza Redig de Carvalho Barrocas. 6. ed. rev. Rio de Janeiro: Forense Universitária, 2009 [E-book].

CASTANHO, Maria Amélia Belomo. *Planejamento Familiar*: o estado na construção de uma sociedade inclusiva e a participação social para o bem comum. Curitiba: Juruá, 2014.

CAVALLI-SFORZA, Luca; CAVALLI-SFORZA, Francesco. *Quem somos? História da Diversidade Humana*. Tradução de Laura Cardellini Barbosa de Oliveira. São Paulo: Editora UNESP, 2002.

CLEMENTE, Graziella Trindade. Avanços e desafios da edição gênica em seres humanos. *In*: CAMILLO, Carlos Eduardo Nicoletti; SILVA, Paulo Fraga da; ROCHA, Renata da; CAMPATO, Roger Fernandes (Coord.). *Biodireito, Bioética e Filosofia em Debate*. São Paulo: Almedina, 2020.

CLÍNICA de fertilização não deve indenizar casal por bebê com síndrome de Down. *Revista Consultor Jurídico*, publicado em 1 de outubro de 2016, às 7h17min. Disponível em: www.conjur.com.br/2016-out-01/clinica-nao-indenizar-casal-teve-bebe-sindrome-down. Acesso em: 22 nov. 2021.

COHEN, Glenn. Regulating reproduction: the problem with the best interests. *Minnesota Law Review*, Minnesota, v. 96, n. 8, p. 423-519, 2011. Disponível em: http://www. minnesotalawreview.org/wp-content/uploads/2012/02/CohenA_MLR.pdf. Acesso em: 22 nov. 2020.

COLLINS, Francis; GREEN, Eric; GUTTMACHER, Alan; GUYER, Mark. A vision for the future of genomics research. *Nature*, v. 422, p. 835-847, 2003. Disponível em: https://www.nature.com/articles/nature01626. Acesso em: 30 nov. 2020.

CONSELHO FEDERAL DE MEDICINA. *Resolução CFM nº 1.358/1992*, de 19 de novembro de 1992. Adota normas éticas para utilização das técnicas de reprodução assistida. Disponível em: http://www.portalmedico.org.br/resolucoes/CFM/1992/1358_1992.htm. Acesso em: 25 out. 2021.

CONSELHO FEDERAL DE MEDICINA. *Resolução CFM nº 1.957/2010*, de 06 de janeiro de 2011. A Resolução CFM nº 1.358/92, após 18 anos de vigência, recebeu modificações relativas à reprodução assistida, o que gerou a presente resolução, que a substitui *in totum*. Disponível em: http://www.portalmedico.org.br/resolucoes/CFM/2010/1957_2010. htm. Acesso em: 21 out. 2021.

CONSELHO FEDERAL DE MEDICINA. *Resolução CFM nº 2.013/2013*, de 09 de maio de 2013. Adota as normas éticas para a utilização das técnicas de reprodução assistida, anexas à presente resolução, como dispositivo deontológico a ser seguido pelos médicos e revoga a Resolução CFM nº 1.957/10. Disponível em: http://www.portalmedico.org.br/resolucoes/CFM/2013/2013_2013.pdf . Acesso em: 25 out. 2021.

CONSELHO FEDERAL DE MEDICINA. *Resolução CFM nº 2.121/2015*, de 24 de setembro de 2015. Adota as normas éticas para a utilização das técnicas de reprodução assistida – sempre em defesa do aperfeiçoamento das práticas e da observância aos princípios éticos e bioéticos que ajudarão a trazer maior segurança e eficácia a tratamentos e procedimentos médicos – tornando-se o dispositivo deontológico a ser seguido pelos médicos brasileiros e revogando a Resolução CFM nº 2.013/13, publicada no D.O.U. de 9 de maio de 2013, Seção I, p. 119. Disponível em: http://www.portalmedico.org.br/resolucoes/CFM/2015/2121_2015.pdf . Acesso em: 25 out. 2021.

CONSELHO FEDERAL DE MEDICINA. *Resolução CFM nº 2.168/2017*, de 10 de novembro de 2017. Adota as normas éticas para a utilização das técnicas de reprodução assistida – sempre em defesa do aperfeiçoamento das práticas e da observância aos princípios éticos e bioéticos que ajudam a trazer maior segurança e eficácia a tratamentos e procedimentos médicos –, tornando-se o dispositivo deontológico a ser seguido pelos médicos brasileiros e revogando a Resolução CFM nº 2.121, publicada no D.O.U. de 24 de setembro de 2015, Seção I, p. 117. Disponível em: https://sistemas.cfm.org.br/normas/visualizar/resolucoes/BR/2017/2168. Acesso em: 25 out. 2021.

CONSELHO FEDERAL DE MEDICINA. *Resolução CFM nº 2.283/2020*, de 1 de outubro de 2020. Altera a redação do item 2 do inciso II, "Pacientes das técnicas de RA", da Resolução CFM no 2.168/2017, aprimorando o texto do regulamento de forma a tornar a norma mais abrangente e evitar interpretações contrárias ao ordenamento jurídico. Disponível em: https://sistemas.cfm.org.br/normas/arquivos/resolucoes/BR/2020/2283_2020.pdf . Acesso em: 12 set. 2021.

CONSELHO FEDERAL DE MEDICINA. *Resolução CFM nº 2.294/2021*, de 15 de junho de 2021. Adota as normas éticas para a utilização das técnicas de reprodução assistida – sempre em defesa do aperfeiçoamento das práticas e da observância aos princípios éticos e bioéticos que ajudam a trazer maior segurança e eficácia a tratamentos e procedimentos médicos, tornando-se o dispositivo deontológico a ser seguido pelos médicos brasileiros e revogando a Resolução CFM no 2.168, publicada no D.O.U. de 10 de novembro de 2017, Seção I. Disponível em: https://sistemas.cfm.org.br/normas/arquivos/resolucoes/BR/2021/2294_2021.pdf . Acesso em: 21 out. 2021.

CONTI, Paulo Henrique Burg; SOUZA, Paulo Vinicius Sporleder de. A diversidade genética humana na era dos diagnósticos genéticos: aspectos bioéticos e da proteção de bens jurídicos-penais supraindividuais. *Revista Brasileira de Ciências Criminais*, v. 150, p. 77-120, 2018.

CORREA, Marilena. O admirável Projeto Genoma Humano. *Physis*, Rio de Janeiro, v. 12, n. 2, p. 277-299, 2002. Disponível em: https://www.scielo.br/scielo.php?script=sci_ar ttext&pid=S0103-73312002000200006 . Acesso em: 16 abr. 2021.

COSTA, Dilvanir José da. A família nas constituições. *Revista da Faculdade de Direito da Universidade Federal de Minas*, n. 48, 2008. Disponível em: https://www.direito.ufmg.br/revista/index.php/revista/article/view/1455. Acesso em: 25 out. 2020.

CHINELLATO, Silmara Juny de Abreu. A pessoa natural e a quarta geração de direitos: o nascituro e embrião pré-implantatório. *Revista Brasileira de Direito Comparado*. Rio de Janeiro, n. 32, p. 79-129. 2007, p. 86-87. Disponível em: http://www.idclb.com.br/revistas/32/revista32%20(7).pdf. Acesso em: 12 out. 2021.

CHINELLATO, Silmara Juny de Abreu. Estatuto Jurídico do Nascituro: A evolução do direito brasileiro. In: CAMPOS, Diogo Leite; CHINELLATO, Silmara Juny de Abreu. (Coords). *Pessoa humana e direito*. Coimbra: Edições Almedina – AS, 2009.

CYRANOSKI, David. CRISPR gene-editing tested in a person for the first time. *Nature*, v. 539, p. 479, 2016. Disponível em: https://www.nature.com/news/crispr-gene-editing-tested-in-a-person-for-the-first-time-1.20988. Acesso em: 7 dez. 2020.

CYRANOSKI, David. Russian 'CRISPR-baby' scientist has started editing genes in human eggs with goal of altering deaf gene. *Nature*, v. 574, n. 7779, 2019, p. 465+. Disponível em: https://www.nature.com/articles/d41586-019-03018-0. Acesso em: 7 dez. 2020.

CYRANOSKI, David. Russian biologist plans more CRISPR-edited babies. *Nature*, v. 570, no. 7760, 2019, p. 145+. Disponível em: https://www.scientificamerican.com/article/russian-biologist-plans-more-crispr-edited-babies/. Acesso em: 7 dez. 2020.

CYRANOSKI, David. What's next for CRISPR babies. *Nature*, v. 566, p. 440-442, 2019. Disponível em: https://media.nature.com/original/magazine-assets/d41586-019-00673-1/d41586-019-00673-1.pdf. Acesso em: 7 dez. 2020.

DE MIGUEL BERIAIN, Iñigo. Human dignity and gene editing: using human dignity as an argument against modifying the human genome and germline is a logical fallacy. *EMBO Reports*, p. 1-4, 2018. Disponível em: https://www.embopress.org/doi/pdf/10.15252/embr.201846789. Acesso em: 14 dez. 2020.

DE MIGUEL BERIAIN, Iñigo. Should human germ line editing be allowed? Some suggestions on the basis of the existing regulatory framework. *Bioethics*, p. 105-111, 2019. Disponível em: https://onlinelibrary.wiley.com/doi/pdf/10.1111/bioe.12492. Acesso em: 14 dez. 2020.

DIAFÉRIA, Adriana. Princípios estruturadores do direito à proteção do patrimônio genético humano e as informações genéticas contidas no genoma humano como bens de interesses difusos. *In*: CARNEIRO, Fernanda; EMERICK, Maria Celeste (Org.). *Limite*: A Ética e o Debate Jurídico sobre Acesso e Uso do Genoma Humano. Rio de Janeiro: Fiocruz, 2000. p. 1-19.

REFERÊNCIAS | 273

DINIZ, Debora. Henry Beecher e a gênese da Bioética. *O Mundo da Saúde*, São Paulo, v. 23, n. 5, p. 332-335, set./out. 1999. p. 332. Disponível em: https://www.repositorio. unb.br/bitstream/10482/16177/1/ARTIGO_HenryBeecherGeneseBioetica.pdf . Acesso em: 29 abr. 2021.

DINIZ, Debora. *O que é deficiência*. São Paulo: Brasiliense, 2007.

DINIZ, Debora; GUILHEM, Dirce. *O que é bioética*. São Paulo: Brasiliense, 2005.

DINIZ, Maria Helena. *O estado atual do biodireito*. 10. ed. São Paulo: Saraiva, 2017.

DISABLED PEOPLE' INTERNACIONAL EUROPE. *Disabled People Speak on the New Genetics*: DPI Europe Position Statement on Bioethics and Human Rights. London: Disabled People' Internacional (DPI), 2000. Disponível em: http://www.dpi-europe.org/ bioethics_issues/bioethics_issues/bioethics-english.pdf . Acesso em: 27 out. 2021.

DOUDNA, Jennifer; CHARPENTIER, Emmanuelle. The new frontier of genome engineering with CRISPR-Cas9. *Science*, v. 346, issue 6213, 2014. Disponível em: https:// science.sciencemag.org/content/346/6213/1258096. Acesso em: 6 dez. 2020.

DOUDNA, Jennifer; STERNBERG, Samuel. *A crack in creation*: gene editing and unthinkable power to control evolution. Boston: Editora Houghton Mifflin Harcourt, 2017.

FARIAS, Norma; BUCHULLA, Cassia Maria. A classificação Internacional de Funcionalidade, Incapacidade e Saúde. *Revista Brasileira de Epidemiologia*. v. 8, n.2, p.187-193, 2015. Disponível em: http://www.scielo.br/pdf/rbepid/v8n2/11.pdf . Acesso em: 22 nov. 2021.

FARINATI, Débora Marcondes; RIGONI, Maisa dos Santos; MÜLLER, Marisa Campio. Infertilidade: um novo campo da Psicologia da saúde. *Estudos de Psicologia*, v. 23, n. 4, p. 433-439, out./dez. 2006. Disponível em: https://www.scielo.br/j/estpsi/a/ GPnYdjvDJdjpxF7nvRQ5C8t/abstract/?lang=pt. Acesso em: 4 out. 2021.

FERRAZ, Ana Claudia Brandão de Barros Correia. *Reprodução humana assistida e suas consequências nas relações de família*: a filiação e a origem genética sob a perspectiva da repersonalização. 2. ed. Curitiba: Juruá, 2016.

FERRAZ, Ana Claudia Brandão de Barros Correia. *O bebê salvador e a sua proteção como sujeito de Direito Intergeracional*. 2018. Tese (Doutorado em Direito) – Universidade Federal de Pernambuco, Recife, 2018. Disponível em: https://repositorio.ufpe.br/ handle/123456789/35264. Acesso em: 25 out. 2021.

FERREYRA, Karen Ayelén. Consideraciones éticas sobre CRISPR/Cas9: Uso terapéutico en embriones y futura gobernabilidad. *Revista de Bioética y Derecho*, vol. 54, p. 121-138, 2022, p. 127. Disponível em: https://revistes.ub.edu/index.php/RBD/article/view/36115. v. Acesso em: 20 abr. 2022.

FELDHAUS, Charles. O futuro da natureza humana de Jürgen Habermas: Um comentário. *Revista Ethic@*, Florianópolis, v.3, n. 3, p. 309-319, 2005. Disponível em: https://periodicos. ufsc.br/index.php/ethic/article/view/20241/18613. Acesso em: 20 nov. 2020.

FONSECA, Ricardo Tadeu Marques da. O novo conceito constitucional de pessoa com deficiência: um ato de coragem. *Revista do Tribunal Regional do Trabalho da 2ª Região*, São Paulo, n. 10, p. 45-54, 2012. Disponível em: https://juslaboris.tst.jus.br/ handle/20.500.12178/78834. Acesso em: 4 nov. 2021.

FOUCAULT, Michel. *Nascimento da biopolítica:* curso dado no Collège de France (1978-1979). Tradução de Eduardo Brandão. São Paulo: Martins Fontes, 2008.

FRANGOUL, Haydar; ALTSHULER, David; CAPPELLINI, M. Domenica; CHEN, Yi-Shan; DOMM, Jennifer; EUSTACE, Brenda K; FOELL, Juergen; LA FUENTE, Josu de; GRUPP, Stephan; HANDGRETINGER, Rupert; HO, Tony W; KATTAMIS, Antonis *et al.* CRISPR-Cas9 Gene Editing for Sickle Cell Disease and β-Thalassemia. *New England Journal of Medicine,* v. 384, p. 252-260, 2021. Disponível em: https://www.nejm.org/doi/10.1056/NEJMoa2031054. Acesso em: 17 abr. 2021.

FRITZ, Karina Nunes. Clínica de reprodução tem dever de informar identidade do doador de sêmen. *In*: FRITZ, Karina Nunes *Jurisprudência comentada dos tribunais alemães.* Indaiatuba: Foco, 2021.

FRITZ, Karina Nunes. Plano de saúde deve cobrir custos de inseminação artificial em mulheres maduras, diz BGH. *In*: FRITZ, Karina Nunes. *Jurisprudência comentada dos tribunais alemães.* Indaiatuba: Foco, 2021.

FROENER, Carla; CATALAN, Marcos. *A reprodução humana assistida na sociedade de consumo.* Indaiatuba, SP: Foco, 2021.

FUKUYAMA, Francis. *Nosso futuro pós*-humano: conseqüências da revolução da biotecnologia. Tradução de Maria Luiza X. de A. Borges. Rio de Janeiro: Rocco, 2003.

GAMA, Guilherme Calmon Nogueira da. *A Nova filiação*: O Biodireito e as Relações Parentais: O Estabelecimento da Parentalidade-Filiação e os Efeitos Jurídicos da Reprodução Assistida Heteróloga. Rio de Janeiro: Renovar, 2003.

GARRAFA, Volnei; AZAMBUJA, Letícia. Epistemología de la bioética – enfoque latino-americano. *Revista Colombiana de Bioética*, v. 4, n. 1, junio, p. 73-92, 2009. Disponível em: https://www.redalyc.org/pdf/1892/189214300004.pdf . Acesso em: 1 maio 2021.

GOFFMAN, Erving. *Estigma*: notas sobre a manipulação da identidade deteriorada. Tradução de Márcia Bandeira de Mello Leite Nunes. 4. ed. Rio de Janeiro: LTC, 2017.

GRAND VIEW RESEARCH. *Genome Editing Market Size to Reach $8.1 Billion by 2025.* February 2017. Disponível em: https://www.grandviewresearch.com/press-release/global-genome-editing-market. Acesso em: 17 abr. 2021.

GUILAM, Maria Cristina Rodrigues. O discurso do risco na prática do aconselhamento genético pré-natal. In: SCHRAMM, Fermin Roland; REGO, Sergio; BRAZ, Marlene; PALÁCIOS, Marisa (Org.). *Bioética*: risco e proteção. 2. ed. Rio de Janeiro: Editora UFRJ e Editora Fiocruz, 2009.

HABERMAS, Jürgen. *A constelação pós-nacional:* ensaios políticos. Tradução de Márcio Seligmann-Silva. São Paulo: Littera Mundi, 2001.

HABERMAS, Jürgen. *O futuro da natureza humana*: a caminho de uma eugenia liberal? Tradução de Karina Jannini. São Paulo: Martins Fontes, 2004.

HOLANDA, Maria Rita de. A vulnerabilidade da mulher no caso da gestação sub-rogada no Brasil. *In*: EHRHARDT JR, Marcos; LÔBO, Fabíola (Org.). *Vulnerabilidade e sua compreensão no direito brasileiro.* Indaiatuba, SP: Foco, 2021.

REFERÊNCIAS | 275

HOLANDA, Maria Rita. Filiação: natureza jurídica, autonomia e boa-fé. *In*: LÔBO, Fabíola Albuquerque; EHRHARDT JÚNIOR, Marcos; PAMPLONA FILHO, Rodolfo (Coord.). *Boa-fé e sua aplicação no direito brasileiro*. Belo Horizonte: Fórum, 2017.

HOLANDA, Maria Rita de. *Parentalidade*: entre a realidade social e o direito. Belo Horizonte: Fórum, 2021.

HOSSNE, William Saad. Dos referenciais da Bioética - a vulnerabilidade. *Revista Bioethikos*. São Paulo: Centro Universitário São Camilo, v. 3, p. 41-51, 2009. Disponível em: www.saocamilo-sp.br/pdf/bioethikos/68/41a51.pdf. Acesso em: 24 nov. 2021.

HUXLEY, Aldous. *Admirável mundo novo*. 22. ed. São Paulo: Globo, 2014.

IMPLANTAÇÃO DE embriões congelados em viúva exige autorização expressa do falecido, decide Quarta Turma. *Notícia Decisão do Superior Tribunal de Justiça*, publicado em 15 de jun. 2021, às 7h00min. Disponível em: https://www.stj.jus.br/sites/portalp/Paginas/Comunicacao/Noticias/15062021-Implantacao-de-embrioes-congelados-em-viuva-exige-autorizacao-expressa-do-falecido--decide-Quarta-Turma.aspx. Acesso em: 18 out. 2021.

ISAACSON, Walter. *The Code Breaker*: Jennifer Doudna, Gene Editing and the Future of the Human Race. New York, NY: Simon&Schuster Inc., 2021.

JINEK, Martin; CHYLINSKI, Krzysztof; FONFARA, Ines; HAURE, Michael; DOUDNA, Jennifer; CHARPENTIER, Emmanuelle. A Programmable Dual-RNA–Guided DNA Endonuclease in Adaptive Bacterial Immunity. *Science*, v. 337, Issue 6096, 2012. Disponível em: https://science.sciencemag.org/content/337/6096/816.full. Acesso em: 30 nov. 2020.

JOSEN, Albert. The birth of bioethics. *Hastings Center Reports*, v. 23, n. 6, nov. /dec. 1993. Disponível em: https://www.jstor.org/stable/3562928?origin=crossref. Acesso em: 28 abr. 2021.

JOSEPH, Andrew. CRISPR Babies Scientist Sentenced to 3 Years in Prison. *Scientific American*, 2019. Disponível em: https://www.scientificamerican.com/article/crispr-babies-scientist-sentenced-to-3-years-in-prison/. Acesso em: 7 dez. 2020.

KING, David. Preimplantation genetic diagnosis and the 'new' eugenics. *Journal of Medical Ethics*. v. 2, p. 176-182, 1999. Disponível em: https://www.ncbi.nlm.nih.gov/pmc/articles/PMC479204/pdf/jmedeth00003-0102.pdf . Acesso em: 27 out. 2021.

KOTTOW, Miguel. Bioética de proteção: considerações sobre o contexto latino-americano. *In*: SCHRAMM, Fermin Roland; REGO, Sergio; BRAZ, Marlene; PALÁCIOS, Marisa (Org.). *Bioética, riscos e proteção*. 2. ed. Rio de Janeiro: Editora UFRJ; Editora Fiocruz, 2009.

KRIMSKY, Sheldon. Ten ways in which He Jiankui violated ethics. *Nature Biotechnology*, v. 37, n. 1, p. 19-20, 2019. Disponível em: https://sites.tufts.edu/sheldonkrimsky/files/2019/01/pub2019TenWays.pdf . Acesso em: 7 dez. 2020.

LARA, Mariana. *O direito à liberdade de uso e (auto) manipulação do corpo*. Belo Horizonte: D'Plácido, 2014.

LOBO, Fabiola Albuquerque. As transformações do direito de família brasileiro à luz da Constituição Federal de 1988. *Civilistica.com*, v. 8, n. 3, p. 1-21, 15 dez. 2019. Disponível em: https://civilistica.emnuvens.com.br/redc/article/view/455. Acesso em: 15 set. 2021.

LOBO, Fabíola Albuquerque. *Multiparentalidade*: efeitos no direito de família. Indaiatuba, SP: Foco, 2021.

LÔBO, Paulo. Direito ao estado de filiação e direito à origem genética: uma distinção necessária. *Revista CEJ*, n. 27, p. 47-56, out./dez. 2004. p. 53-54. Disponível em: https://core.ac.uk/reader/211932230. Acesso em: 18 out. 2021.

LÔBO, Paulo. *Direito Civil*: parte geral. 10. ed. São Paulo: Saraiva Educação, 2021.

LÔBO, Paulo. *Direito Civil*: famílias. 11. ed. São Paulo: Saraiva Educação, 2021.

LÔBO, Paulo. Entidades familiares constitucionalizadas: para além do numerus clausus. *Revista Brasileira de Direito de Família*, Porto Alegre, v. 12, p. 40-55, 2002.

LÔBO, Paulo. Metodologia do direito civil constitucional. *In*: RUZYK, Carlos Eduardo Pianovsky; SOUZA, Eduardo Nunes de; MENEZES, Joyceane Bezerra de; EHRHARDT JÚNIOR, Marcos (Orgs.). *Direito Civil Constitucional*: a ressignificação dos institutos fundamentais do direito civil contemporâneo e suas consequências. Florianópolis: Conceito Editorial, 2014.

LOPES, Laís de Figueirêdo Lopes. Disposições Gerais. *In*: LEITE, Flávia Piva Almeida; RIBEIRO, Lauro Luiz Gomes; COSTA FILHO, Waldir Maceira da (Org.). *Comentários ao Estatuto da Pessoa com Deficiência*. São Paulo: Saraiva, 2016.

LOSSETTI, Oscar; TREZZA, Fernando; PATITO, José. Patología Forense y Nacimiento con vida: docimasias. *Cuadernos de Medicina Forense*. Año 4, n. 3, p. 29-36, 2006. Disponível em: https://www.csjn.gov.ar/cmfcs/files/pdf/_Tomo-4(2005-2006)/Numero-3/Lossetti. pdf. Acesso em: 10 out. 2021.

MARQUES, Fabrício. Guerra de Patentes: pesquisadores duelam por direitos de explorar a ferramenta de edição de genes CRISPR-Cas9. *Revista Pesquisa FAPESP*, p. 41-43, 2018. Disponível em: https://revistapesquisa.fapesp.br/wp-content/uploads/2018/07/041-043_Crispr_269.pdf. Acesso em: 7 dez. 2020.

MASCARENHAS, Igor de Lucena; COSTA, Ana Paula Correia de Albuquerque da; MATOS, Ana Carla Harmatiuk. Direito médico à objeção de consciência e a recusa em realizar procedimentos de reprodução assistida em casais homossexuais: a discriminação travestida de direito. *civilistica.com*, v. 10, n. 2, p. 1-24, 19 set. 2021. Disponível em: https://civilistica.emnuvens.com.br/redc/article/view/754. Acesso em: 21 out. 2021.

MATOS, Fernanda. Infertilidade: como enfrentar o diagnóstico e buscar o tratamento adequado. *Sociedade Brasileira de Reprodução Assistida (SBRA)*. Publicado em: 20 maio 2019. Disponível em: https://sbra.com.br/noticias/infertilidade-como-enfrentar-o-diagnostico-e-buscar-o-tratamento-adequado/. Acesso em: 4 out. 2021.

MAI, Lilian Denise; ANGERAMI, Emília Luigia Saporiti. Eugenia negativa e positiva: significados e contradições. *Revista Latino-Americana de Enfermagem*, v. 14, p. 251-258, mar./abr. 2006. Disponível em: https://www.scielo.br/j/rlae/a/q5QybhYZjmM3GyF4zVvxC8t/?format=pdf&lang=pt. Acesso em: 6 set. 2021.

MEIRELLES, Ana Thereza. *A Delimitação Dogmática do Conceito de Homem como Sujeito de Direito no Regramento Jurídico Brasileiro*. 191 f. Dissertação (Mestrado em Direito) – Programa de Pós-Graduação em Direito da Faculdade de Direito da Universidade Federal da Bahia, 2009. Disponível em: http://repositorio.ufba.br/ri/handle/ri/9263. Acesso em: 6 out. 2021.

MEIRELLES, Ana Thereza. Práticas neoeugênicas e limites aos direitos reprodutivos em face da proteção ao patrimônio genético. *Direito UNIFACS - Debate Virtual*, n. 153, p. 1-19, 2013. Disponível em: https://revistas.unifacs.br/index.php/redu/article/view/2482. Acesso em: 21 set. 2021.

MEIRELLES, Jussara Maria Leal de. *A vida humana embrionária e sua proteção jurídica*. Rio de janeiro: Renovar, 2000.

MEIRELLES, Jussara Maria Leal de. Os embriões humanos mantidos em Laboratório e a Proteção da Pessoa: O novo código civil brasileiro e o texto constitucional. *In*: BARBOZA, Heloísa Helena; MEIRELLES, Jussara Maria Leal de; BARRETTO, Vicente de Paulo (Org.). *Novos Temas de Biodireito e Bioética*. Rio de Janeiro: Renovar, 2003.

MELKEVIK, Bjarne. Vulnerabilidade, direito e autonomia. Um ensaio sobre o sujeito de direito. Trad. Nevita Maria Pessoa de Aquino Franca Luna. *Revista da Faculdade de Direito da Universidade Federal de Minas Gerais*. Belo Horizonte: Nova Fase, n. 71, jul./dez, p. 641-673, 2017. Disponível em: https://revista.direito.ufmg.br/index.php/revista/article/view/1877. Acesso em: 24 nov. 2021.

MELLO, Anahi Guedes; NUERNBERG, Adriano Henrique. Gênero e deficiência: interseções e perspectivas. *Revista Estudos Feministas da UFSC*, Florianópolis, v. 20, n. 3, p. 633-655, set./dez. 2012. Disponível em: https://periodicos.ufsc.br/index.php/ref/article/view/S0104-026X2012000300003. Acesso em: 4 nov. 2021.

MELLO, Marcos Bernardes de. Achegas para uma teoria das capacidades em direito. *Revista de Direito Privado*. São Paulo: RT, n. 3, 2001.

MELLO, Marcos Bernardes de. *Teoria do fato jurídico*: plano da eficácia. 11. ed. São Paulo: Saraiva Educação, 2019.

MENEZES, Joyceane Bezerra de. A capacidade jurídica pela Convenção sobre os Direitos da Pessoa com Deficiência e a insuficiência dos critérios do status, do resultado da conduta e da funcionalidade. *Pensar - Revista de Ciências Jurídicas*, Fortaleza, v. 23, n. 2, p. 1-13, 2018. Disponível em: https://periodicos.unifor.br/rpen/article/view/7990. Acesso em: 15 nov. 2021.

MENEZES, Joyceane Bezerra de. O direito protetivo no Brasil após a convenção sobre a proteção da pessoa com deficiência: impactos do novo CPC e do estatuto da pessoa com deficiência. *Civilistica.com*. Rio de Janeiro, a. 4, n. 1, jan.- jun./2015. Disponível em: http://civilistica.com/o-direito-protetivo-no-brasil/. Acesso em: 6 nov. 2021.

MENEZES, Joyceane Bezerra de. Tomada de decisão apoiada: instrumento de apoio ao exercício da capacidade civil da pessoa com deficiência instituído pela lei brasileira de inclusão (Lei nº 13.146/2015). *Revista Brasileira de Direito Civil*, Rio de Janeiro, v. 9, p. 31-57, jul./set, 2016. Disponível em: https://www.ibdcivil.org.br/image/data/revista/volume9/rbdcivil_vol_9_03_tomada-de-decisueo-apoiada.pdf . Acesso em: 18 nov. 2021.

MENEZES, Joyceane Bezerra de; TEIXEIRA, Ana Carolina Brochado. Desvendando o conteúdo da capacidade civil a partir do Estatuto da Pessoa com Deficiência. *Pensar - Revista de Ciências Jurídicas*, v. 21, n. 2, p. 568-599, 2016. Disponível em: https://periodicos.unifor.br/rpen/article/view/5619. Acesso em: 17 nov. 2021.

MONTOLIU, Lluís. *Editando genes:* recorta, pega y cólera. Las maravillosas herramientas CRISPR. 2 ed. Pamplona: Next Door Publishers, 2020.

MORAIS, Talita Cavalcante Arruda de; MONTEIRO, Pedro Sadi. Conceitos de vulnerabilidade humana e integridade individual para bioética. *Revista Bioética*. (impr.). Brasília: Conselho Federal de Medicina, v. 25, n. 2, p. 311-319, 2017.

MOURA, Marisa Decat de; SOUZA, Maria do Carmo Borges de; SCHEFFER, Bruno Brum. Reprodução assistida: um pouco de história. *Revista da SBPH (online)*, v.12, n.2, p. 23-42, 2009. Disponível em: http://pepsic.bvsalud.org/pdf/rsbph/v12n2/v12n2a04.pdf. Acesso em: 20 dez. 2020.

MUKHERJEE, Siddhartha. *O gene*: uma história íntima. Tradução de Laura Motta. São Paulo: Companhia das Letras, 2016.

NETO, Othoniel Pinheiro. *O direito dos homossexuais biologicamente férteis, mas psicologicamente inférteis, habilita-os como beneficiários da política nacional de reprodução humana assistida*. 137 f. Tese (Doutorado em Direito) – Programa de Pós-Graduação em Direito da Faculdade de Direito da Universidade Federal da Bahia, 2016. Disponível em: http://repositorio.ufba.br/ri/handle/ri/20172. Acesso em: 4 out. 2021.

NURK, Sergey; *et al.* The complete sequence of a human genome. *Science*, vol. 376, p. 44-53, 2022. Disponível em: https://www.science.org/doi/epdf/10.1126/science.abj6987. Acesso em: 19 abr. 2022.

OLIVEIRA, Lucas Costa de. *Gametas como mercadorias*: a superação dos desafios ético-jurídicos da comodificação de gametas humanos. 262 f. Tese (Doutorado em Direito) – Programa de Pós-Graduação em Direito, Faculdade de Direito e Ciências do Estado, Universidade Federal de Minas Gerais, 2021. Disponível em: http://hdl.handle.net/1843/37991. Acesso em: 23 set. 2021.

ORGANIZAÇÃO MUNDIAL DE SAÚDE (OMS). *Classificação Internacional de Funcionalidade, Incapacidade e Saúde - CIF*. Centro Colaborador da Organização Mundial da Saúde para a Família de Classificações Internacionais. Tradução de Cassia Maria Buchalla. São Paulo: Editora da Universidade de São Paulo – EDUSP, 2003. Disponível em: http://www.periciamedicadf.com.br/cif2/cif_portugues.pdf . Acesso em: 22 nov. 2021.

ORGANIZACIÓN MUNDICAL DE LA SALUD. *Clasificación Internacional de Enfermedades 11 (CIE-11)*. OMS, versão 05/2021. Disponível em: https://icd.who.int/browse11/l-m/es. Acesso em: 22 nov. 2021.

ORGANIZAÇÃO DAS NAÇÕES UNIDAS. *Convenção sobre os Direitos das Pessoas com Deficiência*. De 30 de março de 2007. Disponível em: http://www.inr.pt/uploads/docs/direitosfundamentais/convencao/ConvTxtOfPort.pdf . Acesso em: 21 maio 2021.

ORGANIZAÇÃO DAS NAÇÕES UNIDAS PARA EDUCAÇÃO, CIÊNCIA E CULTU-RA(UNESCO). *Declaração Universal sobre Bioética e Direitos Humanos*. Genebra, 2005. Disponível em: http://unesdoc.unesco.org/images/0014/001461/146180por.pdf. Acesso em: 18 abr. 2021.

ORGANIZAÇÃO DAS NAÇÕES UNIDAS PARA A EDUÇÃO, A CIÊNCIA E A CULTURA (UNESCO). *Declaração Universal do Genoma Humano e dos Direitos Humanos*. 21 de outubro a 12 de novembro de 1997. Disponível em: http://www.ghente.org/doc_juridicos/dechumana.htm. Acesso em: 1 out. 2021.

REFERÊNCIAS | 279

OS BRASILEIROS que fizeram o ano de 1998: Sérgio pena, um cientista com 99,999% de acerto. *Revista Veja*, 23 dez. 1998. Disponível em: https://veja.abril.com.br/acervo/. Acesso em: 16 out. 2021.

PALACIOS, Agustina. *El modelo social de discapacidad*: orígenes, caracterización y plasmación en la ConvenciónInternacionalsobre los Derechos de las Personas con Discapacidad. Madrid: Cermi, 2008.

PALACIOS, Agustina; ROMAÑACH, Javier. *El modelo de la diversidade*: la Bioética y los Derechos Humanos como herramientas para alcanzar la plena dignidade em la diversidade funcional. Madrid: Ediciones Diversitas – AIES, 2006.

PALACIOS, Agustina; ROMAÑACH, Javier. El modelo de la diversidade: uma nueva visión de la bioética desde la perspectiva de las personas com diversidade funcional (discapacidad). *Intersticios*: Revista Sociológica de Pensamiento Crítico. Madrid: Universidad Compplutense de Madrid, v. 2, p. 37-47, 2008. Disponível em: http://www.intersticios.es/article/view/2712/2122. Acesso em: 4 nov. 2021

PEREIRA, Caio Mário da Silva. *Instituições de direito civil*. Introdução ao direito civil. Teoria geral do direito civil. Vol. I. Atual. Maria Celina Bodin de Moraes. 30. ed. rev. e atual. Rio de Janeiro: Forense, 2017.

PEREIRA, Rodrigo da Cunha. *Dicionário de direito de família e sucessões*: ilustrado. 2. ed. São Paulo: Saraiva Educação, 2018.

PERLINGIERI, Pietro. *Perfis do direito civil*: introdução ao direito civil constitucional. Trad. Maria Cristina de Cicco. 3. ed. Rio de Janeiro: Renovar, 2002.

PESSINI, Leo. As origens da bioética: do credo bioético de Potter ao imperativo bioético de Fritz Jahr. *Revista Bioética*, v. 21, p. 9-19, abr. 2013. Disponível em: https://www.scielo.br/j/bioet/a/xNYLfqG6fTfhcgMTq3Q4WQd/abstract/?lang=pt. Acesso em: 30 abr. 2021.

PIOVESAN, Flávia. Ações Afirmativas no Brasil: Desafios e Perspectivas. *Revista Estudos Feministas da UFSC*, Florianópolis, v. 16, n. 3, p. 887-896, 2008. Disponível em: https://periodicos.ufsc.br/index.php/ref/article/view/S0104-026X2008000300010. Acesso em: 7 nov. 2021.

PIOVESAN, Flávia. Convenção da ONU sobre os direitos das pessoas com deficiência: inovações, alcance e impacto. *In*: FERRAZ, Carolina Valença; LEITE, George Salomão; LEITE, Glauber Salomão; LEITE, Glauco Salomão (Org.). *Manual dos Direitos da Pessoa com Deficiência*. São Paulo: Saraiva, 2012.

PIOVESAN, Flávia. *Direitos Humanos e o Direito Constitucional Internacional*. 14. ed., ver. e atual. São Paulo: Saraiva, 2013.

PLANO DE saúde não é obrigado a custear fertilização in vitro. *Migalhas Jurídicas*, publicado em 13 out. 2021, às 14h55min. Disponível em: https://www.migalhas.com.br/quentes/353088/stj-plano-de-saude-nao-e-obrigado-a-custear-fertilizacao-in-vitro. Acesso em: 15 out. 2021.

POTTER, Van Rensselaer. *Bioética*: ponte para o futuro. Tradução de Diego Carlos Zanella. São Paulo: Edições Loyola, 2016.

RAPOSO, Vera Lúcia. *O direito à imortalidade*: o exercício de direitos reprodutivos mediante técnicas de reprodução assistida e o estatuto jurídico do embrião *in vitro*. Coimbra: Almedina, 2014.

REGALADO, Antonio. China's CRISPR babies: Read exclusive excerpts from the unseen original research. *MIT Technology Review*, 2019. Disponível em: https://www. technologyreview.com/2019/12/03/131752/chinas-crispr-babies-read-exclusive-excerpts-he-jiankui-paper/. Acesso em: 7 dez. 2020.

RIFKIN, Jeremy. *Il Secolo Biotech*: il commercio genético e línizio di uma nuova era. Tradução de Loredana Lupica. Baldini&Castoldi: Milano, 1998.

RODRIGUES, Renata de Lima. *Planejamento familiar*: limites e liberdades parentais. Indaiatuba: Foco, 2021.

RUZYK, Carlos Eduardo Pianovsk. *Liberdade(s) e função*: contribuição crítica para uma nova fundamentação da dimensão funcional do direito civil brasileiro. 2009. 402 f. Tese (Doutorado em Direito das Relações Sociais) – Universidade Federal do Paraná. Curitiba, 2009. Disponível em: https://acervodigital.ufpr.br/bitstream/handle/1884/19174/?sequence=1. Acesso em: 23 abr. 2021.

SÁ, Maria de Fátima Freire de; NAVES, Bruno Torquato de Oliveira; MOUREIRA, Diogo Luna. Seleção e edição de embriões: a preservação normativa da autonomia futura. *In*: SÁ, Maria de Fátima Freire de; ARAÚJO, Ana Thereza Meirelles; SOUZA, Iara Antunes de; NOGUEIRA, Roberto Torquato de Oliveira; NAVES, Bruno Torquato de Oliveira (coord.). *Direito e Medicina*: interseções científicas. Volume I: Genética e Biotecnologia. Belo Horizonte: Conhecimento Editora, 2021.

SANDEL, Michael J. *Contra a perfeição*: ética na era da engenharia genética. Tradução de Ana Carolina Mesquita. Rio de Janeiro: Civilização Brasileira, 2013.

SASSAKI, Romeu Kazumi. Nada sobre nós, sem nós: Da integração à inclusão - Parte 2. *Revista Nacional de Reabilitação*, ano X, n. 58, p.20-30, set./out. 2007. Disponível em: http://www.sinprodf.org.br/wp-content/uploads/2012/01/nada-sobre-nÓs-sem-nÓs2.pdf . Acesso em: 4 nov. 2021.

SAVULESCU, Julian. Procreative beneficence: why we should select the best children. *Bioethic*, volume 15, numbe 5/6, p. 413-426, 2001. Disponível em: http://shamiller.net/phi038/wp-content/uploads/2014/02/Procreative-Beneficence.pdf. Acesso em: 18 mar. 2022.

SAVULESCU, Julian; KAHANE, Guy. The moral obligation to create children with the best chance of the best life. *Bioethics*, v. 23, n. 5, p. 274-290, 2009. Disponível em: https://onlinelibrary.wiley.com/doi/abs/10.1111/j.1467-8519.2008.00687.x. Acesso em: 17 mar. 2021.

SCHRAMM, Fermin Roland. A saúde é um direito ou um dever? Autocrítica da saúde pública. *Revista Brasileira de Bioética - RBB*. Brasília: Sociedade Brasileira de Bioética – SBB, v. 2, n. 2, 187-200, 2006. Disponível em: https://periodicos.unb.br/index.php/rbb/article/view/7969. Acesso em: 25 nov. 2021.

SCHRAMM, Fermin Roland. Bioética da Proteção: ferramenta válida para enfrentar problemas morais na era da globalização. *Revista Bioética*, v. 16, 1, p. 11-23, 2008. Disponível em: https://www.ghc.com.br/files/BIOETICA%20DE%20PROTECAO.pdf . Acesso em: 25 nov. 2021.

SCHRAMM, Fermin Roland. Saúde pública: biotecnociência, biopolítica e bioética. *Saúde em Debate* [online]. v. 43, n. spe7, p. 152-164, 2019. p. 155. Disponível em: https://www. scielo.br/j/sdeb/a/JFJNxZjNQCMpbhtsRsQFRsz/?lang=pt. Acesso em: 18 ago. 2021.

SILVA, Daniel José da; SANTANA, Bárbara Pessoa de; SANTOS, Aarin Leal. Infertilidade: um problema de saúde pública. *UNINGÁ Journal*, v. 58, eUJ3044, 2021. Disponível em: http://revista.uninga.br/index.php/uninga/article/view/3044/2375. Acesso em: 4 out. 2021.

SILVA NETTO, Manuel Camelo Ferreira da. *Planejamento Familiar nas Famílias LGBT*: desafios sociais e jurídicos do recurso à reprodução humana assistida no Brasil. Belo Horizonte: Fórum, 2021.

SILVA NETTO, Manuel Camelo Ferreira da; DANTAS, Carlos Henrique Félix. Entre a ficção científica e a realidade: o "útero artificial" e as (futuras) perspectivas em matéria de biotecnologia reprodutiva humana à luz do biodireito. *In*: EHRHARDT JR, Marcos. CATALAN, Marcos. MALHEIROS, Pablo. *Direito Civil e tecnologia*. Belo Horizonte: Fórum, 2020.

SILVA NETTO, Manuel Camelo Ferreira da; DANTAS, Carlos Henrique Félix; FERRAZ, Carolina Valença. O dilema da "produção independente" de parentalidade: é legítimo escolher ter um filho sozinho? *Revista Direito GV*, São Paulo, v. 14, n. 3, p.1106-1138, 2018. Disponível em: https://www.scielo.br/pdf/rdgv/v14n3/2317-6172-rdgv-14-03-1106.pdf . Acesso em: 9 nov. 2020.

SILVA NETTO, Manuel Camelo Ferreira da; DANTAS, Carlos Henrique Félix; LOBO, Fabíola Albuquerque. De onde vêm os bebês? Útero artificial, bioética e direito: os possíveis impactos da ectogênese no campo da filiação – uma análise a partir do contexto jurídico brasileiro. *Revista de Bioética y Derecho – RBD*, n. 51, p. 283-298, 2021. Disponível em: https://revistes.ub.edu/index.php/RBD/article/view/31258. Acesso em: 26 ago. 2021.

SNUSTAD, D. Peter; SIMMONS, Michael J. *Fundamentos da genética*. Rev. Cláudia Vitória de Moura Gallo. 7. ed. Rio de Janeiro: Guanabara Koogan, 2017.

SOLOMON, Andrew. *Longe da* árvore: pais, filhos e a busca da identidade. Trad. de Donaldson M. Garschagen, Luiz A. de Araújo, Pedro Maia Soares. São Paulo: Companhia das Letras, 2013.

SOARES, André Marcelo M.; PIÑEIRO, Walter Estes. *Bioética e Biodireito*: uma introdução. 2.ed. São Paulo: Edições Loyola, 2006.

SOUZA, Paulo Vinícius Sporleder. *Direito Penal Genético e a Lei de Biossegurança*. Porto Alegre: Livraria do Advogado, 2007.

STEIN ROB. A Year In, 1st Patient To Get Gene Editing For Sickle Cell Disease Is Thriving, *NPR News*, 23 de junho, 2020. Disponível em: https://www.npr.org/sections/health-shots/2019/11/19/780510277/gene-edited-supercells-make-progress-in-fight-against-sickle-cell-diseasehttps://www.npr.org/sections/health-shots/2020/06/23/877543610/a-year-in-1st-patient-to-get-gene-editing-for-sickle-cell-disease-is-thriving. Acesso em: 18 abr. 2021.

TEIXEIRA, Ana Carolina Brochado. Autonomia existencial. *Revista Brasileira de Direito Civil - RBDCivil*, Belo Horizonte, v. 16, p. 75-104, abr./jun. 2018. Disponível em: https://rbdcivil.ibdcivil.org.br/rbdc/article/view/232. Acesso em: 13 ago. 2021.

TEPEDINO, Gustavo. O papel atual da doutrina do direito civil entre o sujeito e a pessoa. *In*: TEPEDINO, Gustavo; TEIXEIRA, Ana Carolina Brochado; ALMEIDA, Vitor (Coord.). *O direito civil entre o sujeito e a pessoa*: estudos em homenagem ao professor Stefano Rodotà. Belo Horizonte: Fórum, 2016.

TEPEDINO, Gustavo. A Disciplina Jurídica da Filiação na Perspectiva Civil-Constitucional. *In*: TEPEDINO, Gustavo. *Temas de Direito Civil*. 2. ed. Rio de Janeiro, 2001.

TORT, Michel. *O desejo frio*: procriação artificial e crise dos referenciais simbólicos. Tradução de Clóvis Marques. Rio de Janeiro: Civilização Brasileira, 2001.

THE NOBEL PRIZE IN CHEMISTRY 2020. *NobelPrize.org*. Nobel Media AB, 2020. Disponível em: https://www.nobelprize.org/prizes/chemistry/2020/summary/. Acesso em: 14 nov. 2020.

TRIBUNAL INTERNACIONAL DE NUREMBERG. *Código de Nuremberg*, Alemanha, 1947. Disponível em: https://bvsms.saude.gov.br/bvs/publicacoes/codigo_nuremberg. pdf . Acesso em: 24 abr. 2021.

UNIVERSITY OF ILLINOIS AT CHICAGO. CRISPR technology to cure sickle cell disease. *ScienceDaily*, 2021. Disponível em: www.sciencedaily.com/releases/2021/01/210121131904. htm. Acesso em: 17 abr. 2021.

VEIT, Walter. Proceative Beneficence and Genetic Enhancement. *Kriterion - Journal of Philosophy*, 32, 2018. Disponível em: https://philpapers.org/rec/VEIPBA . Acesso em: 18 mar. 2022.

VILLELA, João Baptista. Desbiologização da paternidade. *Revista da Faculdade de Direito da Universidade Federal de Minas Gerais*, Belo Horizonte, n. 21, p. 400-418, 1979. Disponível em: https://revista.direito.ufmg.br/index.php/revista/article/view/1156. Acesso em: 23 set. 2021.

WATSON, James; CRICK, Francis. Molecular Structure of Nucleic Acids: a Structure for Deoxyribose Nucleic Acid. *Nature*, n. 171, p. 737-738, 1953. Disponível em: https://www. nature.com/articles/171737a0. Acesso em: 14 nov. 2020.

WATSON, James; CRICK, Francis. Genetical implications of the structure of deoxyribonucleic acid. *Nature*, v. 171, p. 964-967, 1953. Disponível em: https://www. leeds.ac.uk/heritage/Astbury/bibliography/Watson_and_Crick_1953b.pdf. Acesso em: 30 nov. 2020.

WORLD HEALTH ORGANIZATION (WHO). *Infertility*. Publicado em 14 set. 2020. Disponível em: https://www.who.int/news-room/fact-sheets/detail/infertility. Acesso em: 4 out. 2021.

WORLD HEALTH ORGANIZATION (WHO). *Preamble to the Constitution of the World Health Organization*. WHO, New York, USA, 1946. Disponível em: https://www.who.int/ governance/eb/who_constitution_en.pdf . Acesso em: 21 nov. 2021.

YARAK, Aretha. Ser o primeiro bebê de proveta do Brasil 'sempre foi um motivo de orgulho'. *Veja*, publicado em 27 ago. 2020, às 12h19 min. Disponível em: https://veja.abril.com.br/saude/ser-o-1o-bebe-de-proveta-do-brasil-sempre-foi-um-motivo-de-orgulho/. Acesso em: 29 set. 2021.

YOU, Lu *et al*. Safety and feasibility of CRISPR-edited T cells in patients with refractory non-small-cell lung cancer. *Nature*, 26, p. 732-740, 2020. Disponível em: https://www.nature.com/articles/s41591-020-0840-5. Acesso em: 7 dez. 2020.

APÊNDICE

QUADRO COMPARATIVO DAS RESOLUÇÕES DO CONSELHO FEDERAL DE MEDICINA QUE VERSAM SOBRE O USO DAS TÉCNICAS MEDICAMENTE ASSISTIDAS

	Resolução nº 1.358/1992	Resolução nº 1.957/2010	Resolução nº 2.013/2013	Resolução nº 2.121/2015	Resolução nº 2.168/2017	Resolução nº 2.294/2021
Finalidade	Auxiliar na resolução dos problemas de *infertilidade* humana, sendo proibida a fecundação dos gametas sexuais que não seja para a procriação humana.	Auxiliar na resolução dos *problemas de reprodução humana*, sendo proibida a fecundação dos gametas sexuais que não seja para a procriação.	Auxiliar na resolução dos *problemas de reprodução humana*, sendo proibida a fecundação dos gametas sexuais que não seja para a procriação.	Auxiliar na resolução dos *problemas de reprodução humana*, sendo proibida a fecundação dos gametas sexuais que não seja para a procriação.	Auxiliar na resolução dos *problemas de reprodução humana*, sendo proibida a fecundação dos gametas sexuais que não seja para a procriação.	Auxiliar na resolução dos *problemas de reprodução humana*, sendo proibida a fecundação dos gametas sexuais que não seja para a procriação.
Propósito	Facilitar o processo de procriação quando outras terapêuticas tenham se revelado ineficazes ou ineficientes *para a solução de infertilidade*. Além disso, podem ser utilizadas desde que exista probabilidade efetiva de sucesso e não incorra risco grave para paciente ou possível descendente.	Facilitar o processo de procriação quando outras terapêuticas tenham se revelado ineficazes ou consideradas inapropriadas. Além disso, podem ser utilizadas desde que exista probabilidade efetiva de sucesso e não incorra risco grave para paciente ou possível descendente.	Facilitar o processo de procriação. Além disso, podem ser utilizadas desde que exista probabilidade efetiva de sucesso e não incorra risco para a paciente ou possível descendente.	Facilitar o processo de procriação. Além disso, podem ser utilizadas desde que exista probabilidade efetiva de sucesso e não incorra risco para a paciente ou possível descendente.	Facilitar o processo de procriação. Além disso, podem ser utilizadas desde que exista probabilidade efetiva de sucesso e não incorra risco para a paciente ou possível descendente.	Auxiliar o processo de procriação. Além disso, podem ser utilizadas desde que exista probabilidade efetiva de sucesso e não incorra risco para a paciente ou possível descendente.
Idade máxima para candidatas à gestação	Sem previsão.	Sem previsão.	50 anos.	50 anos, sendo possível determinar exceções a partir de fundamentos técnicos e científicos pelo médico responsável e após esclarecimentos acerca dos riscos envolvidos.	50 anos, sendo possível determinar exceções a partir de fundamentos técnicos e científicos pelo médico responsável e após esclarecimentos acerca dos riscos envolvidos, respeitando a autonomia do paciente.	50 anos, sendo possível determinar exceções a partir de fundamentos técnicos e científicos pelo médico responsável e após esclarecimentos acerca dos riscos envolvidos, respeitando a autonomia do paciente.

	Resolução nº 1.358/1992	Resolução nº 1.957/2010	Resolução nº 2.013/2013	Resolução nº 2.121/2015	Resolução nº 2.168/2017	Resolução nº 2.294/2021
Consentimento informado	Obrigatório, sendo extensivo aos pacientes inférteis e aos doadores.	Obrigatório a todos os pacientes submetidos às técnicas de reprodução assistida, inclusive aos doadores.	Obrigatório para todos os pacientes submetidos às técnicas de reprodução assistida.	Obrigatório para todos os pacientes submetidos às técnicas de reprodução assistida.	Obrigatório para todos os pacientes submetidos às técnicas de reprodução assistida.	Obrigatório para todos os pacientes submetidos às técnicas de reprodução assistida.
Beneficiários	Toda mulher capaz, nos termos da lei, desde que concorde de maneira livre e consciente em documento de consentimento informado. Estando casada ou em união estável, será necessária aprovação do cônjuge ou do convivente em processo análogo ao do consentimento informado.	Toda pessoa capaz, desde que esteja em inteiro acordo e devidamente esclarecida.	Toda pessoa capaz, desde que esteja em inteiro acordo e devidamente esclarecida. Inclui-se, ainda, a possibilidade de uso para relacionamentos homoafetivos ou pessoas solteiras, respeitando-se a objeção de consciência do médico.	Toda pessoa capaz, desde que esteja em inteiro acordo e devidamente esclarecida. Inclui-se, ainda, a possibilidade de uso para relacionamentos homoafetivos ou pessoas solteiras, respeitando-se a objeção de consciência do médico. É permitida, também, a gestação compartilhada em união homoafetiva feminina que não exista infertilidade.	Toda pessoa capaz, desde que esteja em inteiro acordo e devidamente esclarecida. Inclui-se, ainda, na redação original, a possibilidade de uso para relacionamentos homoafetivos ou pessoas solteiras, respeitando-se a objeção de consciência do médico. É permitida, também, a gestação compartilhada em união homoafetiva feminina que não exista infertilidade. A Resolução nº 2.283/2020 modificou, precisamente, o item II-2, dando a seguinte redação: "É permitido o uso das técnicas de RA para heterossexuai, homoafetivos e transgêneros".	Toda pessoa capaz, desde que esteja em inteiro acordo e devidamente esclarecida. Inclui-se, ainda, a possibilidade para pessoas heterossexuais, homoafetivas e transgêneras. É permitida, também, a gestação compartilhada em união homoafetiva feminina.
Seleção de sexo ou qualquer outra característica biológica do futuro filho	Não devem ser aplicadas, exceto para evitar doenças.	Não devem ser aplicadas, exceto para evitar doenças.	Não podem ser aplicadas, exceto para evitar doenças.	Não podem ser aplicadas, exceto para evitar doenças.	Não podem ser aplicadas, exceto para evitar doenças.	Não podem ser aplicadas, exceto para evitar doenças.

APÊNDICE **287**

QUADRO COMPARATIVO DAS RESOLUÇÕES DO CONSELHO FEDERAL DE MEDICINA...

	Resolução nº 1.358/1992	Resolução nº 1.957/2010	Resolução nº 2.013/2013	Resolução nº 2.121/2015	Resolução nº 2.168/2017	Resolução nº 2.294/2021
Diagnóstico Genético Pré-Implantacional	Permitido para preservação e tratamento de doenças genéticas ou hereditárias, com suficientes garantias de diagnóstico e terapia. Além do mais, não poderá ter outra finalidade que não a de avaliar sua viabilidade ou detecção de doenças hereditárias, a partir de consentimento informado obrigatório. A intervenção terapêutica não terá, ainda, outra finalidade que não a de tratar doença ou impedir sua transmissão, com garantias reais de sucesso.	Permitido para preservação e tratamento de doenças genéticas ou hereditárias, com suficientes garantias de diagnóstico e terapia. Além do mais, não poderá ter outra finalidade que não a de avaliar sua viabilidade ou detecção de doenças hereditárias, a partir de consentimento informado obrigatório. A intervenção terapêutica não terá, ainda, outra finalidade que não a de tratar doença ou impedir sua transmissão, com garantias reais de sucesso.	Permitido para seleção de embriões submetidos a diagnóstico de alterações genéticas causadoras de doenças. Além disso, faculta-se sua utilização para tipagem do sistema HLA do embrião, com o intuito de seleção de embriões HLA-compatíveis com algum(a) filho(a) do casal já afetado por doença que tenha modalidade de tratamento efetivo o transplante de células-tronco ou de órgãos.	Permitido para seleção de embriões submetidos a diagnóstico de alterações genéticas causadoras de doenças. Nesses casos, poderão ser doados para pesquisa ou descartados. Além disso, faculta-se sua utilização para tipagem do sistema HLA do embrião, com o intuito de seleção de embriões HLA-compatíveis com algum(a) filho(a) do casal já afetado por doença que tenha modalidade de tratamento efetivo o transplante de células-tronco ou de órgãos, de acordo com legislação vigente.	Permitido para seleção de embriões submetidos a diagnóstico de alterações genéticas causadoras de doenças. Nesses casos, poderão ser doados para pesquisa ou descartados. Além disso, faculta-se sua utilização para tipagem do sistema HLA do embrião, com o intuito de seleção de embriões HLA-compatíveis com algum(a) filho(a) do casal já afetado por doença que tenha modalidade de tratamento efetivo o transplante de células-tronco ou de órgãos, de acordo com legislação vigente.	Permitido para seleção de embriões submetidos a diagnóstico de alterações genéticas causadoras de doenças. Nesses casos, poderão ser doados para pesquisa ou descartados. Além disso, faculta-se sua utilização para tipagem do sistema HLA do embrião, com o intuito de seleção de embriões HLA-compatíveis com algum(a) filho(a) do casal já afetado por doença que tenha modalidade de tratamento efetivo o transplante de células-tronco ou de órgãos, de acordo com legislação vigente.
Doação de gametas ou embrião	Gratuita, sendo vedado o caráter lucrativo ou comercial. Não é permitido ao médico e aos integrantes da equipe multidisciplinar participarem como doadores.	Gratuita, sendo vedado o caráter lucrativo ou comercial. Não é permitido ao médico e aos integrantes da equipe multidisciplinar participarem como doadores.	Gratuita, sendo vedado o caráter lucrativo ou comercial. Não é permitido ao médico e aos integrantes da equipe multidisciplinar participarem como doadores. Estabelece-se como idade limite: a) mulher – 35 anos; b) homem – 50 anos.	Gratuita, sendo vedado o caráter lucrativo ou comercial. Não é permitido ao médico e aos integrantes da equipe multidisciplinar participarem como doadores. Estabelece-se como idade limite: a) mulher – 35 anos; b) homem – 50 anos.	Gratuita, sendo vedado o caráter lucrativo ou comercial. Não é permitido ao médico e aos integrantes da equipe multidisciplinar participarem como doadores. Estabelece-se como idade limite: a) mulher – 35 anos; b) homem – 50 anos.	Gratuita, sendo vedado o caráter lucrativo ou comercial. Não é permitido ao médico e aos integrantes da equipe multidisciplinar participarem como doadores. *Estabelece-se como idade-limite: a) mulher – 37 anos; b) homem – 45 anos. Exceções serão admitidas em caso de material genético crioconservado. Inclui-se, na possibilidade, que haja a doação de gametas por parentes até o 4 grau colateral.*

	Resolução nº 1.358/1992	Resolução nº 1.957/2010	Resolução nº 2.013/2013	Resolução nº 2.121/2015	Resolução nº 2.168/2017	Resolução nº 2.294/2021
Sigilo quanto à origem genética do doador (identidade genética)	Obrigatório quanto aos doadores anônimos de gametas e embriões, bem como dos receptores do material genético. Excepcionalmente serão concedidas informações sobre os doadores por motivação médica, resguardando-se a identidade civil do(a) doador(a).	Obrigatório quanto aos doadores anônimos de gametas e embriões, bem como dos receptores do material genético. Excepcionalmente serão concedidas informações sobre os doadores por motivação médica, resguardando-se a identidade civil do(a) doador(a).	Obrigatório quanto aos doadores anônimos de gametas e embriões, bem como dos receptores do material genético. Excepcionalmente serão concedidas informações sobre os doadores por motivação médica, resguardando-se a identidade civil do(a) doador(a).	Obrigatório quanto aos doadores anônimos de gametas e embriões, bem como dos receptores do material genético. Excepcionalmente serão concedidas informações sobre os doadores por motivação médica, resguardando-se a identidade civil do(a) doador(a).	Obrigatório quanto aos doadores anônimos de gametas e embriões, bem como dos receptores do material genético. Excepcionalmente serão concedidas informações sobre os doadores por motivação médica, resguardando-se a identidade civil do(a) doador(a).	Obrigatório quanto aos doadores anônimos de gametas e embriões, bem como dos receptores do material genético. Excepcionalmente serão concedidas informações sobre os doadores por motivação médica, resguardando-se a identidade civil do(a) doador(a).
Número total de embriões a serem gerados em laboratório	Sem previsão. Apenas comunicava-se aos beneficiários o número total de embriões gerados em laboratório, a partir do quadro clínico de cada caso, para que se decida quantos serão transferidos. Os embriões excedentários eram congelados, não podendo ser descartados ou destruídos.	Sem previsão. Apenas comunicava-se aos beneficiários o número total de embriões gerados em laboratório, a partir do quadro clínico de cada caso, para que se decida quantos serão transferidos. Os embriões excedentários considerados "viáveis" eram congelados.	Sem previsão. Apenas comunicava-se aos beneficiários o número total de embriões gerados em laboratório, a partir do quadro clínico de cada caso, para que se decida quantos serão transferidos. Os embriões excedentários considerados "viáveis" eram congelados.	Sem previsão. Apenas comunicava-se aos beneficiários o número total de embriões gerados em laboratório, a partir do quadro clínico de cada caso, para que se decida quantos serão transferidos. Os embriões excedentários considerados "viáveis" eram congelados.	Sem previsão. Apenas comunicava-se aos beneficiários o número total de embriões gerados em laboratório, a partir do quadro clínico de cada caso, para que se decida quantos serão transferidos. Os embriões excedentários considerados "viáveis" eram congelados.	Não poderá exceder a 8 (oito). Além do mais, deve-se comunicar aos beneficiários que decidam quantos embriões serão transferidos. Os excedentários "viáveis", a partir da qualidade, serão congelados.
Definição quanto ao critério da "viabilidade" e da "inviabilidade"	Sem previsão.	Sem previsão.	Sem previsão.	Sem previsão	Sem previsão.	Sem previsão. Reconhece-se, na normativa, que ainda não subsiste uma definição sobre o que seria viabilidade ou inviabilidade nela. No entanto, após o momento de definição sobre quantos embriões serão implantados, haverá conversa sobre a decisão que será tomada.

APÊNDICE — QUADRO COMPARATIVO DAS RESOLUÇÕES DO CONSELHO FEDERAL DE MEDICINA...

	Resolução nº 1.358/1992	Resolução nº 1.957/2010	Resolução nº 2.013/2013	Resolução nº 2.121/2015	Resolução nº 2.168/2017	Resolução nº 2.294/2021
Crioconservação de gametas reprodutivos ou embrião	As clínicas poderão oferecer serviços de crioconservação dos gametas sexuais e embriões. No que tange aos embriões gerados em laboratório, todos os excedentários eram crioconservados.	As clínicas poderão oferecer serviços de crioconservação dos gametas sexuais e embriões. No que tange aos embriões gerados em laboratório, serão crioconservados somente aqueles considerados "viáveis".	As clínicas poderão oferecer serviços de crioconservação dos gametas sexuais e embriões. No que tange aos embriões gerados em laboratório, serão crioconservados somente aqueles considerados "viáveis".	As clínicas poderão oferecer serviços de crioconservação dos gametas sexuais e embriões. No que tange aos embriões gerados em laboratório, serão crioconservados somente aqueles considerados "viáveis".	As clínicas poderão oferecer serviços de crioconservação dos gametas sexuais e embriões. No que tange aos embriões gerados em laboratório, serão crioconservados somente aqueles considerados "viáveis".	As clínicas poderão oferecer serviços de crioconservação dos gametas sexuais e embriões. No que tange aos embriões gerados em laboratório, serão crioconservados somente aqueles considerados "viáveis".
Manifestação da vontade quanto à destinação dos embriões crioconservado	Deverá ser feita no momento de congelamento dos embriões a escolha em caso de: a) momento de dissolução da entidade familiar; b) falecimento. A escolha sobre a doação dos embriões também poderá ser apontada.	Deverá ser feita no momento de congelamento dos embriões a escolha em caso de: a) momento de dissolução da entidade familiar; b) falecimento. A escolha sobre a doação dos embriões também poderá ser apontada.	Deverá ser feita no momento de congelamento dos embriões a escolha em caso de: a) momento de dissolução da entidade familiar; b) falecimento. A escolha sobre a doação dos embriões também poderá ser apontada.	Deverá ser feita no momento de congelamento dos embriões a escolha em caso de: a) momento de dissolução da entidade familiar; b) falecimento. A escolha sobre a doação dos embriões também poderá ser apontada.	Deverá ser feita no momento de congelamento dos embriões a escolha em caso de: a) momento de dissolução da entidade familiar; b) falecimento. A escolha sobre a doação dos embriões também poderá ser apontada.	Deverá ser feita no momento de congelamento dos embriões a escolha em caso de: a) momento de dissolução da entidade familiar; b) falecimento. A escolha sobre a doação dos embriões também poderá ser apontada.
Descarte do embrião	Proibidos descarte ou destruição. Silente quanto à destinação para pesquisa.	Sem previsão. Apenas os embriões "viáveis" eram crioconservados. Contudo, não se mencionam as possibilidades de descarte e destinação para pesquisa.	Possível para os embriões crioconservados com mais de 5 (cinco) anos, ainda que exista a possibilidade de destiná-los para pesquisas de células-tronco, conforme a Lei de Biossegurança. Para isso, era necessário que houvesse conformação da autonomia da vontade dos beneficiários.	Possível para os embriões crioconservados com mais de 5 (cinco) anos, ainda que exista a possibilidade de destiná-los para pesquisas de células tronco, conforme a Lei de Biossegurança. Para isso, era necessário que houvesse conformação da autonomia da vontade dos beneficiários.	Possível para os embriões crioconservados com mais de 3 (três) anos, ainda que exista a possibilidade de destiná-los para pesquisas de células-tronco, conforme a Lei de Biossegurança. Para isso, era necessário que houvesse conformação da autonomia da vontade dos beneficiários. Além disso, passou a prever que os embriões "abandonados" pelos beneficiários, em total desacordo com o que fora pactuado em contrato, poderão ser descartados pela clínica.	Possível para os embriões crioconservados, desde que haja autorização judicial, ainda que: a) congelados a três anos ou mais, havendo expressa disposição da vontade pelos pacientes; e, b) abandonados em clínica por três anos ou mais.

Fonte: Elaboração pelo autor a partir dos dados da pesquisa (2022).

Esta obra foi composta em fonte Palatino Linotype, corpo 10
e impressa em papel Polen Soft 80g (miolo) e Supremo 250g (capa)
pela Gráfica Formato, em Belo Horizonte/MG.